U0653034

新工科应用型人才培养电子信息类系列教材

信息科学技术导论

（第二版）

贺鹏飞　韩吉衢　董言治　晋刚　胡国英　阎毅　李爱华　编著

裴昌幸　张洪欣　主审

西安电子科技大学出版社

内 容 简 介

  本书比较系统地介绍了信息科学技术的基本概念、基本原理、基本技术和信息科学技术的主要应用。全书共 8 章,内容包括:专业介绍、数字技术基础、无线电技术基础、物联网技术基础、信息获取技术、信息传输技术、信息处理技术、信息科学技术应用举例等。

  本书在适当的篇幅内讲述了现代信息科学技术的主要分支,力求内容准确、讲解通俗易懂。另外,本书配有电子教案,便于教师讲授和学生学习。

  本书可以作为应用型本科院校或高职院校电子信息类专业大一学生的专业导论课程教材,也可以作为高中毕业生了解大学电子信息类专业的入门读物。

图书在版编目(CIP)数据

信息科学技术导论 / 贺鹏飞等编著. —2 版. —西安:西安电子科技大学出版社,2021.8
ISBN 978-7-5606-6094-3

Ⅰ.①信…　Ⅱ.①贺…　Ⅲ.①信息技术—高等学校—教材　Ⅳ.①G202

中国版本图书馆 CIP 数据核字(2021)第 120476 号

策划编辑　李惠萍
责任编辑　黄　菡　王　瑛
出版发行　西安电子科技大学出版社(西安市太白南路 2 号)
电　　话　(029)88202421　88201467　　　　邮　　编　710071
网　　址　www.xduph.com　　　电子邮箱　xdupfxb001@163.com
经　　销　新华书店
印刷单位　咸阳华盛印务有限责任公司
版　　次　2021 年 8 月第 2 版　　2021 年 8 月第 3 次印刷
开　　本　787 毫米×1092 毫米　1/16　印　张　17
字　　数　399 千字
印　　数　3501~5500 册
定　　价　39.00 元
ISBN 978-7-5606-6094-3 / G

XDUP 6396002-3
如有印装问题可调换

前　言

许多高中毕业生在填报高考志愿前会询问我们：大学的电子信息类专业主要学什么？毕业后可以从事什么样的工作？

许多大学新生在入学后会询问我们：电子信息类专业是学什么的？专业前景如何？将来有什么用途？

我们从 2000 年开始开设电子信息类专业导论课程，向本科新生讲述本专业的培养目标、教学要求、主要专业课程、主要专业方向、学科最新进展等内容。该课程深受学生欢迎。2008 年，我们在华中科技大学出版社出版了《信息科学技术概论》，该书相继在电子信息科学与技术、电子信息工程、通信工程、物联网工程、应用物理学等专业使用，获得学校教学成果奖，深受学生好评。

近年来，由于国家战略性新兴产业政策的实施，信息科学技术得到迅速发展，我们已经进入了数字时代、无线时代、移动互联网时代、互联网+时代、物联网时代、人工智能+时代。电子信息类专业新生迫切需要了解最新的数字技术、移动互联网技术、软件无线电技术、认知无线电技术、物联网技术、云计算、人工智能等学科前沿知识。

本书主要面向应用型本科院校和高职院校电子信息类专业新生。本书第一版于 2014 年在西安电子科技大学出版社出版，该版是在《信息科学技术概论》(阎毅，华中科技大学出版社出版，2008 年)基础上修订而成的，此次修订为第二版。我们根据信息科学技术的最新发展，特别是物联网、人工智能、集成电路、区块链、大数据、5G、量子通信等新一代信息技术的发展，对第一版内容进行了扩展、丰富和修订。

由于专业导论课程一般设置为 16 学时，讲授 8 次，因此，我们将一些内容进行了精减，全书编写成 8 章，包括专业介绍、数字技术基础、无线电技术基础、物联网技术基础、信息获取技术、信息传输技术、信息处理技术、信息科学技术应用举例等。本书囊括了信息科学学科基础知识——数字技术(含信源编码、信道编码、加密编码、扩频技术等)、无线电技术(含射频/微波技术、天线技术、信道技术、软件无线电技术、认知无线电技术、电磁兼容等)、网络技术(含数据通信网络、物联网技术、移动互联网、云计算、区块链技术等)，涵盖了信息技术的三个主要分支——信息获取技术(含传感技术、检测技术、存储技术、自动控制技术、信息检索等)、信息传输技术(含卫星通信、移动通信、光通信、量子通信等)、信息处理技术(含信号与系统、数字信号处理、大数据、数据融合技术、现代信号处理等)，并介绍了多学科前沿知识。

本书旨在引导大学新生从中学学习方式向大学学习方式转变，使学生在学习学科专业导论的过程中，逐步了解本专业的主要教学内容、主要研究方向、主要应用领域，逐步描绘出自己的大学学习蓝图。本书在编写时力求内容准确、讲解通俗易懂，力争图文并茂，前沿实用。

　　本书每章开始有教学提示，介绍该章主要内容，最后有本章小结，各章末均配有习题。另外，本书还配有电子教案，便于教师讲授和学生学习。

　　本书的编写分工如下：贺鹏飞编写第 1、6 章，韩吉衢编写第 2 章，阎毅编写第 3 章，董言治编写第 4 章，胡国英编写第 5 章，李爱华编写第 7 章，晋刚编写第 8 章。全书由贺鹏飞统稿、定稿。西安电子科技大学裴昌幸教授和北京邮电大学张洪欣教授主审了本书，西安电子科技大学出版社李惠萍编辑为本书的出版做了大量的工作，在此表示衷心感谢！

　　本书在编写过程中参考了许多已经出版的相关教材、科技图书与文献，这些大都列在了参考文献中，在此向有关文献资料的作者和出版社表示衷心的感谢！

　　本书得到国家级一流建设专业"电子信息科学与技术"、省级一流建设专业"通信工程"、省级一流建设课程"通信原理"和烟台市校地融合项目"新一代信息技术一流专业群建设"的资助。

　　由于作者水平有限，书中难免存在不妥之处，欢迎广大读者提出宝贵意见。联系邮箱：hpf_972@163.com。

编著者

2021 年 3 月

目　录

第1章 专业介绍

教学提示

随着信息化在全球的快速推进，世界对信息的需求急剧增长，信息产品和信息服务对于各个国家、地区、企业、单位、家庭、个人都不可缺少。信息技术已成为支撑当今经济活动和社会生活的基石，代表着当今先进生产力的发展方向。本章概述了信息技术，介绍了电子信息与电气类专业设置和相关专业的培养目标、人才培养要求、核心课程、就业方向和前景以及考研方向，探讨了大学学习的特点、方法、问题和解决思路。要求学生了解信息技术的发展历程和发展趋势，了解电子信息与电气类相关专业涉及的基础理论、专业知识和专业技能，明确未来学习的方向和目标。

1.1 信息技术概述

信息技术(Information Technology，IT)是用于管理和处理信息所采用的各种技术的总称。它主要是应用计算机科学和通信技术来设计、开发、安装和实施信息系统及应用软件。信息技术也常被称为信息和通信技术(Information and Communications Technology，ICT)，主要包括传感技术、计算机技术和通信技术。

1.1.1 信息技术的概念

人们对信息技术的定义，因其使用的目的、范围、层次不同而有如下不同的表述：

(1) 凡是能扩展人的信息功能的技术，都可以称作信息技术。

(2) 信息技术包含通信、计算机与计算机语言、计算机游戏、电子技术、光纤技术等。

(3) 现代信息技术以计算机技术、微电子技术和通信技术为特征。

(4) 信息技术是指在计算机和通信技术支持下用以获取、加工、存储、变换、显示和传输文字、数值、图像以及声音信息，包括提供设备和提供信息服务两大方面的方法与设备的总称。

(5) 信息技术是人类通过生产斗争和科学实验，在认识自然和改造自然的过程中将所积累起来的获取信息、传递信息、存储信息、处理信息以及使信息标准化的经验、知识、技能，和体现这些经验、知识、技能的劳动资料有目的地结合起来的过程。

(6) 信息技术是管理、开发和利用信息资源的有关方法、手段与操作程序的总称。

(7) 信息技术是指能够扩展人类信息器官功能的一类技术的总称。

(8) 信息技术是指应用在信息加工和处理中的科学、技术与工程的训练方法和管理技巧，是实现计算机与人、机器的相互作用的技术；信息技术涉及社会、科技、经济、文化等诸多方面。

(9) 信息技术包括信息传递过程中的各个方面，即信息的产生、收集、交换、存储、传输、显示、识别、提取、控制、加工和利用等技术。

"信息技术教育"中的"信息技术"，可以从广义、中义、狭义三个层面来定义。

广义而言，信息技术是指能充分利用与扩展人类信息器官功能的各种方法、工具及技能的总和。该定义强调的是从哲学上阐述信息技术与人的本质关系。

中义而言，信息技术是指对信息进行采集、传输、存储、加工、表达的各种技术之和。该定义强调的是人们对信息技术功能与过程的一般理解。

狭义而言，信息技术是指利用计算机、网络、广播电视、手机等各种硬件设备及软件工具与科学方法，对文、图、声、像等各种信息进行获取、加工、存储、传输与使用的技术之和。该定义强调的是信息技术的现代化与高科技含量。

1.1.2 信息技术的发展历程

信息技术经历了五次革命，如图1-1所示。

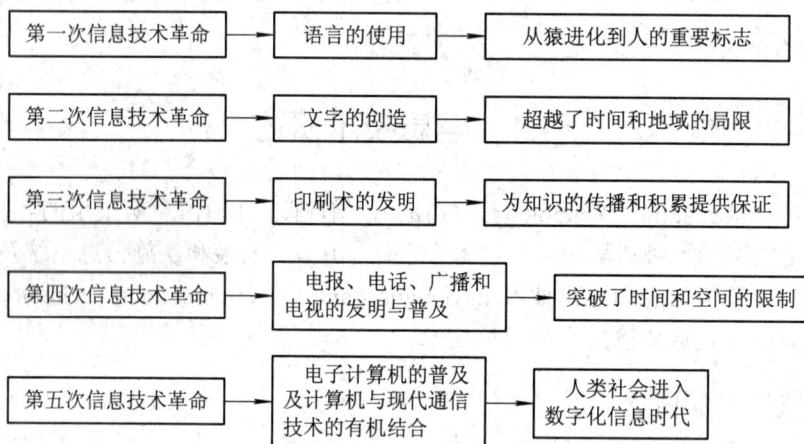

图 1-1 信息技术的五次革命

(1) 第一次信息技术革命是语言的使用，发生在距今约 35 000 年～50 000 年前。语言的使用是从猿进化到人的重要标志。

(2) 第二次信息技术革命是文字的创造。大约在公元前 3500 年出现了文字，文字的创造使得信息的存储和传递第一次超越了时间和地域的限制。

(3) 第三次信息技术革命是印刷术的发明。大约在公元 1040 年，我国开始使用活字印刷技术(欧洲人 1451 年开始使用印刷技术)。印刷术的发明为知识的积累和传播提供了更为可靠的保证。

(4) 第四次信息技术革命是电报、电话、广播和电视的发明与普及。1837 年，美国人莫尔斯研制了世界上第一台有线电报机；1844 年 5 月 24 日，人类历史上的第一份电报从美国国会大厦传送到了 40 英里之外的巴尔的摩城；1864—1865 年，英国著名物理学家麦克斯韦在研究了当时所发现的电磁现象的基础上，建立了麦克斯韦电磁理论，并预言了电磁波的存在；1876 年 3 月 10 日，美国人贝尔用自制的电话同他的助手通了话；1895 年，俄国人波波夫和意大利人马可尼分别成功地进行了无线电通信实验。1895 年，电影问世；1926 年，英国人约翰·洛吉·贝尔德发明了电视。随着电报、电话的发明和电磁波的发现，人类的通信领域产生了根本性的变革，实现了用金属导线上的电脉冲来传递信息以及通过电磁波来进行无线通信。电报、电话、广播、电视的发明与普及，进一步突破了信息传递时间与空间的限制。

(5) 第五次信息技术革命始于 20 世纪 60 年代，其标志是电子计算机的普及及计算机与现代通信技术的有机结合。1946 年，由美国宾夕法尼亚大学研制的第一台电子计算机诞生了；1946—1958 年为第一代电子管计算机时代；1958—1964 年为第二代晶体管电子计算机时代；1964—1970 年为第三代中小规模集成电路计算机时代；1971 年至 20 世纪 80 年代为第四代大规模和超大规模集成电路计算机时代；80 年代至今，人们开始研究第五代智能化计算机。计算机的普及及计算机与现代通信技术的有机结合，将人类社会推到了万物互联的数字化信息时代，使得信息的传递更加快捷，这是人类历史上最为重要的科技成果之一。

计算机的广泛使用、通信卫星发射升空、移动信息技术的无限演进以及计算机网络系统遍布全球，这些使信息的收集、处理、存储、传递、应用等方面都达到了空前发达的程度。现在，全球正在成为一个信息共享的网络村。

1.1.3　信息技术的分类

信息技术从不同的角度可作如下分类：

(1) 按表现形态的不同，信息技术可分为硬技术(物化技术)与软技术(非物化技术)。

硬技术指各种信息设备及其功能，例如，显微镜、电话机、通信卫星、多媒体计算机等。软技术指有关信息获取与处理的各种知识、方法与技能，例如，语言文字技术、数据统计分析技术、规划决策技术、计算机软件技术等。

(2) 按工作流程中基本环节的不同，信息技术可分为信息获取技术、信息传递技术、信息存储技术、信息加工技术及信息标准化技术。

信息获取技术包括信息的搜索、感知、接收、过滤等，例如，显微镜、望远镜、气象卫星、温度计、钟表、Internet 搜索器中的相关技术等。

信息传递技术指跨越空间共享信息的技术，又可分为不同类型，例如，单向传递与双向传递技术，单通道传递、多通道传递与广播传递技术等。

信息存储技术指跨越时间保存信息的技术，例如，印刷术、照相术、录音术、录像术、缩微术、磁盘术、光盘术等。

信息加工技术是对信息进行描述、分类、排序、转换、浓缩、扩充、创新等的技术。信息加工技术的发展已有两次突破，第一次是从靠人脑进行信息加工到使用机械设备(如算盘、标尺等)进行信息加工，第二次是从使用机械设备进行信息加工发展为使用计算机与网络进行信息加工。

信息标准化技术是指使信息的获取、传递、存储、加工各环节有机衔接，以提高信息交换共享能力的技术，例如，信息管理标准、字符编码标准、语言文字的规范化等。

(3) 按使用的信息设备不同，信息技术可分为电话技术、电报技术、广播技术、电视技术、复印技术、缩微技术、卫星技术、计算机技术、网络技术等。

(4) 按信息的传播模式不同，信息技术可分为传者信息处理技术、信息通道技术、受者信息处理技术、信息抗干扰技术等。

(5) 按技术的功能层次不同，可将信息技术体系分为基础层次的信息技术(如新材料技术、新能源技术)，支撑层次的信息技术(如机械技术、电子技术、激光技术、生物技术、空间技术等)，主体层次的信息技术(如感测技术、通信技术、计算机技术、控制技术)，应用层次的信息技术(如文化教育、商业贸易、工农业生产、社会管理中用以提高效率和效益的各种自动化、智能化、信息化应用软件与设备)。

传感技术、通信技术、计算机技术和控制技术是信息技术的四大基本技术，其主要支柱是通信(Communication)技术、计算机(Computer)技术和控制(Control)技术，即"3C"技术。

1.1.4　信息技术的特征

信息技术的特征应从以下两个方面来理解：

(1) 信息技术具有技术的一般特征——技术性，具体表现为方法的科学性、工具设备的先进性、技能的熟练性、经验的丰富性、作用过程的快捷性和功能的高效性等。

(2) 信息技术具有区别于其他技术的特征——信息性，具体表现为信息技术的服务主体是信息，核心功能是提高信息处理的效率与利用的效益。信息的内涵决定了信息技术还具有普遍性、客观性、相对性、动态性、共享性、可变换性等特性。

1.1.5　信息技术的发展趋势

信息技术是当代世界范围内新技术革命的核心，信息科学和技术是现代科学技术的先导，是人类进行高效率、高效益、高速度社会活动的理论、方法与技术，是国家现代化的一个重要标志。

自 1946 年第一台计算机诞生以来，仅仅半个多世纪，信息技术以它广泛的影响和巨大的生命力风靡全球，成为科技发展史上业绩最辉煌、发展最迅速、对人类影响最广泛和最深刻的科技领域。可以预见，21 世纪将是信息的时代，信息技术将成为最活跃、与人们生活最密切相关的科技领域。

21 世纪，信息技术将会朝着以下几个方面发展：

(1) 微电子与光电子向着高效能方向发展。

微电子与光电子技术是信息技术的核心。集成电路的集成度和运算能力、性能价格比将继续按每 18 个月翻一番的速度呈几何级数增长，支持信息技术达到前所未有的水平。每片芯片上包含上亿个元件，构成"片上系统"(SoC)，模糊了整机与元器件的界限，极大地提高了信息设备的功能，并促使整机向轻、小、薄和低功耗方向发展。

集成系统是微电子设计领域的一场革命，21 世纪将是其真正快速发展的时期。微电子技术与其他学科的结合，将会产生一系列崭新的学科和经济增长点，除了系统级芯片外，量子器件、生物芯片、真空微电子技术、纳米技术、微机电系统等都将成为 21 世纪的新型技术，预计应用电子自旋、核自旋、光子技术和生物芯片的功能强大的计算机将问世，它可以模拟人的大脑，用于传感认识和进行思维加工。

(2) 现代通信技术向着网络化、高速宽带化、融合化、智能化和个人化方向发展。

通信技术属于信息传输技术，随着计算机的普及及计算机技术的日趋完善，通信网络的发展也必将紧随其后。而大容量存储器的使用以及海量数据的传输必然要求网络向高速化及智能化方向发展。其总趋势是各种数据业务和各种技术的融合。

三网融合和宽带化是网络技术发展的大方向。电话网、有线电视网和计算机网的三网融合是指它们都以数字化为基础，在网络技术上走向一致，在业务内容上相互覆盖。电话网和电视网在技术上都要向互联网技术看齐，其基本特征是采用 IP 协议和分组交换技术；在业务上要从以话音为主或从单向传输发展成为以交互式的多媒体数据业务为主。

随着互联网上数据流量的迅猛增加，特别是多媒体信息的增加，对网络带宽的要求日益提高。增大带宽，是相当长时期内网络技术发展的主题。在广域网和城域网方面，以密集波分复用技术(DWDM)为代表的全光网络技术引人注目，带动了光信息技术的发展。而无线宽带接入技术和建立在第四代与第五代移动通信技术之上的移动互联网技术，正向着信息智能化和个人化的目标前进。图 1-2 给出了信息网络技术的发展趋势。

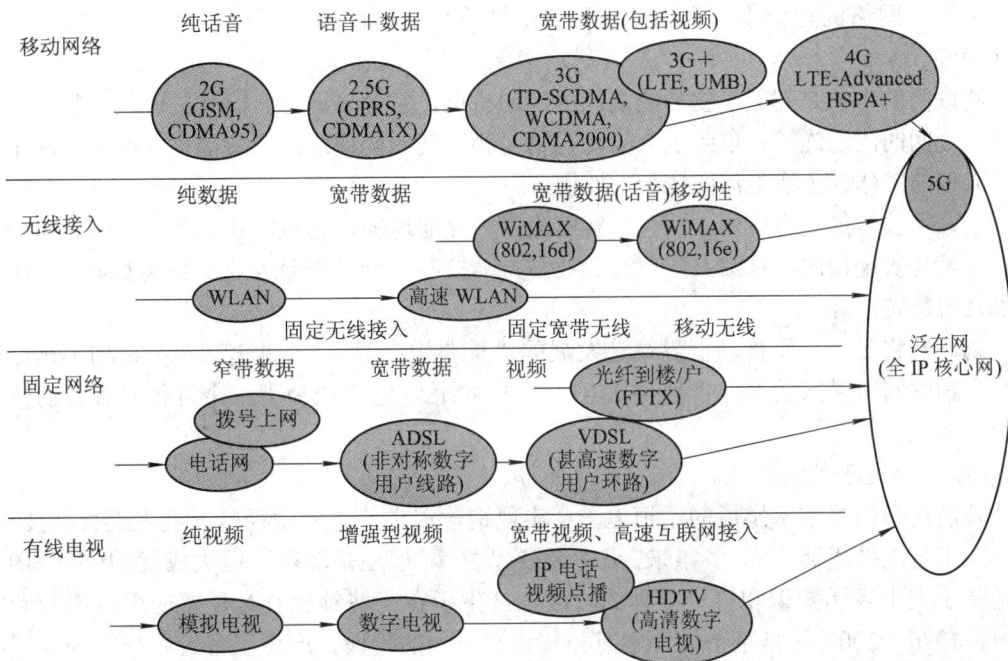

图 1-2　信息网络技术的发展趋势

(3) 互联网将朝着平台化方向发展。

互联网发展到今天，已经从 Web 1.0 时代走向 Web 2.0 时代，Web 3.0 时代，互联网的信息更加开放。

Web 1.0 的主要特点是用户通过浏览器获取信息。

Web 2.0 更注重用户的交互作用，用户既是网站内容的浏览者，也是网站内容的制造者。目前国际上典型的 Web 2.0 网站有 Twitter、Facebook、维基百科以及著名的 Google

AdSense 系统、个人博客，国内的有新浪微博、豆瓣网以及论坛等。这些网站已经从内容的提供转变成一个供人们分享的平台，因此其信息的来源更加丰富及多元化，也更加实时化。

互联网技术日新月异，互联网不断深入人们的生活，Web 3.0 已经悄然兴起。Web 3.0 更加凸显网络的三大功能：信息共享、网络传播和电子商务。Web 3.0 的网络访问速度非常快，网站更加开放，信息关联通过语义来实现，信息的可搜索性会达到一个新的高度。

与此同时，互联网的应用开发也是一个持续的热点。一方面，电视机、手机、个人数字助理(PDA)等家用电器和个人信息设备都向网络终端设备的方向发展，形成了网络终端设备的多样性和个性化，打破了计算机上网一统天下的局面；另一方面，电子商务、电子政务、远程教育、电子媒体、网上娱乐技术日趋成熟，不断降低对使用者的专业知识要求和经济投入要求。互联网数据中心(IDC)、网门服务等技术的提出和服务体系的形成，构成了使用互联网日益完善的社会化服务体系，使信息技术日益广泛地进入社会生产、生活的各个领域，从而促进了网络经济的形成。

(4) 物联网的异军突起。

物联网就是"物物相连的互联网"。物联网通过智能感知、识别技术与普适计算，广泛应用于网络的融合中，也因此被称为继计算机、互联网之后世界信息产业发展的第三次浪潮。

物联网的本质是架起了物与物之间的沟通桥梁，它是多网融合时代的必然产物，它将人与人之间的沟通连接扩展到了人与物、物与物之间的沟通连接，智能化、网络化的生活将让人们的工作、生活更加便捷和人性化。

物联网技术的重点应用领域包括智能电网、交通运输、物流产业、医疗健康、智能家居、环境与安全检测、精细农牧业、工业与自动控制、金融与服务业、公共安全、国防军事以及智慧城市等。

物联网将是下一个推动世界高速发展的"重要生产力"，根据美国研究机构 Forrester 预测，物联网所带来的产业价值将比互联网大 30 倍，它将成为下一个万亿元级别的信息产业业务。

(5) 信息处理的智能化。

智能化是信息技术发展的永恒追求，实现这一追求的主要途径是发展人工智能技术。

人工智能技术诞生 60 多年来，虽历经三起两落，但还是取得了巨大成就。1959—1976 年是基于人工表示知识和符号处理的阶段，产生了在一些领域具有重要应用价值的专家系统；1976—2007 年是基于统计学习和知识自表示的阶段，产生了各种各样的神经网络系统；近些年开始的基于环境自适应、自博弈、自进化、自学习的研究，正在形成一个人工智能发展的新阶段——元学习或方法论学习阶段，这构成了新一代人工智能。新一代人工智能主要包括大数据智能、群体智能、跨媒体智能、人机混合增强智能和类脑智能等。

目前，新一代人工智能的热潮已经来临，人工智能学科与认知科学的结合，使得计算机系统处理信息更智能化。一般来说，智能信息处理分为两大类，一类为基于传统计算机的智能信息处理，另一类为基于神经计算的智能信息处理。

智能信息处理是模拟人与自然界其他生物处理信息的行为，建立处理复杂系统信息的理论、算法和技术，基础理论包括信息和知识处理的数学理论、复杂系统的算法设计和分析、并行处理理论与算法、量子计算和生物计算等新型计算模式以及机器学习理论和算法、生物信息和神经信息处理等。

　　智能信息处理主要面对的是不确定性系统和不确定性现象的处理问题。智能信息处理在复杂系统建模、系统分析、系统决策、系统控制、系统优化和系统设计等领域具有广阔的应用前景。

1.1.6　信息技术的相关产业

　　信息技术以其高度的创新性、渗透性、倍增性和带动性，在国民经济发展中起着不可替代的作用，给传统产业的改造升级注入了新的活力。

　　信息技术的发展催生了一批新兴产业，形成了微电子、互联网、计算机、软件、通信等关联产业的协同发展；加速了生物工程与生命科学、新材料与能源、航空航天等高新技术产业的成长；促进了光电子、汽车电子等产业的兴起。同时信息技术使传统的劳动密集型产业、资本密集型产业、服务业日趋信息化和知识化。信息技术涉及的产业如图 1-3 所示。

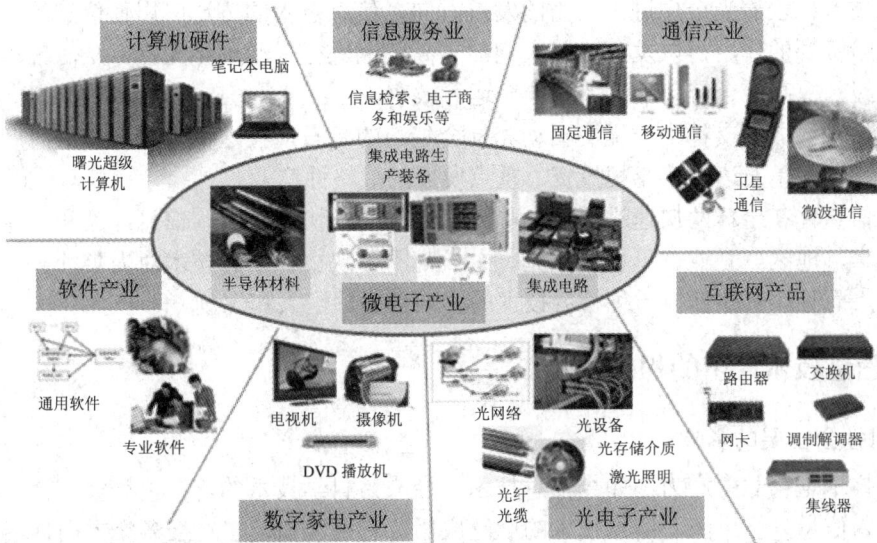

图 1-3　信息技术涉及的产业

　　我国的"十二五"规划中明确了战略性新兴产业是国家未来重点扶持的对象，其中新一代信息技术被确立为七大战略性新兴产业之一，将被重点推进。

　　新一代信息技术分为六个方面，分别是下一代通信网络、物联网、三网融合、新型平板显示、高性能集成电路和以云计算为代表的高端软件。

　　发展新一代信息技术产业的主要内容是：加快建设宽带、泛在、融合、安全的信息网络基础设施，推动新一代移动通信、下一代互联网核心设备和智能终端的研发及产业化；加快推进三网融合，促进物联网、云计算的研发和示范应用；着力发展集成电路、新型显示、高端软件、高端服务器等核心基础产业；提升软件服务、网络增值服务等信息服务能力，加快重要基础设施智能化改造；大力发展数字虚拟等技术，促进文化创意产业发展。

　　"十三五"规划中提出：实施网络强国战略，加快建设"数字中国"，推动物联网、云计算和人工智能等技术向各行业全面融合渗透，构建万物互联、融合创新、智能协同、安全可控的新一代信息技术产业体系。

　　"十四五"规划和2035远景目标建议：加快壮大新一代信息技术、生物技术、新能源、新材料、高端装备、新能源汽车、绿色环保以及航空航天、海洋装备等产业；加快第五代移动通信(5G)、工业互联网、大数据中心等建设。

　　"十四五"仍然是信息技术发展的黄金时期。在"十四五"期间，5G与IPv6、光纤通信、云计算、物联网、大数据、人工智能、区块链等新一代信息技术融合，并与产业技术深度融合，腾云驾雾融智赋能；而互联网作为通用技术也将通过数字化、网络化、智能化服务于其他高新技术及产业的发展，互联网将从面向消费应用深化拓展到面向产业应用，加快数字化转型的渗透，促进数字经济的发展。

1.2　信息技术与社会发展

　　信息技术代表着当今先进生产力的发展方向，信息技术的广泛应用使信息的重要生产要素和战略资源的作用得以发挥，使人们能更高效地进行资源优化配置，从而推动传统产业不断升级，提高社会劳动生产率和社会运行效率。

　　信息技术已成为支撑当今经济活动和社会生活的基石。在这种情况下，信息产业成为世界各国，特别是发达国家竞相投资、重点发展的战略性产业。

　　随着信息化在全球的快速进展，世界对信息的需求快速增长，信息产品和信息服务对于各个国家、地区、企业、单位、家庭、个人都不可缺少。信息技术对人类社会的影响是全方位的，而且比其他任何一种社会技术的影响都更加巨大和深刻。

1.2.1　信息技术产生的积极影响

1. 对社会发展的影响

　　科学技术是第一生产力，如今信息技术已经成为科学技术的前沿，人类社会正在从工业社会步入信息社会。随着信息技术的广泛应用，它已经引起了社会各个方面、各个领域的深刻变革，促进了社会生产力的发展和人们生活质量的提高。

　　信息资源成为继物质、能源之后推动经济发展的新资源，知识创新形成的知识产品成为新的经济增长方式，信息产业成为信息化社会的主要支柱产业之一。

　　信息技术的发展使得世界变成一个地球村，如今人们能够及时分享社会进步带来的成果，缩小地域差别和经济发展造成的差异，这样不仅促进了不同国家、不同民族之间的文化交流与学习，还使各种文化更加开放和大众化。

　　各级政府部门不断深入开发电子政务工程。政务信息的公开增加了行政的透明度，加强了政府与民众的互动；各政府部门之间的资源共享增强了各部门的协调能力，从而提高了工作效率；政府通过其电子政务平台开展的各种信息服务，为广大人民提供了极大的方便。

　　信息技术的社会应用提高了政治的透明度，推进了政治民主化进程。信息化社会流通的网络结构使得信息的传播不必逐层分级进行，人们由于信息流通时间的缩短和消失而达到了享用社会信息的地位平等。政治家们重要的演讲和决策越来越多地通过电视和信息网络直达社会公众。

信息技术推出了一个新兴的行业——互联网行业。通过互联网，任何个人、团体和组织都可以获得大量的生产经营以及研发等方面的信息，从而使生产力得到更进一步的提高。传统行业为了适应互联网发展的要求，纷纷在网上提供各种商品和服务。基于互联网的电子商务模式使得企业产品的营销、销售以及售后服务等都可以通过网络进行，企业与上游供货商、零部件生产商以及分销商之间也可以通过电子商务实现各种交互。这不仅仅是一种速度方面的突飞猛进，更是一种无地域界限、无时间约束的崭新形式。

信息技术的发展造就了多元文化并存的状态。网络媒体开始形成并逐渐成为"第四媒体"，由于互联网同时具备有利于文字传播和有利于图像传播的特点，因此能够促成精英文化和大众文化并存的局面。互联网与其他传播媒体的一个主要区别在于传播权利的普及，因此有"平民兴办媒体"之说。互联网更造就了一种新的文化模式——网络文化。网络文化的传播和交流，已经逐渐拥有了一些专门的语言符号和文字符号，形成了自己的特色。

2. 对科技进步的影响

信息技术促进了新技术的变革，极大地推动了科学技术的进步。

信息技术使得人们的生产、科研能力获得了极大提高。计算机技术的应用帮助人们攻克了一个又一个科学难题，使得原本用人工需要花几十年甚至上百年才能解决的复杂计算，用计算机可能几分钟就能完成。

应用计算机仿真技术可以模拟现实中可能出现的各种情况，便于验证各种科学的假设。

以微电子技术为核心的信息技术，带动了空间开发、新能源开发、生物工程等一批尖端技术的发展。

此外，随着信息技术在基础学科中的应用及与其他学科的融合，促进了新兴学科(如计算物理、计算化学等)和交叉学科(如人工智能、电子商务等)的产生和发展。

3. 对人们生活与学习的影响

随着信息资源的开发利用，人们的就业结构正在从以从事农业生产、工业生产为主向从事与信息相关工作为主转变。

信息技术的广泛应用促进了人们生活质量的提高，人们的工作方式、生活方式和学习方式也正发生转变，足不出户可知天下事，人不离家照样能办事。一部分人由原来的按时定点上班变为可以在家上班，网上看病、网上授课、网上学习、网上会议、网上购物、网上洽谈生意、网上娱乐等成为人们一种新型的生活方式。

信息技术的发展使教育方式发生了重大变化，网络技术、多媒体技术、交互式、图形显示、音频视频等功能在教学中的广泛使用，使在线教学迅速开展，为人们创造了一个全新的学习环境，使得人们的学习内容更丰富，学习方式更灵活。

1.2.2　信息技术可能带来的一些消极影响

对信息技术可能带来的一些负面影响，我们必须有足够清醒的认识并设法消除其不利影响。

（1）信息泛滥。一方面是信息急剧增长；另一方面是人们消耗大量的时间却找不到有用的信息，信息的增长速度超出了人们的承受能力，导致信息泛滥。

（2）信息污染。一些错误信息、虚假信息、污秽信息等混杂在各种信息中，使人们对错难分，真假难辨；人们如果不加分析，便容易上当受骗，受其毒害。

（3）信息犯罪。随着信息技术应用的普及，人们对信息体系的依赖性越来越强，信息安全已成为日趋突出的问题。一些不法分子利用信息技术手段及信息系统本身的安全漏洞，进行犯罪活动，如信息窃取、信息欺诈、信息攻击和破坏等，造成了很大的社会危害。

（4）知识产权侵权。网络媒体的出现和发展使传统著作权的主体、客体以及邻接权主体都有了一些新的变化。通过网络媒体进行的知识产权侵权，尤其是著作权侵权现象非常严重。网络传播中所需要的专业技术、计算机程序等可能涉及技术秘密或专利技术，网络域名和商标权可能与不正当竞争有关。

（5）就业压力增加。由于信息技术的广泛应用，许多原来传统的人工技术和操作多由智能信息化设备取代，由此产生了大量的剩余劳动力，虽然现代信息技术也创造了许多新的就业岗位，但尚不能满足人口发展的需要，现代信息技术导致某些行业的结构性失业，给城市就业增加了压力。

（6）对人们身心健康可能带来的不良影响。人们如果不具备一定的信息识别能力，就容易受到一些不良信息的影响和毒害，从而导致一些行为偏差。如果过多依赖计算机网络等现代媒体，那么人们阅读书本、亲身实践、人际交往等方面的能力容易被弱化。网络环境中的虚拟世界，网络中的匿名化活动，给人们带来了新的伦理问题，容易使人产生双重人格，现实生活中是一种身份，在网络虚拟世界中又扮演另外一种身份。有少数同学长期沉溺于上网，以致诱发实际生活中的社交恐惧症。有少数同学沉迷电脑游戏或网络游戏，引发厌学、逃课、自卑、自闭、抑郁、焦虑等问题。长期使用电脑，如果不注意自我调节，容易引起视力下降、颈椎疼痛等疾病。

1.2.3 信息技术从业者职业道德

大学生终将走向社会，步入职场。每个从业人员，不论从事哪种职业，在职业活动中都要遵守职业道德。职业道德不仅是从业人员在职业活动中的行为标准和要求，而且是本行业对社会所承担的道德责任和义务。

电子信息类专业毕业的大学生除遵守"爱岗敬业、诚实守信、办事公道、服务群众、奉献社会"的职业道德基本规范外，还要恪守所从事具体行业和工作的职业道德。

我国工业和信息化部对通信科技人员职业道德的基本要求如下：

（1）通信科技人员要有全程全网的观念，不能搞本位主义。

（2）通信科技人员要发扬协作精神，协调好人际关系，发扬科学技术的民主精神。

（3）通信科技人员要具有高度的组织纪律性、强烈的社会责任感。

（4）通信科技人员要遵守通信法律和有关规章制度。

（5）通信科技人员要服从社会利益，不图谋技术垄断。

（6）通信科技人员要树立服务保障观念，不图名利地位。

美国计算机伦理协会总结、归纳了以下计算机伦理十戒：

(1) 不应该用计算机去伤害他人。

(2) 不应该影响他人的计算机工作。

(3) 不应该到他人的计算机里去窥探。

(4) 不应该用计算机去偷窃。

(5) 不应该用计算机去做假证明。

(6) 不应该复制或使用没有购买的软件。

(7) 不应该在未经他人许可的情况下使用他人的计算机资源。

(8) 不应该剽窃他人的精神作品。

(9) 应该注意你正在编写的程序和你正在设计系统的社会效应。

(10) 应该始终注意,你使用计算机时是在进一步加强你对你的同胞的理解和尊敬。

1.3 电子信息与电气类专业设置

进入 21 世纪以来,我国经济社会快速发展,科技进步日新月异,高等教育实现了历史性跨越。社会环境和高等教育自身发生的巨大变化都对本科专业设置提出了新的要求。

为落实《国家中长期教育改革和发展规划纲要(2010—2020 年)》提出的要适应国家和区域经济社会发展需要,建立动态调整机制,不断优化学科专业结构的要求,2010 年 3 月教育部启动了普通高等学校本科专业目录修订工作,并印发了《教育部关于进行普通高等学校本科专业目录修订工作的通知》。

2012 年 9 月,教育部颁布了《普通高等学校本科专业目录(2012 年)》。这次修改的最大特点是将 1998 版的 0806 电气信息类进一步细分成 0806 电气类、0807 电子信息类、0808 自动化类和 0809 计算机类。

近年来,新一代信息技术蓬勃发展,并与多学科、多领域深度融合。全国各地各高校以经济社会发展需求为导向,主动服务国家战略和区域经济社会发展需要,积极面向新一代科技革命和产业变革、面向社会事业和改善民生、面向国家对外开放战略,大力发展新工科专业。

从 2012 年到 2021 年,在电气类专业设置上,教育部审批新增了电机电器智能化、电缆工程和能源互联网工程三个专业;在电子信息类专业设置上,教育部审批新增了人工智能、海洋信息工程、柔性电子学和智能测控工程四个专业;在自动化类专业设置上,教育部审批新增了机器人工程、邮政工程、核电技术与控制工程、智能装备与系统、工业智能、智能工程与创意设计六个专业;在计算机类专业设置上,教育部审批新增了数据科学与大数据技术、网络空间安全、新媒体技术、电影制作、保密技术、服务科学与工程、虚拟现实技术、区块链工程、密码科学与技术九个专业。

1.3.1 电气类专业设置

在 2021 年的普通高等学校本科专业目录中,电气类专业设置和旧版电气信息类专业的对比如表 1-1 所示。新版专业目录中,将涉及电力电子和电力系统的学科单独划分为电气类专业。

表 1-1　电气类专业设置和对比

专业代码	学科门类、专业类、专业名称	原专业代码	原学科门类、专业类、专业名称
0806	电气类	0806	电气信息类
080601	电气工程及其自动化	080601	电气工程及其自动化
		080608Y	电气工程与自动化
		080618W	电气信息工程
		080620W	电力工程与管理
		040316W	电气技术教育
		080639S	电机电器智能化
080602T	智能电网信息工程	080645S	智能电网信息工程
080603T	光源与照明	080610W	光源与照明
080604T	电气工程与智能控制	080633H	电气工程与智能控制
080605T	电机电器智能化	2016 年教育部审批新增设专业	
080606T	电缆工程	2016 年教育部审批新增设专业	
080607T	能源互联网工程	2020 年教育部审批新增设专业	

　　电气类专业涉及强电类和弱电类,强电类涉及高压发电、输电、配电等,其中包括继电保护、高压绝缘、发电机、电动汽车、新能源等,弱电类涉及电子和控制等。电气类专业主要培养的是在电能的发、送、配、用四个阶段的设计、安装和维护人才。简单地说,就是培养电气工程师的专业,如发电机的维护、变压器的安装检测、输电线路的设计、安装后的调试等。电气类专业的毕业生皆授予工学学位。

1.3.2　电子信息类专业设置

　　在 2021 年普通高等学校本科专业目录中,电子信息类专业设置和旧版电气信息类专业的对比如表 1-2 所示。

表 1-2　电子信息类专业设置和对比

专业代码	学科门类、专业类、专业名称	原专业代码	原学科门类、专业类、专业名称
0807	电子信息类	0806	电气信息类
080701	电子信息工程 (可授工学、理学学位)	080603	电子信息工程
080702	电子科学与技术 (可授工学、理学学位)	080606	电子科学与技术
		080630S	真空电子技术
		040318W	应用电子技术教育
080703	通信工程	080604	通信工程
		080632H	电信工程及管理
		080634S	信息与通信工程

续表

专业代码	学科门类、专业类、专业名称	原专业代码	原学科门类、专业类、专业名称
080704	微电子科学与工程 (可授工学、理学学位)	071202	微电子学
		080621W	微电子制造工程
		080642S	微电子材料与器件
080705	光电信息科学与工程 (可授工学、理学学位)	071203*	光信息科学与技术
		071207W	光电子技术科学
		080614W	信息显示与光电技术
		080616W	光电信息工程
		080643S	光电子材料与器件
080706	信息工程	080609Y	信息工程
		071206W	信息科学技术
		080625S	信息物理工程
080707T	广播电视工程	080617W	广播电视工程
080708T	水声工程	080644S	水声工程
080709T	电子封装技术	080214S	电子封装技术
080710T	集成电路设计与集成系统	080615W	集成电路设计与集成系统
080711T	医学信息工程	080624S	医学信息工程
080712T	电磁场与无线技术	080631S	电磁场与无线技术
080713T	电波传播与天线	080635S	电波传播与天线
080714T	电子信息科学与技术 (可授工学、理学学位)	071201	电子信息科学与技术
080715T	电信工程及管理	080632	电信工程及管理
080716T	应用电子技术教育	040318W	应用电子技术教育
080717T	人工智能	2018 年教育部审批新增设专业	
080718T	海洋信息工程	2019 年教育部审批新增设专业	
080719T	柔性电子学	2020 年教育部审批新增设专业	
080720T	智能测控工程	2020 年教育部审批新增设专业	

在电子信息类专业中，电子信息工程、电子科学与技术、微电子科学与工程、光电信息科学与工程和电子信息科学与技术五个专业的毕业生可授予工学或理学学位，其他专业的毕业生皆授予工学学位。

电子信息类专业更多地涉及信息的获取与处理以及电子设备与信息系统的设计、开发、应用和集成。

1.3.3 自动化类专业设置

在 2021 年普通高等学校本科专业目录中，自动化类专业设置和旧版电气信息类专业的对比如表 1-3 所示。

表 1-3 自动化类专业设置和对比

专业代码	学科门类、专业类、专业名称	原专业代码	原学科门类、专业类、专业名称
0808	自动化类	0806	电气信息类
080801	自动化	080602	自动化(部分)
080802T	轨道交通信号与控制	080602	自动化(部分)
080803T	机器人工程	2015 年教育部审批新增设专业	
080804T	邮政工程	2016 年教育部审批新增设专业	
080805T	核电技术与控制工程	2017 年教育部审批新增设专业	
080806T	智能装备与系统	2019 年教育部审批新增设专业	
080807T	工业智能	2019 年教育部审批新增设专业	
080808T	智能工程与创意设计	2020 年教育部审批新增设专业	

　　自动化类专业主要研究的是自动控制的原理和方法、自动化单元技术和集成技术及其在各类控制系统中的应用。它以自动控制理论为基础,以电子技术、电力电子技术、传感器技术、计算机技术、网络与通信技术为主要工具,面向工业生产过程自动控制及各行业、各部门的自动化。自动化类专业的毕业生皆授予工学学位。

1.3.4　计算机类专业设置

　　在 2021 年普通高等学校本科专业目录中,计算机类专业设置和旧版电气信息类专业的对比如表 1-4 所示。

　　在计算机类专业中,计算机科学与技术、智能科学与技术和数据科学与大数据技术三个专业的毕业生可授予工学或理学学位,信息安全专业的毕业生可授予管理学、工学或理学学位,其他专业的毕业生皆授予工学学位。

　　计算机类专业是计算机硬件与软件相结合、面向系统、侧重应用的宽口径专业,以计算机基本理论为基础,突出计算机和网络的实际应用。

表 1-4 计算机类专业划分

专业代码	学科门类、专业类、专业名称	原专业代码	原学科门类、专业类、专业名称
0809	计算机类	0806	电气信息类
080901	计算机科学与技术 (可授工学、理学学位)	080605	计算机科学与技术
		080638S	仿真科学与技术
080902	软件工程	080611W	软件工程
		080619W	计算机软件
080903	网络工程	080613W	网络工程
080904K	信息安全 (可授管理学、工学、理学学位)	071205W	信息安全
080905	物联网工程	080640S	物联网工程
		080641S	传感网技术
080906T	智能科学与技术 (可授工学、理学学位)	080627S	智能科学与技术

续表

专业代码	学科门类、专业类、专业名称	原专业代码	原学科门类、专业类、专业名称
080907T	电子与计算机工程	080637H	电子与计算机工程
080908T	空间信息与数字技术	080903W	空间信息与数字技术
080909T	电子与计算机工程	080637H	电子与计算机工程
080910T	数据科学与大数据技术(可授工学、理学学位)	2015 年教育部审批新增设专业	
080911TK	网络空间安全	2015 年教育部审批新增设专业	
080912T	新媒体技术	2016 年教育部审批新增设专业	
080913T	电影制作	2016 年教育部审批新增设专业	
080914TK	保密技术	2017 年教育部审批新增设专业	
080915T	服务科学与工程	2019 年教育部审批新增设专业	
080916T	虚拟现实技术	2019 年教育部审批新增设专业	
080917T	区块链工程	2019 年教育部审批新增设专业	
080918TK	密码科学与技术	2020 年教育部审批新增设专业	

1.4 电子信息类专业知识体系和课程设置

教育部高等学校电子信息科学与工程类专业教学指导分委员会根据教育部的要求，在学科专业发展战略研究的基础上，开展了指导性专业规范的研究和制定。其总体目标是：以办人民满意的教育为宗旨，制定一套科学的、适应不同层次和不同类型人才培养规格的、具有可操作性的专业规范，对办学思想、专业定位、专业特色、办学条件、教学内容和师资队伍等内容提出规范和要求。

2010 年 8 月，教育部高等学校电子信息科学与工程类专业教学指导分委员会发布了《高等学校电子信息科学与工程类本科指导性专业规范(试行)》(后简称《规范》)。《规范》中给出了电子信息工程和通信工程专业的专业培养目标和规格、专业教育内容和知识体系、教学条件和专业规范的主要参数指标；而其附录给出了两个专业的核心知识单元的知识点描述、专业实践教学内容描述和毕业设计(论文)基本规范。

2016 年 6 月，我国正式加入国际上最具影响力的工程教育学位互认协议之一——《华盛顿协议》，通过中国工程教育认证协会认证的工科专业毕业生学位可以得到《华盛顿协议》其他成员组织的认可。中国工程教育认证协会要求全国各地各高校贯彻落实"学生中心、产出导向、持续改进"的理念，扎实推动一流专业建设，增强"质量意识"，推动全国高校掀起一场"质量革命"，打造高等教育"质量中国"品牌。

党的十九大提出建设教育强国是中华民族伟大复兴的基础工程，高等教育最大关切是培养中国特色社会主义事业的合格建设者和可靠接班人。"质量为王，标准先行"，教育标准建设是提高教育质量的基础工程。实现高等教育内涵式发展，落实教育部党组写好高等教育"奋进之笔"行动，关键是要牢牢抓住提高质量这个"纲"，努力建设具有中国特色、世界水平的高等教育质量标准。2018 年 1 月 30 日，教育部发布了《普通高等学校本科专业类教学质量国家标准》(后简称《国标》)，涵盖普通高校本科专业目录中全部 92 个本科专业类、587 个专业，涉及全国高校 5.6 万多个专业点，这是我国发布的第一个高等教育教学质量国家标准。

电子信息类各专业内涵相互交融，学科基础理论基本相同。因此，依据《规范》和《国标》的核心内容，此节统一阐述电子信息类专业知识体系和课程设置。本章后续内容将结合当前教育部实施的工程教育专业认证标准，重点介绍烟台大学电子信息科学与技术、通信工程、集成电路设计与集成系统和物联网工程(计算机类)四个专业的 2020 版培养方案的相关内容。

1.4.1　知识体系

《规范》中规定专业人才培养规格必须满足三个方面的要求，即：素质结构要求、能力结构要求和知识结构要求。素质结构包括思想道德素质、文化素质、专业素质和身心素质；能力结构包括获取知识的能力、应用知识的能力和创新能力；知识结构包括工具性知识、人文社会科学知识、数学与自然科学知识、工程技术知识、经济管理知识和专业知识。

1.　知识结构

根据"宽口径、厚基础、强能力、求创新"的教育理念，电子信息类专业人才培养的教育内容及知识结构设计主要考虑以下五个方面因素：

(1) 面向现代化、面向世界、面向未来。

(2) 满足国民经济和社会发展对人才的需求。

(3) 遵循教育教学的基本规律。

(4) 适应电子信息科学与工程的发展趋势。

(5) 符合本专业人才培养规格的要求。

2.　知识体系

电子信息类专业教育内容和知识体系由通识教育、专业教育和综合教育三大部分组成。

1) 通识教育

通识教育包括以下内容：

(1) 人文社会科学。掌握政治学、哲学、思想道德、法律和军事理论等课程的知识。

(2) 数学与自然科学。掌握高等数学、工程数学和大学物理等课程的相关知识。

(3) 经济管理。掌握经济与管理科学的基本原理和方法，具有经济管理意识。

(4) 外语。掌握基本语法和基本词汇，具有较强的外语听说读写能力。

(5) 计算机信息技术。掌握计算机基础、计算机程序设计基础等知识，以及常用计算机工具软件。

(6) 体育。达到国家对大学生身体素质要求，并积极参与适合自己的体育锻炼。

(7) 实践能力训练。掌握基本技能和实验方法，具备应有的实验能力；达到国家对大学生军事训练要求；具有社会实践和社会调查等方面的能力。

2) 专业教育

专业教育包括以下内容：

(1) 专业相关学科基础。掌握电路与电子学、信号与系统、计算机、电磁场与电磁波等与所学专业密切相关的知识，并基本掌握相关学科的研究方法。

(2) 专业方向。专业方向具体分为信号与信息处理、通信工程、多媒体信息处理、雷达系统、光信息处理、测控系统、导航系统、微电子电路系统、广播电视工程、网络工程、信息安全、电子测量等，各校可根据自己的办学定位和专业特色自主设置专业方向。

(3) 专业实践训练。通过实验、课程设计、工程素质训练、生产实习、毕业设计等环节，达到本专业基本技能(基本操作、设计和调试等)和基本应用能力的要求。

3) 综合教育

综合教育包括以下内容：

(1) 思想教育。树立正确的人生观、世界观和价值观，达到对政治素质、道德素质和品德素质培养的要求。

(2) 学术与科技活动。参加各类科技论坛、讲座和学科竞赛等活动。

(3) 文艺活动。参与各类文艺活动。

(4) 体育活动。参与体育锻炼和体育竞赛活动。

(5) 自选活动(如创新创业实践)。参与系列讲座、自主实验、社团活动、学科竞赛、就业实习、勤工助学、创业培训和社会实践等活动。

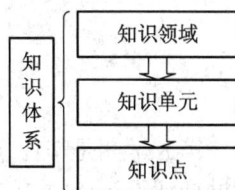

图 1-4　知识体系结构

电子信息类专业的知识体系结构如图 1-4 所示。

知识体系由知识领域、知识单元和知识点组成，其中知识领域包含若干个知识单元，每个知识单元又包含多个知识点。知识单元分为核心知识单元和可选知识单元。核心知识单元为本专业的必修内容，可选知识单元是为体现各学校的专业优势和特色而设置的教学内容，各学校可根据自己的专业特色和社会需求的变化作出适当的调整。

以电子信息工程专业为例，《规范》中指出电子信息工程专业的学科基础知识体系涵盖四大知识领域，分别是电路与电子学知识领域、信号系统与控制知识领域、计算机知识领域和电磁场知识领域。每个知识领域又涵盖了若干个知识单元，如图 1-5 所示，图中加阴影的框图为核心知识。

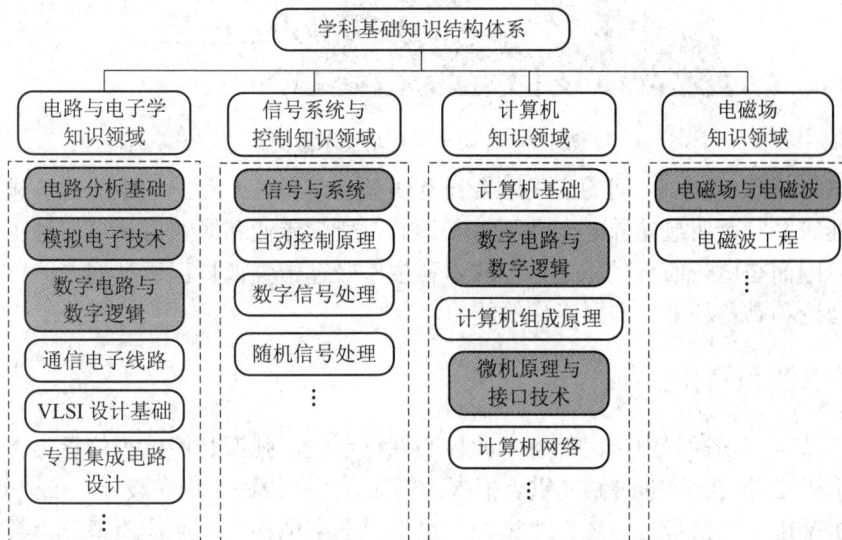

图 1-5　电子信息工程专业学科基础知识结构体系

1.4.2　课程设置

《国标》中给出了各专业类知识体系和核心课程体系建议。电子信息类各专业教学计划中的课程设置一般分四个层次，课程的开设时间如图 1-6 所示。

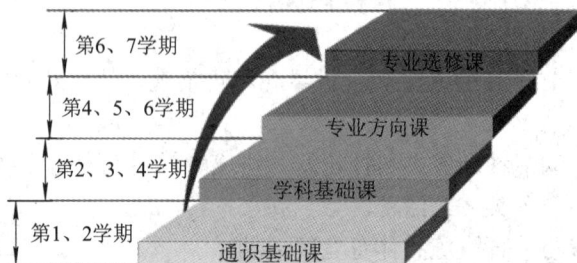

图 1-6　教学计划中的课程设置和时间安排

第 8 学期是毕业设计(论文)时间。毕业设计(论文)是重要的综合性实践教学环节。学生通过毕业设计(论文)将学习如何进行选题、开题、查阅文献资料、制定研究方案、实施方案、总结研究成果及撰写学术论文等，从而培养学生独立分析和解决生产、科研、工程等实际问题的能力，培养和发挥学生创新精神，提高学生综合素质和独立工作能力。

电子信息类各专业教学计划中的通识基础课、学科基础课几乎是相同的，部分专业基础课也相同，不同的主要是专业方向课和选修课程。各层次课程的功能如图 1-7 所示。

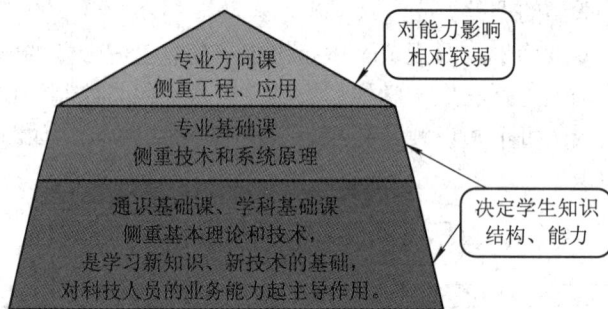

图 1-7　各层次课程功能示意图

由于电子信息各学科之间的交叉融合日益明显，使得各专业毕业生的业务领域、工作部门、行业等并没有明显差异。专业不等于行业，所学专业和毕业后从事何种工作没有必然的联系。因而与电子信息类相关专业的本科生不必过于强调自己所学的专业，关键是掌握好基础理论和具备从事某方面工作的能力。

1.4.3　重点课程简介

在此，依据《国标》中给出的各专业核心课程示例，强调几门电子信息类本科课程的重要性，希望读者在学习的时候能重点把握。例如，"高级语言程序设计"(或"C 语言")"电路分析基础""信号与系统""模拟电路""数字电路""通信原理""数字信号处理""单片机原理及应用""电磁场与电磁波""嵌入式系统原理及应用""计算机网络"

等课程。

"高级语言程序设计"是计算机类专业的一门基础课，主要讲授程序设计初步知识，包括算法、数据描述、程序的三种结构、函数等与计算机语言相关内容。本课程的教学目标是通过学习用典型的程序设计语言——C(C++)语言，建立起程序设计的概念，掌握程序设计的基本方法和技巧，养成良好的程序设计风格，从而具备应用程序设计解决相关专业领域内实际问题的基本能力。

"电路分析基础"为电子信息类专业的学科基础课，是所有强电专业和弱电专业的必修课。它既是电子信息类专业课程体系中数学、物理学等学科基础课的后续课程，又是电子信息类所有专业的后续技术基础课和专业基础课的基础。在整个电子信息类专业的人才培养方案和课程体系中起着承前启后的重要作用。"电路分析基础"课程理论严密、逻辑性强，有广阔的工程背景。学习"电路分析基础"课程，对培养学生的科学思维能力，树立理论联系实际的工程观点和提高学生分析问题与解决问题的能力，都有重要的作用。该课程主要包括以下几个部分内容：第一部分为电路模型和电路定律，第二部分为电阻电路的等效变换，第三部分为电阻电路的一般分析法，第四部分为电路定理，第五部分为含有运算放大器电路的分析，第六部分为一阶电路，第七部分为二阶电路，第八部分为相量法，第九部分为阻抗和导纳，第十部分为互感，第十一部分为三相电路。

"信号与系统"是电子信息类专业的一门重要的专业基础课。它主要介绍确定性信号的特性、线性非时变系统的特性，信号通过线性系统的基本分析方法以及由某些典型信号通过某些典型系统引出的一些重要的基本概念。通过本课程的学习，要求学生掌握信号分析及线性系统的基本理论及分析方法，能建立简单电路与系统的数学模型，对数学模型求解，对所得结果给以物理解释，赋予物理意义。

"模拟电路"是工科院校电子信息、电气、自动化、机电一体化等相关专业本科生的主要基础理论课程之一，也是这些专业本科生的主干必修课程。本课程的教学目的是使学生掌握模拟电子电路的基本工作原理、基本分析方法和基本应用技能，使学生能够对各种由集成电路或(和)分立元件构成的基本电路单元进行分析和设计，并能够根据实际要求应用这些单元电路构成模拟电子系统，为后续专业课程的学习奠定坚实的基础。通过本课程的学习，使学生逐步提高获取知识的能力，逐步学会和掌握解决工程问题的思维方法和研究方法。本课程的教学内容包括：常用半导体器件；基本放大电路；多级放大电路；集成运算放大电路；放大电路的频率响应；放大电路中的反馈；信号的运算和处理；波形的发生和信号的转换；功率放大电路；直流电源等。

"数字电路"是计算机、通信、电子相关专业本科学生的一门主要课程。它是"计算机组成与结构"等硬件课程的主要先导课程之一，是一门重要的专业基础课。本课程系统地介绍逻辑电路的分析和设计方法，重点是组合逻辑电路和同步时序逻辑电路的分析与设计(根据给定逻辑电路图，确定电路的逻辑功能；根据给定技术指标和逻辑要求，设计出实现所需功能的逻辑电路)；介绍数字系统的一般构成原则和设计过程及 VHDL 描述方法。本课程的主要目的是使学生了解和掌握从对数字电路或数字系统提出要求开始，到用集成电路来实现所需逻辑功能为止的整个过程的完整知识。本课程的基本要求除了系统地掌握组合逻辑电路和同步时序逻辑电路的分析与设计的经典方法之外，还要求掌握利用现代 EDA 系统进行数字系统设计的先进的思想与方法。

　　"通信原理"课程是电子信息类专业的重要专业课。本课程的教学目标是：掌握通信系统的基本组成与工作原理；掌握评价各种系统的性能指标及基本分析方法；了解为改善各种通信系统性能所使用的技术，为研究设计各种通信系统奠定必要的基础。开设本课程旨在通过理论教学与实践操作训练，使学生掌握通信基础知识、模拟信号通信原理、模拟信号数字化通信原理、数字信号通信原理，了解数字通信中的信道编码及同步的概念，为"数字信号处理""计算机网络""移动通信""光纤通信"等后续课程奠定必要的专业理论基础。

　　"数字信号处理"是通信工程、电子信息工程、电子科学与技术和电子信息科学与技术等专业本科学生的重要专业课。它讲述数字信号及数字信号处理系统的时域、频域理论。通过本课程的学习，学生应掌握或了解数字信号处理的基本理论、基本分析方法、基本算法和基本实现方法，为学生能够解决通信、雷达、遥感、探测等有关专业领域中的数字信号问题提供必要的基础。

　　"单片机原理及应用"是计算机科学与技术、电子信息工程、电子科学与技术、通信工程、自动控制、物联网工程等专业工程应用能力和创新能力培养的一门重要专业课。通过本课程的学习，使学生掌握单片机技术及其在工业控制、经济建设和日常生活中的应用，培养学生实践能力、创新能力和新产品设计开发能力，为将来从事电子电器新产品设计开发及电子产品的检测和维护等工作奠定坚实的基础。本课程重点包括单片机体系结构、存储器体系结构、指令系统、汇编语言程序设计、中断系统及其应用、定时器及其应用、外围设备与单片机的接口技术和单片机应用系统设计等。

　　"电磁场与电磁波"是电子信息类专业的重要专业基础课。它在普通物理，尤其是电磁学的基础上，讲述电磁场和电磁波的基本规律，研究求解电磁波问题的基本方法，讨论电磁波的产生、辐射、传播和传输，介绍电磁场和电磁波的主要应用。通过本课程的学习，可为后续课程(微波技术、电波传播、天线、通信原理、无线通信等)研究有关的电磁问题做准备，也为解决今后工作中遇到的电磁场和电磁波问题奠定必要的基础。

　　"嵌入式系统原理及应用"是电子信息类专业的一门专业方向课。学生在学习本课程之前应当具有单片机系统组成原理和计算机操作系统的预备知识。通过本课程的学习，可以深刻理解嵌入式系统的概念和基本要素，掌握嵌入式系统软硬件设计的基本方法，跟踪嵌入式系统最新设计理念，实践嵌入式系统项目开发基本流程，为深入开展嵌入式系统相关科研项目研究奠定良好的基础。本课程是一门综合性的专业课，主要讲授嵌入式系统的基本概念，嵌入式系统的体系结构，ARM 指令系统，ARM 程序设计基础，嵌入式系统硬件开发和操作系统的移植等。

　　"计算机网络"是计算机科学与技术、通信工程、网络工程、物联网工程等专业的必修课程。在当前的国民经济中，计算机网络通信技术应用越来越广泛，地位越来越重要。该课程要求学生掌握计算机网络体系结构、各层次意义及其相互间关系和网络互连等知识，为将来进行计算机网络通信领域的开发和研究、网络的使用和维护打下良好的基础。通过该课程的学习，学生要全面系统地掌握计算机网络的发展历史、计算机网络体系结构、物理层、数据链路层、信道共享技术、局域网、网络互连、运输层、高层协议、网络新技术和计算机网络安全等内容，学会用分层次的体系结构来分析资源子网和通信子网。通过网上练习和实验，验证和掌握计算机网络的安装、配置、调试、开发与应用，提高利用计算机解决实际网络通信问题的技能。

1.5　电子信息科学与技术专业简介

电子信息科学与技术主要研究电子、信息技术和计算机等方面的基本知识和技能，涉及现代电子技术、现代通信技术、计算机技术及网络技术等多个领域。

1.5.1　培养目标

电子信息科学与技术专业培养德智体美劳全面发展，适应我国社会和经济发展需求，能在电子信息产业中的新兴领域及传统行业从事产品开发、工程设计、生产制造、应用研究和经营管理等工作的高素质应用型工程技术人才。

预期本专业的毕业生经过五年左右的实践锻炼达到以下目标：

(1) 能够成功开展与专业相关的职业工作，适应独立和团队工作环境。

(2) 有比较宽泛的专业知识结构，注重专业知识与社会实践相结合，具备参与制定企业发展规划的初步能力，注重社会和谐与可持续发展。至少能够胜任下述工作之一：能够在电子信息科学与技术所涉及的电子技术、信息处理和交换、嵌入式系统及相关领域从事较深入的技术工作；能够胜任电子产品和电子信息系统全流程的开发、设计、生产、维护、管理等工作。

(3) 有良好的职业道德和敬业精神，有家国情怀和社会责任感，有意愿并且有能力服务于社会。

(4) 能够通过终身学习来顺应社会发展，提升自身素养和业务能力。

1.5.2　具体要求

电子信息科学与技术专业的学生，通过学习，需达到下列要求方可毕业。

(1) 工程知识：能够将数学、自然科学、工程基础和专业知识用于解决电子信息科学与技术领域的复杂工程问题。

(2) 问题分析：能够应用数学、自然科学、工程科学的基本原理，并结合文献研究，识别电子信息科学与技术领域的复杂工程问题的关键所在，知晓并表达系统的工作原理，完成系统可行性分析。

(3) 设计/开发解决方案：能够应用电子信息科学与技术的基本原理和方法设计、开发满足用户需求的电子信息系统、电子产品和关键部件，能够在设计环节中体现创新意识并综合考虑社会、健康、安全、法律、文化以及环境等因素。

(4) 研究：能够基于科学原理并采用科学方法对电子信息系统和电子产品进行研究，包括设计实验、分析与解释数据并通过信息综合得到合理有效的结论。

(5) 使用现代工具：能够针对电子信息系统和电子产品开发、选择与使用恰当的工作平台、测量仪器、仿真软件和信息技术工具，包括对其中的复杂工程问题进行预测与模拟，并能够理解其局限性。

(6) 工程与社会：了解与电子信息科学与技术相关的政策、法律法规、知识产权和技术标准体系,并基于本专业相关背景知识进行合理分析,从工程师所应承担的社会责任的角度客观评价本专业复杂工程问题解决方案的工程实践对社会、健康、安全、法律以及文化的影响,理解应承担的责任。

(7) 环境和可持续发展:能够理解和评价针对电子信息科学与技术领域复杂工程问题的工程实践对环境、社会可持续发展的影响。

(8) 职业规范:具有人文社会科学素养、社会责任感,能够在电子信息科学与技术领域产品开发应用的工程实践中理解并遵守工程职业道德和规范,履行责任,树立和践行社会主义核心价值观。

(9) 个人和团队:能够在多学科背景下的团队中承担个体、团队成员以及负责人的角色。

(10) 沟通:能够就电子信息科学与技术领域复杂工程问题与业界同行及社会公众进行有效沟通和交流,包括撰写报告和设计文稿、陈述发言、清晰表达或回应指令,并具备一定的国际视野,能够在跨文化背景下进行沟通和交流。

(11) 项目管理:理解并掌握工程管理原理与经济决策方法,并能在多学科环境中应用。

(12) 终身学习:具有自主学习和终身学习的意识,有不断学习和适应发展的能力。

1.5.3　核心专业课程

电子信息科学与技术专业的核心专业课程包括:高级语言程序设计、电路分析基础、模拟电子技术、数字电路、信号与系统、电磁场与电磁波、通信原理、数字信号处理、射频通信原理、数据通信与计算机网络等。

本专业的专业实践教学环节包括:专业认知实习、专业创新创业实践、专业实习、毕业设计、电子工艺实习、电子电路课程设计、电子产品设计、计算机软件课程设计、信号处理课程设计、印制板制作生产实习、单片机应用课程设计、嵌入式应用课程设计、通信系统建模与仿真课程设计、移动通信网络规划课程设计等。

1.5.4　就业方向与就业前景

电子信息科学与技术专业的培养方向包括信息光电子科学与技术、信息显示科学与技术、微电子技术、大规模集成电路系统、光纤通信、应用电子技术和新型电子器件与系统等。

学生就业方向为在微电子、光电子、通信、计算机、测控等相关领域的科研院所和企业从事专用集成电路设计、电子元器件研制、电磁兼容设计、测控仪器软硬件设计和电子企业的生产管理等工作。

当前,美国、西欧、日本、韩国的电子信息产业已经步入上升轨道。中国随着市场开放和外资的不断涌入,电子信息产业开始焕发活力。中国已将新一代信息技术产业列入重点扶植产业之一,中国军事和航天事业的蓬勃发展也必然带动电子信息行业的发展和内需。中国电子信息产业将有一个明显的发展空间,高科技含量的自主研发的产品将进入市场,形成自主研发和来料加工共存的局面;中国大、中、小型企业的分布和产品结构趋于合理,出口产品将稳步增加;高技术含量产品将向民用化发展,必然促进产品的内需和产量。随着社会需求的逐步扩大，电子信息科学与技术专业总体就业前景看好。

1.5.5 考研方向

电子信息科学与技术的考研方向包括物理电子学、电路与系统、微电子学与固体电子学、电磁场与微波技术、通信与信息系统、信号与信息处理、无线电物理、检测技术与自动化装置、模式识别与智能系统、电机与电器、电力电子与电力传动、计算机应用技术等学科的学术型硕士和电子信息专业学位硕士。

根据教育部和第三方高等教育评价机构的排名，国内电子信息科学与技术专业实力较强的高校有：电子科技大学、北京大学、清华大学、上海交通大学、东南大学、西安电子科技大学、复旦大学、浙江大学、南京大学、吉林大学、华中科技大学、西安交通大学、北京航空航天大学、北京理工大学、北京邮电大学、国防科技大学、武汉大学、山东大学、厦门大学、天津大学等。

1.6 通信工程专业简介

通信技术，又称通信工程(也称信息工程、电信工程，旧称远距离通信工程、弱电工程)，是电子工程的重要分支，同时也是其中一个基础学科。该学科关注的是通信过程中的信息传输和信号处理的原理和应用。通信工程研究的是以电磁波、声波或光波的形式把信息从发送端传输到一个或多个接收端的问题。

1.6.1 培养目标

通信工程专业培养德智体美劳全面发展的社会主义事业合格建设者和可靠接班人，培养能够适应现代科学技术及地方社会经济发展需要，具有扎实的数理、工程基础知识，具备通信工程领域坚实的基础理论、专业知识及基本技能，具有解决复杂问题的能力、创新意识及团队精神，能够在通信、电子信息、网络技术等领域的公司、企事业单位以及国防教育等部门从事通信技术、电子信息技术、通信设备、通信系统、通信网络的研究、设计、开发、应用、管理和优化的高素质应用型工程技术人才。

预期通信工程专业的毕业生经过五年左右的实践锻炼达到以下目标：

(1) 德智体美劳全面发展，具备良好的人文科学素养、职业道德、社会责任感和安全环境意识，成为社会主义事业合格建设者和可靠接班人。

(2) 能够适应地方经济和现代通信工程技术的发展，具备独立发现、研究与解决通信或信息技术相关领域复杂工程问题的能力。

(3) 能够有效运用工程专业知识和技术，在通信或信息技术相关领域从事研究、设计、开发、运营、管理或服务工作。

(4) 具备健全的人格和科学文化素养，具有团队意识和沟通能力，能够在多学科团队和跨文化环境下发挥有效作用。

(5) 具有全球化意识和国际视野，具备工程创新能力，能够适应形势和环境的变化，拥有自主学习和终身学习的能力。

1.6.2　具体要求

通信工程专业的学生，通过学习，需要达到下列要求方可毕业。

(1) 工程知识：能够掌握与通信工程相关的数学、自然科学、工程基础和专业知识，并能运用所学知识解决通信工程领域的复杂工程问题。

(2) 问题分析：能够应用数学、自然科学、工程科学的基本原理，结合文献研究，对通信工程领域的复杂工程问题进行识别、表达和分析，以获得有效结论。

(3) 设计/开发解决方案：能够综合考虑社会、健康、安全、法律、文化以及环境等因素，针对通信工程领域的复杂工程问题设计有效的解决方案，根据特定需求实现通信模块、系统或网络功能，在设计过程中能够体现创新意识。

(4) 研究：能够针对通信工程领域的复杂工程问题，基于通信原理和信号与信息处理相关科学原理进行方案研究，通过查阅文献、设计仿真/实验、分析与解释数据、综合信息等科学方法，解决通信工程领域的复杂工程问题，给出合理有效的结论。

(5) 使用现代工具：能够针对通信工程领域的复杂工程问题，选择、使用和开发恰当的通信技术、资源、仪器设备、现代工程工具和信息技术工具，搭建满足特定需求的开发环境，对复杂工程问题进行预测与模拟，并能够理解和分析所用技术与工具的适用场合和局限性。

(6) 工程与社会：了解与通信工程领域相关的政策、法律法规、知识产权和技术标准体系，能够基于通信工程相关背景知识进行合理分析，能够从工程师所应承担的社会责任的角度，客观评价通信工程实践领域中复杂工程问题的解决方案对社会、健康、安全、法律以及文化的影响，理解应承担的责任。

(7) 环境和可持续发展：能够理解和评价针对通信工程领域复杂工程问题的专业工程实践对环境、社会可持续发展的影响。

(8) 职业规范：具有人文社会科学素养、社会责任感，能够在通信工程实践中理解并遵守工程职业道德和规范，履行责任，树立和践行社会主义核心价值观。

(9) 个人和团体：具有团队意识和沟通能力，能够在与通信工程相关的多学科背景下的团队中承担个体、团队成员以及负责人的角色。

(10) 沟通：能够就通信工程领域的复杂工程问题与业界同行及社会公众进行有效沟通和交流，包括撰写报告和设计文稿、陈述发言、清晰表达或回应指令，并具备一定的国际视野，能够在跨文化背景下进行沟通和交流。

(11) 项目管理：理解并掌握工程管理原理与经济决策方法，并能在与通信工程相关的多学科环境中应用。

(12) 终身学习：能够意识到学习在职业发展过程中的必要性和重要性，具有自主学习和终身学习的能力，具有适应时势不断学习和发展的能力。

1.6.3　核心专业课程

通信工程专业的核心专业课程包括：高级语言程序设计、算法与数据结构、电路分析基础、模拟电子技术、数字电路、信号与系统、电磁场与电磁波、通信工程专业导论、通信原理、数字信号处理、信息理论与编码、射频通信原理、通信网理论基础、数字通信与计算机网络、计算机组成原理、光通信技术、无线通信与移动通信技术等。

本专业的专业实践教学环节包括：专业认知实习、专业创新创业实践、专业实习、毕业设计、电子工艺实习、电子电路课程设计、通信系统建模与仿真课程设计、电子终端设计、信号处理课程设计、计算机软件课程设计、移动通信网络规划课程设计、印制板制作生产实习、单片机应用课程设计、嵌入式应用课程设计等。

1.6.4　就业方向与就业前景

通信工程是信息科学技术发展迅速并极具活力的一个领域，尤其是数字移动通信、光纤通信、Internet 网络通信使人们在传递信息和获得信息方面达到了前所未有的便捷程度。通信工程具有极广阔的发展前景，也是人才相对短缺的专业之一。

该专业的培养方向包括网络与交换、计算机通信、移动通信、光纤通信、多媒体通信、电信网规划与设计、雷达系统、宽带交换技术、数据通信与计算机网络、嵌入式通信系统设计、无线互联网、个人通信、光互联网络、信息安全和无线通信网与频谱管理等。

通信工程专业就业方向很广。专业比较对口的有各大运营商，比如移动、联通、网通、电信、广电等；还有通信设备制造商，比较著名的有华为、中兴、大唐、爱立信、Intel、思科等；毕业生就业还可以去计算机软件公司，著名的有微软、Google、阿里、Baidu、腾讯等；也有很多人转行做通信电子相关企业的管理或销售工作。

总的来说，通信工程专业的就业方向一般包括电信部门、通信信息产业、金融系统、计算机公司、通信设备生产企业、广播电视传输部门、企事业单位、大专职业院校等。通信工程专业的毕业生可从事计算机通信网和数字通信设备的设计、操作、管理、维护以及信息系统的开发与研究工作；也可从事计算机网络、通信网络、程控交换等方面的教育、行政管理和其他相关工作。不考虑转行或个别公司的特殊分工，一般毕业生从事的工作可以分为研发和市场两个，研发方向又可以细分为射频工程师、硬件工程师、软件工程师以及测试工程师、技术支持、运营维护等方向；市场方向就包括咨询、销售、市场调查、方案策划、审计、业务拓展等需要一定专业背景而又偏文科的工作。

1.6.5　考研方向

通信工程的考研方向包括通信与信息系统、信号与信息处理、电路与系统、微电子学与固体电子学、电磁场与微波技术、控制理论与控制工程、检测技术与自动化装置、模式识别与智能系统、导航制导与控制、电力系统及其自动化、电力电子与电力传动、计算机软件与理论、计算机应用技术等学科的学术型硕士和电子信息专业学位硕士。

根据教育部和第三方高等教育评价机构的排名，国内通信工程专业实力较强的高校有：北京邮电大学、电子科技大学、西安电子科技大学、清华大学、东南大学、上海交通大学、国防科技大学、北京理工大学、北京交通大学、北京航空航天大学、哈尔滨工业大学、解放军信息工程大学、解放军理工大学、北京大学、天津大学、大连理工大学、哈尔滨工程大学、南京邮电大学、浙江大学、中国科学技术大学等。

1.7 集成电路设计与集成系统专业简介

集成电路设计与集成系统是多学科交叉、高技术密集的学科，是现代电子信息科技的核心技术，是国家综合实力的重要标志。集成电路设计与集成系统专业主要以培养高层次、应用型、复合型的芯片设计工程人才为目标，为计算机、通信、家电和其他电子信息领域培养既具有系统知识又具有集成电路设计基本知识，同时还具有现代集成电路设计理念的新型研究人才和工程技术人员。

1.7.1 培养目标

集成电路设计与集成系统专业培养适应我国社会主义现代化建设需要，德智体美劳全面发展的社会主义事业合格建设者和可靠接班人；培养具有良好的思想品德与人文素养，掌握微电子器件、集成电路及集成系统的基本理论、方法及工具，具备较强的工程实践和创造能力，能在电子系统开发、芯片设计以及相关领域从事研究、制造及管理工作的高素质应用型人才。

对于该专业学生，预期毕业生经过五年左右的实践锻炼达到以下目标：

(1) 解决问题能力：能够在集成电路工艺、器件、电路、版图及集成系统设计相关领域发现、分析、解决与专业职位相关的复杂工程问题；能够在相关领域从事研究、设计、开发、应用等深入的技术工作；能够适应国内 IC 相关行业的发展，成为本行业企业的骨干。

(2) 自主学习能力：在集成电路和集成系统设计方面，有较强的实践动手能力和创新意识，能够紧跟国际与国内行业理论前沿、技术进步等发展动态，有独立获取知识的能力，具有终身学习、专业发展和领导能力。

(3) 健全的人格：持续增强和展示自身健全人格、专业能力、工程师职业道德和人文情怀，适应独立和国内外团队工作环境，有较好的交流沟通能力。

(4) 社会责任感：具有较高的社会责任感，工作中能够全面考虑社会、健康、安全、法律、文化及环境等因素，并遵守工程职业道德和规范。

1.7.2 具体要求

集成电路设计与集成系统专业的学生，通过学习，需要达到下列要求方可毕业。

(1) 工程知识：能够将数学、自然科学、工程基础和专业知识用于解决集成电路设计与集成系统领域的复杂工程问题。

(2) 问题分析：能够应用数学、自然科学、工程科学的基本原理，结合文献研究，对集成电路设计与集成系统领域的复杂工程问题进行识别、表达和分析，以获得有效结论。

(3) 设计/开发解决方案：能够综合考虑社会、健康、安全、法律、文化以及环境等因素，针对集成电路设计与集成系统领域的复杂工程问题设计有效的解决方案，在设计过程中能够体现创新意识。

(4) 研究：能够针对集成电路设计与集成系统领域的复杂工程问题，基于集成电路设计与集成系统相关科学原理进行方案研究，通过查阅文献、设计仿真/实验、分析与解释数据、综合信息等科学方法，给出合理有效的结论。

(5) 使用现代工具：能够针对集成电路设计与集成系统领域的复杂工程问题，开发、选择和使用恰当的半导体器件与集成电路制造工艺、仪器设备、仿真软件等资源与工具，搭建满足特定需求的开发环境，对复杂工程问题进行预测与模拟，并能够理解和分析所用技术与工具的适用场合和局限性。

(6) 工程与社会：了解集成电路设计与集成系统领域相关的政策、法律法规、知识产权和技术标准体系，能够基于集成电路设计与集成系统相关背景知识进行合理分析，能够从工程师所应承担的社会责任的角度，客观评价集成电路设计与集成系统领域的复杂工程问题解决方案对社会、健康、安全、法律以及文化的影响，并理解应承担的责任。

(7) 环境和可持续发展：能够理解和评价针对集成电路设计与集成系统领域复杂工程问题的工程实践对环境、社会可持续发展的影响。

(8) 职业规范：具有人文社会科学素养、社会责任感，能够在集成电路设计与集成系统实践中理解并遵守工程职业道德和规范，履行责任，树立和践行社会主义核心价值观。

(9) 个人和团队：具有团队意识和沟通能力，能够在集成电路设计与集成系统相关的多学科背景下的团队中承担个体、团队成员以及负责人的角色。

(10) 沟通：能够就集成电路设计与集成系统领域的复杂工程问题与业界同行及社会公众进行有效沟通和交流，包括撰写报告和设计文稿、陈述发言、清晰表达或回应指令，并具备一定的国际视野，能够在跨文化背景下进行沟通和交流。

(11) 项目管理：理解并掌握工程管理原理与经济决策方法，并能在集成电路设计与集成系统相关的多学科环境中应用。

(12) 终身学习：能够意识到学习在职业发展过程中的必要性和重要性，具有自主学习和终身学习的能力，具有适应时势不断学习和发展的能力。

1.7.3 核心专业课程

集成电路设计与集成系统专业的核心专业课程包括：电路分析基础、模拟电子技术、数字电路、信号与系统、电磁场与电磁波、集成电路器件与工艺、模拟集成电路设计、数字集成电路设计、射频集成电路设计、数模混合集成电路设计、集成电路封装与测试技术、微电子器件可靠性技术、SoC 片上系统设计、半导体高速器件等。

本专业的专业实践教学环节包括：专业认知实习、专业创新创业实践、专业实习、电子工艺实习、毕业设计、电子电路课程设计、集成电路课程设计、计算机软件课程设计、印制板制作生产实习、嵌入式应用课程设计、电子产品设计、单片机应用课程设计、电子终端设计、通信系统建模与仿真课程设计等。

1.7.4 就业方向与就业前景

集成电路设计与集成系统专业的毕业生可在集成电路设计公司或集成电路生产企业从事集成电路设计、制造、封装测试、工具研发、系统开发等工作，也可从事相关领域的科研与教学工作。

我国的集成电路产业正处于飞速上升期，缺乏高端人才，特别是系统级高端设计人才。

在集成电路与集成系统领域，不仅缺乏技术型人才，而且缺乏市场营销人员、高端管理人才和团队，更匮乏领军人才。

国家集成电路产业"十二五"发展规划提出加强人才培养，着力发展芯片设计业；2014年6月，国务院印发《国家集成电路产业发展推进纲要》进一步指出，要着力发展集成电路设计业，加大人才培养力度；2016年4月，教育部、国家发改委、工信部等七部委联合发布《教育部等七部门关于加强集成电路人才培养的意见》；2020年7月，国务院学位委员会投票通过集成电路专业作为一级学科，将从电子科学与技术一级学科中独立出来的提案。上述举措均有助于缓解我国集成电路产业对人才需求的紧张情况。

1.7.5　考研方向

集成电路设计与集成系统的考研方向包括微电子学与固体电子学、物理电子学、集成电路集成系统、电子封装技术、微电子科学与工程、集成电路设计、半导体材料、通信与信息系统、信号与信息处理、电路与系统、电机与电器、电力电子与电力传动、模式识别与智能系统等学科的学术型硕士和电子信息专业学位硕士。

根据教育部和第三方高等教育评价机构的排名，国内集成电路设计与集成系统专业实力较强的高校有：电子科技大学、西安电子科技大学、北京大学、清华大学、东南大学、北京邮电大学、复旦大学、上海交通大学、南京大学、浙江大学、西安交通大学、北京航空航天大学、北京理工大学、天津大学、吉林大学、南京邮电大学、杭州电子科技大学、华中科技大学、西北工业大学、国防科技大学等。

1.8　物联网工程专业简介

物联网工程是在计算机科学与技术、网络工程、电子技术、信息工程、通信工程及其他边缘学科交叉渗透、相互融合的基础上发展起来的一门新型应用型学科。物联网工程专业属于计算机类专业，国内高校大多将其设置在计算机学院或电子信息工程学院。

1.8.1　培养目标

物联网工程专业培养德智体美劳全面发展的社会主义事业合格建设者和可靠接班人，培养能够适应现代科学技术及地方社会经济发展的需要，具有良好的人文、科学和工程素养，系统地掌握物联网工程领域的基本理论，具有坚实的专业知识、良好的科学思维和系统的工程实践经验，具备科学研究能力、工程创新能力，能够综合运用学科基础知识与工程技术解决复杂工程问题，能够从事物联网技术研究和应用系统的设计、开发及维护等工作的高素质应用型工程技术人才。

对于物联网工程专业的学生，预期毕业生经过五年左右的实践锻炼达到以下目标：

(1) 具备良好的人文科学素养、职业道德、社会责任感，在工程实践及技术开发中遵守道德规范、法律法规。

(2) 具有扎实的理论基础，具备解决物联网领域复杂工程问题所需要的工程科学知识、工程技术知识和工程环境知识，熟悉物联网技术在国内外的应用现状和发展趋势。

(3) 能够提炼、分析物联网领域工程项目实施过程中遇到的关键问题，具备运用工程技术解决物联网工程及相关领域复杂工程问题的实际工作能力，具备从事物联网及相关领域工程项目的创新实践能力。

(4) 具有国际化视野及国际交流能力，具有一定的组织管理能力和团队合作能力，具备在团队中分工协作、交流沟通的能力。

(5) 拥有自主学习和终身学习的能力，不断更新和拓展自身的知识和技能，具有不断学习适应社会发展和行业竞争的能力。

1.8.2 具体要求

物联网工程专业的学生，通过学习，需要达到下列要求方可毕业。

(1) 工程知识：能够运用数理知识、工程基础、自然科学以及物联网工程专业知识，解决物联网领域的复杂工程问题。

(2) 问题分析：能够应用数学、自然科学、工程科学的基本原理，借助文献研究、仿真分析、实验设计等多种方法，对物联网领域的复杂工程问题进行识别、表达和分析，以获得有效结论。

(3) 设计/开发解决方案：能够针对物联网领域的复杂工程问题，设计有效解决方案和满足特定需求的物联网系统，并能够在设计环节中体现创新意识，综合考虑社会、健康、安全、法律、文化以及环境等因素。

(4) 研究：能够针对物联网领域感知、接入及处理等方面的复杂工程问题，基于科学原理并采用科学方法进行研究，包括文献研究、设计仿真/实验、分析与解释数据，并通过信息综合得到合理有效的结论。

(5) 使用现代工具：能够针对物联网领域感知、接入及处理应用等复杂工程问题，开发、选择和使用恰当的物联网技术、资源、仪器设备、现代工程工具和信息技术工具，搭建满足特定需求的开发环境，对复杂工程问题进行预测与模拟，并能够理解和分析所用技术与工具的适用场合和局限性。

(6) 工程与社会：能够基于物联网工程相关背景知识进行合理分析，评价物联网工程实践活动和物联网领域的复杂工程问题解决方案对社会、健康、安全、法律以及文化的影响，并理解应承担的责任。

(7) 环境和可持续发展：能够理解和评价针对物联网领域复杂工程问题的专业工程实践对环境、社会可持续发展的影响。

(8) 职业规范：具有人文社会科学素养和社会责任感，能够在物联网工程实践中理解并遵守工程职业道德和规范，履行责任，树立和践行社会主义核心价值观。

(9) 个人和团体：具有团队意识和沟通能力，能够在与物联网相关的多学科背景下的团队中承担个体、团队成员以及负责人的角色。

(10) 沟通：能够就物联网领域的复杂工程问题与业界同行及社会公众进行有效沟通和交流，包括撰写报告和设计文稿、陈述发言、清晰表达或回应问题，并具备一定的国际视野，能够在跨文化背景下进行沟通和交流。

(11) 项目管理：理解并掌握工程管理原理与经济决策方法，并能在与物联网相关的多学科环境中应用。

(12) 终身学习：能够意识到学习在职业发展过程中的必要性和重要性，具有自主学习和终身学习的能力，具有适应时势不断学习和适应社会发展的能力。

1.8.3　核心专业课程

物联网工程专业的核心专业课程包括：高级语言程序设计、算法与数据结构、计算机组成原理、简明电路分析基础、信号与系统、离散数学、数字电路、操作系统、通信原理、计算机网络、传感器原理与应用、嵌入式系统原理及应用、物联网控制原理与技术、数据库原理与应用、物联网通信技术、RFID 技术等。

本专业的专业实践教学环节包括：专业认知实习、专业创新创业实践、专业实习、电子工艺实习、毕业设计、电子电路课程设计、物联网综合实训课程设计、通信系统建模与仿真课程设计、电子终端设计、嵌入式应用课程设计、移动通信网络规划课程设计、计算机软件课程设计、Web 开发课程设计、印制板制作生产实习等。

1.8.4　就业方向与就业前景

物联网工程专业是国家战略型新兴产业急需并指定大力发展的专业，未来有很大的需求和发展空间。

该专业的培养方向包括物联网系统集成硬件开发、物联网软件开发、Web 网站开发、传感技术及应用、自动控制、嵌入式系统开发、无线组网及维护、数据库设计与应用、物联网规划、物联网服务以及物联网跨专业融合等。

物联网技术应用面广，渗透性强，具有服务于各行业的性质。物联网工程专业的毕业生能够在科研部门从事物联网相关领域的科学研究工作，也能胜任物联网技术在智能交通、环境保护、地质灾害监测、政府工作、公共安全、平安家居、智能消防、工业监测、农业信息化、物流管理、个人健康等多个领域中的应用工作。

1.8.5　考研方向

物联网工程的考研方向包括计算机系统结构、计算机软件与理论、计算机应用技术、控制理论与控制工程、检测技术与自动化装置、系统工程、模式识别与智能系统、导航制导与控制、通信与信息系统、信号与信息处理、电路与系统、微电子学与固体电子学、物理电子学、电力系统及其自动化、电力电子与电力传动等学科的学术型硕士和电子信息专业学位硕士。

根据教育部和第三方高等教育评价机构的排名，国内物联网工程专业实力较强的高校有：电子科技大学、西安交通大学、西安电子科技大学、吉林大学、北京理工大学、哈尔滨工业大学、武汉大学、南京航空航天大学、北京邮电大学、东南大学、江南大学、北京交通大学、浙江工业大学、武汉理工大学、广东工业大学、河海大学、中南大学、北京科技大学、东北大学、华中科技大学、山东大学等。

1.9 大学学习的特点、方法、问题和解决思路

学习是构成大学丰富多彩生活的中心内容，也是大学生最重要的职责与使命。大学阶段的学习与中学阶段的学习相比，在学习内容、学习方法等方面发生了较大变化。对于刚进入大学的新生而言，如何适应这些变化，尽快了解和掌握大学学习的基本规律，是摆在每一名新生面前的首要问题。

1.9.1 大学学习的特点

1. 大学学习内容的专业性

(1) 职业定向、目标明确。

大学学习实际上是一种高层次的专业学习，在中学学习科学文化基础知识和基本技能的基础上，大学阶段的学习不仅分出了文科、理科和工科等，而且进一步分出具体的学科大类和专业。

(2) 课程设置紧扣专业发展需要。

大学阶段所学的课程是由通识基础课、学科基础课、专业方向课组成的，基础课一般为必修，而专业方向课又可分为必修课、限选课和任选课，这些课程都紧紧围绕一个中心，即为培养专门人才服务。

基础课帮助大学生形成一个合理的基础知识结构体系，为学生掌握专业知识、发展有关专业能力打下坚实的基础；学科基础课是指同专业知识、技能直接联系的基础课程；专业课方向课主要是指那些与所学的专业联系较紧密、针对性比较强、某一专业必须学习掌握的课程，此类课程是保证培养专门人才的根本。

(3) 专门的专业实践能力训练。

各级各类高等院校教学计划中都安排了实验、生产或教育实习、社会调查、暑期的社会实践等教学环节。

高校毕业生的毕业论文(设计)是毕业生在大学阶段必须完成的最后一个重要教学实践环节，是对大学学习内容的总结和检验。

2. 大学学习过程的自主性

(1) 主动性。在教师授课之后，对知识点的理解、消化、巩固等各个环节主要靠学生独立完成。在课堂教学中，教师不可能讲授教材内容的所有方面，因而会布置各种参考书供学生课后自学。课后的大部分时间，大学生要完成课程作业、书写课程报告或小论文、参加学科竞赛或创新创业实践活动、撰写毕业论文等，这些都是在教师指导下依靠自己的力量完成的。

(2) 选择性。大学虽然仍有专业的限制，但学生选择的余地很大，教师对大学生的学习内容也不加限制，很多教师还鼓励学生广泛涉及各类知识，特别是选修课程，学生可根据自己的兴趣和发展规划选择。

大学生自由支配的时间较多，这就需要大学教师帮助学生学会统筹规划，合理安排自

己的学习，选择适合自己的学习方法，以便在有限的时间内获得较好的学习效果。

(3) 批判性。大学学习过程是运用科学的教学形式和方法，培养学生能够独立地学习知识、掌握专业理论、从事科学发现的实践活动。

由于辩证逻辑思维的发展，大学生要能够进行批判性的学习。教师在教学中既要保护学生学习过程中的批判性，同时还要清楚地意识到培养学生的批判性也是教学的目的之一。

(4) 探究性。大学学习不是简单地掌握知识，而且要掌握科学知识的形成过程和科学的研究方法，了解各学科存在的问题及其解决的可能性。

3. 大学学习结果的超越性

(1) 超越原学习情境。大学学习的结果具有超越原学习情境的迁移力或生成力。大学教育应注重对学生学习能力的培养和品格的塑造，培养学生的迁移力和自组织能力，养成终生受用的思考问题、分析问题和解决问题的能力，以适应工作和职业的变化。

(2) 超越自我。大学生通过学习，不断认识自然和社会，不断完善、发展和超越自我。大学学习的作用不仅仅局限于对某些知识和技能的掌握，还能使大学生聪慧文明，高尚完美，全面发展。

1.9.2 大学学习中存在的问题

1. 学习适应不良

学习适应不良是大学新生中普遍存在的一种心理困惑，对他们造成不同程度的影响。其具体表现如下：

(1) 对学习缺乏应有的兴趣、紧迫感和自觉性。

(2) 不理解大学学习的特点和规律，不知道如何有效地开展学习活动。

(3) 学习缺乏独立性，习惯于中学时的学习方法，由教师安排自身的学习内容、学习计划、学习时间等，对教师的依赖性较强。

(4) 学习中精力投入不足，对本专业的知识、技能、要求认识不足，不知道怎样建立专业知识结构和培养专业技能，学习带有盲目性。

产生学习适应不良的主要原因如下：

(1) 大学的教学相对于中学来讲，在特点、方式和内容上有很大不同。大学老师一堂课讲授的内容多，有时会与教科书上有很大出入，教学方法也与中学有差别，加之对新环境不熟悉，人际关系生疏，思念父母的心理不能摆脱等，这些给心理素质尚未成熟的大学生带来情绪上的波动和不安，以至影响学习。

(2) 心理发展不成熟。由于缺乏生活阅历，在客观环境发生变化时，有些学生明显地暴露出适应能力差，不能尽快地随着环境的变化及时调整自己，以致影响学习。

2. 学习缺乏动力

大学生学习缺乏动力是指学习没有明确的方向，甚至厌倦学习。主要表现如下：

(1) 学习松弛。进了大学校门，从心理上摆脱了高中时的沉重压力，思想上逐渐松懈，新的目标还没有明确形成，所以学习的动力不足。

(2) 没有学习的热情。缺乏必要的学习压力，懒于学习，求知上进心不足，把主要精力放在娱乐等与学习无关的活动上。

(3) 学习没有计划性。有些大学生整天忙于被动地应付作业和考试，学习缺乏主动性、自觉性。他们总是在考虑"老师要我做什么"，而不是"我要做什么"。

(4) 学习肤浅，不求甚解，满足于一知半解，不注意摸索学习规律。据调查，在读书方法上，只求了解全书概况，对部分内容作记号的学生占 56%；细读分析段落，掌握层次段意的学生占 11%；综合研读章节，弄清各章节之间关系，掌握全书中心的学生占 33%。许多大学生读书时不善于找出重点和难点，找不到学习的突破口，眉毛胡子一把抓，读后也不知所云。

3. 学习心理疲劳

学习心理疲劳的主要表现有：注意力不集中，思想迟钝，情绪躁动，精神萎靡不振，学习效率下降，错误增多，出现失眠等。

造成大学生心理疲劳的原因是多方面的，如：学习活动中不注意用眼卫生；学习内容单调，时间过长，缺乏劳逸结合；学习的内容难度较大，使大脑神经持续处于高度紧张状态；对学习厌烦、畏难，缺乏兴趣；受到如家庭经济问题、思想问题等其他因素的干扰等。

4. 考试焦虑和怯场

考试焦虑是指担心自己考试失败而忧虑的一种情绪反应。考试焦虑容易分散和阻断注意过程，注意力不能集中，不能专注于学习和应试，而是专注于各种各样的担忧；考试过度焦虑妨碍记忆和回忆，使该记的记不住，想忆的忆不起；考试过度焦虑，还会使思维呆滞凝固，使具体思维能力无法正常发挥，创造性思维更无法进行。

考试怯场的主要原因是缺乏自信。这种缺乏自信是由于过去考试失败而造成了心理定势，怀疑自己的能力，生怕考试再遭失败而产生的心理压力，对可能取得的考试成绩顾虑重重，信心不足，忧虑过度，以至寝食不安。在应试过程中紧张恐惧，思维迟钝，记忆力下降，甚至还引起生理上的不适，如腹泻、失眠、恶心等。这些都是考试心理偏差的表现。

5. 自控能力差

现在的大学生多为独生子女，没经历过磨难，独立生活和自控能力差。比如上网，互联网上诱惑很多，很多同学上网只是打游戏或聊天，没有真正把网络当作学习工具来使用，而且无法控制上网时间，长时间上网甚至通宵上网、夜不归宿的大有人在，影响了学业。

6. 不会利用图书馆

据调查，对图书馆的情况熟悉并充分了解图书馆藏书和书刊的编排与类别，能快速查索图书资料，习惯于去图书馆阅览、查阅和选借图书的学生仅占 11%；会查找图书资料但不熟练，不经常去图书馆或者查找图书资料很吃力并很少去图书馆的学生占 82%；根本就没有想过要去图书馆的学生占 7%。

1.9.3 解决大学学习问题的思路

(1) 进入角色，熟悉生活，提高适应能力。

在现实生活中，每个人都要随着外界环境的变化，不断地调整自己的位置，使自己的需求和发展与社会的需求和发展相一致。这就是说，随着大学环境的变化，要使自己进入"角色"，在新的大学生活中寻找自己的方位，确立最佳位置。此外，培养自信心，在大学学习中尤为重要。由于大学是人才云集之处，能人背后有能人，这就不可避免地使部分学生过去的优势变得不复存在，在现实的变化面前，由于心理承受能力差产生了自卑感，甚至失去了学习的信心，在这种情况下，必须培养自己的自信心。

常在学生中听到这样的声音，大学的学习就那样，学和不学都一样。有的学生对学习不在乎，上课想听就听，不想听也无所谓，根本不关注老师讲的内容。因此端正学习态度，相互尊重，是对大学生最起码的要求。

(2) 培养学习兴趣，确立学习目标，增强学习动力。

① 培养学习兴趣。

兴趣是情感的凝聚，一个人如果对某件事情感兴趣，那么，他就会深入持久地去做这件事，力争达到预期目的。兴趣对于大学生来说，更为重要。它是求知的动力，热情的凝聚，行为的指向，成功的起点。但是，大学生的兴趣不是天生就有的，而是随着年龄的增长和实践活动的丰富，培养和发展起来的。所以，在学习中，大学生要善于发现激发自己兴趣的事情，努力培养这种兴趣。有了兴趣才能促使你深入学习和钻研知识，"变我学为我要学，主动地去学而不是被动地去学"。

② 确立学习目标(比如报考研究生)。

目标是人们欲求获得的成果或将要达到的标准，它是行动的指南。合理的目标能够诱发人的动机，确定行为方向。进入大学，等于眼前的理想实现了，新的理想目标又等待着自己去确立，这种新目标的确立要根据大学的学习规律，结合自己的实际情况。要正确地认识和评价自己的能力，目标要高低适度，调整自己的抱负水平和期望目标，使之切合自身和客观现实，以便最大限度地利用各种信息和资源。

现代社会对人才需求的层次越来越高，再加上就业机会减少等原因，有很多大学生选择考研或保研等继续深造的途径。目前大学本科毕业生找一份满意的工作有一定的难度，相对而言，研究生比较容易找到较理想的工作。于是，许多本科毕业生开始进行"二次革命"，瞄准考研再搏一把。那么，刻苦学习专业知识就成了首要任务。

③ 增强学习动力(比如自主创业)。

自主创业是新时期大学生就业过程中的一种新选择。大学生创业与大学生本人意志品质、商业意识以及性格、气质、个性、爱好和特长有着紧密的联系。在意志品质方面，应具有坚毅性、自制力和勇敢、果断等品质，还要具备百折不挠的意志品质和面临失败时的自我激励能力，具有献身精神，有实现目标的自信心、勇气和执着力。在知识方面，首先，应具备扎实深厚的专业知识和相关的商业知识，还应具备一定的管理知识；在能力方面，要具备敏锐的观察、分析和判断能力，以及组织协调、交际等各种能力。为了实现自主创业的理想，首先，必须具备获取知识的学习能力，包括对知识的接受、转化与应用，其次，必须具备实践能力、科研动手能力和开拓创新能力，能够将自己头脑中的思想、创意和灵感转化为现实的科技发明成果和现实产品。因此，学习功力增强。

(3) 制定学习计划，锲而不舍，持之以恒。

学习计划是实现学习目标的重要保证。有了学习目标，就要根据目标制定切实可行的学习计划。看什么，做什么，学什么都要心中有数。要时常考虑"我要做什么""我要怎么做"。很多同学在制定学习计划时，热血沸腾，但一遇挫折，便锐气大减，急流勇退。要知道，学习如逆水行舟，不进则退，没有坚强的意志和持之以恒的精神是不能达到成功的彼岸的。对自我的监督与修正，需要意志的力量作为保障。自胜者强，"唯志坚者始遂其志"。所以同学们要在实践中发展自己的耐力和控制力，增强对挫折的承受力，排除各种干扰，实现自己的理想。

1.9.4　学习方法

在学习方法方面，前人给我们留下了一笔很珍贵的财富，总结出了很多值得借鉴的方法，如"三到四边"法(心到、眼到、手到，边看、边批、边划、边写)、结构学习法、比较学习法等。

创造最佳学习方法要注意两点：一是要以提高学习效率为标准，掌握学习方法的根本目的是提高学习效率，学有所获，在大学里主动学习是最重要的；二是要因人而异，有的方法适合于别人，并不一定适合自己，不同年级、不同专业、不同学生之间的学习方法都可能不一样。

俗话说：师傅领进门，修行在各人就是最好的体现。所以每一个同学要结合自己的实际情况(学习目标、任务、兴趣、爱好等)，在学习过程中善于发现自己的优点，选择适合自己的学习技巧和方法，适合自己的才是最好的。

归纳总结学习方法应注意以下几点：

(1) 做好笔记，课后复习，查阅参考书籍。

俗话说，好记性不如烂笔头。在听讲的同时，要及时记录老师所讲的主要内容，做好笔记。一方面利于课后复习，另一方面也有利于集中精力。

课后及时复习，巩固课堂学习的知识。尤其是在晚上临睡前的"卧谈会"时间，将课堂上老师讲的内容在脑海里"过电影"，有效利用学习时间，对已获得的信息进行加工、吸收。此外，还要学会利用图书馆、电子阅览室等查阅有关资料，通过阅读各种参考书籍补充课堂上、书本里的已有知识。

(2) 广泛阅读，积极质疑，树立参与意识。

大学生需要更多地阅读和思考。对各种版本的教材和各种学术著作进行阅读、分析和思考。求理解，重运用，不死记硬背。古语说，操千曲而后晓声，观千剑而后识器，就是这个道理。鲁迅先生也曾说过，必须如蜜蜂一样，采过许多花，这才能酿出蜜来，倘若叮在一处，所得就非常有限、枯燥了。

大学生应主动参与到教学活动中，而不是过多地依赖教师的帮助，提倡大学生对教师的讲课内容质疑，对各种问题及其答案提出假设。

(3) 把握整体，注重联系，归纳事物本质。

在大学学习中，必须遵循整体性原则，把各种知识作为相互联系的整体来对待。孤立起来去学知识，是学零件而不是学整机的。大学生看问题的方法，应当是从个别想到一般，从特殊想到抽象。

抽象思维是运用概念来判断、推理，从而反映现实的过程，它撇开事物的具体形象，抽取事物的本质属性。形象思维，是大学生在学习生活中不可或缺的思维方式，它是以形象作思维的运动形式，以感情作思维运动的动力，并带有想象、联想和幻想的思维活动。

概念和定理是严肃、抽象、呆板的，学得活的人，这些定理和概念在他们的心中都是活泼、具体、生动而有感情的。在学习中要努力发掘它们内在的、活生生的东西，要从感情上去理解它们。

(4) 劳逸结合，预防疲劳，提高学习效率。

古人云：文武之道，一张一弛。只有会休息的人才会工作。有些大学生，他们有良好的学习愿望和刻苦的学习精神，从早到晚不停地看书做作业，但学习效果并不理想，长期这样甚至可能引发疾病，这就是不注意劳逸结合的结果。

要想始终保持良好的学习状态，一是要有充足的睡眠时间；二是要注意锻炼，每天安排 1 个小时的文体活动，使身心得到调节和放松；三是要培养广泛的兴趣和爱好，使生活内容丰富多彩；四是要养成良好的生活习惯(如不抽烟，不酗酒，按时作息等)；五是要学会科学用脑，掌握学习效率最高的时间，如有些人早上学习效率最高，有些人晚上学习效果最好，在这种情况下多用脑，就会事半功倍。另外，乐观而开朗的性格，适当注意饮食营养，也都是保证身体健康、提高学习效率的重要条件。

(5) 调整心态，正确对待，掌握应试技巧。

大学生应重视考试，但不要过分追求高分。成绩并不能完全、准确、真实地反映一个人的知识水准，特别是对能力的反映更不全面。

要注意应试技巧的培养。首先要做好考前准备，认真复习，要有计划并且安排要分轻重缓急。要合理安排时间，不要使大脑过度疲劳，以免影响学习效率。尤其是临考前几天应保持充足的睡眠，保证以清醒的头脑和充沛的精力走进考场。其次，要有应付怯场的办法，考试时先做确有把握的题，难题放在后面做，这样可以消除考试紧张情绪。假如考试怯场，可设法转移注意力，使大脑兴奋起来，诸如想一件令自己高兴的事，或者是做几次深呼吸，使情绪稳定。

(6) 总结经验，善于交流，培养学习能力。

人不能只学而不回头去总结归纳，经过一段时间的学习，及时总结、反思自己的学习方法是否得当，效果如何，温故而知新，在总结中也会产生新的东西，启发人的大脑，从而不断地创新，丰富学习内容。这样在以后的学习过程中会获得意想不到的效果。不能封闭地学习，要及时与他人沟通、交流，在相互交流的过程中，相互启发。因此，交流是必不可少的学习环节，它可以使你的认识面更广，知识更丰富，观点更深刻。尤其是课堂上的互动及伙伴之间的互动，能在轻松的交流中获得意外的收获。

大学阶段重要的不只是学会许多的知识，更重要的是培养学习的能力。这不仅有利于大学生充实地过完大学生活，在以后的工作岗位上更是受益匪浅。因此，学习不能只是机械地学，而更应注重能力的培养。大学里有两类学生是比较突出的，一类是所谓的"好学生"，学习成绩优异，考试门门高分，但一旦离开学校步入社会，在现实大环境里他们便失去了方向，因为难以适应复杂的社会而无用武之地；另一类是比较容易融入社会的学生，他们虽然成绩不如前一类学生好，但在事业上却成功了，总结其经验就两个字——实践。可见，只埋头学习还是不行的，实践是关键，理论固然重要，但理论与实际相结合才能更快地发挥才能，有效地融入社会。

本 章 小 结

　　本章简要介绍了信息技术的概念、电子信息类专业的设置、知识体系构建和课程设置。阅读完本章内容后，读者能粗略了解信息技术的定义、分类、特征和发展趋势；能分析信息技术对社会发展、科技进步、日常生活和学习的影响；能深刻理解信息技术从业者需具备的职业道德；能够大致把握所学专业的主干课程、知识结构和专业能力要求，明确今后进一步学习和发展的方向。

　　本章还就大学学习的特点、常见问题及解决思路和学习方法进行了探讨，希望读者能够结合自己的实际情况，找到适合自己的学习方法，制定大学生活的目标和计划，尽快适应大学生活。

习 题 1

1. 什么是信息技术？
2. 信息技术的发展趋势有哪些？
3. 谈谈你生活中应用到的信息技术。
4. 谈谈你对所学专业通识教育、专业教育和综合教育的认识。
5. 查阅所学专业的培养方案和教学计划，谈谈你对学科基础课、专业基础课、专业方向课和选修课的认知。
6. 谈谈你对大学学习特点的认知和期待。
7. 谈谈你对未来就业或考研深造的规划。

第2章　数字技术基础

教学提示

在信息科学技术发展的今天，信息获取、信息处理、信息传输的对象基本上都是数字信号。本章简单介绍数字技术基础，要求学生了解处理数字信息所涉及的主要关键技术，重点是模拟/数字转换技术、调制解调以及数字通信系统中的主要编码技术——压缩编码、纠错编码、加密编码、扩频编码等。

2.1　数字系统概述

2.1.1　数字信息的引入

在如今的信息化时代，信息的主要表现形式为数字信息。我们常用的手机、电视、网络上传输的都是数字形式的信息。

在21世纪，我们每天都需要获取信息、接收信息、传递信息、存储信息、处理信息和利用信息等。

1. 信息的概念

在自然界中出现的信息，主要是模拟形式的。例如，声音信息、光学信息、温度信息等。早在周、秦、汉、隋、唐的历史时期，我们的祖先就对信息的表达和处理等问题进行了许多研究。例如，西周的周幽王烽火戏诸侯，四大发明中的造纸术和印刷术等，都是传递和存储信息的过程。

20世纪下半叶，随着计算机技术、微电子技术、无线电技术、传感器技术、新材料技术、多媒体技术、航空航天技术，特别是以计算机为主体的互联网技术的发展，人类进入了信息时代。

2. 信息的含义

信息是一个很抽象、很复杂的概念，它最早出现于通信领域。信息是人们对客观存在的一切事物的反映，是通过载体所发出的消息、情报、指令、数据及信号中所包含的一切可传递、可交换的知识内容。

实际上，在通信系统(例如广播、电视、导航等系统)中，传输的就是各种各样的信息。而在不同的系统中所传输的信息有着不同的表现形式，这些形式必须可以被人的感官所接受。

3. 信息与消息的关系

首先看一个简单的通信的实例。我们听广播的气象预报说，明天"大雨"。这个消息就告诉了我们，明天当地的气象状态的具体形式是"大雨"。这就是一个消息，因为它描述了客观物质世界的某一种运动状态或者存在形式。

所以说，消息中包含了信息，消息是信息的载体，信息是消息的内在形式。人们是通过得到消息来获得信息的。

信息和消息的关系具有以下特点：

(1) 同一个信息可以用不同的消息来表述。例如，一条战争新闻可以通过电视、网络、报纸等不同的消息形式来表述。

(2) 同一则消息可以载荷不同的信息，它可能包含非常丰富的信息，也可能包含很少的信息，甚至不包含信息。

(3) 消息与信息是既有联系又有区别的。

4. 信息与信号的关系

在后续的专业课程中，例如，信号与系统、通信原理、数字信号处理等，经常会遇到信号的概念。

信息不等同于信号。在各种实际的通信系统中，为了对消息进行正常的传输和处理，往往要对消息作一些变换，把它们变成适合信道传输的物理量，这些物理量一般称之为信号，例如，光信号、电信号等。

信号中携带着消息，它是消息的运载工具。例如，我们通过手机发送一条短信(短消息)给朋友。

手机系统是一种无线移动通信系统。最简单的通信系统模型如图 2-1 所示。

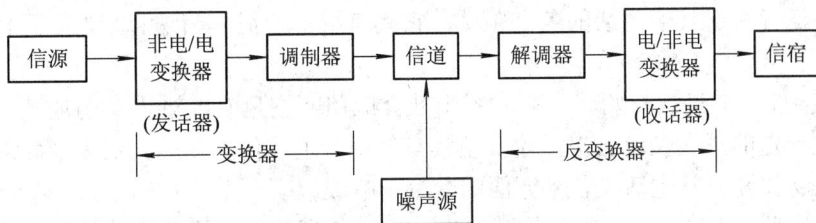

图 2-1　通信系统的一般模型

1) 信号变换

在通信过程中，信号要经过一些变换。在发射信号时，需要进行以下变换：

(1) 编码：需要把发送的汉字短信变换成数字信号，例如 10101011001100 等。在手机中经常使用的是信源编码、信道编码、加密编码。

(2) 调制：因为手机信号的传输信道是无线信道，所以，信号需要经过调制，把原来的数字信号变成射频调制信号，以便在信道中传输。

在接收信号时，需要进行以下反变换：

(1) 解调：在手机中通过调制的反变换——解调，可以把接收到的射频调制信号恢复成数字信号。

(2) 解码：通过编码的反变换——解码，包括解密解码、信道解码、信源解码等，可以把数字信号恢复为发送端传输的汉字。

2) 信息与信号的关系

(1) 信号中携带信息，但它本身并不是信息。

(2) 同一信息可以用不同的信号形式来表示。

(3) 同一信号也可以表示不同的信息。

所以，信息、消息和信号是既有区别又有联系的三个不同的概念。

5. 信息的定义

1948 年，信息论之父——香农发表了著名的论文《通信的数学理论》，奠定了信息理论的基础。

香农对信息作了科学的定义，他指出：信息是对事物运动状态或存在方式的不确定性的描述。

也就是说，通信的过程，是一种不确定性的消除过程。原来的不确定性消除得多，获得的信息也就越多。因此，可能出现三种结果：

(1) 如果原来的不确定性被全部消除了，那么获得了全部的信息。

(2) 如果原来的不确定性被部分消除了，那么获得了部分信息。

(3) 如果原来的不确定性没有消除，那么没有获得任何信息。

这个定义，是迄今为止对信息比较权威的定义。

哲学家和科学家普遍认为，物质、能量和信息是物质世界的三大支柱，是科学历史上三个最重要的基本概念。世界是物质的，没有物质就没有世界，更没有了信息，可以说，信息是物质的一种普遍属性。

6. 信息的特征

信息广泛存在于社会生活的各个领域，它具有很多特征，归纳起来，主要体现在以下几个方面：

(1) 社会性。信息一开始就直接联系于社会应用，它只有经过人类的加工、取舍、组合，并通过一定的形式表现出来，才真正具有使用价值。信息化的发展表现为对社会、政治、经济、文化和日常生活等各个方面的深刻影响或改变。

(2) 传递性。任何信息只有从信源发出，经过信息载体传递，才能被信宿接收并进行处理和运用。也就是说，信息可以在时间上或空间上从一点转移至另一点，可以通过语言、动作、文献、通信、电子计算机等各种媒介来传递，而且信息的传递不受时间和空间的限制。

信息在空间中的传递称为通信。信息在时间上的传递称为存储。

(3) 共享性。信息是一种资源。不同的个体或群体，在同一时间或不同时间，均可共同享用这种资源。例如：千家万户可以同时收看同一节目源，即群体同享一种信息资源。

(4) 不灭性。信息从信源发出后，其自身的信息量并没有减少，即信息并不因为被使用而消失，它可以被大量复制，长期保存，重复使用。

信息的提供者并不因为提供了信息而失去了原有的信息内容和信息量。

各用户分享的信息份额，也不因为分享人的多少而受影响。

(5) 时效性。信息能反映事物最新的变化状态。例如，基于知识的信息产业是竞争最激烈、变化最急剧的产业,在这一领域内,对知识与信息的获取与利用,只要领先或落后几个星期、几天甚至几个小时,都足以使一个企业成就辉煌或面临破产。

(6) 能动性。信息的产生、存在和流通依赖于物质和能量。反过来,信息又能动地控制或支配物质和能量的流动,并对改变其价值产生影响。例如,信息社会的新型人才必须具备很强的获取信息、分析信息和加工信息的能力。它不仅是信息社会经济发展对新型人才提出的基本要求,也是推动信息社会向前发展的基础。

(7) 客观性。信息是客观存在的。信息的产生源于物质,信息产生后又必须依附于物质,因此信息包含于任何物质中。

2.1.2　数字技术的概念

人们从自然界获得的消息,有多种表达形式:语言、文字、图片、视频等。在处理这些消息时,需要将它们转换成系统中的信号。

1. 信号的分类

常用的信号可以分为以下几种:

(1) 连续时间信号:如果信号在时间上是连续的,而信号的幅值可以是连续的,也可以是离散的,则这种信号称为连续时间信号。

(2) 模拟信号:这是连续时间信号的一种特例,如果信号在时间上是连续的,幅值也是连续的,则这种信号称为模拟信号。

(3) 离散时间信号:如果信号在时间上是离散的,幅值是连续的,则这种信号称为离散时间信号,或称为序列。

(4) 数字信号:如果信号在时间上是离散的,幅值是量化的,则这种信号称为数字信号。

2. 系统的分类

处理信号的物理设备称为系统。常用的系统可以分为以下几类:

(1) 模拟系统:如果系统处理的是模拟信号,其输入与输出都是连续时间、连续幅值信号,则该系统称为模拟系统。

(2) 连续时间系统:如果系统处理的是连续时间信号,其输入与输出都是连续时间信号,则该系统称为连续时间系统。

(3) 离散时间系统:如果系统处理的是离散时间信号,其输入与输出都是离散时间信号,则该系统称为离散时间系统。

(4) 数字系统:如果系统处理的是数字信号,其输入与输出都是数字信号,则该系统称为数字系统。

3. 模拟信号的误差积累

许多人都做过一个简单的游戏:第一个人给第二个人说一句话,第二个人再传给第三个人,以此类推,传到最后一个人时,原来的那句话,常常会发生很多改变。其原因如下:

(1) 语言是模拟信号,在每一次传输过程中,都有可能发生误差,从而引起所传输话语的部分改变。

(2) 模拟信号有误差积累效应,在每一次传输过程中,误差不断积累,直至最后,整句话可能发生了很多改变。

这就是模拟信号的误差积累。

4. 数字信号的纠错能力

假设还是同样游戏，但是传输的是数字信号，例如 10101100111000。

(1) 在同样的传输条件下，数字信号也可能发生误差，引起某一次传输结果的差错。例如传输结果为 11101100111000。

(2) 数字信号可以采用纠错编码，系统会自动检测出错误，如发现第二位出现了误码，然后，自动纠错，改正为 10101100111000，再继续往后传输。所以，采用纠错编码的数字信号传输没有误差积累。

(3) 这样，经过 N 次传输，最后的误码只相当于一次传输。

这就是数字信号的纠错能力。

5. 综合业务数字网

对于模拟信号来说，不同的信号形式，例如，语音、文字、图像、视频，需要不同的处理系统。

如果把各种模拟信号都转换成数字信号，那就可以使用同一个系统来处理了，这就是综合业务数字网的初衷。

因此，数字技术得到了普遍使用，我们已经进入了数字时代。

6. 模拟信号的数字化处理

由于在许多科学与工程问题中，需要处理的是模拟信号，所以，首先需要讨论模拟信号的数字化处理，其过程如下：

(1) 把模拟信号变换为数字信号；

(2) 用数字技术对数字信号进行处理；

(3) 将处理后的信号还原成模拟信号。

模拟信号的数字化处理系统的方框图如图 2-2 所示。

在模拟信号的数字化处理系统中，输入为模拟信号 $x_a(t)$，数据处理步骤如下：

(1) 经过模/数(A/D)变换器变换后，模拟信号 $x_a(t)$ 变成数字信号 $x(n)$；

(2) 经过数字信号处理器，将数字信号 $x(n)$ 处理成数字信号 $y(n)$；

(3) 再经过数/模(D/A)变换器，把数字信号变换成模拟信号 $y_a(t)$。

$$x_a(t) \rightarrow \boxed{\text{A/D 变换器}} \xrightarrow{x(n)} \boxed{\text{数字信号处理器}} \xrightarrow{y(n)} \boxed{\text{D/A 变换器}} \xrightarrow{y_a(t)}$$

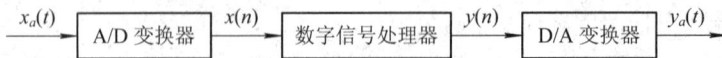

图 2-2　模拟信号的数字化处理系统

2.1.3　数字信号处理的优点

数字技术有很多优点，我们主要从数字信号处理、数字通信系统两个方面介绍数字技术的主要优点。

数字信号处理相对于模拟信号处理有许多优点，归纳起来主要表现在以下几个方面：

(1) 灵活性强。数字信号处理系统的性能取决于系统参数，这些参数存储在存储器中，很容易被改变。通过改变系统参数，可以很容易地改变系统性能。甚至可以通过系统参数的改变，把系统变成另外一种完全不同的系统。

(2) 利用率高。数字系统可以采用时分复用(TDM)技术，即使用一套数字系统分时处理几路信号，可以大大提高系统的利用率。

(3) 精度高。模拟系统的精度由元器件决定，模拟元器件的精度很难达到 10^{-3} 以上。而数字系统只要采用 14 位字长就可以达到 10^{-4} 的精度。如果使用超大规模集成的数字信号处理器(DSP)芯片，则运算位数可以提高到 16、32、64 位。因此，在高精度系统中，有时只能采用数字系统。

(4) 可靠性强。数字系统的特性不易随使用条件的变化而变化。由于使用超大规模集成的 DSP 芯片，设备简单，因此提高了系统的稳定性和可靠性。

(5) 易于大规模集成。由于数字部件具有高度的规范性，对电路参数要求不严，因此便于大规模集成、大规模生产。而由于采用了大规模集成电路，因此数字系统具有体积小、重量轻、成本低、可靠性强的特点。这也是 DSP 芯片发展迅速的原因之一。

(6) 性能指标高。由于数字系统可以方便地对数字信号进行存储和运算，因此系统可以获得高性能指标。例如，对信号进行频谱分析时，模拟频谱仪在频率低端只能分析到 10 Hz 以上的频率，而且难以做到高分辨率；但在数字系统中，已经可以做到 10^{-3} Hz 的频谱分析。

由于数字信号处理的突出优点，使得它在通信、雷达、遥感、电视、语音处理、地震预报、生物医学等许多领域得到广泛的应用。

2.1.4　数字通信系统的优点

在数字通信系统中，处理的是数字信号。与模拟通信系统相比，数字通信系统有以下主要优点：

(1) 频谱利用率高，有利于提高系统容量。

数字通信系统采用高效的信源编码技术、高频谱效率的数字调制解调技术、先进的信号处理技术、多址方式以及高效动态资源分配技术等，可以在不增加系统带宽的条件下，增多系统同时通信的用户数。

(2) 能提供多种业务服务，提高通信系统的通用性。

数字通信系统传输的是"1""0"形式的数字信号。话音、图像、音乐或数据等数字信息在传输和交换设备中的表现形式都是相同的，信号的处理和控制方法也是相似的，因而用同一设备来传输任何类型的数字信息都是可能的。

利用单一通信网络来提供综合业务服务正是未来通信系统的发展方向。

(3) 抗噪声、抗干扰和抗多径衰落的能力强。

数字通信系统可以采用纠错编码、交织编码、自适应均衡、分集接收、扩频技术等，控制由任何干扰和不良环境产生的损害，使传输差错率低于规定的阈值，提高通信系统的可靠性。

(4) 能实现更有效、灵活的网络管理和控制。

数字通信系统可以设置专门的控制信道来传输信令信息，也可以把控制指令插入业务信道的比特流中，进行控制信息的传输，因而便于实现多种可靠的控制功能。

(5) 便于实现通信的安全保密。

数字通信系统可以采用加密编码，把容易理解的传输信息，改变成难以理解的数字信号，有利于提高传输信号的安全性。

(6) 可降低设备成本以及减小用户手机的体积和重量。

2.2 模拟信号数字化

由于自然界中出现的大多数信号是模拟形式的，为了便于处理，首先需要把模拟信号数字化，这就是模/数变换。

2.2.1 模/数变换的概念

因为上述数字技术的优点，所以，通信技术的发展方向是数字通信系统，例如，数字电视、数字手机等。

自然界的许多信息都是模拟量，例如，电话、电视等，其信源输出的都是模拟信号。若要利用数字通信系统传输模拟信号，一般需经以下三个步骤：

(1) 把模拟信号数字化，即模/数(A/D)变换；

(2) 进行数字方式传输；

(3) 把数字信号还原为模拟信号，即数/模(D/A)变换。

由于电话业务在通信中占有最大的业务量，所以，我们以语音编码为例，介绍模拟信号数字化的有关概念。

2.2.2 模拟信号数字化方法

模拟信号数字化的方法大致可分为以下两类：

(1) 波形编码。波形编码是直接把时域波形变换为数字代码序列，比特率通常在16 kb/s～64 kb/s 范围内，接收端重建(恢复)信号的质量好。

(2) 参量编码。参量编码是利用信号处理技术，提取语音信号的特征参量，再变换成数字代码，其比特率在 16 kb/s 以下，但接收端重建信号的质量不够好。

采用脉码调制的模拟信号的数字传输系统如图 2-3 所示。

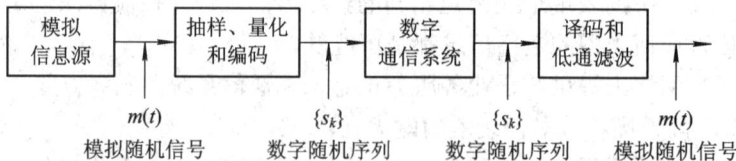

图 2-3 脉码调制的模拟信号的数字传输系统

首先对模拟信息源发出的模拟信号进行抽样，使其成为一系列离散的抽样值，然后将这些抽样值进行量化并编码，变换成数字信号。

这时信号便可用数字通信方式传输。在接收端，将接收到的数字信号进行译码和低通滤波，恢复成原模拟信号。

2.2.3　模拟信号的抽样

1. 抽样的概念

抽样，就是把在时间上连续的模拟信号，变成一系列时间上离散的抽样值的过程。这是模/数变换的第一步。

为了重建原模拟信号，抽样需要满足抽样定理。

2. 抽样定理

抽样定理的大意是：如果对一个频带有限的、时间连续的模拟信号抽样，当抽样速率达到一定数值时，那么根据它的抽样值就能重建原信号。

也就是说，若要传输模拟信号，不一定要传输模拟信号本身，只需传输按抽样定理得到的抽样值即可。

因此，抽样定理是模拟信号数字化的理论依据。

3. 抽样的分类

(1) 根据抽样信号的通带类型不同，可以分为低通抽样和带通抽样。低通抽样对应于低通信号，带通抽样对应于带通信号。

(2) 根据抽样的脉冲序列的间隔不同，可以分为均匀抽样和非均匀抽样。均匀抽样对应于等间隔脉冲序列，非均匀抽样对应于不等间隔脉冲序列。

(3) 根据抽样的脉冲序列的类型不同，可以分为理想抽样和实际抽样。理想抽样对应于冲激序列，实际抽样对应于非冲激序列。

4. 模拟信号的抽样过程

模拟信号的抽样过程如图 2-4 所示。其中：图(a)为模拟信号，图(b)为其频谱图；图(c)为周期性单位冲激脉冲，图(d)为其频谱图；模拟信号与冲激脉冲相乘，得到抽样信号，即图(e)，图(f)为该信号的频谱图。

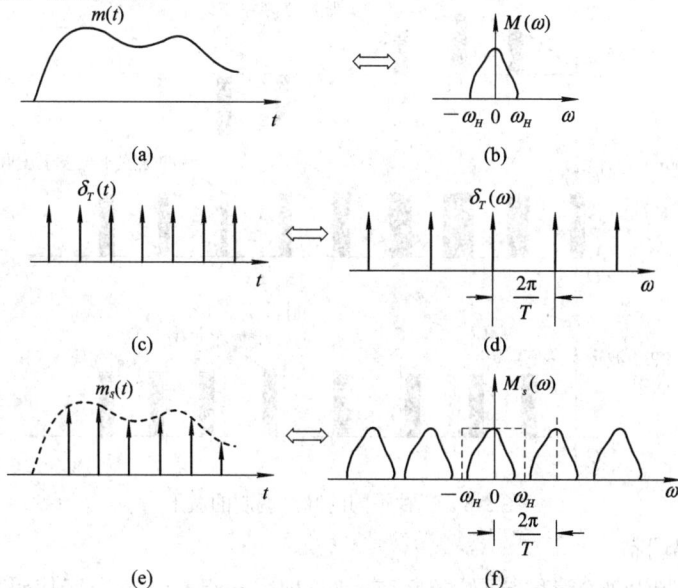

图 2-4　模拟信号的抽样过程

如果抽样频率满足奈奎斯特准则，那么，就不会出现图 2-5 所示的频谱重叠(混叠)。

奈奎斯特速率即最低抽样速率。

恢复原信号的条件是：抽样频率应不小于信号的最高频率的两倍。

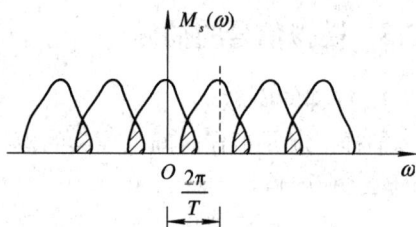

图 2-5　频谱重叠

2.2.4　脉冲调制

脉冲调制就是以时间上离散的脉冲串作为载波，用模拟基带信号 $m(t)$ 去控制脉冲串的某个参数，使其按 $m(t)$ 的规律变化的调制方式。

1. 脉冲调制的分类

通常，按基带信号改变脉冲参量(幅度、宽度和相位)的不同，把脉冲调制分为以下三种：

(1) 脉冲振幅调制(PAM)。脉冲振幅调制是脉冲载波的幅度随基带信号变化的一种调制方式。

(2) 脉冲宽度调制(PDM)。脉冲宽度调制是脉冲载波的宽度随基带信号变化的一种调制方式。

(3) 脉冲位置调制(PPM)。脉冲位置调制是脉冲载波的位置随基带信号变化的一种调制方式。

这三种脉冲调制的波形如图 2-6 所示。

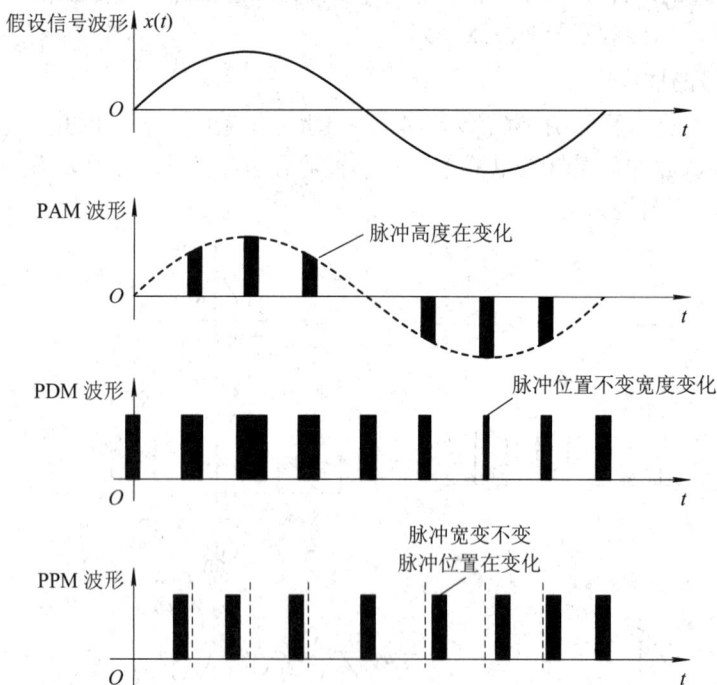

图 2-6　三种不同的脉冲调制的波形

2. 脉冲编码调制

脉冲编码调制(PCM)简称脉码调制，它是一种用一组二进制数字代码来代替连续信号的抽样值，从而实现通信的方式。

由于这种通信方式抗干扰能力强，在光纤通信、数字微波通信、卫星通信中均获得了极为广泛的应用。

脉冲编码调制是一种最典型的语音信号数字化的波形编码方式，其系统原理框图如图2-7 所示。

首先，在发送端进行波形编码(主要包括抽样、量化和编码三个过程)，把模拟信号 $m(t)$ 抽样后变为抽样信号 $m_s(t)$，量化后变为量化信号 $m_q(t)$，再经过编码变换为二进制码组。编码后的 PCM 码组的数字传输方式可以是直接的基带传输，也可以是对微波、光波等载波调制后的调制传输。在接收端，二进制码组经译码后还原为量化后的样值脉冲序列 $\hat{m}_q(t)$，然后经低通滤波器滤除高频分量，便可得到重建信号 $\hat{m}(t)$。

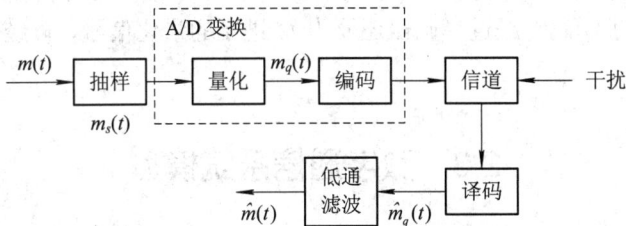

图 2-7 脉冲编码调制系统原理

2.2.5 抽样信号的量化与编码

模拟信号抽样以后，变成了时间离散的信号，但还是模拟信号。这个抽样信号必须经过量化和编码，才能变成数字信号，如图2-8 所示，图中 T_s 为抽样间隔。

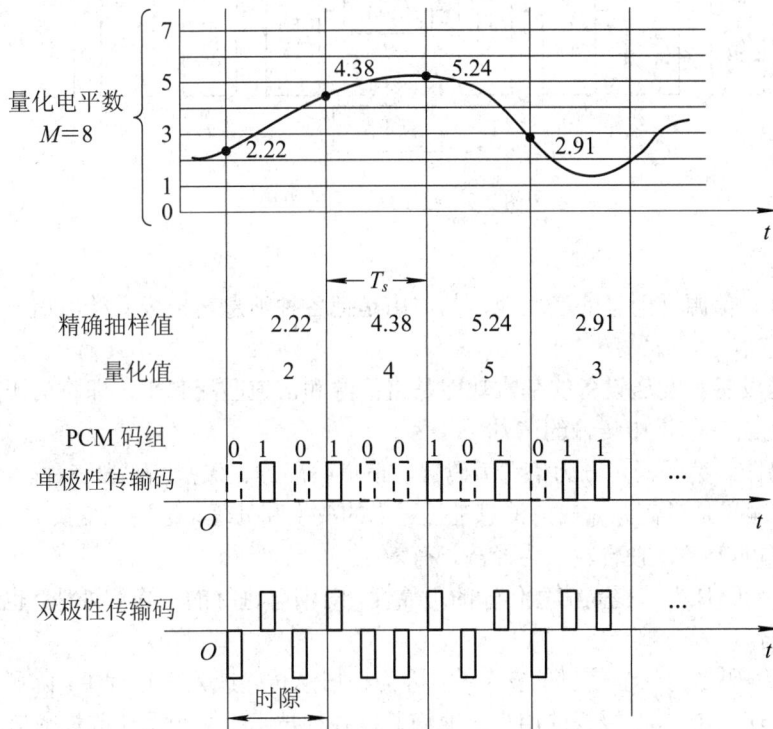

图 2-8 抽样信号的量化与编码

1. 量化

利用预先规定的有限个电平来表示模拟信号抽样值的过程称为量化。

在信号传输之前，需要把取值无限的抽样值划分成有限的 M 个离散电平，此电平被称为量化电平。

2. 编码

把量化后的信号电平值变换成二进制码组的过程称为编码，其逆过程称为解码或译码。

模拟信息源输出的模拟信号 $m(t)$ 经抽样和量化后得到的输出脉冲序列是一个 M 进制(一般常用 128 或 256)的多电平数字信号，如果直接传输，则抗噪声性能很差，因此还要经过编码器转换成二进制数字信号(PCM 信号)后，再经数字信道进行传输。

在接收端，二进制码组经过译码器还原为 M 进制的量化信号，再经低通滤波器恢复成原模拟基带信号。

2.3 数字通信系统模型

2.3.1 数字通信系统的组成

数字通信系统模型如图 2-9 所示。

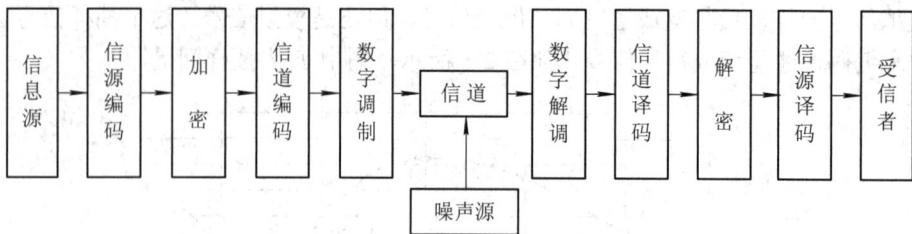

图 2-9 数字通信系统模型

1. 发送方

(1) 信源。信源是消息的产生地，其作用是把各种消息转换成原始电信号，称之为消息信号或基带信号。

(2) 发送设备。发送设备的基本功能是将信源和信道匹配起来，即将信源产生的消息信号变换成适合在信道中传输的信号。

(3) 编码器。编码器可分为信源编码器、信道编码器、保密编码器三种。

① 信源编码是对信源输出的消息进行适当的变换和处理，把消息变换成信号，目的是提高信息传输的效率，使传输更为经济、有效。

② 信道编码是为了提高信息传输的可靠性，对消息进行的变换和处理，也就是前面提到的纠错编码。

③ 保密编码是为保证信息的安全性，因为在信息传输或处理过程中，除了指定的接收者外，还有非指定的或非授权的用户，他们通过各种技术手段企图窃取机密信息。

2. 信道

(1) 信道。信道是指传输信号的物理媒质。在无线信道中，信道可以是大气；在有线信道中，信道可以是明线、电缆或光纤。

(2) 噪声源。噪声源是通信系统中各种设备以及信道中所固有的，并且是人们所不希望存在的。噪声的来源是多样的，可分为内部噪声和外部噪声。

3. 接收方

(1) 接收设备。接收设备的基本功能是完成发送设备的反变换，即进行解调、译码、解码等。它的任务是从带有干扰的接收信号中正确恢复出相应的原始基带信号。

(2) 信宿。信宿是传输信息的归宿点，其作用是将复原的原始信号转换成相应的消息。

2.3.2　数字通信系统的主要特性及编码形式

1. 数字通信系统主要特性

数字通信系统的主要特性是有效性、可靠性和安全性。

(1) 有效性：描述一个数字通信系统能够有效传输数字信号的能力。

(2) 可靠性：描述给定的数字通信系统能够可靠传输数字信号的能力。

(3) 安全性：描述一个数字通信系统能够安全传输数字信号的能力。

2. 数字通信系统主要编码形式

为了提高系统性能，可以采取以下编码形式：

(1) 压缩编码：用以提高系统的有效性，也就是信源编码。

(2) 纠错编码：用以提高系统的可靠性，也就是信道编码。

(3) 加密编码：用以提高系统的安全性。

2.4　压　缩　编　码

压缩编码就是信源编码，它的目的是压缩信号占用的信息空间，提高信息传输的有效性。

2.4.1　压缩编码的概念

为了提高数字通信系统传输数字信号的有效性，人们采用压缩编码技术。相当于在给定宽度的公路上，为了提高公路可通过车辆的有效性，可以压缩车辆宽度，以便容纳更多的车辆通行。

1. 压缩编码的方法

压缩编码的主要方法是压缩每个信源符号的平均比特数或信源的码率，利用某种变换，使得信号的传输效率得以提高。

2. 压缩编码的分类

根据信源的种类不同(如图 2-10 所示)，压缩编码可分为经典编码方法和现代编码方法两大类。

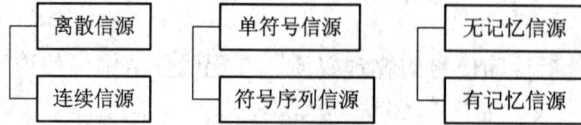

图 2-10　信源的分类

经典编码方法又可分为无失真信源编码和限失真信源编码。

常用的编码方法有霍夫曼编码、算术编码、游程编码等，其压缩效率都以信源的信息熵为上界。

另外，预测编码、变换编码、混合编码、矢量量化编码等方法，也大都受信源的信息熵的约束。

3. 信息熵

决定信源编码性能的主要因素是信源的信息熵。信息熵是反映信源特性的主要参数，其严格定义将在信息论与编码课程中详细介绍。

简单来说，信源的信息熵是指对该信源进行无损压缩时，信源编码器输出的码率最小值。

无论采用何种方法进行无损数据压缩，每个符号输出码流的平均长度总是不小于信息熵。

2.4.2　数据压缩

1. 数据压缩的概念

随着多媒体技术的出现和发展，计算机应用不再局限于数值计算、文字处理的范畴，而是面对数值、文字、图形、图像、视频、音频等多种媒体元素，并且要将它们数字化、存储、传输，其数据量很大。近年来，虽然宽带传输介质和大容量存储媒体有了较快发展，但仍赶不上媒体信息容量的增长。因此，只有对数据进行压缩，通过数据压缩技术来压缩数据量，降低对存储、传输介质的要求。

2. 无失真信源编码

无失真信源编码的作用如下：

(1) 符号变换：使信源的输出符号与信道的输入符号相匹配。

(2) 冗余度压缩：使编码之后的新信源概率分布均匀化，信息含量效率等于或接近于 100%。

在各类通信系统和电子信息系统中，使用的信源编码方案必须具有一定的性质，满足特定的码字结构要求。

GSM 系统是首先把语音分成 20 ms 的音段，这 20 ms 的音段通过语音编码器被数字化和语音编码，产生 260 个比特流，并被分成：50 个最重要比特、132 个重要比特、78 个不重要比特，如图 2-11 所示。

CDMA 系统话音编码的特性如下：

(1) 码激励线性预测编码(CELP)8 kb/s 和 13 kb/s。8 kb/s 的话音编码达到 GSM 系统的 13 kb/s 的话音水平甚至更好。13 kb/s 的话音编码已达到有线长途话音的水平。

(2) CELP 采用与脉冲激励线性预测编码相同的原理，只是将脉冲位置和幅度用一个矢量码表代替。

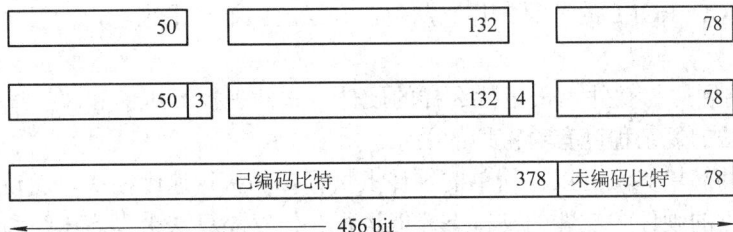

50		132		78

50	3	132	4	78

已编码比特	378	未编码比特	78

←————————— 456 bit —————————→

图 2-11　语音编码比特流的划分

3. 数据压缩的可能性

音频信号和视频图像的数字化数据可以进行数据压缩编码基于以下两方面的事实：

(1) 各种媒体信息是有冗余的。例如，同一幅图像中规则物体或规则背景是相似的，其灰度值无须逐点描述，也就是存在空间冗余；同样视频的前后两帧图像之间的相似度可能很高，可以利用适当的技术重构图像或场景，而无须完整地传输每帧图像，也就是存在时间冗余。当然，多媒体数据中还存在其他种类的冗余。数据压缩实际就是去除冗余的过程。

(2) 人的听觉和视觉感知机理决定了我们可以在眼睛和耳朵觉察不出来的情况下适当删减某些数据。例如，人的视觉对于图像边缘的急剧变化不敏感，对图像的亮度信息敏感，对颜色的分辨率较弱等。因此，如果图像经压缩或量化发生的变化(或称引入了噪声)不能被视觉所感觉，则认为图像质量是完好的或是足够好的，即图像压缩并恢复后仍有满意的主观图像质量。再如，人耳对不同频率的声音敏感性不同，不能觉察所有频率的变化，因此有些频率的声音压缩或量化发生的变化(或称引入了噪声)不能被人耳所感知。

4. 衡量数据压缩优劣的标准

一个好的数据压缩方法对多媒体信息的存储和传输至关重要，影响压缩性能的主要指标如下：

(1) 压缩比。将压缩前后的文件大小和数据量进行比较，其比值可作为压缩比的衡量指标。如 JPEG 压缩标准的压缩比可达 50 : 1。人们普遍希望压缩的倍数越高越好，压缩的速度越快越好，同时人们又希望确保数据压缩的精度，即压缩完成以后，解压缩的数据和原来的数据最好没有什么差别，没有什么数据损失。然而，追求压缩比和追求精度往往是矛盾的，因此就需要在这两者之间进行权衡取舍。

(2) 图像质量。虽然我们希望获得较大的压缩比，但压缩比过大，还原后的图像质量就可能降低。图像质量的评估法常采用客观评估和主观评估两种方法。

客观评估是通过一种具体的算法来统计多媒体数据压缩结果的损失，如计算峰值信噪比等。

主观评估基于人的视觉感知，因为观察者作为最终视觉信宿，他们能对恢复图像的质量作出直观的判断。方法之一是进行主观测试，让观察者通过观测一系列恢复图像，并与原图像进行比较，再根据损伤的可见程度进行评级，以判断哪种压缩方法的失真小。

(3) 压缩与解压缩的速度。压缩和解压缩的速度是压缩系统的两项单独的性能指标。

在有些应用中，压缩和解压缩都需要实时进行，这称为对称压缩，如电视会议的图像传输。在有些应用中，压缩可以用非实时压缩，而只要解压缩是实时的，这种压缩称为非对称压缩，如多媒体 CD-ROM 的节目制作。从目前开发的压缩技术来看，一般压缩的计算量比解压缩要大。

(4) 执行的硬件与软件。采用什么样的硬件与软件去执行压缩和解压缩，与所采用的压缩方案和算法的复杂程度有着密切的关系。

设计精巧的简单算法可以在简单的硬件上执行，且执行速度很快。而设计复杂的算法需要在功能强大的硬件和软件的支持下才能运行。但仅靠算法来提高压缩和解压缩的速度还是有限的。在大多数情况下，不得不依靠硬件本身具备的功能去完成，例如，采用专用多媒体处理芯片。

5. 数据压缩方法的分类

数据压缩常用的分类方法是根据解压缩后能否完整恢复压缩前的数据，可分为无损压缩和有损压缩两类。

1) 无损压缩

解压缩后得到的数据与原始数据完全相同，即压缩是没有任何损失或无失真的。该算法是依据香农信息论的理论，通过适当的方法去除信号间的统计冗余来达到压缩的目的。例如，一幅图像中每种灰度值出现次数不等，可以对各灰度值进行编码，出现次数多的用较短的长度，出现次数少的用较长的长度，这样处理后图像文件的数据量即可减小。

无损压缩的压缩比较小，一般在 2:1 到 5:1 之间，算法简单。这类方法广泛应用于文本数据和程序，具有代表性的算法包括：游程编码、Huffman 编码、算术编码、LZ 编码等。

2) 有损压缩

解压缩后得到的数据与原始数据有一定的误差，即压缩是有损或有失真的。该算法利用人类视觉和听觉器官对图像或声音中的某些频率成分不敏感的特性，允许在压缩过程中损失一定的信息；虽然不能完全恢复原始数据，但所损失的部分是不容易被人耳或人眼所觉察到的。

有损压缩的压缩比较大，通常可压缩到原文件的几分之一、几十分之一甚至几百分之一。有损压缩通常用于音频、图像、视频等数据的压缩，具有代表性的算法有：PCM、变换编码、子带编码、小波编码等。

现行的很多多媒体压缩标准，如前面提到的 JPEG、MPEG 系列、H.26X 等都采用了有损压缩和无损压缩相结合的混合编码方式，以求最大限度地去除冗余，获得高的压缩比和图像质量。

6. 常用多媒体信号压缩编码标准

为了加速压缩软件和硬件的开发，使不同厂家的设备、不同系统、不同应用环境之间能够互相传递信息和共享多媒体资源，国际电报电话委员会(CCITT)的研究小组提出了几种国际标准，其中被推荐并广泛使用的有 JPEG、MPEG、H.261。

1) 静止图像压缩标准 JPEG(Joint Photographic Experts Group)

JPEG 即多灰度静止图像的数字压缩编码，它是一种适用于彩色和单色多灰度或连续色调静止数字图像的压缩标准。它包括无损压缩和有损压缩两部分。有损压缩的压缩比可达到 20~40 倍。

2) 运动图像压缩标准 MPEG(Moving Pictures Experts Group)

动态图像专家组(Moving Picture Experts Group，MPEG)是国际标准化组织(International Standardization Organization，ISO)与国际电工委员会(International Electrotechnical Commission，IEC)于 1988 年成立的专门针对运动图像和语音压缩制定国际标准的组织。

MPEG 标准主要有五个，即 MPEG-1、MPEG-2、MPEG-4、MPEG-7 及 MPEG-21 等。该专家组建立了 ISO/IEC11172 压缩编码标准，并制定出 MPEG 格式，包括：MPEG 视频、MPEG 音频和视频音频同步三个部分，令视听传播方面进入了数码化时代。因此，大家现时泛指的 MPEG-X 版本，就是由 ISO 所制定并发布的视频、音频、数据的压缩标准。

MPEG 标准的视频压缩编码技术主要利用了具有运动补偿的帧间压缩编码技术以减小时间冗余度，利用 DCT 技术以减小图像的空间冗余度，而利用熵编码则在信息表示方面减小了统计冗余度。这几种技术的综合运用，大大提高了压缩性能。

MPEG-1 标准于 1992 年正式出版，标准的编号为 ISO/IEC 11172，其标题为"码率约为 1.5 Mb/s 用于数字存储媒体活动图像及其伴音的编码"。MPEG-1 标准主要解决多媒体的存储问题。MPEG-2 标准于 1994 年公布，包括编号为 13818-1 系统部分、编号为 13818-2 的视频部分、编号为 13818-3 的音频部分及编号为 13818-4 的符合性测试部分。

MPEG-2 编码标准希望囊括数字电视、图像通信各领域的编码标准。1995 年 7 月开始研究 MPEG-4，1998 年 11 月它被 ISO/IEC 批准为正式标准，正式标准编号是 ISO/IEC 14496，它不仅针对一定比特率下的视频、音频编码，而且更加注重多媒体系统的交互性和灵活性。这个标准主要应用于视像电话、视像电子邮件等，对传输速率要求较低，在 4800 b/s~6400 b/s 之间，分辨率为 176×144。MPEG-4 利用很窄的带宽，通过帧重建技术和数据压缩，以求用最少的数据获得最佳的图像质量。

1996 年 10 月开始研究 MPEG-7(它的由来是 1+2+4=7，因为没有 MPEG-3、MPEG-5、MPEG-6)。确切来讲，MPEG-7 并不是一种压缩编码方法，其正规的名字叫作多媒体内容描述接口，其目的是生成一种用来描述多媒体内容的标准。

MPEG 在 1999 年 10 月的 MPEG 会议上提出了"多媒体框架"的概念，同年 12 月的 MPEG 会议确定了 MPEG-21 的正式名称是"多媒体框架"或"数字视听框架"，它以将标准集成起来支持协调的技术来管理多媒体商务为目标，目的就是理解如何将不同的技术和标准结合在一起，需要什么新的标准以及完成不同标准的结合工作。

3) 视听、通信编解码标准

国际电信联盟(International Telecommunication Union，ITU)提出了 H.261、H.262、H.263、H.263+、H.264 等标准，这些统称为 H.26x 系列标准，主要应用于实时视频通信领域，如会议电视、可视电话等。

H.261 标准即 P × 64 kb/s 视频编码标准，其中 P 为 64 kb/s 的取值范围，是 1~30 的可变参数，它最初是针对在 ISDN 上实现电信会议应用。实际的编码算法类似于 MPEG 算法，但不能与后者兼容。H.261 在实时编码时比 MPEG 所占用的 CPU 运算量少得多，此算法为了优化带宽占用量，引进了在图像质量与运动幅度之间的平衡折中机制，也就是说，剧烈运动的图像比相对静止的图像质量要差。

ITU 和 ISO/IEC 成立了一个联合小组，名叫视频联合工作组(Joint Video Team，JVT)，

H.264 是由 JVT 制定的新数字视频编码标准，所以它既是 ITU-T 的 H.264，又是 ISO/IEC 的 MPEG-4 高级视频编码，而且它将成为 MPEG-4 标准的第 10 部分。因此，不论是 MPEG-4 AVC、MPEG-4 Part 10，还是 ISO/IEC 14496-10，都是指 H.264。

H.264 是 ITU-T 以 H.26x 系列为名称命名的标准之一，AVC 是 ISO/IEC MPEG 一方的称呼。H.264 最大的优势是具有很高的数据压缩比率，在同等图像质量的条件下，H.264 的压缩比是 MPEG-2 的 2 倍以上，是 MPEG-4 的 1.5～2 倍。

H.265 是 H.264 的升级版。H.265 标准保留了 H.264 原来的某些技术，同时对一些相关的技术加以改进，用以改善码流、编码质量、延时和算法复杂度之间的关系，达到最优化设置。比起 H.264/AVC，H.265/HEVC 提供了更多不同的工具来降低码率。

4) 数字音视频编解码技术标准

数字音视频编解码标准(Audio Video Coding Standard，AVS)是我国具有自主知识产权的第二代信源编码标准，是《信息技术 先进音视频编码》系列标准的简称，其包括系统、视频、音频、数字版权管理等四个主要技术标准和符合性测试等支撑标准。

MPEG-4 出台了苛刻的新专利许可政策。而 AVS 是基于我国创新技术和部分公开技术的自主标准，编码效率比 MPEG-2 高 2～3 倍，与 AVC 相当，而且技术方案简洁，芯片实现复杂度低，达到了第二代标准的最高水平；而且，AVS 通过简洁的一站式许可政策，解决了 AVC 专利许可问题的死结，是开放式制定的标准，易于推广；此外，AVC 仅是一个视频编码标准，而 AVS 是一套包含系统、视频、音频、媒体版权管理在内的完整标准体系，为数字音视频产业提供了更全面的解决方案。

AVS 标准工作组由国家信息产业部于 2002 年 6 月批准成立。工作组的任务是：面向我国的信息产业需求，联合国内企业和科研机构，制定(修订)数字音视频的压缩、解压缩、处理和表示等共性技术标准，为数字音视频设备与系统提供高效经济的编解码技术，服务于高分辨率数字广播、高密度激光数字存储媒体、无线宽带多媒体通信、互联网宽带流媒体等重大信息产业应用。

在 2003 年 12 月，AVS 工作组完成了 AVS 标准的系统视频部分的草案。2004 年 12 月，全国信息技术标准化技术委员会组织评审并通过了 AVS 标准视频草案。2005 年 3 月，信息产业部初审认可，AVS 标准草案视频部分进入公示期。

2006 年 2 月，国家标准化管理委员会颁布通知：《信息技术 先进音视频编码》第二部分(视频)于 2006 年 3 月 1 日起开始实施，AVS 视频部分正式成为国家标准。

2012 年推出 AVS2 第一版，2017 年冻结 AVS2，2019 年推出 AVS3。

AVS 标准的完成，使得全球范围内可选的第二代音视频标准形成了三足鼎立的局面：国际标准 MPEG-4/H.264、中国牵头制定的 AVS 和一些公司提出的标准。

2.5　纠错编码

2.5.1　纠错编码的概念

纠错编码就是信道编码，是提高数据传输可靠性、减少差错的有效方法。

纠错编码通过加入校验位，即增加冗余来实现纠错和检错能力。其追求的目标是如何加入最少的冗余位而获得最好的纠错能力。

2.5.2　编码发展简史

人类在信道编码上的第一次突破发生在 1949 年。R. Hamming 和 M. Golay 提出了第一个实用的差错控制编码方案——汉明码。汉明码每 4 个比特编码就需要 3 个比特的冗余校验比特，编码效率比较低，且在一个码组中只能纠正单个的比特错误。

随后，M. Golay 先生研究了汉明码的缺点，提出了 Golay 码。Golay 码在 1979—1981 年间被用于美国国家航空航天局太空探测器 Voyager 的差错控制系统，Voyager 将成百张木星和土星的彩色照片传回地球。

Golay 码之后是一种的新的分组码——RM 码。在 1969 年到 1977 年之间，RM 码广泛应用于火星探测，同时，其快速的译码算法非常适合于光纤通信系统。

RM 码之后人们又提出了循环码的概念，也叫循环冗余校验(CRC)码。循环码也是分组码的一种，其码字具有循环移位特性，这种循环结构大大简化了编译码结构。

以上编码方案都是基于分组码实现，分组码主要有两大缺点：一是在译码过程中必须等待整个码字全部接收到之后才能开始进行译码；二是需要精确的帧同步，从而导致时延较大、增益损失大。

卷积码改善了分组码的缺点，它是 Elias 于 1955 年提出的。卷积码与分组码的不同之处在于它充分利用了各个信息块之间的相关性。在卷积码的译码过程中，不仅从本码中提取译码信息，还要充分利用以前和以后时刻收到的码组，从这些码组中提取译码相关信息，而且译码也是连续进行的，这样可以保证卷积码的译码延时相对比较小。尽管卷积码让通信编码技术腾飞了 10 年，但终究还是遇到了瓶颈——"计算复杂性"问题。

得益于摩尔定律，编码技术在一定程度上解决了计算复杂性和功耗问题。Viterbi 于 1967 年由摩尔定律提出了 Viterbi 译码算法。Viterbi 译码算法被提出之后，卷积码在通信系统中得到了极为广泛的应用，如 GSM、IS-95 CDMA、3G、商业卫星通信系统等。

但是，随着通信技术的飞速发展，"计算复杂性"依然是一道无法彻底解决的难题，专家们试图在可接受的计算复杂性条件下设计编码和算法，以提高效率，但其增益与香农理论极限始终都存在 2 dB～3 dB 的差距。正在专家们一筹莫展之时，奇迹出现了。

1993 年，两位当时名不见经传的法国电机工程师 C. Berrou 和 A. Glavieux 声称他们发明了一种编码方法——Turbo 码，可以使信道编码效率接近香农极限。一开始，大家都是持怀疑态度的，甚至懒得去理睬这两个小角色，这么多数学家都没能突破的极限，两个小小的机电工程师也敢宣称接近香农极限？但是，这两位法国工程师正是绕过数学理论，凭借其丰富的实际经验，通过迭代译码的办法解决了"计算复杂性"问题。

Turbo 码的译码器有两个分量码译码器，译码在两个分量译码器之间进行迭代译码，故整个译码过程类似涡轮(turbo)工作，所以又形象地被称为 Turbo 码。

Turbo 码的发明又一次开创了通信编码史的革命性时代。随后，全世界各大公司开始聚焦于 Turbo 码研究。Turbo 码也成为 3G/4G 移动通信技术所采用的编码技术，直到 4.5G，人们依然在采用。但是，由于 Turbo 码采用迭代解码，必然会产生时延，所以对于实时性要求很高的场合，如即将到来的超高速率、超低时延的 5G 需求，Turbo 码又遇到瓶颈，因此，在 5G 时代就出现了 Polar 码和 LDPC 码之争。

LDPC 码即低密度奇偶校验码(Low Density Parity Check Code，LDPC)，它是由 Robert G.Gallager 博士于 1963 年提出的一类具有稀疏校验矩阵的线性分组码，不仅有逼近香农极限的良好性能，而且译码复杂度较低，结构灵活，是近年信道编码领域的研究热点，目前已广泛应用于深空通信、光纤通信、卫星数字视频和音频广播等领域。LDPC 码已成为第四代通信系统(4G)标准，而基于 LDPC 码的编码方案已经被下一代卫星数字视频广播标准 DVB-S2 采纳。

Polar 码是由土耳其比尔肯大学教授 E. Arikan 在 2007 年提出的，2009 年开始引起通信领域的关注。尽管 Polar 码提出较晚，但作为已经被理论证明可达到香农极限的编码方案，自它被发明以来，业内已在译码算法、速率兼容编码方案和硬件实现上做了大量的研发工作。

最后 3GPP 在 5G 时代抛弃了 Turbo 码，选择了 LDPC 码作为 5G 数据信道编码方案，Polar 码成为 5G 广播和控制信道编码方案。

2.5.3　纠错编码的分类

纠错编码有多种分类方法，常用的有下述四种分类方法。

(1) 根据功能不同，纠错码可以分为检错码和纠错码两类。

检错码只检测信息传输是否出现错误，本身没有纠错的能力，例如，循环冗余校验码、奇偶校验码等。纠错码则可以纠正误码错误。

(2) 根据对信息序列处理方法的不同，纠错码可以分为分组码和卷积码两类。

分组码是将信息序列划分成每 k 位为一组，然后对各个信息组分别进行编码，形成对应的一个码字。卷积码也是首先将信息序列划分为组，但当前码组的编译码不仅与当前信息组有关，而且与前面若干码组的编译码有关，这样就可利用码组的相关性进行译码。

(3) 根据码元与原始信息之间的关系，纠错码可以分为线性码和非线性码两类。

线性码的所有码元都是原始信息元的线性组合。非线性码的码元不是原始信息元的线性组合。

(4) 根据适用差错的类型不同，纠错码可以分为纠随机错误码和纠突发错误码两类。

纠随机错误码主要适合随机错误信道，纠正其中可能产生的随机错误。纠突发错误码主要用于纠正信息传输过程中的突发错误。

2.5.4　常用纠错编码编解码分析

1. 简单编码

考虑用 3 位二进制数字码组传输信息，如何可以纠错？

分析：3 位二进制数字码组共有 8 种组合，分别为以下几种情况：

(1) 若可传输 8 种信息：000 晴、001 云、010 阴、011 雨、100 雪、101 霜、110 雾、111 雹，这时有效性最高，但可靠性最低，无法发现错码。

(2) 若只传输 4 种信息：000 晴、011 云、101 阴、110 雨，这时，降低了有效性，但提高了可靠性，可以发现 1 位错码，例如：传输 000 晴，若错 1 位，则 100、010、001 都为禁码。

(3) 若只传输 2 种信息：000 晴、111 雨，则有效性进一步降低，但可靠性进一步提高，可发现 2 位错码，能纠正 1 位错码，例如：收到 100，若错 1 位，则纠正为 000。

2. 奇偶监督码

奇偶监督码编码方法如下：

	信息位	监督位
晴	00	0
云	01	1
阴	10	1
雨	11	0

偶数监督码，1 位监督位，码组中 1 的数目为偶数，可检测奇数个错码。

3. 恒比码

恒比码编码方法如下(码组中 1 或 0 数目相同)：

1：01011   6：10101

2：11001   7：11100

3：10110   8：01110

4：11010   9：10011

5：00111   0：01101

4. 正反码

正反码编码方法如下所述，其中，监督码元与信息码元相同或相反。

1) 编码

(1) 若信息位中 1 的数目为奇数，则监督位相同。

11001：1100111001

(2) 若信息位中 1 的数目为偶数，则监督位相反。

10001：1000101110

2) 解码

信息位与监督位模 2 相加的合成码组。

(1) 若信息位中 1 的数目为奇数，则合成码组为校验码组。

(2) 若信息位中 1 的数目为偶数，则合成码组取反。

① 由校验码组中 1 的数目进行判决：

② 全 0：无错码。

③ 一个 0：信息码错 1 位，对应校验码中 0 的位置。

④ 一个 1：监督码错 1 位，对应校验码中 1 的位置。

其他：错码大于 1 个。

假设，发送 1100111001，则接收端有以下几种情况：

(1) 接收 1100111001。

合成码组：11001 + 11001 = 00000，信息位中 1 的数目为奇数，校验码组 00000，无错码。

(2) 接收 1000111001。

合成码组：10001 + 11001 = 01000，信息位中 1 的数目为偶数，校验码组 10111，一个 0，信息位错 1 位，应为 1100111001。

(3) 接收 1100101001。

合成码组：11001 + 01001 = 10000，信息位中 1 的数目为奇数，校验码组 10000，一个 1，监督位错码，应为 1100111001。

(4) 接收 1001111001。

合成码组：10011 + 11001 = 01010，信息位中 1 的数目为奇数，校验码组 01010，错码大于 1 个。

5. 分组码

分组码就是对每个 k 位长的信息组，按照一定规则增加 $r = n - k$ 位校验码元，构成长度为 n 的序列 $(c_{n-1}, c_{n-2}, \cdots, c_1, c_0)$，该序列称为码字。如果采用二进制码，则信息组共有 2^k 种组合，经过编码后相应码字只有 2^k 个，称这 2^k 个码字集合为 (n, k) 分组码。

每个长度为 n 的序列称为 n 重，(n, k) 分组码的码字集合数量只有 2^k 个，所以分组码就是确定某种规则，从 2^n 个 n 重中筛选出 2^k 个不同的码字。

不同的编码规则可以产生不同的码。称被选中的 2^k 个 n 重为许用码组，其余的 $2^n - 2^k$ 个码字为禁用码组。

禁用码组是编码不可能产生的码组，接收端一旦接收到这类码组，就可以判断传输中发生了错误。

(n, k) 分组码的码率为 $R = k/n$。码率是衡量分组码编码有效性的基本参数。在纠错能力相同的情况下，码率越大，效率越高，增大码率有利于提高信息传输的效率。

6. 汉明距离

两个 n 重 x、y 之间对应取值不同的码元个数，称为这两个 n 重之间的汉明距离，用 $d(x, y)$ 表示。

n 重 x 中非零码元的个数称为汉明重量，简称重量，用 $w(x)$ 表示。

例 2-1 x、y 分别为 (10101) 和 (00111)，求汉明距离和汉明重量。

解 x、y 之间的汉明距离为

$$d(x, y) = 2$$

而 x、y 的汉明重量分别为

$$w(x) = 3, \quad w(y) = 3$$

(n, k) 分组码中，任意两个码字 x、y 之间的汉明距离的最小值，称为该分组码的最小汉明距离，简称为最小距离，用 d_0 表示。

例 2-2 求 (3，2) 码的最小汉明距离。

解 (3，2) 码共有 4 个码字，分别为 000、011、101、110，显然，$d_0 = 2$。

最小汉明距离是分组码的重要参数之一，表明了该分组码抗干扰能力的大小，与码字的检错、纠错能力有关，d_0 越大，码的抗干扰能力越强，在相同的译码规则下，错误译码

的概率越小。

对于分组码而言，码率 R 和最小距离 d_0 是两个最重要的参数。纠错码的基本任务就是构造码率 R 一定，最小距离 d_0 尽可能大的码；或者 d_0 一定，码率 R 尽可能高的码。

例 2-3　讨论 $(n,\ 1)$ 重复码的检错能力。

解　(1) $(2，1)$ 重复码。

$(2，1)$ 重复码的两个码字是 (00) 和 (11)，$d_0=2$，$R=1/2$。这种码能发现传输中的 1 个错误，但不能自动纠正。

(2) $(3，1)$ 重复码。

$(3，1)$ 重复码的两个码字是 (000) 和 (111)，$d_0=3$，$R=1/3$。该码能纠正序列中的 1 个错误。

(3) $(4，1)$ 重复码。

$(4，1)$ 重复码的 $d_0=4$，$R=1/4$。它的纠错能力如下：

① 能纠正 1 个错误的同时发现 2 个错误。

② 若仅用来检错，则可检测 $e=d_0-1=3$ 个错误。

(4) $(5，1)$ 重复码。

$(5，1)$ 重复码的 $d_0=5$，$R=1/5$。它的纠错能力如下：

① 能纠正 2 个随机错误。

② 若仅用来检错，则能发现 4 个错误。

7. 纠错能力和检错能力

$(n,\ k)$ 分组码的最小距离 d_0 与纠错能力和检错能力之间有如下关系：

任意 $(n,\ k)$ 分组码，如果要在码字内：

(1) 检测 e 个随机错误，则要求码的最小距离满足 $d_0\geqslant e+1$。

(2) 纠正 t 个随机错误，则要求 $d_0\geqslant 2t+1$。

(3) 纠正 t 个随机错误，并且检测 $e(\geqslant t)$ 个错误，则要求 $d_0\geqslant e+t+1$。

例 2-4　求 $(7，4)$ 线性分组码的纠错能力。

解　$(7，4)$ 线性分组码的最小汉明距离为

$$d_0=n-k+1=4$$

故它最多可以检测 3 个错误，而只能够纠正 1 个错误。

例 2-5　讨论奇偶校验码的纠错能力。

解　奇偶校验码是只有一个检验元的 $(n,\ n-1)$ 分组码，其最小汉明距离为 2。所以，只能检测 1 个错误，而没有纠错能力。

任给一个由 $k=3$ 位信息组成的信息组 $m=(m_2, m_1, m_0)$，由它生成的 $(6，3)$ 线性分组码的码字 $v=(v_5, v_4, v_3, v_2, v_1, v_0)$ 由下列关系式确定：

$$v=(m_2, m_1, m_0, m_2+m_1, m_2+m_0, m_1+m_0)$$

由于每个信息组共有 $k=3$ 位信息码元，信息组集合共由 $2^3=8$ 个不同的信息组构成，因此上述关系生成的 $(6，3)$ 线性分组码共有 8 个码字。

对于任意信息组 $m=(m_2, m_1, m_0)$，生成的码字为

信息组　　　　码字

000　　　　　000000

001	001011
010	010101
011	011110
100	100110
101	101101
110	110011
111	111000

从生成的码字可以看出，前 $k=3$ 位是原信息组，而后 $n-k=3$ 位是监督码元，因此我们称(6，3)码为系统码。

例 2-6　(7，4)系统码的生成矩阵为

$$G = [I_k \mid P] = \begin{bmatrix} 1 & 0 & 0 & 0 & 1 & 0 & 1 \\ 0 & 1 & 0 & 0 & 1 & 1 & 1 \\ 0 & 0 & 1 & 0 & 1 & 1 & 0 \\ 0 & 0 & 0 & 1 & 0 & 1 & 1 \end{bmatrix}$$

求其生成公式。

解　假设编码的信息位为 $[x_{m_1} \ x_{m_2} \ x_{m_3} \ x_{m_4}]$，采用上述生成矩阵产生的码字表示为

$$C_m = (x_{m_1} \ \ x_{m_2} \ \ x_{m_3} \ \ x_{m_4} \ \ c_{m_5} \ \ c_{m_6} \ \ c_{m_7})$$

其中，c_{m_j} ($j=5$，6，7，表示 3 比特校验位)具体如下：

$$c_{m_5} = x_{m_1} + x_{m_2} + x_{m_3}$$
$$c_{m_6} = x_{m_2} + x_{m_3} + x_{m_4}$$
$$c_{m_7} = x_{m_1} + x_{m_2} + x_{m_4}$$

例 2-7　对于上例的生成矩阵产生的系统(7，4)码，求其关系方程。

解　根据校验矩阵与生成矩阵之间关系可以得到矩阵 H 为

$$H = \begin{bmatrix} 1 & 1 & 1 & 0 & 1 & 0 & 0 \\ 0 & 1 & 1 & 1 & 0 & 1 & 0 \\ 1 & 1 & 0 & 1 & 0 & 0 & 1 \end{bmatrix}$$

由 $C_m H^T = 0$ 可以得到三个方程：

$$x_{m_1} + x_{m_2} + x_{m_3} + c_{m_5} = 0$$
$$x_{m_2} + x_{m_3} + x_{m_4} + c_{m_6} = 0$$
$$x_{m_1} + x_{m_2} + x_{m_4} + c_{m_7} = 0$$

其中，H^T 为矩阵 H 的转置。

8. 一些特殊的线性分组码

下面简单介绍几种工程应用中经常遇到的线性分组码，并给出一些重要参数。

1) 汉明码

汉明码分为二进制和非二进制汉明码。此处只讨论二进制汉明码。

二进制汉明码具有以下性质：

(1) 对于给定的正整数 $m \geqslant 3$，二进制汉明码的信息位数量 k、码字长度 n 与 m 之间满足下列关系：

$$k = 2^m - m - 1$$
$$n = 2^m - 1$$

所以，汉明码实际就是 $(2^m - 1, 2^m - m - 1)$ 分组码。若 $m = 3$，则为 (7，4) 码。

(2) (n, k) 分组码的校验矩阵有 $n - k$ 行 n 列。由于二进制汉明码有 $n = 2^m - 1, n - k = m$，所以校验矩阵可用简单方法构造：取 m 位二进制所有非 0 排列构成校验矩阵 $\boldsymbol{H}$，然后由检验矩阵与生成矩阵间关系 $\boldsymbol{GH}^{\mathrm{T}} = \boldsymbol{0}$ 得到生成矩阵 $\boldsymbol{G}$。

例 2-8　构造 $m = 3$ 的汉明码。

解　由于 $m = 3$，根据汉明码的性质可知

$$k = 2^m - m - 1 = 4$$
$$n = 2^m - 1 = 7$$

所以，$m = 3$ 的汉明码是 (7，4) 分组码。

除了矢量 **0** 之外的所有排列为 (001)，(010)，(011)，(100)，(101)，(110)，(111)。为产生系统码，将 (100)、(010)、(001) 放在矩阵最后 3 列，得校验矩阵：

$$\boldsymbol{H} = \begin{bmatrix} 0 & 1 & 1 & 1 & 1 & 0 & 0 \\ 1 & 0 & 1 & 1 & 0 & 1 & 0 \\ 1 & 1 & 0 & 1 & 0 & 0 & 1 \end{bmatrix}$$

生成矩阵：

$$\boldsymbol{G} = \begin{bmatrix} 1 & 0 & 0 & 0 & 0 & 1 & 1 \\ 0 & 1 & 0 & 0 & 1 & 0 & 1 \\ 0 & 0 & 1 & 0 & 1 & 1 & 0 \\ 0 & 0 & 0 & 1 & 1 & 1 & 1 \end{bmatrix}$$

由于汉明码的校验矩阵中没有两列是线性相关的，总可以找到三列是线性相关的，所以 (n, k) 汉明码的最小距离为 $d_0 = 3$。

2) 高莱码

高莱码是二进制 (23，12) 线性码，最小汉明距离为 $d_0 = 7$，纠错能力为 $t = 3$。

在 (23，12) 码的校验位上加上 1 比特，得到扩展高莱码 (24，12)，其最小汉明距离为 $d_0 = 8$。

3) 循环码

循环码是线性分组码子集，满足下列循环移位特性：

如果 $C = (c_{n-1}c_{n-2}\cdots c_1c_0)$ 是循环码的一个码字,那么对 C 的元素循环移位一次得到的 $(c_{n-2}c_{n-3}\cdots c_0c_{n-1})$ 也是循环码的一个码字,也就是说 C 的循环移位都是码字。

循环特性允许在编码、译码中使用具有众多结构的码字。有效编码和硬判决译码算法有许多,从而可以在通信系统中实现具有大量码字的长码。

一般 (n, k) 分组码的 k 个基底之间没有规则联系,相互之间线性无关,所以需要用 k 个基底组成一个生成矩阵产生码字。

对于循环码而言,采用多项式讨论比较方便,这样就不需要使用生成矩阵。

例 2-9 讨论长度 $n = 7$ 的循环码。

解 多项式 $p^7 + 1$ 可以分解为下列形式:

$$p^7 + 1 = (p + 1)(p^3 + p^2 + 1)(p^3 + p + 1)$$

为了产生 $(7, 4)$ 循环码,可以取下列两个多项式之一作为生成多项式:

$$g_1(p) = p^3 + p^2 + 1$$

或

$$g_2(p) = p^3 + p + 1$$

其中,$g_1(p)$ 和 $g_2(p)$ 产生的码是等价的。

由多项式 $g_1(p) = p^3 + p^2 + 1$ 生成的 $(7, 4)$ 码的码字如下:

信息位	码字	信息位	码字
0000	0000000	1000	1101000
0001	0001101	1001	1100101
0010	0011010	1010	1110010
0011	0010111	1011	1111111
0100	0110100	1100	1011100
0101	0111001	1101	1010000
0110	0101110	1110	1000110
0111	0100011	1111	1001011

具体产生过程如下:

(1) 当 4 比特信息为 (0001) 时,对应的信息多项式为 $X_1(p) = 1$,所以码字多项式为

$$C_1(p) = X_1(p)g_1(p) = p^3 + p^2 + 1$$

对应码字为 $C_1 = (0001101)$。

(2) 当 4 比特信息为 (0010) 时,对应的信息多项式为 $X_2(p) = p$,所以码字多项式为

$$C_2(p) = X_2(p)g_1(p) = p(p^3 + p^2 + 1) = p^4 + p^3 + p$$

对应码字为 $C_2 = (0011010)$。

(3) 当 4 比特信息为 (0011) 时,对应的信息多项式为 $X_3(p) = p + 1$,所以码字多项式为

$$C_3(p) = X_3(p)g_1(p) = (p + 1)(p^3 + p^2 + 1) = (p^4 + p^3 + p) + (p^3 + p^2 + 1)$$

注意到二进制多项式加法为同阶次项的系数进行半加(异或)运算,所以

$$p^3 + p^3 = (1 + 1)p^3 = 0p^3 = 0$$

于是得到：

$$C_3(p) = p^4 + p^2 + p + 1$$

对应码字为 $C_3 = (0010111)$。

以此类推，可以得到其他码字。

9. 卷积码

卷积码的特点是：对信息进行编码时，信息组之间不是独立编码的，而是具有一定的相关性；系统译码时，可以利用这种相关性进行译码。

卷积码(n_0, k_0, m)是对每段长度为 k_0 的信息组，按照一定的规则增加 $r_0 = n_0 - k_0$ 个校验元，构成长度为 n_0 的码段，而 r_0 个校验元不仅与当前本段的信息元有关，而且与前 m 段的信息元也有关，当信息元不断输入时，输出码序列为半无限长。

卷积码(n_0, k_0, m)的码率为 $R = k_0 / n_0$，与 m 无关。在卷积码中，$n_0(m + 1)$ 称为编码约束码长，说明 k_0 个信息从输入编码器到移出移位寄存器时对编码输出影响的码元数。

例如，$(2, 1, 2)$卷积码，编码效率为 $R = 1 / 2$，而编码约束长度为 6。

卷积码编码器可以用生成矩阵加以描述。一般来说，由于输入序列是半无限的，所有卷积码的生成矩阵也是半无限的，但这种描述方式并不简洁。

10. Turbo 码

Turbo 码由于很好地应用了香农信道编译码定理中的随机性编译码条件，因此获得了接近香农理论极限的译码性能。它不仅在信噪比较低的高噪声环境下性能优越，而且具有很强的抗衰落、抗干扰能力。

Turbo 码在编码方面主要包括对并行级联编码与串行级联编码的分析，以及对混合级联方式的研究；Turbo 码有一重要特点是其译码较为复杂，比常规的卷积码要复杂得多，主要包括迭代译码、译码算法(最大后验概率算法 MAP、修正的 MAP 算法 Max-Log-MAP、软输出 Viterbi 算法 SOVA 等)的研究。

在第三代移动通信系统(IMT-2000)中已经将 Turbo 码作为其传输高速数据的信道编码标准。另外，在直扩(CDMA) 系统中采用 Turbo 码技术可以进一步提高系统的容量，Turbo 码与 OFDM 调制、差分检测技术相结合，具有较高的频率利用率，可有效地抑制短波信道中多径时延、频率选择性衰落、人为干扰与噪声带来的不利影响。

11. LDPC

LDPC 码即低密度奇偶校验码，它是由 Robert G. Gallager 博士于 1963 年提出的一类具有稀疏校验矩阵的线性分组码，不仅有逼近香农理论极限的良好性能，而且译码复杂度较低，结构灵活，LDPC 码已应用于第四代通信系统(4G)，并成为 5G 数据信道编码方案。

对同样的 LDPC 码来说，采用不同的译码算法可以获得不同的误码性能。优秀的译码算法可以获得很好的误码性能。LDPC 码的译码算法包括以下三大类：硬判决译码、软判决译码和混合译码。

硬判决译码将接收的实数序列先通过解调器进行解调，再进行硬判决，得到硬判决 0,1 序列，最后将得到的硬判决序列输送到硬判决译码器进行译码。这种方式的计算复杂度固然很低，但是硬判决操作会损失掉大部分的信道信息，导致信道信息利用率很低。常见的硬判决译码算法有比特翻转(Bit-Flipping，BF)算法、一步大数逻辑(One-Step Majority-Logic, OSMLG)译码算法。

软判决译码可以看成是无穷比特量化译码，它充分利用了接收的信道信息(软信息)，信道信息利用率得到了极大的提高。软判决译码利用的信道信息不仅包括信道信息的符号，也包括信道信息的幅度值。对于信道信息的充分利用，极大地提高了译码性能，使得译码可以迭代进行，充分挖掘接收的信道信息，最终获得出色的误码性能。软判决译码的信道信息利用率和译码复杂度是三大类译码中最高的。最常用的软判决译码算法是和积译码算法，又称置信传播(Belief Propagation，BP)算法。

混合译码结合了软判决译码和硬判决译码的特点，是一类基于可靠度的译码算法，它在硬判决译码的基础上，利用部分信道信息进行可靠度的计算。常用的混合译码算法有加权比特翻转(Weighted BF，WBF)算法和加权(Weighted OSMLG，WMLG)译码算法。

12. 极化码

极化码(Polar Code)是基于信道极化所给出的一种新的编码方式，具有确定性的构造方法，并且是已知的唯一一种能够被严格证明达到香农信道容量的信道编码方法。从代数编码和概率编码的角度来说，极化码具备了两者各自的特点。2016 年 11 月 18 日，在美国内华达州里诺召开的 3GPP RAN1 #87 次会议，确定 Polar Code 作为 5G eMBB(增强移动宽带)场景下控制信道编码方案。

2.6　加密编码

2.6.1　加密编码的概念

加密编码是为了保证信息的安全性。在信息的传输或处理过程中，除了指定的接收者外，还有非指定或非授权的用户，他们通过各种技术手段企图窃取机密信息。为了保证被传输信息的安全和隐私，必须对信源的输出进行加密或隐藏，同时还要求在信息传递过程中保证信息不被伪造和篡改。

通信系统中的传输媒质有电缆、明线、光纤和无线电波的传播空间等，信号通过这些媒质时，是很不安全的。

非指定用户或敌对方会通过各种方法(如搭线、电磁波接收、声音接收等)对所传输的信号进行侦听(称为被动攻击)。

更有甚者，有些非法入侵者主动对系统进行骚扰，采用删除、更改、增添、重放、伪造等手段，向系统注入信号或破坏被传输的信号，以达到欺骗别人有利于自己的目的。

由于保密问题的特殊性，直至 1976 年迪弗(Diffe)和海尔曼(Hellman)发表了《密码学的新方向》一文，提出了公开密钥密码体制后，保密通信问题才得到广泛研究。

密码编码学是信息安全技术的核心，密码编码学的主要任务是寻求产生安全性高的有效密码算法和协议，以满足对消息进行加密或认证的要求。

密码分析学的主要任务是破译密码或伪造认证信息，以便窃取机密信息或进行诈骗破坏活动。

人们希望把重要信息通过某种变换转换成秘密形式的信息。转换方法可以分为两大类：

(1) 隐写术，即隐蔽信息载体——信号的存在，古代常用此方法。

(2) 编码术，即将载荷信息的信号进行各种变换使它们不为非授权者所理解。

1．保证信息安全的方法

当今，信息的安全和保密问题更加突出和重要。为了保证所传输信息的安全，通常采用以下方法：

(1) 认证业务：提供某种方法来证实某一声明是正确的，例如，使用口令。

(2) 访问控制：控制非授权的访问，例如，使用防火墙。

(3) 保密业务：对未授权者保护信息，例如，进行数据加密。

(4) 数据完整性业务：对安全威胁所采取的一类防护措施。

(5) 不可否认业务：提供无可辩驳的证据来证明曾经发生过的交换，例如，采用数字签名技术。

2．常见的不安全因素

(1) 伪造：接收方伪造一份来自某一发送方的文件。

(2) 篡改：接收方篡改接收到的文件或其中的数据。

(3) 冒充：网络中任一用户冒充另一用户作为接收方或发送方。

(4) 否认：发送/接收方不承认曾发送/接收过某一文件。

3．数字签名技术

数字签名技术是防止网络通信中否认、伪造、冒充和篡改的常用方法之一。该技术要求系统满足以下三个条件：

(1) 接收者可以确认发送者的身份。

(2) 发送者发送文件以后不能否认文件是自己发的。

(3) 接收者自己不能伪造该文件。

第一个条件是必需的。例如，当一位顾客通过计算机发出订货单，向一家银行订购一吨黄金，银行计算机需要证实发出订购要求的计算机确实属于付款的公司。

第二个条件用于保护银行不受欺骗。假设银行为该顾客买入了一吨黄金，但金价随后立即暴跌，狡猾的顾客可能会控告这家银行，声称自己从未发出过任何订购黄金的订单。

第三个条件用来在下述情况下保护顾客，如金价暴涨，银行伪造一个文件，说顾客只要买一条黄金而不是一吨黄金。

采用数字签名技术的好处如下：

(1) 数字签名可以通过计算机网络使地理位置不同的用户实现签名。

(2) 数字签名既可有手写签名那样的可见性，又可将签名存储于计算机系统之中。

(3) 数字签名与整个文件的每一组成部分都有关，从而保证了文件的不变性，而手写签名的文件则可以改换某一页内容。

(4) 数字签名可以对一份文件的一部分进行签署，这是手写签名所不能做到的；手写签名一般要经过专家的鉴定才能确认，而在一个具有良好数字签名方案的网络内，接收方可以立即识别接收到的文件中签名的真伪。

2.6.2 加密编码的原理

为了保证信息安全，可以采用加密编码的方法进行加密。

在利用现代通信工具的条件下，隐写术受到很大限制，但编码术却以计算机为工具取得了很大的发展。

在加密编码中，真实数据称为明文 M，对真实数据施加变化的过程称为加密 EK，加密后输出的数据称为密文 C，从密文恢复出明文的过程称为解密 DK，如图 2-12 所示。

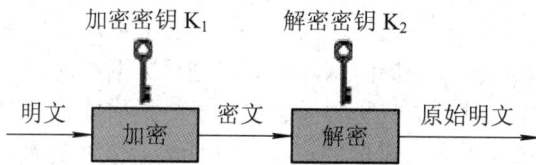

图 2-12 加密编码原理示意图

例 2-10 明文：1010110；密钥：1010101；采用模 2 相加。求：密文。

解
明文	1010110
密钥	1010101
密文	0000011
密钥	1010101
明文	1010110

完成加密和解密的算法称为密码体制。变换过程中使用的参数称为密钥 K。加密时使用的密钥与解密时使用的密钥可以相同(单密钥)，也可以不同(双密钥)。

如果求解一个问题需要一定量的计算，但环境所能提供的实际资源却无法实现它，则称这种问题是计算上不可能的。

如果一个密码体制的破译是计算上不可能的，则称该密码体制是计算上安全的。即使截获了一段密文 C，甚至知道了与它对应的明文 M，破译者要从中系统地求出解密变换仍然是计算上不可能的。破译者要由截获的密文 C 系统地求出明文 M 是计算上不可能的。

保密性只要求对变换 DK(解密密钥)加以保密，只要不影响 DK 的保密，变换 EK 可以公布于众。

对称(单密钥)体制：加密密钥和解密密钥相同或者很容易经相互推导得到。

由于我们假定加密方法是众所周知的，这就意味着变换 EK 和 DK 很容易互相推导。因此，如果对 EK 和 DK 都保密，则保密性和真实性就都有了保障。

非对称(双密钥)密码体制：加密密钥和解密密钥中至少有一个在计算上不可能被另一个导出。因此，在变换 EK 或 DK 中有一个可公开而不影响另一个的保密。

公开密钥体制通过保护两个不同的变换分别获得保密性和真实性。保护 DK 获得保密性，保护 EK 获得真实性。

接收者通过保密自己的解密密钥来保障其接收信息的保密性，但不能保证真实性，因为任何知道其加密密钥的人都可以将虚假消息发给他。发送者通过保密自己的解密密钥来保障其发送信息的真实性，但任何知道其加密密钥的人都可以破译消息，保密性不能保证。

这种加密体制主要用于数字签名。

2.6.3　常用加密编码

根据加密明文数据时的加密单位的不同，密码可以分为分组密码和序列密码两大类。

(1) 分组密码：设 M 为密码消息，将 M 分成等长的连续区组 M_1，M_2，…，M_i，分组的长度一般是几个字符，并且用同一密钥 K 为各区组加密。

(2) 序列密码：将密码消息 M 分成连续的字符或位 M_1，M_2，…，M_i，并用密钥序列 $K = K_1K_2\cdots K_i$ 的第 i 个元素给 M_i 加密。

密码学把信源看成是符号(文字、语言等)的集合，并且它按一定的概率产生离散符号序列。多余度用来衡量破译某一种密码体制的难易程度。多余度越小，破译的难度就越大。对明文先压缩其多余度，然后再加密，可提高密文的保密度。

在截获密文后，明文在很大程度上仍然无法确定，即如果无论截获了多长的密文都得不到任何有关明文的信息，那么就说明这种密码体制是绝对安全的。

所有实际密码体制的密文总是会暴露某些有关明文的信息。被截获的密文越长，明文的不确定性就越小，最后会变为零。这时，就有了足够的信息唯一地决定明文，于是这种密码体制也就在理论上可破译了。但理论上可破译并不能说明这些密码体制不安全，因为把明文计算出来的时空需求也许会超过实际上可供使用的资源。这种情况下密码体制实际在计算上是安全的。

常用的分组密码介绍如下。

1. 对称加密

一把钥匙既可以加密也可以解密，如果这把钥匙被盗，那么传输的所有数据就会被截获，安全性低，加/解密速度快。

(1) DES(Data Encryption Standard)：1977 年 7 月，美国国家标准局公布了采纳 IBM 公司设计的方案作为非机密数据的正式数据加密标准。DES 密码是一种采用传统加密方法的区组密码，DES 算法的入口参数有三个：Key、Data、Mode。其中 Key 为 8 个字节共 64 位，是 DES 算法的工作密钥；Data 也为 8 个字节 64 位，是要被加密或被解密的数据；Mode 为 DES 的工作方式，有两种：加密或解密。

(2) AES(Advanced Encryption Standard)：又称 Rijndael 加密法，是美国联邦政府采用的一种区块加密标准。AES 算法基于排列和置换运算。严格地说，AES 和 Rijndael 加密法并不完全一样(虽然在实际应用中二者可以互换)，因为 Rijndael 加密法可以支持更大范围的区块和密钥长度：AES 的区块长度固定为 128 位，密钥长度则可以是 128、192 或 256 位；而 Rijndael 使用的密钥和区块长度可以是 32 位的整数倍，以 128 位为下限，256 位为上限。

(3) IDEA(Intrenational Data Encryption Algorithm，国际数据加密算法)：由瑞士的两名科学家于 1990 年提出，最早称作 PES(Proposed Encryption Standard)，后改称为 IDEA。

该算法输入和输出字长均为 64 比特，密钥长 128 比特，采用 8 轮迭代体制。最后经过一个输出变换给出密文。IDEA 可用于各种标准工作模式。它由两部分组成：一个是对输入 64 比特明文组的 8 轮迭代产生 64 比特密文输出；另一个是由输入的 128 比特会话密钥产生 8 轮迭代所需的 52 个子密钥，共 52×16 比特。

上述密钥加密法算法公开，但密钥是保密的(对称密钥)。如果要进行通信，必须在这之前把密钥通过非常可靠的方式分配给所有接收者，这在某些场合是很难做到的。

2. 非对称加密

使用两把钥匙，通常公钥加密，私钥解密。私钥不暴露，就能保证安全性。非对称加密安全性高，加/解密速度快。

RSA 算法是基于公开密钥密码体制(Public Key Cryptosystem，PKC)由美国麻省理工学院(MIT)的研究小组提出的，该体制的名称是用了三位作者(Rivest，Shamir 和 Adleman)英文名字的第一个字母拼合而成的。

RSA 的理论基础是数论，是基于大数因子分解难题。将两个大素数相乘十分容易，但是想要对其乘积进行因式分解却极其困难，因此可以将乘积公开作为加密密钥。即

正：要求得到两个大素数(如大到 100 位)的乘积，在计算机上很容易实现。

逆：要分解两个大素数的乘积，在计算上几乎不可能实现。

例如：

$127 \times 129 = ?$

$? \times ? = 29\ 083$

$107 \times 53 = ?$

$? \times ? = 5671$

一个 129 位的数：

114 381 625 757 888 867 669 235 779 976 146 612 010 218 296 721 242 362 562 561 842 935 706 935 245 733 897 830 597 123 563 958 705 058 989 075 147 599 290 026 879 543 541

= ?(64 位的素数) × ?(65 位的素数)

伦敦股票交易所使用的 CREST 系统(1997 年开始)就是用的 155 位大数的 RSA 技术。

美国计算机出口限制：公钥小于 512 位，私钥小于 56 位。

现在最快的经典计算机的运算速度约 10^{17} 次/秒，做 10^{30} 次运算需 10^{13} 秒。这样看来，RSA 加密法在经典计算范围内是足够安全的。

3. 哈希算法

哈希，英文是 Hash，本来意思是"切碎并搅拌"，有一种食物就叫 Hash，就是把食材切碎并搅拌一下做成的。哈希函数的运算结果就是哈希值，通常简称为哈希。哈希函数有时候也翻译成散列函数，也就是把数据拆散然后重新排列。

使用哈希函数可以给一个任意大小的数据生成一个固定长度的数据，作为它的映射。所谓映射就是一一对应。一个可靠的哈希算法要满足三点：第一是安全，给定数据 M 容易算出哈希值 X，而给定 X 不能算出 M，或者说哈希算法应该是一个单向算法；第二是独一无二，两个不同的数据，要拥有不相同的哈希；第三是长度固定，给定一种哈希算法，不管输入数据是多少，输出长度都是固定的。

如果哈希的长度是固定的，也就是取值范围是有限的，而输入数据的取值范围是无限的，所以总会找到两个不同的输入拥有相同的哈希。因此，哈希函数的安全性肯定是个相对概念。如果出现了两个不同输入有相同输出的情况，就叫碰撞。不同的哈希算法，哈希位数越多，也就基本意味着安全级别越高，或者说它的"抗碰撞性"就越好。

由于哈希的独一无二性，如果数据在存储或者传输过程中有丝毫损坏，那么它的哈希就会变。哈希函数的主要作用就是进行完整性校验，判断数据是否损坏。

下面介绍两种算法：

(1) MD5 信息摘要算法(Message-Digest Algorithm，MD5)。这是一种被广泛使用的密码散列函数，可以产生一个 128 位(16 字节)的散列值(Hash Value)，用于确保信息传输完整一致。MD5 由美国密码学家罗纳德·李维斯特(Ronald Linn Rivest)设计，于 1992 年公开，用以取代 MD4 算法。这套算法的程序在 RFC 1321 标准中被加以规范。1996 年后该算法被证实存在弱点，可以被破解，对于需要高度安全性的数据，专家一般建议改用其他算法，如 SHA-2。2004 年，证实 MD5 算法无法防止碰撞(Collision)，因此不适用于安全性认证，如 SSL 公开密钥认证或是数字签名等用途。

(2) SHA 算法。这是哈希算法的一种。SHA 表示加密散列算法，用于网络加密安全。一般情况下，电脑可以对哈希进行识别、比较或对文件和字符串进行数据计算。计算机会先对哈希进行计算，然后与原始文件进行校验。哈希算法的重要特征是其确定性。SHA 算法有两个不同版本：SHA-1 和 SHA-2。它们在构造(如何从原始数据创建结果散列)和签名的位长方面都不同。SHA-1 是 160 位散列，SHA-2 实际上是哈希的"家族"，有各种长度，最受欢迎的是 256 位。SHA-2、SHA-256 或 SHA-256 位，指的是同一个算法。

2.6.4　量子密码通信

目前人类对于量子算法的研究里已经形成公众影响力的领域是信息安全，具体点说就是加密和解密，尤其是后者。其中最有名的是 1994 年的 Shor 算法，这个算法可指导量子计算机进行大数因子分解，而大数因子分解正是目前流行的公开密钥体制 RSA 的核心。想象一下，一个 1024 位的 RSA 密钥，在调用 Shor 算法的量子计算机面前连一秒钟都不到就会被攻破。与之对比，Core i7-4500U 处理 256 位和 260 位 RSA 密钥所花时间为 35 分钟和 1 小时。量子计算的效率让暴力破解看起来毫无莽劲，甚至还生出一分闲庭信步的气质。RSA 加密法在 Shor 量子算法面前无安全性可言。

与此同时，美国科学家威斯纳于 1970 年提出，可利用单量子态制造不可伪造的"电子钞票"。但这个设想的实现需要长时间保存单量子态，不太现实。C. H. Bennett 和 G. Brassard 在研究中发现，单量子态虽然不好保存，但可用于传输信息。1984 年，他们提出了第一个量子密码术方案，称为 BB84 方案。由此迎来了量子保密通信的新时期。

量子保密通信的原理、进展和系统组成在后续章节量子通信中详细阐述。

2.7　调　制　解　调

调制就是用基带信号去控制载波信号的某个或某几个参量的变化，将信息荷载在其上形成已调信号传输，而解调是调制的反过程，通过具体的方法从已调信号的参量变化中恢复原始的基带信号。

2.7.1 调制解调术语

(1) 调制(Modulation)——把信号转换成适合在信道中传输的形式的一种过程。

(2) 广义调制——分为基带调制和带通调制(也称载波调制)。

(3) 狭义调制——仅指带通调制。在无线通信和其他大多数场合，调制一词均指载波调制。

(4) 调制信号——来自信源的基带信号。

(5) 载波——未受调制的周期性振荡信号，它可以是正弦波，也可以是非正弦波。

(6) 已调信号——受调制后的载波。

(7) 载波调制——用调制信号去控制载波的参数的过程。

(8) 解调(Demodulation)——调制的逆过程，其作用是将已调信号中的调制信号恢复出来。

2.7.2 调制的目的

调制的目的是把要传输的模拟信号或数字信号变换成适合信道传输的信号，这就意味着把基带信号(信源)转变为一个相对基带频率而言频率非常高的带通信号。该信号称为已调信号，而基带信号称为调制信号。调制可以通过调制信号幅度变化改变载波的幅度、相位或频率来实现。调制过程用于通信系统的发端。

在接收端需将已调信号还原成要传输的原始信号，也就是将基带信号从载波中提取出来，以便预定的接收者(信宿)处理和理解，该过程称为解调。

2.7.3 调制的时域和频域变换过程

时域变换过程：调制就是用基带信号去控制载波信号的某个或某几个参量的变化，将信息荷载在其上形成已调信号传输；而解调是调制的反过程，通过具体的方法从已调信号的参量变化中恢复原始的基带信号。

频域变换过程：调制就是将基带信号的频谱搬移到信道通带中或者其中的某个频段上的过程；而解调是将信道中来的频带信号恢复为基带信号的过程。

2.7.4 调制解调分类

调制的种类很多，分类方法也不一致。

(1) 按调制信号的形式不同，可分为模拟调制和数字调制。

用模拟信号调制称为模拟调制；用数据或数字信号调制称为数字调制。其主要区别是：模拟调制是对载波信号的某些参量进行连续调制，在接收端对载波信号的调制参量连续估值；而数字调制是用载波信号的某些离散状态来表征所传输信息，在接收端只对载波信号的离散调制参量进行检测。

(2) 按被调信号的种类不同，可分为脉冲调制、正弦波调制等。

脉冲调制和正弦波调制的载波分别是脉冲、正弦波。正弦波调制有幅度调制、频率调制和相位调制三种基本方式，后两者合称为角度调制。脉冲调制也可以按类似的方法分类。

此外还有复合调制和多重调制等。不同的调制方式有不同的特点和性能。

(3) 按照调制频域定义可分为线性调制和非线性调制。

线性调制包括调幅(AM)、抑制载波双边带调幅(DSB-SC)、单边带调幅(SSB)、残留边带调幅(VSB)等。非线性调制的抗干扰性能较强，包括调频(FM)、移频键控(FSK)、移相键控(PSK)、差分移相键控(DPSK)等。线性调制的特点是不改变信号原始频谱结构，而非线性调制改变了信号原始频谱结构。

2.8　扩　频　技　术

与压缩编码采用的方法相反，扩频技术不是压缩信号所占带宽，而是采用扩展信号频谱的方法，提高数字通信系统的抗干扰能力。

常用的扩频方法有直接序列扩频和跳频扩频。

2.8.1　直接序列扩频

直接序列扩频(DS-SS)通过直接用伪随机信号产生的随机序列对多个基带信号脉冲进行直接相乘。PN 码中的每一个脉冲或符号位称为码片(Chip)。

图 2-13 所示说明了用二进制调制的 DS-SS 系统功能框图。同步数据符号位有可能是信息位也有可能是二进制编码符号位，在相位调制前进行模 2 运算，在接收端可能会采用相干或差分 PSK 解调。

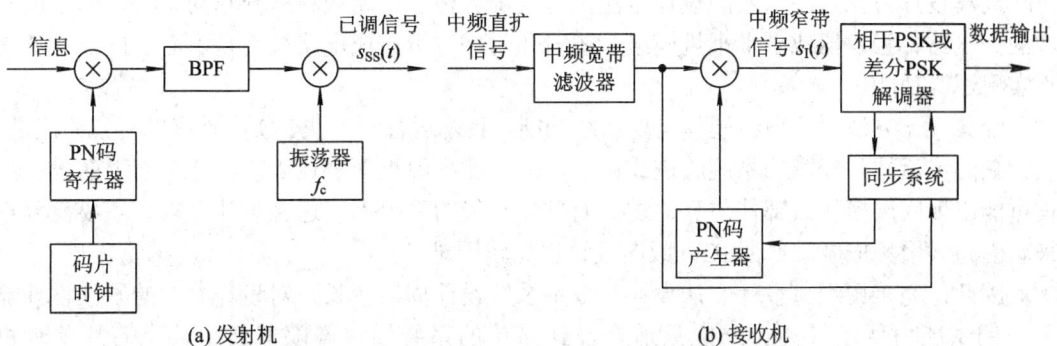

图 2-13　二进制调制 DS-SS 发射机和接收机

2.8.2　跳频扩频

跳频扩频技术(FH-SS)通过看似随机的载波跳频达到传输数据的目的，而传输的数据只有相应的接收机能收到。在每一信道上，发射机再次跳频之前一小串的传输数据在窄带内依据传统的调制技术进行传输。一串可能的跳跃序列被称为跳跃集(Hopset)。跳跃发生在频带上并跨越一系列的信道，如图 2-14 所示。

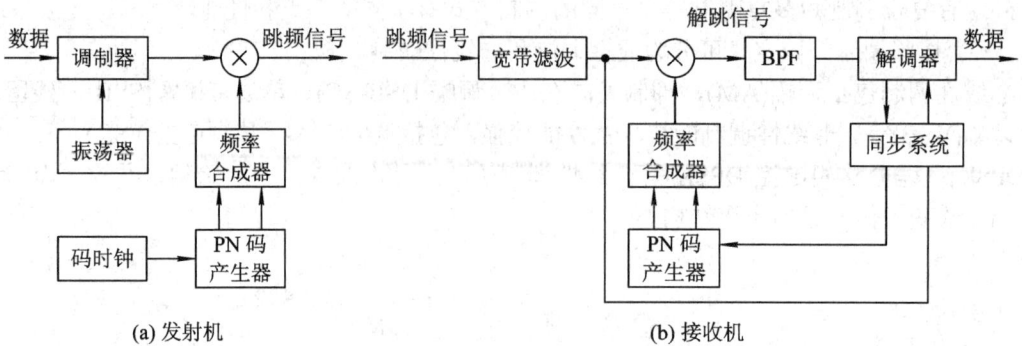

(a) 发射机　　　　　　　　　　　　　(b) 接收机

图 2-14　单信道调制 FH 系统框图

每一个信道由具有中心频点的频带区域构成。在这个频带内能够在相干的载波频率上进行窄带编码调制(通常为 FSK)。跳跃集中的信道带宽通常称为瞬时带宽(Instantaneous Bandwidth)。在跳频中所跨越的频谱称为跳频总带宽(Total Hopping Bandwidth)。

2.9　数字系统设计与实现

数字系统主要分为控制单元和数据单元两部分，数字系统的设计也是针对这两部分的设计，或者说硬件设计和软件设计。

2.9.1　经典设计方法

经典设计方法是最基本的设计方法，是大部分数字电路教材所介绍的方法，即采用基本的门电路、触发器或者中小规模组合逻辑和时序逻辑集成电路采用自下而上的设计流程来实现逻辑功能。

经典设计方法由于用纯硬件实现系统功能，具有运行速度快、实时性好的优点。但是，设计缺乏灵活性，轻微的系统改进或错误，就可能导致重新设计版图。自下而上的设计流程可能出现底层模块或部件仿真通过，而集成起来的系统不能达到设计要求，需要反复重来。因为采用集成度较低的 IC，版图设计也比较困难。

因此，完全用经典设计方法设计一数字系统设计周期较长，对设计人员的硬件设计能力和调试能力要求较高。一般只适合设计简单的系统模块。随着新型数字芯片单片机(MCU)、FPGA、CPLD、DSP、ARM 等和 EDA 开发工具的成熟，数字系统的设计与实现方法发生了革命性的变化。

2.9.2　基于 MCU 加接口芯片的设计方法

用各种类型单片机(Micro Controller Unit，MCU)加接口芯片设计数字系统，经数十年的广泛应用，现在已成为设计数字系统的主导方法。利用 MCU 的强大功能和灵活编程，在系统设计时，可充分发挥 MCU 功能，尽可能由 MCU 实现系统各功能，减少外围芯片，提高系统的灵活性。

这种方法的设计基本流程是系统功能划分、算法设计、程序设计、软硬件仿真调试和程序固化。其优点是硬件设计简单，编程较容易，易于升级和修改；缺点是由于指令串行运行的原因，系统运行速度较慢。它适合作为控制器用于一般机器设备中完成特定功能的嵌入式系统。当然，要求运算速度快、计算量大的复杂的嵌入式系统，可以采用 ARM、DSP 等。

2.9.3　基于 FPGA 加接口芯片的设计方法

近些年来，基于 FPGA 加接口芯片，借助 HDL(硬件描述语言)对电路进行描述，使用 EDA 工具进行仿真、综合的数字系统设计日渐普及。这归功于 HDL 语言标准化和 EDA 工具的成熟，实现了自上而下的设计，每一级都用 HDL 语言进行描述、仿真、排错，只有上一级通过后，才能进行下一级设计，上一级不会将问题带到下一级，使得设计工作事半功倍。

由于控制单元、数据单元、大部分接口都可以由一片 FPGA 实现，消耗芯片少，FPGA 端口可编程，板图设计容易。在对 FPGA 进行配置或对 CPLD 进行编程时，由于系统是以并行方式运行的，所以运行速度快。因为 HDL 的标准化，设计继承性好，开发效率高。但是，对于复杂控制系统，编程比较困难。FPGA 更适合做接口、高速数据计算。

对于复杂控制系统，更多采用 FPGA+MCU 设计。对于大数据量系统，可以采用 DSP+FPGA 系统设计。

本 章 小 结

本章简要介绍了数字信息处理与传输的一些关键技术，包括：模数转换、压缩编码、纠错编码、加密编码、调制解调、扩频技术、数字系统的设计与实现等。

这些技术是保证数字信息传输系统的有效性、可靠性、安全性的基础，是现代数字系统的基本组成部分。

习 题 2

1. 数字通信系统的优点有哪些?
2. 压缩编码和纠错编码的作用分别是什么?
3. 常用的纠错编码有哪些?
4. 调制解调的目的是什么? 如何从时域和频域理解其过程?
5. 上网查阅文献，了解加密技术的发展。
6. 上网查阅文献，了解扩频技术的发展。
7. 上网查阅文献，了解单片机、嵌入式、DSP 和 FPGA 相关知识。

第3章　无线电技术基础

教学提示

移动互联网、物联网、手机的技术基础是无线电技术。本章简单介绍无线电所涉及的主要关键技术：信道技术、射频/微波技术、天线技术、电波传播、软件无线电技术、认知无线电技术、电磁兼容等。其中，重点是射频/微波技术、天线技术和软件无线电等。

3.1　电磁场与电磁波

信息化对于经济和社会发展有着非常重要的影响，如图 3-1 所示。

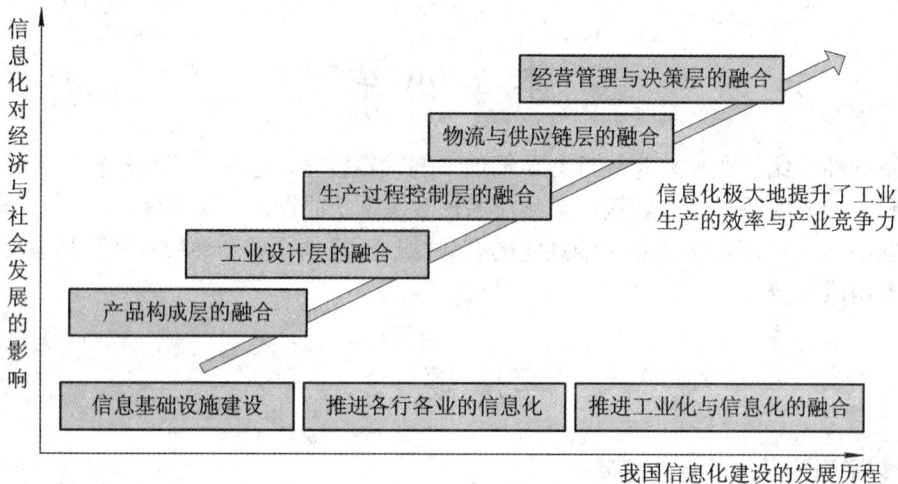

图 3-1　信息化的影响

当今社会，若论技术发展之迅猛，对人们生活的影响之重大，首推无线电技术。我们已经进入了无线时代，移动通信、移动互联网、物联网等基于无线技术的现代通信手段，已经得到广泛应用。

射频/微波天线工程就是无线电领域的核心工程。过去的 100 多年来，人们对射频/微波天线技术的认识和使用日趋成熟。

无线通信与移动通信系统的信道是无线信道，发送端天线发射的射频信号是无线电波，无线电波在自由空间中传播，到达接收端后，被接收天线所接收。因此，无线通信与移动通信技术的基础是无线电技术。

3.1.1　无线电技术的发展

无线电技术的发展历史如图 3-2 所示。

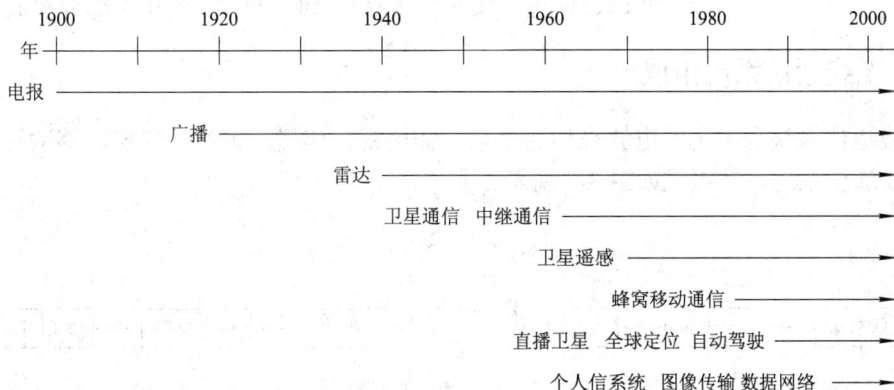

图 3-2　无线电技术的发展历史

3.1.2　麦克斯韦方程

无线电技术的理论基础是麦克斯韦方程。

1873 年，麦克斯韦建立了完整地描述电场和磁场定律的麦克斯韦方程组：

$$\nabla \times \boldsymbol{H}(r,t) = \frac{\partial}{\partial t}\boldsymbol{D}(r,t) + \boldsymbol{J}(r,t) \tag{3-1}$$

$$\nabla \times \boldsymbol{E}(r,t) = -\frac{\partial}{\partial t}\boldsymbol{B}(r,t) \tag{3-2}$$

$$\nabla \cdot \boldsymbol{D}(r,\ t) = \rho(r,\ t) \tag{3-3}$$

$$\nabla \cdot \boldsymbol{B}(r,t) = 0 \tag{3-4}$$

其中：$\boldsymbol{E}(r,t)$——电场强度矢量(V/m)；

　　　$\boldsymbol{B}(r,t)$——磁感应强度矢量(T)；

　　　$\boldsymbol{H}(r,t)$——磁场强度矢量(A/m)；

　　　$\boldsymbol{D}(r,t)$——电位移矢量(C/m^2)；

　　　$\boldsymbol{J}(r,t)$——电流密度矢量(A/m^2)；

　　　$\rho(r,t)$——电荷密度(C/m^3)。

麦克斯韦方程组是自由空间与介质中电磁场的基本定律。它指出电与磁是可以相互转换、相互依赖、相互对立的，且共存于统一的电磁波中。

电可以转换为磁，而变化的磁场才能转换为电。电/磁场的空间变化，引起磁/电场的时间变化。电/磁场的时间变化，导致磁/电场的空间变化。

1888 年，赫兹用实验证明了电磁波的存在。利用电磁波可以传输信息。

1898 年，马克尼首次完成了无线电通信的实验。从此，开启了应用无线电技术的崭新时代。

3.2 无线通信系统

通信系统主要由信源、发送、信道、噪声与干扰、接收和信宿等几大部分组成。

3.2.1 无线通信系统组成

无线通信系统利用无线电波来传递信息，如电视、广播、雷达、导航、移动通信、卫星等无线通信系统，其组成如图3-3所示。

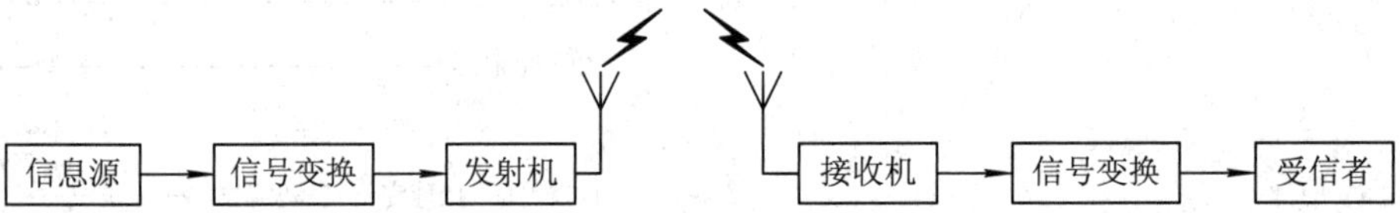

图 3-3 无线通信系统框图

发射系统由发射机、馈线和发射天线组成；接收系统由接收天线、馈线和接收机组成。信息的传输过程如下：

(1) 在发射端，信号经发射机，并被调制成导行波能量，再经馈线传输到发射天线，通过发射天线，信号被转换为某种极化的电磁波能量，并辐射到预定方向。

(2) 在无线信道中，电波经过一定方式的传播到达接收点。

(3) 在接收端，接收天线将接收的电波转换为已调制的高频电流能量，经馈线输送至接收机输入端，经接收机解调后取出信号，就完成了信息的传输。

如果通信系统的信道为无线形式，那么就是无线通信系统。例如，我们常用的手机(移动通信系统)、移动互联网、卫星电视等。

在无线通信系统中，信源需要经过调制成为射频无线电信号，才能从发射机发射到无线信道中。例如，在GSM手机中，人说话的音频(300 Hz～3400 Hz)信号，需要被调制成射频微波信号(900 MHz)，才能由天线发射到移动信道中。图3-4为一个手机系统的接收部分。

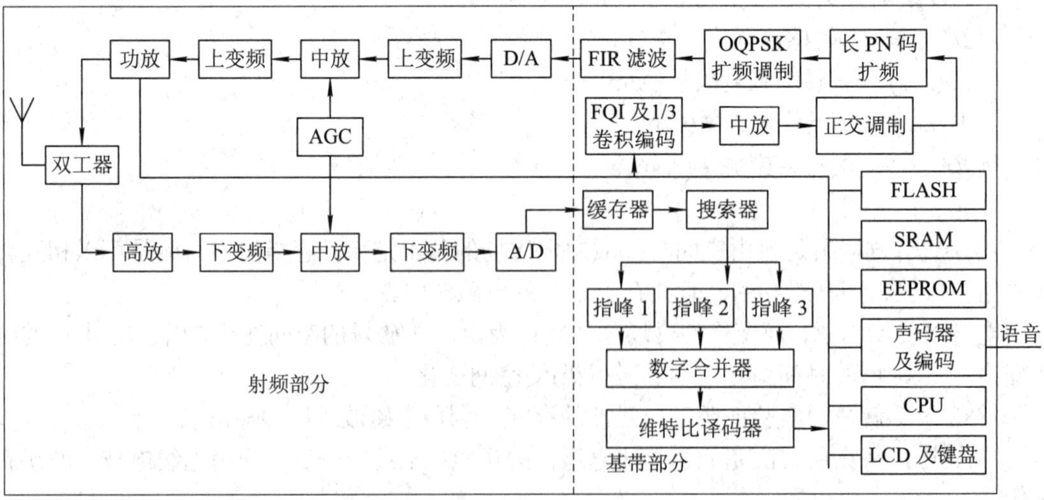

图 3-4 某手机系统的接收部分

由于现代的无线通信系统大都工作在微波频段，因此，无线电技术的三个主要分支是微波技术、天线技术和信道技术。

3.2.2　无线电波传播

在无线通信系统中，无线电波的基本传播方式为直射、反射、绕射和散射四种，基于无线电波的四种基本传播方式，无线通信大体上体现出四种传播效应：阴影效应、远近效应、多普勒效应和多径效应。

(1) 阴影效应。阴影效应是指由于大型建筑物和其他物体的阻挡，在电波传播的接收区域中产生传播半盲区。阴影效应类似于太阳光被阻挡后产生的阴影，光的波长较短，阴影可见，电磁波波长较长，阴影不可见，但是可以用仪器测量得到。

(2) 远近效应。远近效应是指由于用户的随机移动性，发射机与接收机之间的距离也在随机变化，如果发射机发射的信号功率一样，那么到达接收机时信号的强弱将不同，离发射机近者信号强，远者信号弱。通信系统中的非线性将进一步加重信号强弱的不平衡性，甚至出现"以强压弱"的现象，严重时使弱者发生通信中断。

(3) 多普勒效应。多普勒效应是指由于用户处于高速移动(如车载通信)中，信号频率随之发生的频移现象。移动引起的接收机信号频移称为多普勒频移，它与移动台的速度、运动方向及接收机多径波的入射角度有关，多普勒效应示意图如图 3-5 所示。

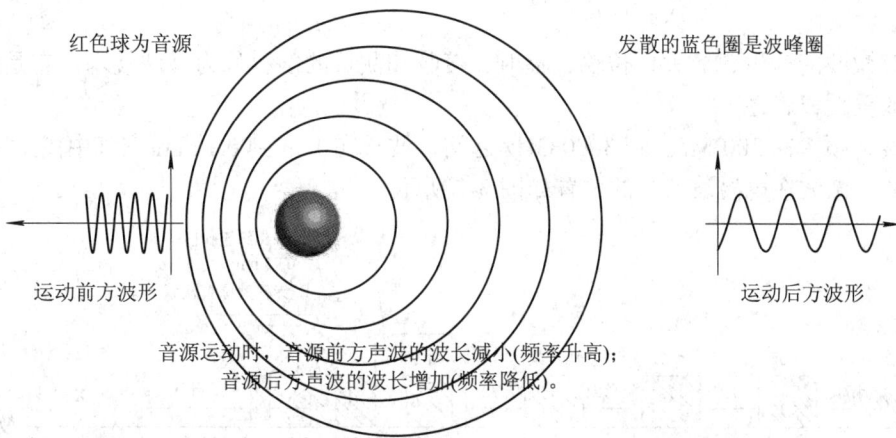

红色球为音源　　　　　　　　发散的蓝色圈是波峰圈

运动前方波形　　　　　　　　运动后方波形

音源运动时，音源前方声波的波长减小(频率升高)；
音源后方声波的波长增加(频率降低)。

图 3-5　多普勒效应示意图

(4) 多径效应。由于信道中障碍物及反射物等的存在，构成了一个复杂的电波传播环境，导致信号幅度、相位及时间发生变化，这些因素使发射波到达接收机时形成在时间、空间上互不相同的多个无线电波。它们经过的路径不同，导致到达时的信号强度、信号相位、信号频率、信号方向都是不一样的，接收机所接收到的信号是上述各路径信号的矢量和，我们称这种自干扰现象为多径干扰或多径效应。多径效应示意图如图 3-6所示。

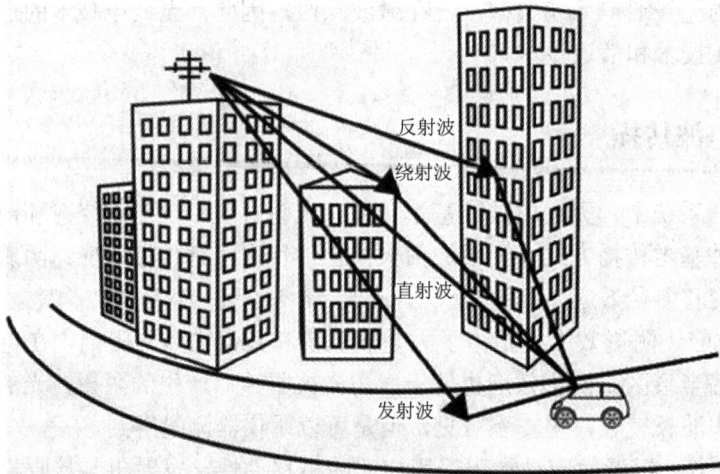

图 3-6　多径效应示意图

3.3　射频/微波技术

3.3.1　射频/微波的概念

射频是指可以用于无线电信号发射与接收的频率，通常包括中波、短波、超短波以及微波以上的频段。

研究微波的产生、放大、传输、辐射、接收和测量的学科称为微波技术，它是近代科学技术的重大成就之一。

微波是频率在 300 MHz 到 3000 GHz 之间、波长在 1 m 到 0.1 mm(空气中)之间的射频无线电波，微波在电磁波谱中的位置如图 3-7 所示。

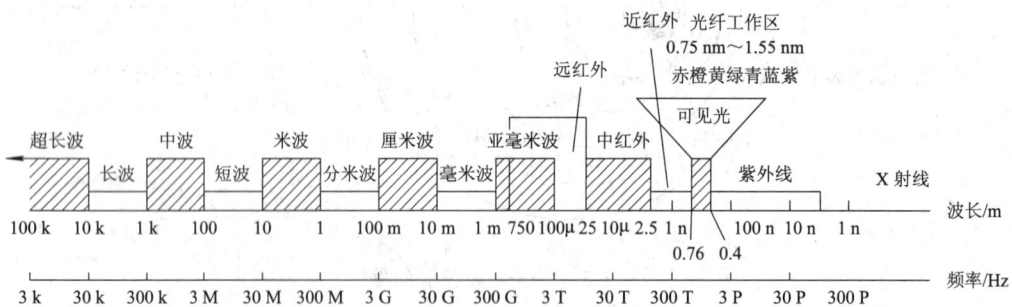

图 3-7　微波在电磁波谱中的位置

在电磁波的频谱中，微波的左边是超短波，右边是红外光波。

微波包括分米波、厘米波、毫米波和亚毫米波四个部分。

微波技术所涉及的无线电频谱，是分米波到毫米波波段很宽范围内的无线电信号的发射与接收设备的工作频率。

微波技术包括信号的产生、调制、功率放大、辐射、接收、低噪声放大、混频、解调、检测、滤波、衰减、移相、开关等各个模块单元的设计和生产。

微波具有下列独特的性质：

(1) 似光性。微波波长非常小，当微波照射到某些物体上时，将产生显著的反射和折射，就和光线的反射、折射一样。同时微波的传播特性也和几何光学相似，能像光线一样直线传播且容易集中，即具有似光性。

利用微波的这一特性就可以获得方向性好、体积小的天线设备，用于接收地面上或宇宙空间的各种物体反射回来的微弱信号，从而确定该物体的方位和距离，这就是无线通信中的雷达、导航技术的基础。

(2) 穿透性。微波照射于介质物体时，能深入该物体内部的特性称为穿透性。微波是射频波谱中唯一能穿透电离层的电磁波(光波除外)，因而成为人类外层空间的"宇宙窗口"。毫米波还能穿透等离子体，是远程导弹和航天器重返大气层时实现无线通信和末端制导的重要手段。

(3) 信息性。微波频段占用的频带约 300 GHz，而全部长波、中波和短波频段占有的频带总和不足 30 MHz。微波波段的信息容量是非常大的，即使是很小的相对带宽，其可用的频带也是很宽的，可达数百甚至上千兆赫兹。

现代多路通信系统，包括卫星通信系统，几乎无一例外地都工作在微波波段。此外，微波信号还可提供相位信息、极化信息、多普勒频率信息，这在目标探测、遥感、目标特征分析等应用中是十分重要的。

3.3.2　无线电频谱

移动信道传播路径复杂，在通信领域中，随着用户的不断增加，无线电频谱资源日益短缺。图 3-8 为电磁波的频谱波段划分。

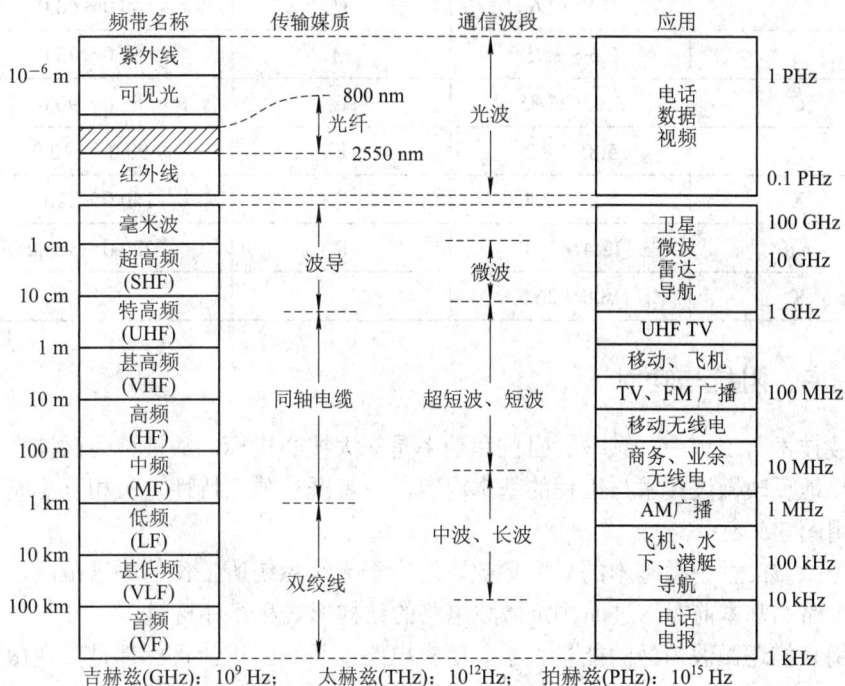

图 3-8　电磁波的频谱波段划分

下面介绍常用无线通信系统的工作频率。
- 调幅(AM)无线电收音机：535 kHz～1605 kHz。
- 短波收音机：3 MHz～30 MHz。
- 调频(FM)收音机：88 MHz～108 MHz。
- 机场导航设备：108 MHz～112 MHz。
- 商业电视：

  2～4 频道：54 MHz～72 MHz；

  5～6 频道：76 MHz～88 MHz；

  7～13 频道：174 MHz～216 MHz；

  14～83 频道：470 MHz～890 MHz。
- 通信卫星：

  上行：5.925 GHz～6.425 GHz；

  下行：3.70 GHz～4.20 GHz。

频谱作为一种资源，需要进行严格管理。国际电信联盟的文件中规定了雷达、通信、导航和工业应用等无线电设备所允许的工作频段。

常用的微波频段如表 3-1 所示。

表 3-1　常用微波频段的划分

波段符号	频率/GHz	波段符号	频率/GHz
UHF	0.3～1.12	Ka	26.5～40.0
L	1.12～1.7	Q	33.0～50.0
LS	1.7～2.6	U	40.0～60.0
S	2.6～3.95	M	50.0～75.0
C	3.95～5.85	E	60.0～90.0
XC	5.85～8.2	F	90.0～140.0
X	8.2～12.4	G	140.0～220.0
Ku	12.4～18.0	R	220.0～325.0
K	18.0～26.5		

3.3.3　频率、阻抗与功率

在微波技术与工程中，频率、阻抗和功率是三大核心指标，故被称为微波铁三角。它们能够形象地反映微波技术与工程的基本内容，三者既有独立特性，又相互影响。三者的关系可以用图 3-9 表示。

频率是微波工程中最基本的一个参数，对应于无线系统所工作的频谱范围，它是所研究的微波电路的基本前提，进而决定微波电路的结构形式和器件材料。

功率用来描述微波信号的能量大小。所有电路或系统的设计目标都是实现微波能量的最佳传递。

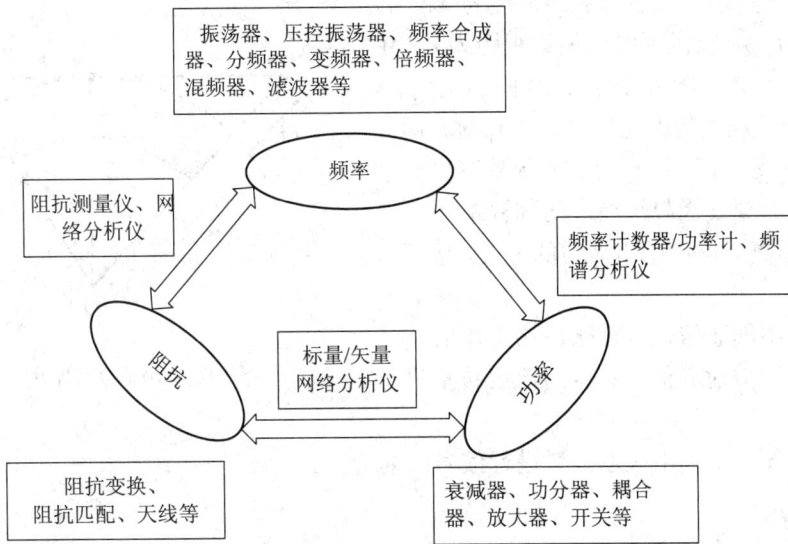

图 3-9 微波铁三角示意图

阻抗是在特定频率下，描述各种微波电路对微波信号能量传输的影响的一个参数。电路的材料和结构对工作频率的响应决定电路阻抗参数的大小。在实际工程中，应设法改进阻抗特性，实现能量的最大传输。

3.3.4 微波技术的应用

微波电路的经典用途是通信和雷达系统。近年来发展最为迅猛的当数无线通信与移动通信系统。在雷达、通信、导航、遥感、电子对抗以及工农业和科学研究等方面，微波技术都得到了广泛的应用。

1. 雷达

雷达(RADAR)是英文无线电探测与测距(Radio Detection and Ranging)的缩写。

雷达是微波技术应用的典型例子。由于第二次世界大战期间对于雷达的急切需求，微波技术才迅速发展起来。

现代雷达多数是微波雷达，这主要是由于这些雷达要求它所用的天线能像光探照灯那样，把发射机的功率基本上全部集中于一个窄波束内辐射出去。

设备的发射机通过天线把电磁波能量射向空间某一方向，处在此方向上的物体反射碰到的电磁波。雷达天线接收此反射波，送至接收设备进行处理，提取有关该物体的某些信息，例如，目标物体至雷达的距离，距离变化率或径向速度、方位、高度等。

2. 微波通信

微波通信是指用微波频率作为载波携带信息进行通信的方式。

微波的传播特性类似于光的传播，即沿直线传播，绕射能力很弱，一般进行视距内的传播。所谓视距传播，是指发射天线和接收天线处于相互能看见的视线距离内的传播方式。地面通信、卫星通信以及雷达等都可以采用这种传播方式。

如图 3-10 所示,设发射天线高度为 h_1、接收天线高度为 h_2,收发天线的最远视距为 r_v,由于地球曲率的影响,当两天线 A、B 间的距离 $r < r_v$ 时,两天线互相"看得见",当 $r > r_v$ 时,两天线互相"看不见",距离 r_v 为收发天线高度分别为 h_2 和 h_1 时的视线极限距离,简称视距。

对于长距离通信可采用接力的方式,包括以下方式:

(1) 微波中继通信,或称微波接力通信。

(2) 对流层散射通信,利用对流层传播进行通信。

(3) 卫星通信,利用人造卫星进行信号中继转发。

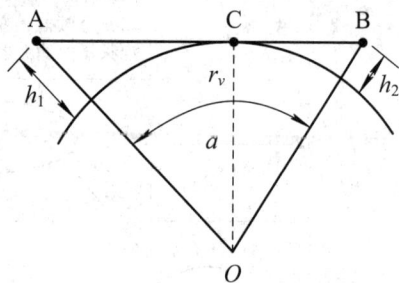

图 3-10 视线距离

3. 微波炉

微波炉是一种利用微波辐射烹饪食物的厨房电器。微波炉的发展历程如下所述。

1947 年,美国雷声公司的斯潘瑟研发出世界上第一台家用微波炉。

1955 年,美国泰潘公司将微波炉推向市场。

1975 年,阿满纳公司首次推出采用微处理器的微波炉,它具有 10 种烹饪速度和 4 种烹饪程序。

如图 3-11 所示,微波炉主要由炉腔、模扰动器、磁控管、波导、旋转盘等部分组成。交变电流经电源变压器升压到 10 kV 左右后,再经高压电容器和整流器整流、滤波,变为直流电输给磁控管。在磁控管内电能转换为微波能,经波导传输到金属板制作的加热室。安装在加热室顶部的微波模扰动器缓慢转动,使微波在加热室内均匀分布。通过微波在加热室内来回反射,不断被食物吸收来加热食品。

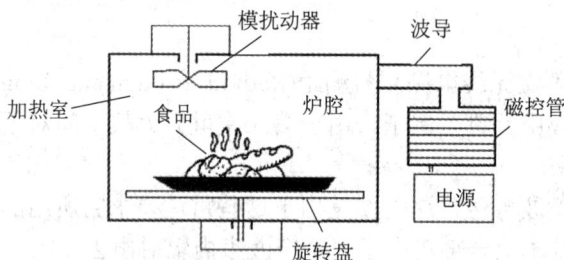

图 3-11 微波炉

微波加热原理是基于物质对微波的吸收作用而产生的热效应。微波加热的是一些能够吸收微波的吸收性介质,即含有极性分子的介质材料。当有极性分子的介质材料置于微波电磁场中时,介质材料中会形成偶极子或已有的偶极子在交变电磁场的作用下重新排列,并随着高频交变电磁场以每秒高达数亿次的速度摆动,分子要随着不断变化的高频电场的方向重新排列就必须克服分子原有的热运动和分子相互间作用的干扰和阻碍,产生类似于摩擦的作用,实现分子水平的"搅拌",从而产生大量的热量。由于微波频率高,极性分子摆动速度很快,因此,快速加热是微波加热的突出特点。水分子是极性分子,绕其对称轴的旋转频率为 22 GHz，在此频率的水对微波产生共振吸收现象，对微波有很强的吸收作用。而一般食品中都含有水分子，因此可用微波快速烘干和烹调食品。

微波加热不同于常规加热。常规加热是首先通过传导、对流、辐射的传热方式加热固体周围的环境或固体表面，使固体的表面得到热量，然后再通过热传导的方式将热量传到固体内部，其加热介质可以是热空气、炉气和过热蒸汽，也可以是远红外线辐射等。这种加热方式效率低、加热时间长。

微波加热是一种"冷热源"，它在产生和接触到物体时，不是一般热气而是电磁能，要在生物体内经过分子内部作用才能转化为热能。因此，使用这种能源加热时，不会像其他能源那样由外向内传输热能，当内部发热时，外表就可能焦糊了。

微波炉的安全非常重要。由于使用了很高的微波功率源，泄漏电平必须很小，以避免使用者暴露在有害的辐射中。

3.4　天　线　技　术

3.4.1　天线的分类

天线的种类很多，按不同的分类方法可以分成不同的种类。

(1) 按用途不同，可将天线分为通信天线、导航天线、广播电视天线、雷达天线和卫星天线等。

(2) 按工作波长不同，可将天线分为超长波天线、长波天线、中波天线、短波天线、超短波天线和微波天线等。

(3) 按辐射元的类型不同，可将天线分为线天线和面天线。线天线由半径远小于波长的金属导线构成，主要用于长波、中波和短波波段。面天线由尺寸大于波长的金属或介质面构成，主要用于微波波段。

(4) 按天线特性不同，又可作如下划分：

① 按方向特性不同，可将天线分为定向天线、全向天线、强方向性天线和弱方向性天线；

② 按极化特性不同，可将天线分为线极化(垂直极化和水平极化)天线和圆极化天线；

③ 按频带特性不同，可将天线分为窄频带天线、宽频带天线和超宽频带天线。

(5) 按馈电方式不同，可将天线分为对称天线和非对称天线。

(6) 按天线上的电流不同，可将天线分为行波天线和驻波天线。

(7) 按天线外形不同，可将天线分为 V 形天线、菱形天线、环行天线、螺旋天线、喇叭天线和反射面天线等。

3.4.2　天线的主要参数

1．方向性系数

方向性系数定义为当被研究天线的辐射功率和作为参考的无方向性天线的辐射功率相等时，被研究天线在最大辐射方向上产生的功率通量密度与无方向性天线在同一点处辐射的功率通量密度之比。

2．天线效率

天线效率定义为天线辐射功率与输入到天线的总功率之比。

3．天线增益

天线增益定义为在天线最大辐射方向上的某点，当辐射场强相同时，无方向性天线所需要的输入功率与所研究的实际天线需要的输入功率之比。

4．输入阻抗

天线输入阻抗定义为在天线输入端的高频电压与输入端电流之比。

5．天线的极化

(1) 线极化。当电场矢量只是大小随时间变化而取向不变，其端点的轨迹为一直线时，称为线极化。线极化波、电场矢量在传播过程中总是在一个确定的平面内，这个平面就是由电场矢量的振动方向和传播方向所决定的平面，常称为极化平面。

(2) 圆极化。当电场振幅为常量而电场矢量以角速度 ω 围绕传播方向旋转时，称为圆极化。此时，如果在垂直于传播方向的某一固定平面上观察电磁波的电场矢量，则其端点随着时间变化在该平面上画出的轨迹是一个圆。

3.4.3　常用天线

1．对称天线

对称天线可以看成是由一对终端开路的传输线两臂向外张开而得来的，并假设张开前、后的电流分布相似，如图 3-12 所示。

对称振子天线的辐射场，它在与它垂直的平面(H 面)内是无方向性的，方向图是一个圆，且与天线的电长度 l 无关。

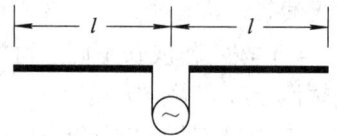

图 3-12　对称天线

2．单极天线

长度为 l 的单极天线如图 3-13(a)所示。当地面为无限大的理想导电平面时，垂直接地的单极天线，天线臂与其镜像构成一对称振子，如图 3-13(b)所示。

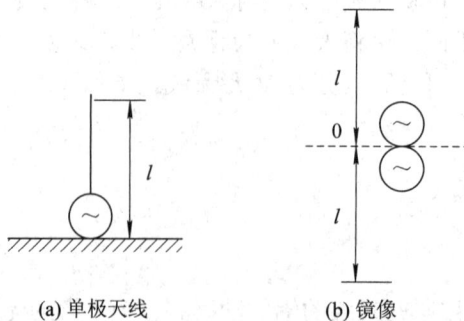

(a) 单极天线　　　　　　　　(b) 镜像

图 3-13　单极天线及其镜像

3．喇叭天线

喇叭天线是波导口逐渐张开而形成的天线，如图 3-14 所示，图中，E 为电场强度，a、b 分别为矩形波导的宽边和窄边尺寸。

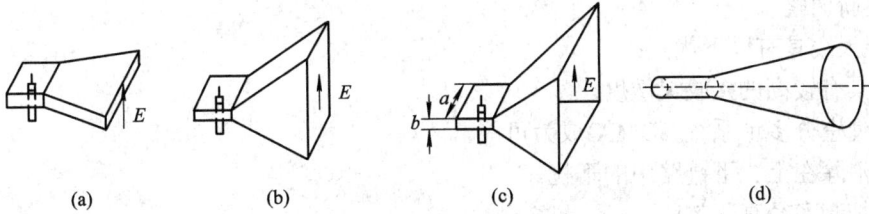

图 3-14　各种喇叭天线

根据惠更斯原理，终端开口的波导管可以构成一个辐射器。

4．抛物面天线

为提高喇叭天线性能，给其增加反射抛物面，构成抛物面天线，如图 3-15 所示。

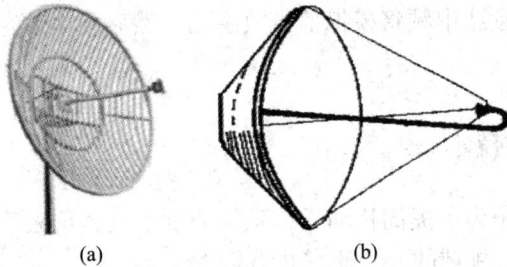

图 3-15　旋转抛物面天线

5．卡塞格伦天线

为减少旋转抛物面天线中辐射器的遮挡，采用双反射器，构成卡塞格伦天线。

卡塞格伦天线由主反射器、副反射器(或分别称为主反射面、副反射面)和辐射器三个部分组成，如图 3-16 所示。主反射器为旋转抛物面，副反射器通常为一旋转双曲面。

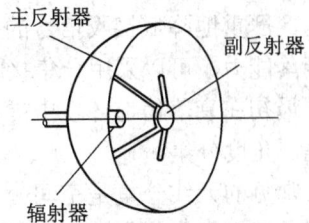

图 3-16　卡塞格伦天线

卡塞格伦天线可以用一个口径尺寸与原抛物面相同，但焦距放大了 M 倍的旋转抛物面天线来等效，且具有相同的场分布。

3.4.4　智能天线

智能天线采用空分多址(SDMA)技术，利用信号在传输方向上的差别，将同频率或同时隙、同地址码的用户信号区分开来，可最大限度地利用有限的信道资源。

1．智能天线的概念

智能天线的概念来源于雷达和声呐系统所采用的阵列天线。它可以通过某种智能算法来合并信号，自动适应不同的信号环境。对于给定的方向，天线增益是可以调整的。

智能天线也就是自适应天线。它由多个天线单元组成，构成一个天线阵列。在每个天线后面接一个复数加权器，最后用相加器进行合并输出。

所谓智能或者自适应，就是指这些加权器的系数，可以根据一定的智能或者自适应算法进行更新调整。

智能天线具有以下优点：

(1) 具有较高的接收灵敏度。

(2) 使空分多址系统(SDMA)成为可能。

(3) 消除在上、下链路中的干扰。

(4) 抑制多径衰落效应。

2. 数字智能天线

智能天线的核心在于数字信号处理部分，它根据一定的准则，使天线阵产生定向波束指向用户，并自动调整系数来实现所需的空间滤波。

数字智能天线需要解决的两个关键问题是：辨识信号的方向和数字赋形的实现。

数字智能天线在射频或中频将模拟信号数字化，然后利用数字信号处理技术实现快速的数字波束赋形。

3.4.5 多输入多输出技术

多输入多输出技术是为了提高移动通信系统的抗干扰、抗衰落能力而出现的一种新技术。它已经成为移动通信领域的一个研究热点。

发送到接收机的信号会受到传播环境中地形、地物的影响而产生绕射、反射或散射，因而形成多径传播。多径传播将使接收端的合成信号在幅度、相位和到达时间上发生随机变化，严重地降低接收信号的传输质量，这就是所谓的多径衰落。为提高移动通信系统的抗衰落能力，可以采用分集接收技术。分集接收技术有多种实现方法。

最初在衰落信道环境中提出的是天线分集接收技术。天线分集包括：空间分集，极化分集，角度分集。

常见的天线分集是空间分集。在空间分集技术中，天线阵列的阵元之间的间隔需要大于相干距离，以便获得比较低的衰落相关性。

在移动通信系统中，为抗击多径衰落，若采用多天线系统代替单天线系统，则系统的抗衰落性能会有很大提高。若发射与接收都采用多天线系统，则构成了多输入多输出系统。采用多输入多输出系统可以有效提高信道容量。多输入多输出系统示意图如图3-17所示。图中发射机 Tx 与接收机 Rx 都采用了 3 天线，h_{ij} 表示第 j 个发射天线到第 i 个接收天线的信道参数。

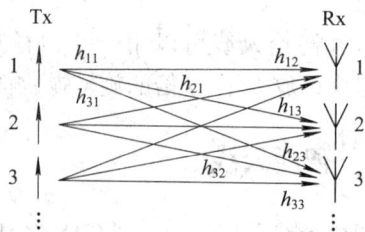

图 3-17　多输入多输出系统示意图

若接收天线数目不少于发射天线数目，则多输入多输出系统的信息容量随着发射天线数目的增加而线性增加。

3.5　信　道　技　术

3.5.1　无线电波传播

无线电波是指频率在几赫兹至数千吉赫兹范围内的电磁波。发射天线所辐射的电磁波，在自由空间中到达接收天线的传播过程，称为无线电波传播。

在传播过程中，无线电波有可能受到反射、折射、绕射、散射和吸收，电磁波强度将发生衰减，传播方向、传播速度或极化形式将发生变化，传输波形将产生畸变。此外，由于是无线信道传输，因此传输中还将引入干扰和噪声。这些，都会对通信信号的质量带来严重影响。

3.5.2　无线信道

在无线通信中，传输信号的信道是无线的。无线电波在无线信道中的传播可以分为三种情况：在大气中传播，在电离层中传播，在外层空间传播。

1. 大气衰减

无线电波在大气中传播，大气对电波的衰减主要来自两个方面：

(1) 云、雾、雨等小水滴对电波的热吸收及水分子、氧分子对电波的谐振吸收。热吸收与小水滴的浓度有关，谐振吸收与工作波长有关。

(2) 云、雾、雨等小水滴对电波的散射。散射衰减与小水滴半径的六次方成正比，与波长的四次方成反比。

当工作波长短于 5 cm 时，就应该考虑大气层对电波的衰减，尤其当工作波长短于 3 cm 时，大气层对电波的衰减将趋于严重。

在云、雾、雨、雪对微波传播的影响中，降雨引起的衰减最为严重。对 10 GHz 以上频率的电波，由降雨引起的衰减在大多数情况下是可观的。因此在地面和卫星通信线路的设计中，都要考虑由降雨引起的衰减。

2. 电离层影响

电离层是地球高空大气层的一部分，从离地面 60 km 的高度，一直延伸到离地 1000 km 的高空。

由于电离层的电子不是均匀分布的，其电子浓度 N 随高度与位置的不同而变化，因此，电离层是非均匀媒质，电波在其中传播必然有反射、折射与散射等现象发生。

电离层的电子浓度变化具有以下规律：

(1) 昼夜变化规律。

(2) 季节变化规律。

(3) 太阳黑子周期(11 年)变化规律。

在电离层中，电波的传播特性与波的频率有关。电磁波通过电离层会产生法拉第旋转，引起极化方向的改变。

3. 外层空间传播

电磁波经低空大气层和电离层到达外层空间的传播方式称为外层空间传播,如卫星传播、宇宙探测等均属于这种远距离传播。

由于电磁波传播的距离很远,且主要是在大气以外的宇宙空间进行的,而宇宙空间近似于真空状态,因而电波在其中传播时,其传输特性比较稳定。

3.5.3 无线信道中的电波传播

本小节主要讨论两种情况下的电波传播:地面波和电离层波。

1. 地面波

地面波传播是指电磁波沿着地球表面传播的情况。当天线低架于地面,天线架设长度比波长小得多,且最大辐射方向沿地面时,电波是紧靠着地面传播的。地面波传播有以下特点:

(1) 地面的性质、地貌、地物等情况都会影响地面波的传播。在长、中波波段和短波的低频段,均可用这种传播方式。

(2) 地面波沿地球表面附近的空间传播,地面上有高低不平的障碍物。根据波的衍射特性,当波长大于或相当于障碍物的尺寸时,波才能明显地绕到障碍物的后面。

(3) 地面上的障碍物一般不太大,长波可以很好地绕过它们。中波和中短波也能较好地绕过。短波和微波由于波长过短,绕过障碍物的本领就很差了。

(4) 由于障碍物的高度比波长大,因而短波和微波在地面上不能绕射,而是沿直线传播。

(5) 由于水平分量在地面上会引起较大的传导电流,从而增加功率损失,地面对水平极化波吸收大,因此,地面波多采用垂直极化波,且地面波需要采用垂直于地面的直立天线。

2. 电离层波

电离层波具有以下特点:

(1) 对频率的选择较严格。频率太高,电波将穿透电离层射向太空;频率太低,电离层吸收太大,不能保证必要的信噪比。

(2) 电离层传播的随机多径效应严重,多径时延较大,信道带宽较窄。因此,它对传输信号的带宽有很大限制。

(3) 电离层所能反射的频率范围是有限的,一般是短波范围。由于波段范围较窄,因此,短波电台特别拥挤,电台间的干扰很大。

(4) 由于电离层传播是靠高空电离层的反射进行的,因而受地面的吸收及障碍物的影响较小,传输损耗较小,因此,能进行远距离通信。

(5) 电离层通信,特别是短波通信,建立迅速,机动性好,设备简单。

3.5.4 信道特征

研究无线通信系统首先要研究无线信道的电波传播特性。

信道的基本组成如图 3-18 所示。根据研究问题的不同需要,可以选择不同的信道模型。

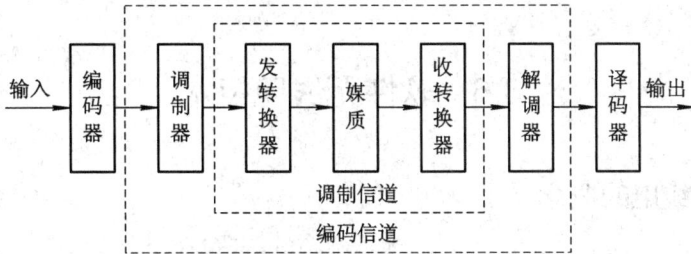

图 3-18　信道的基本组成

调制信道和编码信道是通信系统中常用的两种广义信道。

调制信道是指图 3-18 所示从调制器的输出端到解调器的输入端的部分，包括发转换器、媒质和收转换器三个部分。

编码信道是指图 3-18 所示从编码器输出端到译码器输入端的部分，包括调制器、调制信道和解调器。

如果无线信道的传输函数随时间随机快速变化，则称为随机参量信道，简称随参信道。

1．陆地移动通信信道

陆地移动通信信道，是指基站天线和手机天线之间的传播路径，如图 3-19 所示。

陆地移动通信工作频段主要在射频与微波频段，电波传播以直射波为主。但是，由于城市建筑群和其他地形、地物的影响，电波在传播过程中会产生反射波、散射波、地面波以及它们的合成波，电波传输环境较为复杂。

移动信道是典型的随参信道。

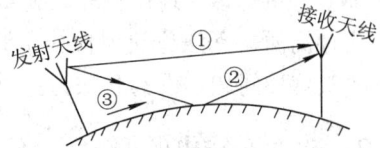

图 3-19　陆地移动通信信道

2．卫星通信信道

图 3-20 所示为卫星通信信道，卫星与地面站之间的信号需要经过电离层传播。

在卫星与地面站之间的信道中，微波信号经过电离层会产生法拉第旋转，使电波的极化发生偏转。因此，在卫星通信中需要使用圆极化波信号。

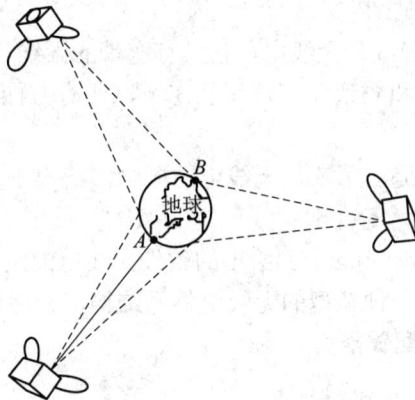

图 3-20　卫星通信信道

3.6　软件无线电技术

3.6.1　硬件无线电的概念

所谓硬件无线电，是指无线电设备的功能由硬件结构确定，系统的工作很少有软件参与，它们在功能上是确定的。

长期以来，我们都在使用各种不同的硬件无线电系统。例如，手机、收音机、电视机、电话机、传真机等。

随着电子通信技术的发展，电子信息设备在军事领域中的作用越来越重要。军事现代化的一个重要标志就是军事信息化。无线通信已经成为现代战争的重要信息传输手段。

军用无线设备都是针对不同的军事需求而设计的。对于不同的军用无线通信设备而言，虽然它们的发送与接收单元有许多相似的功能，但结构却有许多不同，不能通用。不同无线通信设备的射频载波不同、调制方式不同、波形结构不同等。这就使得军事无线装备具有品种多、系列多、通用性差、协同能力差的特点。

这种局面，无法适应现代战争海、陆、空、天立体协同作战的要求。因此，必须考虑如何解决这种问题，而其解决方案就是利用软件无线电技术。

3.6.2　软件无线电的概念

软件无线电是 20 世纪末发展起来的通信新技术，是通信领域的第三次革命。这三次革命分别是：

第一次，从固定通信到移动通信；

第二次，从模拟通信到数字通信；

第三次，从硬件无线电到软件无线电。

1. 软件无线电的定义

1992 年，美国 MITRE 公司的 Joseph Mitola 首次明确提出了"软件无线电"的概念。他给出的软件无线电的定义是：

定义 1：软件无线电是多频带无线电，它具有宽带的天线、射频转换、模/数和数/模变换，能够支持多个空中接口和协议，在理想状态下，所有方面(包括物理空中接口)都可以通过软件定义。

这个最初的定义，明确提出了软件无线电的概念，给出了软件无线电的基本含义和理想结果。

软件无线电论坛(www.sdrforum.org)给出的软件无线电的定义是：

定义 2：软件无线电是一种新型的无线电体系结构，它通过硬件和软件的结合，使无线网络和用户终端具有可重配置能力。

2. 软件无线电的含义

软件无线电提供了一种建立多模式、多频段、多功能无线设备的有效而且相当经济的解决方案，可以通过软件升级实现功能提高。

软件无线电可以使整个系统(包括网络和用户终端)采用动态的软件编程对设备进行重配置，也就是说，相同的硬件可以通过软件定义来完成不同的功能。

3. 软件无线电的特点

软件无线电的优势主要体现在以下几个方面：

(1) 系统结构通用，功能实现灵活，升级换代方便。

(2) 易于实现不同系统间的互操作。

(3) 由于通过软件实现系统的主要功能，因此更易于采用新的信号处理手段，从而提高了系统抗干扰的性能。

(4) 拥有较强的跟踪新技术的能力。

3.6.3　软件无线电系统

软件无线电系统用软件控制参数，例如，频带、调制、波形、检测等，不需要对硬件进行修改，就可以改变系统的功能。

软件无线电系统中仍然存在模拟处理部分，例如，射频或中频电路，如图 3-21 所示。

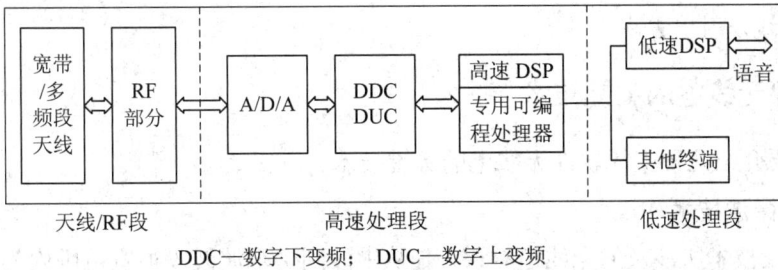

DDC—数字下变频；　DUC—数字上变频

图 3-21　软件无线电结构示意图

软件无线电能够通过软件控制相当宽的频率范围，可以通过下载软件来为系统增加新的功能。一个实际的软件无线电系统的基本组成如图 3-22 所示。

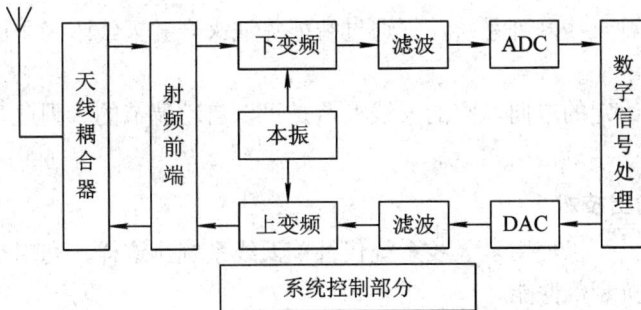

图 3-22　实际的软件无线电系统的基本组成

(1) 软件无线电系统的基本组成包括以下几个部分：

① 天线：发射与接收天线阵列。

② 射频前端。

③ 变频部分：本振、上变频、下变频。

④ 滤波器部分。

⑤ 模数转换部分：ADC、DAC。

⑥ 数字信号处理部分。

⑦ 系统控制部分。

(2) 软件无线电系统接收信号的过程如下：

① 天线接收模拟无线电信号。

② 信号经过天线耦合器耦合到射频部分。

③ 经过下变频降低频率。

④ 模拟信号由 ADC 经过采样、量化、编码，得到数字信号。

⑤ 数据经数字信号处理，存储或输出给信宿。

(3) 软件无线电系统发射信号的过程如下：

① 发射信号经数字信号处理，成为需要的数字信号。

② 数字信号经 DAC 转换成模拟信号。

③ 经上变频升高至射频。

④ 经天线耦合器耦合至天线。

⑤ 经天线发射出去。

3.6.4　软件无线电的关键技术

下面主要介绍几种支撑软件无线电的关键技术。

1. 射频/微波技术

射频/微波技术所涉及的无线电频谱，是从中波到毫米波波段很宽范围内的无线电信号的发射与接收设备的工作频率。

射频/微波技术包括信号的产生、调制、功率放大、辐射、接收、低噪声放大、混频、解调、检测、滤波、衰减、移相、开关等各个模块单元的设计和生产。

2. 智能天线技术

智能天线是一种天线阵列系统，它通过智能算法来合并天线阵因子的信号，以自动适应不同的信号环境。

智能天线对于给定的方向，它的天线增益是可以自动调节的。因此，可以适应不同通信的需求。

3. 多输入多输出技术

在多径环境中，可以使用多天线系统代替单天线系统。这样，利用空间分集技术，可以大大提高系统的抗衰落性能。

多输入多输出系统，就是在发射端与接收端都使用多个天线。采用多输入多输出技术，还可以有效提高信道容量。

研究结果表明：如果接收天线数量不少于发射天线数量，那么，随着发射天线数量的增加，多输入多输出系统的信息容量就会线性增加。

4. 采样技术

实现软件无线电的基础是数字技术，其核心是数字信号处理技术。为了实现模拟信号的数字处理，首先必须进行模拟信号的数字转换。

在软件无线电中，模/数变换器(ADC)的性能将直接影响系统的性能。A/D 变换分为三步：采样、量化和编码。

采样结果对模/数变换器的输出信号有着重要影响。

5. 调制解调技术

在无线通信中，在无线信道中传播的是无线电波，调制与解调是实现无线信道传输的基本技术之一。

在发射端，调制的目的是把要传输的模拟信号或数字信号变换成适合在信道传输的信号，该信号称为已调信号。

在接收端，需要将接收到的已调信号，还原成系统所传输的原始信号，该过程称为解调。

6. 数字信号处理技术

软件无线电对信号处理的要求包括以下几点：

(1) 能够执行大量的乘累加运算。

(2) 具有某些特定模式。

(3) 大部分处理时间用于执行相对小循环的操作上。

(4) 具有高速的数据吞吐能力。

(5) 信号处理数值范围较宽。

7. 软件设计技术

软件无线电以软件方式实现各种空中接口，提供各种灵活的无线通信方式。在软件无线电中，软件的作用是非常重要的。

(1) 软件无线电的软件设计包括：

① 软件的功能。

② 软件与硬件之间的关系。

③ 软件的体系结构。

(2) 软件无线电的软件应该具有以下特点：

① 具有良好的开放性。

② 采用模块化结构。

③ 具有可重用性。

8. 信息安全技术

由于无线通信系统的开放性，信息传输中的信息安全是一个非常重要的问题。因为在公用无线通信网络中，存在着各种各样的安全漏洞和威胁，所以信息安全涉及的领域相当广泛。

信息安全需要研究的领域包括：信息的保密性，信息的完整性，信息的可用性，信息的真实性，信息的可控性等。

9. 同步技术

所谓同步，是指收发双方在时间上步调一致，又称为定时。同步技术是数字通信系统的关键技术之一。

在数字通信系统中，按照同步技术的功用不同，可以分为：载波同步、位同步、群同步、网同步。

10. 电磁兼容技术

该技术将在 3.8 节进行详细介绍。

3.6.5　软件无线电的应用

软件无线电典型的应用项目是美军的易通话(Speak Easy)计划。

易通话计划是美军的军用软件无线电通信电台开发计划。为解决多兵种之间的互通，主要开发面向未来军事需求的、具备多媒体网络操作的无线电系统结构与技术。

易通话计划的实施分两个阶段：

(1) 完成基于软件无线电构建电台的可行性研究与适用性验证。

(2) 创建一个可行的软件无线电结构。

易通话计划的主要参数如下：

(1) 电台工作频率为 2 MHz～2 GHz。

(2) 利用可编程处理技术与 15 个电台兼容。

(3) 具备调幅、调频、调相等各种调制解调方式。

(4) 可以作为各种不同模式电台之间通信的中继转发电台。

易通话计划的电台软件与硬件系统都采用模块化、开放式结构，利用高速控制和数据总线提高其灵活性和可靠性。随着技术进步与业务增长，还可以通过更新部分模块，实现电台的升级。

3.7　认知无线电技术

3.7.1　认知无线电的概念

无线通信中的基本矛盾是：日益增长的用户需求和日渐紧张的频谱资源之间的矛盾越来越突出。

由于授权频段的独享性和非授权频段的饱和，频谱资源的紧张已经成为制约无线通信业务发展的瓶颈。有专家预言，未来战争的获胜者，必将是最善于控制、驾驭和运用电磁频谱的一方。频谱的重用技术已经成为现代无线通信领域的重要研究内容之一。

认知无线电(Cognitive Radio，CR)就是利用频谱空洞提高频谱利用率的软件无线电，是智能化的软件无线电。

1. 频谱重用

在频谱重用技术的研究中，主要有以下两个方向：

(1) 降低信号的功率谱密度，以进行频谱复用。

(2) 采用灵活的频谱管理技术，以提高频谱利用率。

当前存在的最主要问题，不是没有频谱可用，而是现有的频谱利用率严重不足，这就是所谓的频谱空洞问题。

频谱空洞是指分配给授权用户的一个频段，在特定时间和特定区域内，这个频段未被授权用户使用。

认知无线电的思想是在授权用户不使用的情况下，未授权用户可以接入频谱空洞，以提高频谱的利用率。认知无线电是一种非常新颖的无线通信理念，它在提高无线频谱利用率的基础上，提出了全新的思路，必将引起未来通信技术的重大变革。

2. 认知概念

所谓认知，是指介于输入激励和输出响应之间的智能状态和处理过程，也就是说，采用学习、理解、综合等方式探索事物的一般性原理。

为了能够根据新的环境作出调整，无线电系统必须能够学习。图 3-23 为基本的机器学习体系结构。

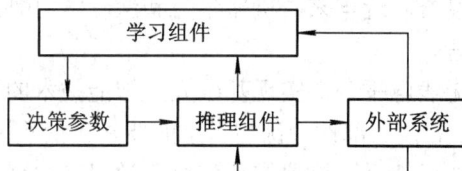

图 3-23　基本的机器学习体系结构

在这个基本的机器学习体系结构中，机器的学习过程如下：

(1) 机器学习系统通过传感器、外部参数输入等方式对环境进行感知。

(2) 从感知结果得出结论，并对这些行为结果进行预测。

(3) 预测行为对环境造成的影响和变化。

(4) 学习组件接收这些变化，并与期望变化进行对比。

(5) 若实际变化与期望变化相同或接近，则基于实际变化与期望变化的接近程度，学习系统进一步加强促成该结果的参数。

(6) 若实际变化与期望变化不符，则学习系统就会改变决策过程的参数，使其更符合实际结果。

3. 认知无线电的发展

1999 年，Joseph Mitola 发表文章，首次提出了认知无线电的概念，并描述了如何通过无线知识描述语言(RKRL)来增强个人无线业务的灵活性。

2002 年，美国联邦通信委员会发表了可能改变频谱政策的报告，筹备成立认知无线电工作组。

2003 年 5 月，认知无线电工作组在华盛顿成立。

2003 年 12 月，美国联邦通信委员会公布了《FCC 规则第 15 章》修正案，明确只要具备认知无线电功能，即使是其用途未经许可的无线终端，也可以使用需要无线许可的现有无线频带。

2004 年 5 月，美国联邦委员会发布了法规制定提案通告(NPRM)，允许未授权用户在不影响授权用户业务的前提下，通过基于认知无线电的技术使用电视广播频段中的空闲无线资源。

2004 年 10 月，美国电子和电气工程师协会(IEEE)正式成立 IEEE 802.22 工作组——无线区域网络工作组，于 2007 年下半年完成标准化工作。其目的是研究基于认知无线电的物理层、媒体访问控制层和空中接口，以无干扰的方式使用已分配给电视广播的甚高频/超高频(VHF/UHF：54 MHz～862 MHz)频带作为宽带接入频段。

IEEE 于 2005 年成立了 IEEE 1900 标准组，进行与下一代无线通信技术和高级频谱管理技术相关的电磁兼容研究。该工作对于认知无线电技术的发展及与其他无线通信系统的协调与共存有着极其重要的意义。

美国国防高级研究计划局基于认知无线电技术开展了下一代无线通信项目的研发，研究和开发频谱捷变无线电，这些无线电台可以在使用法规的范围内动态自适应变化的无线环境，在不干扰其他无线电台正常工作的前提下，使接入频谱范围扩大 10 倍。频谱捷变无线电技术的应用，可以使频谱利用率提高 10 倍。

随着人工智能技术的发展，近年来，机器学习和深度学习算法被广泛应用于认知无线电的频谱感知、决策和推理。

认知引擎就是在软件无线电平台上实现基于人工智能技术的推理与学习，实现并驱动整个认知环路，是实现 CR 的核心部件。认知引擎的要素包括建模系统、知识库、推理机、学习机和各类接口，涉及知识表示、机器推理和机器学习等关键技术。可以说，认知引擎是 CR 的"大脑"，认知引擎技术是实现 CR 的核心技术。

3.7.2　认知无线电的关键技术

认知无线电具有两个重要能力：认知能力，即感知环境信息的能力；可重配置能力，即自适应动态无线环境的能力。

1. 认知能力

认知能力是认知无线电与软件无线电的区别所在，它是捕获与感知无线环境信息的能力。

认知能力是一项相当复杂的技术，它可以获得无线环境在空间以及时间域上的变化情况。认知能力具有以下作用：

(1) 确定特定的时间和空间频谱中未被使用的部分。

(2) 根据上述信息，选择最好的频段与合适的传输参数，以不干扰授权用户。

(3) 若这个频段有授权用户，则离开这个频段，或者改变发射功率、调制方式等参数，以保证不干扰授权用户。

2. 可重配置能力

可重配置能力使得无线系统可以在不需要任何硬件变化的条件下，根据无线环境动态改变系统结构和参数。可重配置能力，使得无线系统可以方便地配置工作频率、调制方式、发射功率、通信协议等传输参数。

特别需要强调的是，这些传输参数的重配置，不仅可以在传输开始时进行，而且可以在传输过程中进行。

认知无线电作为智能化的软件无线电,除了需要第 3.6.4 小节所介绍的软件无线电的关键技术之外,为了能够智能利用频谱空洞,还需要一些技术,例如地理定位技术、频谱感知技术、人工智能技术、网络技术、电磁兼容技术、认知技术等。

3.7.3 认知无线电的应用

认知无线电的应用主要是基于认知无线电技术的无线区域网络。无线区域网络是最早利用认知无线电技术的无线通信系统。

IEEE 802.22 工作组致力于设计世界上第一个基于认知无线电技术的无线区域网络(WLAN)。它工作在电视频段,通过频谱检测、设备检测、干扰避免、频带管理等技术来实现高效的系统共存和频谱资源共享。

IEEE 802.22 系统需要保护的授权业务包括:广播电视、无线麦克风、载波频率。

IEEE 802.22 系统的载波频率分为:54 MHz～72 MHz、76 MHz～88 MHz、740 MHz～806 MHz。

IEEE 802.22 系统的信道带宽有:6 MHz、7 MHz、8 MHz。

IEEE 802.22 系统的共存问题是空中接口必须考虑的关键问题。在设计系统时,需要考虑以下问题:

(1) 系统天线的配置。

(2) 对电视和麦克风的检测和保护。

3.8 电 磁 兼 容

电磁兼容(Electromagnetic Compatibility,EMC),是指电气及电子设备在共同的电磁环境中能执行各自功能的共存状态,即要求在同一电磁环境中的各种电气及电子设备都能完成自身的功能,而不至于在其环境中产生不允许的干扰。

3.8.1 电磁兼容的发展

电磁兼容是通过控制电磁干扰来实现的,电磁干扰是人们早就发现的电磁现象,它几乎和电磁效应的现象同时被发现。20 世纪 70 年代以来,电磁兼容技术逐渐成为非常活跃的学科领域之一。20 世纪 80 年代,电磁兼容的研究和应用达到了很高的水平,建立了相应的电磁兼容标准和规范。

电磁兼容设计成为民用电子设备和军用武器装备研制中必须包含的内容,且必须严格遵循其原则和步骤。电磁兼容性成为产品可靠性保证中的重要组成部分。

电磁兼容技术是一门迅速发展的交叉学科,涉及电子、计算机、通信、航空航天、电力、军事以至人们生活的各个方面。在当今信息社会,随着电子技术、计算机技术的发展,一个系统中采用的电气及电子设备数量大大增加,而且电子设备的频带日益加宽,功率逐渐增大,灵敏度逐步提高,连接各种设备的电缆网络也越来越复杂,因此,电磁兼容问题日显重要。

为了保证电子设备稳定可靠地工作，减少电磁污染，越来越多的国家开始强制执行电磁兼容标准，特别是在美国和欧洲国家，电磁兼容指标已经成为法制性的指标，是电子产品厂商必须通过考核的指标之一，设计人员如果在设计中不考虑有关的问题，产品最终将不能通过电磁兼容试验，也无法走上市场。

3.8.2　电磁兼容的主要术语

(1) 电磁干扰(Electro Magnetic Interference，EMI)。所谓电磁干扰，是指电磁能量对电流回路、仪器、系统或生命组织造成的影响。

(2) 电磁敏感度(Electro Magnetic Susceptibility，EMS)。电磁敏感度是指在存在电磁干扰的情况下，装置、设备或系统性能下降的容易程度。

(3) 电磁兼容性(EMC)。电磁兼容性是指设备或系统在电磁环境中符合要求运行并不对环境中的任何设备产生无法忍受的电磁干扰的能力。

(4) 电磁环境(Electro Magnetic Environment，EME)。电磁环境是存在于给定场所的所有电磁现象的总和。

3.8.3　认知无线电中的电磁兼容问题

在认知无线电中，认知用户需要检测频谱空洞，在不干扰授权用户的条件下进行无线通信。

认知无线电中的电磁兼容问题，就是认知用户与授权用户的共存问题，这是一个非常重要的问题。

2005年，IEEE成立了IEEE 1900标准组，进行与下一代无线通信技术和高级频谱管理技术相关的电磁兼容研究。

认知无线电中电磁兼容问题的研究，对于认知无线电的发展以及认知无线电系统与其他系统的协调与共存有着非常重要的意义。

IEEE 1900目前包括以下四个工作组：

(1) IEEE 1900.1：用于澄清术语，弄清各个技术之间的关系，提供对技术的准确定义和对关键技术的解释。

(2) IEEE 1900.2：为干扰与共存分析提供操作规程建议，提供分析各种无线服务共存和相互干扰的技术指导方针。

(3) IEEE 1900.3：为软件无线电的软件模块提供一致性评估的操作规程建议，提供分析软件定义无线电的软件模型。

(4) IEEE 1900.4：为动态频谱接入的无线系统提供实际应用和可靠性验证，评估可调整性能。

3.8.4　电磁辐射

所谓的电磁辐射就是能量以电磁波的形式从辐射源发射到空间的现象。对人们生活环境有影响的电磁污染分为天然电磁辐射和人为电磁辐射两种。大自然中如雷、电一类的电磁辐射属于天然电磁辐射类，而人为电磁辐射污染则主要包括脉冲放电、工频交变磁场、微波和射频电磁辐射等。其中人为辐射对人体的危害最大，也是最需要防范的，其主要辐射源如图 3-24 所示。

图 3-24　人为辐射主要辐射源

1. 电磁辐射的应用

电磁辐射可谓神通广大，在很多地方都能见到它的身影。其具体应用有以下几个方面：

(1) 医学应用：微波理疗活血、治疗肿瘤等。

治疗肿瘤的天线或辐射器可以将温度控制在只杀死癌细胞的很窄的温度范围内。电磁辐射理疗利用电磁能使局部组织升温，提高血液循环，促进新陈代谢，从而达到治疗的目的。

(2) 传递信息：通信、广播、电视等。

通信主要有微波通信，如手机、卫星电话等。此外还有利用长、短波进行通信，如对讲机等。

(3) 目标探测：雷达、导航、遥感等。

雷达工作原理是发射机向探测的目标发送脉冲波，该脉冲波遇到探测目标能反射回来，于是就能测出反射波和发射机之间的时间间隔，从而得知探测目标与雷达所在地点的距离。

(4) 感应加热：电磁炉、高频淬火、高频熔炼、高频焊接、高频切割等。

利用中、长波波段的高频电磁场能量使导体或半导体本身发热，达到热加工的目的。

(5) 介质加热：微波炉、微波干燥机、塑料热合机等。

2. 电磁辐射的危害

(1) 可导致儿童智力残缺。据最新调查显示，我国每年出生的 2000 万儿童中，有 35 万为缺陷儿，其中 25 万为智力残缺，有专家认为电磁辐射也是影响因素之一。世界卫生组织认为，计算机、电视机的电磁辐射对胎儿有不良影响。

(2) 极可能是造成儿童患白血病的原因之一。医学研究证明，长期处于高电磁辐射的环境中，会使血液、淋巴液和细胞原生质发生改变。

(3) 能够诱发癌症并加速人体的癌细胞增殖。电磁辐射污染会影响人体的循环系统、免疫、生殖和代谢功能，严重的还会诱发癌症，并会加速人体的癌细胞增殖。瑞士的研究资料指出，周围有高压线等经过的住户居民，患乳腺癌的概率比常人高 7.4 倍。美国得克萨斯州癌症医疗基金会针对一些遭受电磁辐射损伤的病人所做的抽样化验结果表明，其癌细胞生长速度比一般人要快 24 倍。

(4) 影响人的生殖系统。这方面主要表现为男子精子质量降低，孕妇发生自然流产和胎儿畸形等。

(5) 影响人们的心血管系统。这方面表现为心悸，失眠，部分女性经期紊乱，心动过缓，心搏血量减少，窦性心律不齐，白细胞减少，免疫功能下降等。

(6) 高剂量的电磁辐射还会影响及破坏人体原有的生物电流和生物磁场，使人体内原有的电磁场发生异常。人体的器官和组织都存在微弱的电磁场，它们是稳定和有序的，一旦受到外界电磁波的干扰，人体正常循环机能会遭受破坏。

(7) 破坏人体的免疫系统，损伤人体的自身调节机能。

(8) 影响人的神经系统。人体反复受到电磁辐射后，中枢神经系统及其他方面的功能会发生变化。中枢神经系统是对微波辐射最敏感的部位。长期在电磁辐射下生活和工作即可引起中枢神经系统和植物神经系统功能紊乱，会出现头昏、记忆力减退、易激动、脱发等，它也是睡眠障碍的主要诱因。

目前各国的辐射危害标准不尽相同，该参数还未成为相关产品的必检参数。相信通过进一步的研究，在不远的将来，手机及其他辐射设备对人体安全影响的指标将成为强制标准。一些国家规定的射频辐射危害标准如表 3-2 所示。

表 3-2 射频辐射危害标准

国家	频率	安全界限	条件说明
美国	10 MHz～100 GHz	10 mW/cm^2 1 mW/cm^2	6 min 6 min 以上的平均值
	短波	200 V/m 0.5 A/m	连续 8 h 的平均值
英国	30 MHz～30 GHz	10 mW/cm^2	连续 8 h 的平均值
西德		10 mW/cm^2	无限制
法国		10 mW/cm^2	1 h 以上
俄罗斯	0.1 MHz～1.5 MHz	20 V/m 5 A/m	
	1.5 MHz～30 MHz	20 V/m	6 h/d
	30 MHz～300 MHz	5 V/m	2 h/d
	300 MHz	10 μW/cm^2 100 μW/cm^2 1 mW/cm^2	15 min/d
中国	中短波	20 V/m 5 A/m	长期职业性暴露
	微波	38 μW/cm^2	

本 章 小 结

　　本章讨论了与无线电相关的射频/微波技术、天线技术、信道技术与电波传播、软件无线电技术、认知无线电技术、电磁兼容等。

　　射频/微波电路是无线通信系统硬件的基本组成部分。

　　天线是无线通信系统必需的发射、接收器件。

　　电波传播研究无线电波在无线信道中传播的基本特征，是保证通信畅通的基本要素之一。

　　软件无线电是可以在统一的硬件平台上，通过软件下载和可重置技术来增加系统功能、扩展系统频段的新技术。

　　认知无线电是利用频谱空洞，提高频谱利用率的智能化的软件无线电技术。

　　电磁兼容通过控制电磁干扰使各种电子设备共存，电磁辐射对人体有危害。

习 题 3

1. 上网查阅文献，了解软件无线电技术的进展。
2. 列举传统无线电系统存在的缺点并上网查阅认知无线电系统中使用的新技术。
3. 上网查阅文献，了解天线技术的发展。
4. 上网查阅文献，了解微波技术的发展。
5. 上网查阅文献，了解电磁兼容的新进展。
6. 家用电器辐射问题会危害人类的健康，上网查阅资料，简述预防家用电器电磁辐射的措施。

第4章 物联网技术基础

教学提示

　　随着系统用户的不断增加，通信网络成为今天主要的系统形式，人们已经离不开网络。本章简单介绍通信网络、互联网、无线传感器网络、物联网、移动互联网等常见网络及其所涉及的主要关键技术。其中，重点是移动互联网、物联网、无线传感网等。

4.1 通信网络基础

　　信息传输领域的基本矛盾是：有限的频谱资源和日益增长的用户需求之间的矛盾。为了解决这个矛盾，通信由点到点之间的通信发展为网络通信。

4.1.1 从点到点通信到通信网络

　　图 4-1 所示为不同的通信方式。

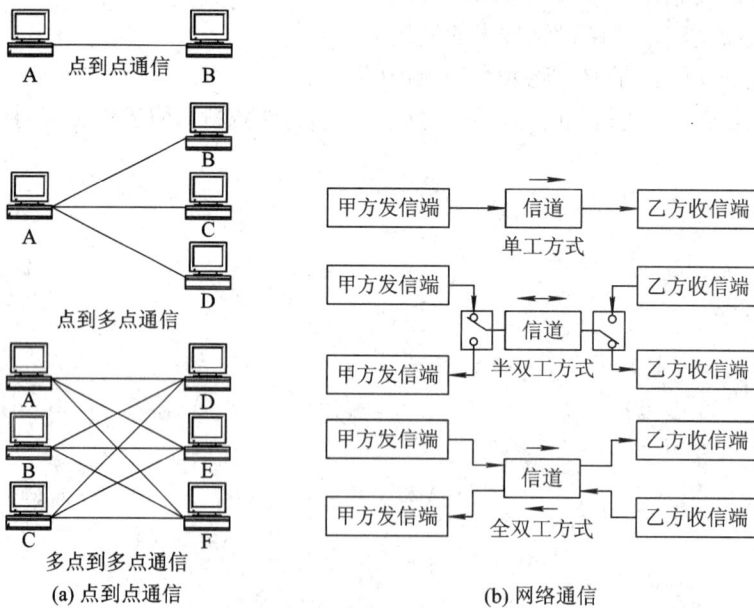

图 4-1　不同的通信方式

　　点到点的通信模型是基本的通信形式。要实现多用户间的通信，就需要一个合理的拓扑结构将多个用户有机地连接在一起，并定义标准的通信协议，以使它们能协同工作，这样就形成了一个通信网络。

信息技术、管理科学、经济与社会的发展，促成了物联网的出现，如图 4-2 所示。

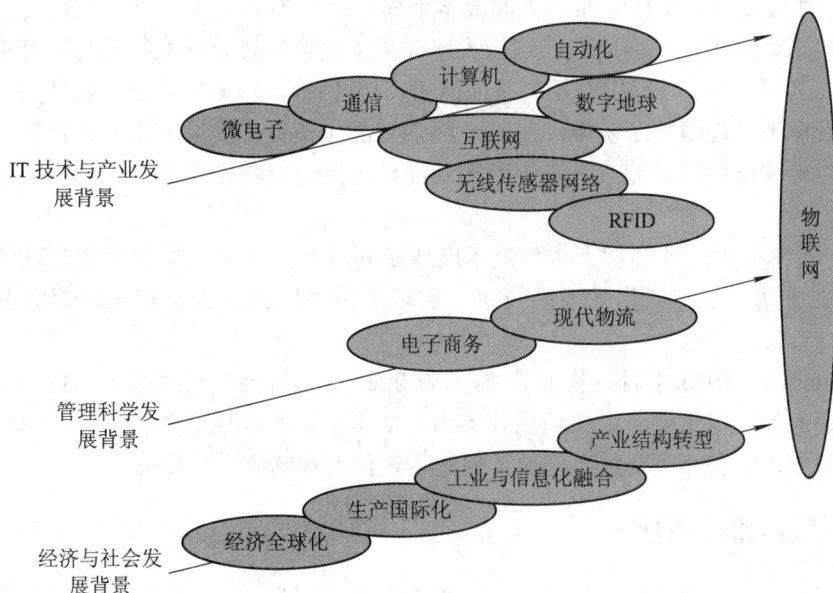

图 4-2 物联网的形成

通信网络的发展大致经过了三个阶段。

第一阶段大约在 1880—1970 年，属于模拟通信网络时代，网络的主要特征是模拟化、单业务、单技术。这一时期电话通信网络占统治地位，电话业务是网络运营商的主要业务，这一时期整个通信网络都是面向话音业务来优化设计的。

第二阶段大约在 1970—1994 年，是骨干通信网络由模拟网向数字网转变的阶段。这一时期数字技术和计算机技术在网络中被广泛使用，除传统 PSTN 外，还出现了多种不同的业务网。这一时期是现代通信网络最重要的一个发展阶段，它几乎奠定了未来通信网络发展的所有技术基础，比如数字技术、分组交换技术等，这些技术奠定了未来网络实现综合业务的基础。

第三阶段是 1995 年至今，这一时期可以说是信息通信技术发展的黄金时期，出现了很多新技术和新业务。这一时期骨干通信网络实现了全数字化，骨干传输网实现了光纤化，同时数据通信业务增长迅速，独立于业务网的传输网也已形成。

4.1.2 通信网络的关键技术

为了实现网络通信，需要使用交换技术。网络用户之间不再直接通信，而是经过交换机进行链路链接。

常用的交换方式有以下两种：

(1) 电路交换：用于语音通信。在两个用户通话之前，系统需要为两个用户连接一条链路，供通信双方专用。等通信结束后，系统会释放该链路，以便其他用户使用。

(2) 分组交换：用于数据通信。在数据传输过程中，不需要专门链路，而是根据路由情况，选择合适的路径传输数据。

对网络发展影响最大的技术主要有以下三种：

(1) 计算机技术。硬件方面，计算成本下降，计算能力大大提高；软件方面，分布处理技术、数据库技术已发展成熟，这极大地提高了大型信息处理系统的处理能力，降低了开发成本。其影响是 PC 得以普及，智能网 IN、电信管理网得以实现，这些为下一步的网络智能以及业务智能奠定了基础。另外，终端智能化使得许多原来由网络执行的控制和处理功能可以转移到终端来完成，骨干网的功能可由此而简化，这有利于提高其稳定性和信息吞吐能力。

(2) 光传输技术。大容量光传输技术的成熟和成本的下降，使得基于光纤的传输系统在骨干网中迅速普及并取代了线缆技术。实现宽带多媒体业务，在网络带宽上已不存在问题。

(3) Internet。1995 年后，基于 IP 技术的 Internet 的发展和迅速普及，使得数据业务的增长速率远远超过电话业务。在随后几年内，数据业务等其他业务全面超越电话业务，成为运营商的主营业务和主要收入来源，促进了通信产业的进一步发展。

4.1.3　通信网络的组成

通信网络的定义：通信网络是由一定数量的节点(包括终端节点、交换节点)和连接这些节点的传输系统有机地组织在一起，按约定的信令或协议完成任意用户间信息交换的通信体系。用户使用它可以克服空间、时间等障碍来进行有效的信息交换。

在通信网络上，信息的交换可以在：

(1) 两个用户间进行。

(2) 两个计算机进程间进行。

(3) 一个用户和一个设备间进行。

交换的信息包括：用户信息(如话音、数据、图像等)、控制信息(如信令信息、路由信息等)、网络管理信息。

由于信息在网络上通常以电或光信号的形式进行传输，因而现代通信网络又称电信网。

网络只是实现大规模、远距离通信系统的一种手段。与简单的点到点的通信系统相比，它的基本任务并未改变。

通信的有效性和可靠性仍然是网络设计时要解决的两个基本问题，只是由于用户规模、业务量、服务区域的扩大，使解决这两个基本问题的手段变得复杂了。

实际的通信网络是由软件和硬件按特定方式构成的一个通信系统，每一次通信都需要软硬件设施的协调配合来完成。从硬件构成来看，通信网络由终端节点、交换节点、业务节点和传输系统构成，它们完成通信网络的接入、交换和传输等基本功能。软件设施则包括信令、协议、控制、管理、计费等，它们主要完成通信网络的控制、管理、运营和维护，实现通信网络的智能化。

通信网络的硬件构成主要包括以下几个方面：

(1) 终端节点。最常见的终端节点有电话机、传真机、计算机、视频终端和 PBX 等，它们是通信网络上信息的产生者，同时也是通信网络上信息的使用者，其主要功能是处理用户信息和信令信息。

(2) 交换节点。交换节点是通信网络的核心设备，最常见的有电话交换机、分组交换机、路由器、转发器等。交换节点负责集中、转发终端节点产生的用户信息，但它自己并不产生和使用这些信息。

(3) 业务节点。最常见的业务节点有智能网中的业务控制节点(SCP)、智能外设、语音信箱系统以及 Internet 上的各种信息服务器等。它们通常由连接到通信网络中的计算机系统、数据库系统组成。

(4) 传输系统。传输系统为信息的传输提供传输信道，并将网络节点连接在一起。通常传输系统的硬件组成应包括线路接口设备、传输媒介、交叉连接设备等部分。

4.1.4 通信网络的分类

通信产业经过一百多年的发展，已经形成了错综复杂的网络体系，对它们可以按照不同的标准进行分类。

1. 按业务类型分

按业务类型不同，可以将通信网络分为电话通信网络(如 PSTN、移动通信网络等)、数据通信网络(如 X.25、Internet、帧中继网等)、广播电视网等。

2. 按空间距离分

按空间距离不同，可以将通信网络分为广域网(Wide Area Network，WAN)、城域网(Metropolitan Area Network，MAN)和局域网(Local Area Network，LAN)。

3. 按信号传输方式分

按信号传输方式不同，可以将通信网络分为模拟通信网络和数字通信网络。

4. 按运营方式分

按运营方式不同，可以将通信网络分为公用通信网络和专用通信网络。

4.1.5 通信网络的拓扑

网络的拓扑结构是一个非常重要的内容，认识一个复杂的网络，最重要的是要搞清楚它的拓扑结构。这是一种与网络规划、设计以及网络性能有关的划分方法。

拓扑的概念源于图论，从拓扑学的观点来看，将计算机网络中所有节点抽象为"点"，通信链路抽象为"线"，形成点、线构成的几何图形。采用拓扑学方法将网络抽象成几何图形，称之为网络的拓扑结构。

1. 网状网

网状网的结构如图 4-3(a)所示。它是一种完全互连的网，网内任意两节点间均由直达线路连接，N 个节点的网络需要 $N(N-1)/2$ 条传输链路。

网状网的优点是线路冗余度大，网络可靠性高，任意两点间可直接通信；缺点是线路利用率低，网络成本高，另外网络的扩容也不方便，每增加一个节点，就需增加 N 条线路。

网状结构通常用于节点数目少，又有很高可靠性要求的场合。

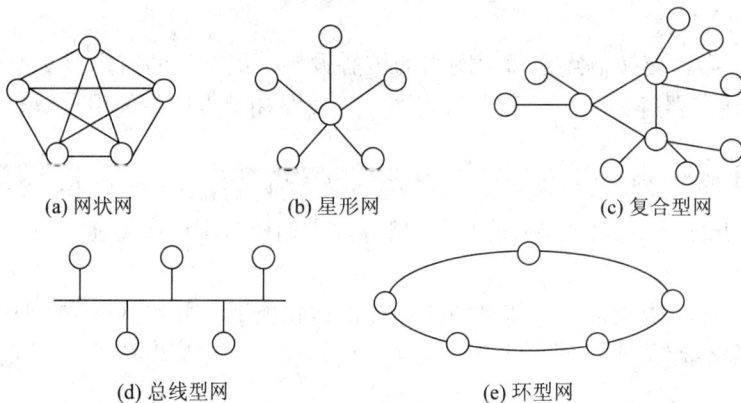

(a) 网状网　　(b) 星形网　　(c) 复合型网

(d) 总线型网　　(e) 环型网

图 4-3　通信网络的拓扑结构

2. 星形网

星形网的结构如图 4-3(b)所示。星形网又称辐射网，该结构与网状网相似，但增加了一个中心转接节点，其他节点都与转接节点有线路相连。N 个节点的星形网需要 $N-1$ 条传输链路。

星形网的优点是降低了传输链路的成本，提高了线路的利用率；缺点是网络的可靠性差，一旦中心转接节点发生故障或转接能力不足时，全网的通信都会受到影响。

通常在传输链路费用高于转接设备而可靠性要求又不高的场合，可以采用星形结构，以降低建网成本。

3. 复合型网

复合型网的结构如图 4-3(c)所示，它是由网状网和星形网复合而成的。它以星形网为基础，在业务量较大的转接交换中心之间采用网状网结构，因而整个网络结构比较经济，且稳定性较好。

由于复合型网络兼具了星形网和网状网的优点，因此目前在规模较大的局域网和电信骨干网中广泛采用分级的复合型网络结构。

4. 总线型网

总线型网的结构如图 4-3(d)所示，它属于共享传输介质型网络。总线型网中的所有节点都连至一个公共的总线上，任何时候只允许一个用户占用总线发送或接收数据。

总线型网的优点是需要的传输链路少，节点间通信无需转接节点，控制方式简单，增减节点也很方便；缺点是网络服务性能的稳定性差，节点数目不宜过多，网络覆盖范围也较小。

总线结构主要用于计算机局域网、电信接入网等网络中。

5. 环形网

环形网的结构如图 4-3(e)所示。该结构中所有节点首尾相连，组成一个环。N 个节点的环形网需要 N 条传输链路。环网可以是单向环，也可以是双向环。

环形网的优点是结构简单，容易实现，双向自愈环结构可以对网络进行自动保护；缺点是节点数较多时转接时延无法控制，并且环形结构不好扩容。

环形结构目前主要用于计算机局域网、光纤接入网、城域网、光传输网等网络中。

4.1.6　交换技术

实现通信网络的方法主要有以下两种：

(1) 在任意两个用户之间提供点到点的连接，从而构成一个网状网的结构，如图 4-4(a) 所示。

该方法中每一对用户之间都需要独占一个永久的通信线路，由于该方法存在着巨大的浪费并且不便于集中管理，故不适用于构建大型广域通信网络。

(2) 在网络中引入交换节点，组建交换式网络，如图 4-4(b)所示。

在交换式网络中，用户终端都通过用户线与交换节点相连，交换节点之间通过中继线相连，任何两个用户之间的通信都要通过交换节点进行转接交换。

在网络中，交换节点负责用户的接入、业务量的集中、用户通信连接的创建、信道资源的分配、用户信息的转发，以及必要的网络管理与控制功能的实现。

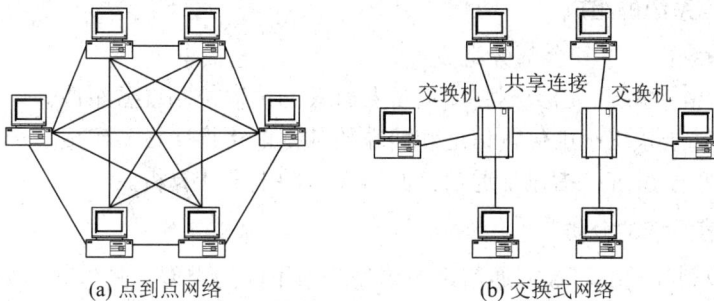

(a) 点到点网络　　　　　　　　　　(b) 交换式网络

图 4-4　通信网络

交换的真正含义是让网络根据用户实际的需求为其分配通信所需的网络资源，即用户有通信需求时，网络为其分配资源，通信结束后，网络再收回分配给用户的资源，让其他用户使用，从而达到网络资源共享，降低通信成本的目的。

其中网络负责管理和分配的最重要的资源就是通信线路上的带宽资源。

在交换式网络中，用户终端至交换节点可以使用有线接入方式，也可以采用无线接入方式，可以采用点到点的接入方式，也可以采用共享介质的接入方式。

传统有线电话网中使用有线、点到点的接入方式，即每个用户使用一条单独的双绞线接入交换节点。如果多个用户采用共享介质方式接入交换节点，则需解决多址接入的问题。目前常用的多址接入方式有频分多址接入(FDMA)、时分多址接入(TDMA)、码分多址接入(CDMA)等。

交换式网络主要有以下两个优点：

(1) 大量的用户可以通过交换节点连到骨干通信网络上。由于大多数用户并不是永久地处于通信状态，因此骨干网上交换节点间可以用少量的中继线路以共享的方式为大量用户服务，这样大大降低了骨干网的建设成本。

(2) 交换节点的引入也增加了网络扩容的方便性，便于网络的控制与管理。实际的大型交换网络都是由多级复合型网络构成的，为用户建立的通信连接往往涉及多段线路、多个交换节点。

4.2 数据通信网络

4.2.1 数据通信的概念

数据通信是指由源点产生的数据，按照一定的通信协议，形成数据流在信道中传输到终点的过程。主要是"人-机"或"机-机"通信。

数据通信包括数据传输、数据交换和数据处理三个部分。所以，数据通信研究的内容包括传输、通信接口和通信处理三个方面。

4.2.2 数据通信系统

1. 数据通信系统的组成

数据通信系统由以下三个部分组成：

(1) 终端设备子系统：由数据终端设备及有关的传输控制设备组成。

(2) 数据传输子系统：由传输信道和两端的数据电路终接设备组成。

(3) 数据处理子系统：指包括通信控制器在内的电子计算机。

2. 数据通信系统的分类

按照不同的划分标准，数据通信系统可划分为不同的类型。具体介绍如下：

(1) 按照传输和设备子系统是否与处理子系统相连接，可分为脱机系统和联机系统。

(2) 按照处理子系统对数据处理的形式，可分为联机实时系统、远程批处理系统和分时处理系统。

在一个通信系统中，任意两台设备之间直接相连是不切实际的。有效的解决方法是把所有设备都连接到一个通信网络上。

数据通信网络由硬件和软件两部分组成，硬件指数据传输设备、数据交换设备和通信线路等，软件指支持硬件配置实现网络协议功能的各种程序。

(3) 按照覆盖的物理范围不同，可分为以下几种：

① 广域网：指覆盖范围很广的远程网络，由节点交换机及其连接的线路组成。目前主要采用分组交换技术。

② 局域网：指通过通信线路，把较小地域范围内的各种设备连接在一起的通信网络。

③ 城域网：指覆盖范围界于前两者之间的，面向企业的公用网络。

④ 个域网：指个体附件的小范围网络。

3. 计算机网络

无线网络可分为三类：系统互连网络、无线 LAN 网络和无线网络。

数据通信网络，又称计算机网络，是通信技术与计算机技术密切结合的产物，如图 4-5 所示。这两种技术既相互渗透又密切结合，主要体现在以下两个方面：

(1) 通信技术为多台计算机之间进行信息传输和交换提供了必要的手段。

(2) 计算机技术应用于各个通信领域，极大地提高了通信系统的各项性能。

图 4-5　基于电话网的计算机网络

　　计算机网络已经历了由单一网络向互联网发展的过程，基于通信子网的计算机网络如图 4-6 所示。

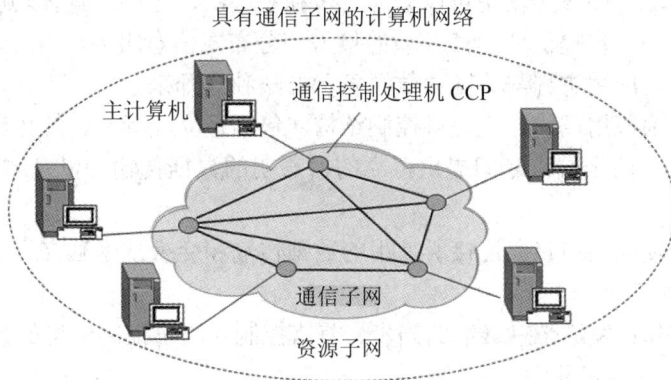

图 4-6　基于通信子网的计算机网络

4.3　互　联　网

4.3.1　互联网的概念

　　互联网是人们最熟悉的通信网络，它已经成为人们日常生活中的一部分。互联网是构成计算机网络的基础，如图 4-7 所示。

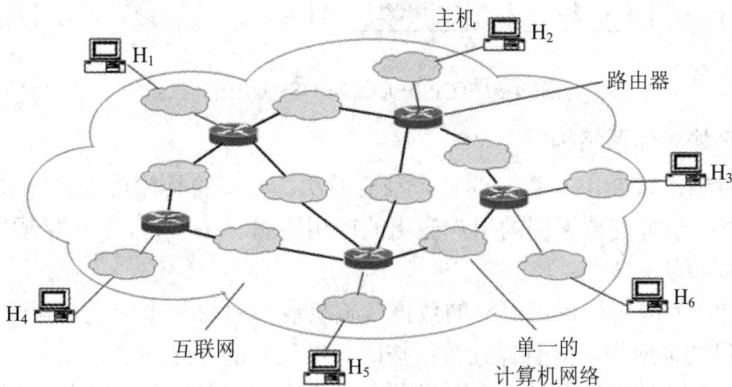

图 4-7　基于互联网的计算机网络

TCP/IP 体系结构以网络互连为基础,提供了一个建立不同计算机网络间通信的标准框架。目前,几乎所有的计算机设备和操作系统都支持该体系结构,它已经成为通信网络的工业标准。

4.3.2 互联网协议

1. OSI 参考模型

OSI(Open System Interconnection 开放系统互连)参考模型是 ISO 在 1977 年提出的开放网络互连协议的标准框架。这里"开放"的含义是指,任何两个遵守 OSI 标准的系统均可进行互连。

如图 4-8 所示,OSI 参考模型可以分为七个独立层次,各层的具体功能如下:

(1) 应用层:为用户提供到 OSI 环境的接入和分布式信息服务。

(2) 表示层:将应用进程与不同的数据表示方法独立开来。

(3) 会话层:为应用间的通信提供控制结构,包括建立、管理、终止应用之间的会话。

(4) 运输层:为两个端点之间提供可靠的、透明的数据传输,以及端到端的差错恢复和流量控制能力。

(5) 网络层:使高层与建立连接所使用的数据传输和交换技术独立开来,并负责建立、保持、终止一个连接。

(6) 数据链路层:发送带有必需的同步、差错控制和流量控制信息的数据块(帧),保证物理链路上数据传输的可靠性。

(7) 物理层:负责物理介质上无结构的比特流传输,定义接入物理介质的机械、电气、功能的特性。

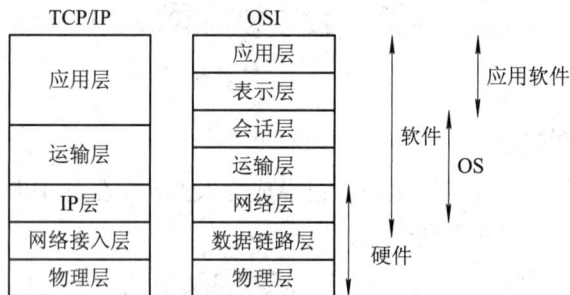

图 4-8　TCP/IP 协议与 OSI 分层结构

2. TCP/IP 协议体系结构

如图 4-8 所示,TCP/IP 可以分为五个独立层次,各层的具体功能如下:

(1) 应用层:包含支持不同的用户应用的应用逻辑。每一种不同的应用层需要一个与之相对应的独立模块来支持。

(2) 运输层:为应用层提供可靠的数据传输机制。对每一个应用,运输层保证所有的数据都能到达目的地应用,并且保证数据按照其发送时的顺序到达。

(3) IP 层:执行在不同网络之间 IP 分组的转发和路由的选择。其中,使用 IP 协议执行转发，使用 RIP、OSPF、BGP 等协议来发现和维护路由，人们习惯上将该层简称为 IP 层。

(4) 网络接入层：负责一个端系统和它所在的网络之间的数据交换。

(5) 物理层：定义数据传输设备与物理介质或它所连接的网络之间的物理接口。

Internet 的成功主要归功于 TCP/IP 协议的简单性和开放性。

从技术上看，TCP/IP 的主要贡献在于明确了异构网络之间基于网络层实现互连的思想。

4.4 无线传感器网络

4.4.1 传感网的概念

随着半导体技术、微机电系统技术、无线通信和数字电子技术的进步和日益成熟，出现了具有感知能力、计算能力和通信能力的微型传感器。

1988 年，Mark Weiser 提出了"Ubiquitous Computing(缩写为 Ubicomp 或 UC)"思想，即常讲的"普适计算"，促使计算、通信和传感器等三项技术相结合，产生了传感网。

传感网是一种新型的网络和计算技术，它可以将客观世界中不断变化的信息持续高效地传递给人们，为人们提供各种形式的服务，在军事、商业、医疗、环境保护以及灾难拯救等领域具有广阔的应用前景。

传感网包含三个基本要素：传感器、感知对象和观察者。

1. 传感网的特点

传感网作为一种新型的智能网络系统，具有极其广阔的应用前景。同传统网络相比，传感网具有以下显著特点：

(1) 传感器节点数目大，密度高，采用空间位置寻址。

(2) 传感器节点的能量、计算能力和存储容量有限。

(3) 传感网的拓扑结构易变化，具有自组织能力。

(4) 传感网具有自动管理和高度协作性。

(5) 传感器节点具有数据融合能力。

(6) 传感网是以数据为中心的网络。

(7) 传感网存在诸多安全威胁。

2. 传感网的应用

传感网的主要应用包括：军事应用，环境监测，工业应用，医疗应用，其他方面的应用。

3. 传感网的协议体系结构

传感网作为一种自组织通信网络，它的基本组成单位是感知节点和汇聚节点(或基站节点)。

网络协议体系结构是网络的协议分层以及网络协议的集合，是对网络及其部件所应完成功能的定义和描述。对传感网来说，其网络协议体系结构不同于传统的计算机网络和通信网络，图 4-9 是传感网协议体系结构示意图。

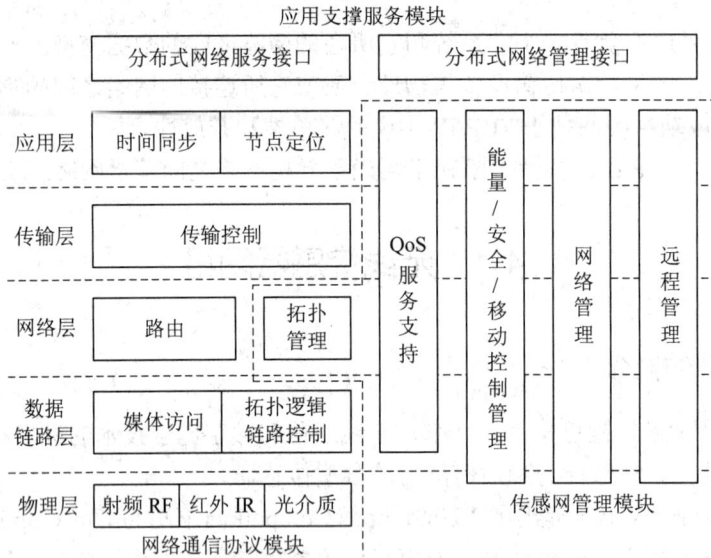

图 4-9　传感网协议体系结构示意图

4.4.2　无线传感器网络的组成

通常情况下，一个典型的无线传感器网络的基本组成结构如图 4-10 所示。它主要由以下部分组成：

(1) 分布式传感器节点。

(2) 汇聚节点。

(3) 互联网。

(4) 远程用户管理节点。

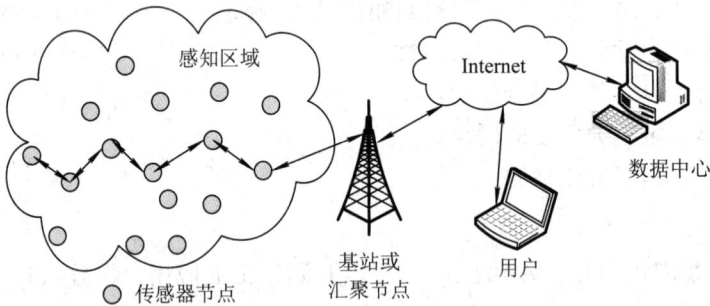

图 4-10　无线传感器网络的基本组成结构

大量传感器节点散布在感知区域内部或附近，这些节点都可以采集数据，并利用自组织多跳路由无线方式构成网络，把数据传输到汇聚节点；同时汇聚节点也可以将数据信息发送给各节点。

汇聚节点直接与互联网或卫星通信网络以有线方式或无线方式相连，通过互联网或无线方式实现与管理节点(即用户)之间的相互通信。

管理节点对传感网进行配置和管理，发布测控任务以及收集监测数据。

传感器节点是一个微型化的嵌入式系统，它构成了传感网的基础层支持平台。

1. 传感器节点

典型的传感器节点由以下几个部分组成：

(1) 数据采集的感知模块。感知模块由传感器和 A/D 转换器组成，负责感知监控对象的信息。

(2) 数据处理和存储模块。数据处理模块包括存储器和微处理器等部分，负责控制整个传感器节点的操作，存储和处理本身采集的数据以及其他节点发来的数据。

(3) 无线通信模块。无线通信模块完成节点间的交互通信工作，一般为无线电收发装置。

(4) 节点供电的电源供给模块。能源供给单元负责供给节点工作所消耗的能量，一般为小体积的电池。

有些节点上还装配有能源再生装置、移动或执行机构、定位系统及复杂信号处理(包括声音、图像、数据处理及数据融合)等扩展设备，以获得更完善的功能。

图 4-11 是传感器节点硬件基本组成示意图。

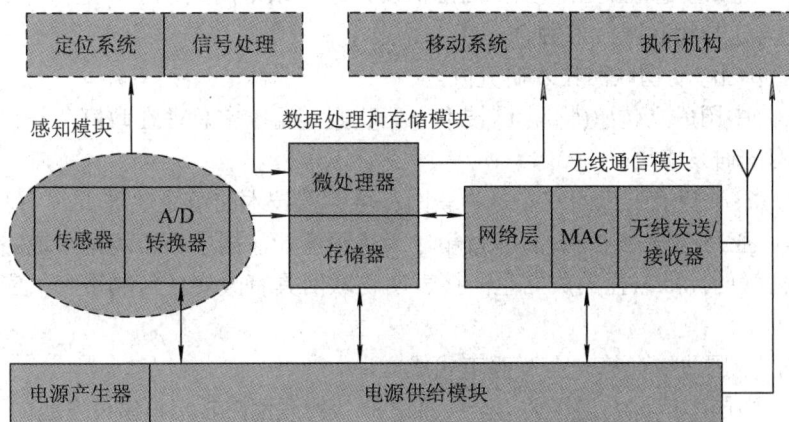

图 4-11　传感器节点硬件基本组成示意图

由于具体的应用背景不同，目前国内外出现了多种传感网节点的硬件平台。典型的节点包括美国 CrossBow 公司开发的 Mote 系列节点 Mica2、MicaZ 以及 Mica2Dot，Infineon 公司开发的 Eyes 传感器节点等。

与应用相关的传感器有光传感器、热传感器、压力传感器以及湿度传感器等。虽然具体应用不同，传感器节点的设计也不尽相同，但其基本结构是一样的。

2. 汇聚节点

汇聚节点的处理能力、存储能力和通信能力相对传感器节点更强，它连接着传感网与互联网等，实现两种协议栈协议之间的转换，同时发布管理节点的监测任务，并将收集到的数据转发到外部网络上。

汇聚节点既可以是一个具有增强功能的传感器节点，有足够的能量提供给更多的内存与计算资源，也可以是没有监测功能仅带有无线通信接口的特定网关设备。

4.5 物 联 网

4.5.1 物联网的发展

1. 物联网的发展历程

1995 年，比尔·盖茨在《未来之路》中提出了"物-物"相连的概念，给出了物联网的雏形。

1998 年，MIT 提出 EPC 系统，给出了物联网的构想。

1999 年，美国提出物联网概念，给出了物联网的三个主要组成部分：物品编码、射频识别和互联网。

2005 年，国际电信联盟 ITU 在《ITU 互联网报告 2005：物联网》中，提出了物联网的概念。

2008 年，全球首个国际物联网会议"物联网 2008"在苏黎世召开。

2009 年，温家宝总理提出感知中国的概念，包含以下两点：

(1) 推进 3G 与物联网技术融合；

(2) 成立中国移动物联网技术研究院。

2010 年，中国成立传感(物联)网技术产业联盟。温家宝总理在政府工作报告中指出，要加快物联网的研发应用。

2013 年，谷歌智能眼镜的发布是物联网和可穿戴技术的革命性进步。

2014 年，亚马逊发布 Echo 智能音箱，为进军智能家居中心市场铺平道路。正是在这一年，工业物联网标准联盟的成立也间接表明物联网具有改变任何制造和供应链流程运作方式的潜力。

2016 年，中国边缘计算产业联盟正式成立。

2017 年，中国工信部发出《关于全网推进移动物联网(NB-loT)建设发展的通知》，要求到 2020 年 NB-IoT 基站规模要达到 150 万。

2017—2019 年，物联网的发展变得更便宜、更容易并被更广泛地接受，从而引发了整个行业的创新浪潮。自动驾驶汽车在不断完善，区块链和人工智能已经开始融入物联网平台，智能手机/宽带普及率的提升将继续让物联网成为未来有吸引力的价值主张。

2019 年，LoRa 在我国正式获批。

2020 年，首个物联网应用商店建立。

2. 物联网的概念及含义

1999 年，美国麻省理工学院(MIT)最早提出的物联网概念是：把所有物品通过射频识别(RFID)、条码等信息传感设备与互联网连接起来，实现智能化识别和管理。

2005 年，国际电信联盟(ITU)对物联网概念进行了扩展，物联网的概念涵盖了以下几个方面：

(1) 任何时刻、任何地点、任意物品之间的互连。

(2) 无所不在的网络。

(3) 无所不在计算的发展远景。

ITU 的物联网概念示意图如图 4-12 所示。

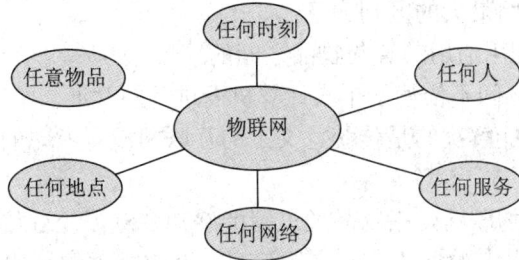

图 4-12　国际电信联盟的物联网概念

从图 4-12 可以看出，物联网是在任何时刻、环境下，任意物品、任何人、企业、商业，采用任何通信方式(包括汇聚、连接、收集、计算等)，以满足提供的任何服务。按照国际电信联盟给出的这个定义，物联网主要解决物品到物品、人到物品、人到人之间的互连。

物联网通过接口与无线接入，连入互联网，实现物物相连，如图 4-13 所示。

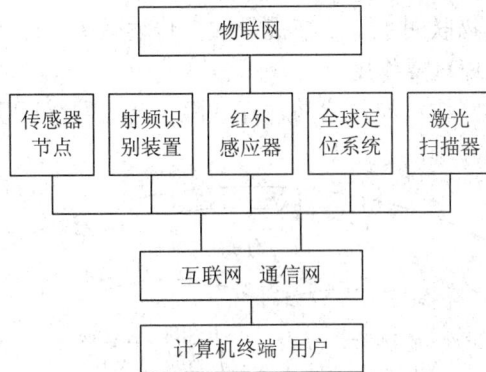

图 4-13　物联网的组成

3. 物联网的特点

物联网具有以下特点：

(1) 物联网是指对具有全面感知能力的物品及人的互连集合。两个或两个以上物品如果能交换信息即可称为物联。

使物品具有感知能力需要在物品上装置不同类型的识别装置，例如电子标签、条码与二维码等，或通过传感器、红外感应器等感知其存在。同时，这一概念也排除了网络系统中的主从关系，能够自组织。

(2) 物联网必须遵循约定的通信协议，并通过相应的软、硬件实现。互连的物品要互相交换信息就需要实现不同系统中的实体的通信。

为了成功地通信，物联网必须遵守相关的通信协议，同时需要相应的软件、硬件来实现这些规则，并可以通过现有的各种接入网与互联网进行信息交换。

(3) 物联网可以实现对各种物品(包括人)进行智能化识别、定位、跟踪、监控和管理等功能，这也是组建物联网的目的。

4. 物联网与传统网络的区别

物联网与传统互联网最大的区别如下：

(1) H2T，是指人利用通用装置与物品之间的连接。

(2) H2H，是指人之间不依赖于个人计算机而进行的互连。

需要利用物联网才能解决的是传统意义上的互联网没有考虑的、对于任何物品连接的问题。

从技术层面上看，物联网是指物品通过智能感知装置，经过传输网络到达指定数据处理中心，实现人与人、物与物、人与物之间信息交互与处理的智能化网络。

如果将传感器的概念进一步扩展，把射频识别、二维条码等信息的读取设备、音视频录入设备等数据采集设备都认为是一种传感器，并提升到智能感知水平，则范围扩展后的传感网络也可以认为是物联网。

传感网与物联网是一个概念的两种不同表述，都是依托各种信息设备实现物理世界和信息世界的无缝融合。此外，也有观点认为，物联网是从产业和应用角度，传感网是从技术角度对同一事物的不同表述。

从应用的角度来看，物联网主要是在提升数据传输效率、改善民生、提高生产率、降低企业管理成本等方面发挥重要作用。

物联网与现存的其他网络，如传感网、互联网、泛在网络以及其他网络通信技术之间的关系如图 4-14 所示。

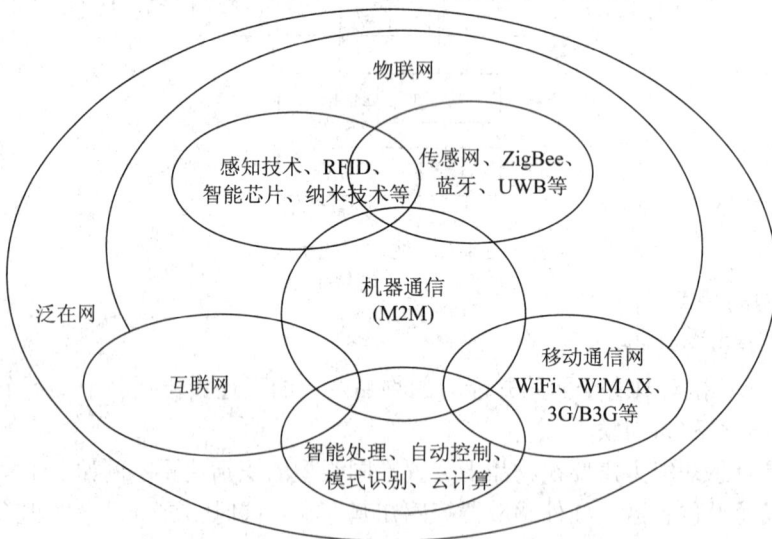

图 4-14 物联网与其他网络的关系

4.5.2 物联网的组成

Guy Pujolle 提出一种采用自主通信技术的物联网自主体系结构，如图 4-15 所示。所谓自主通信，是指以自主件(Self Ware)为核心的通信。

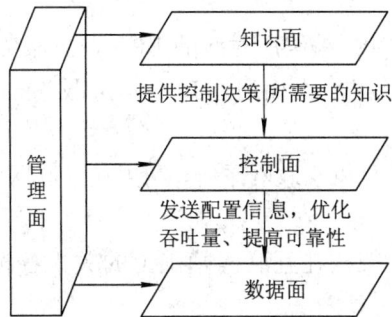

图 4-15　采用自主通信技术的物联网自主体系结构

自主件在端到端层次以及中间节点执行网络控制面已知的或者新出现的任务。自主件可以确保通信系统的可进化特性。

物联网的这种自主体系结构包括以下几个方面：

(1) 数据面。数据面主要用于数据分组的传输。

(2) 控制面。控制面通过向数据面发送配置信息，优化数据面的吞吐量，提高可靠性。

(3) 知识面。知识面是最重要的一个面，它提供整个网络信息的完整视图，并且将其提炼成为网络系统的知识，用于指导控制面的适应性控制。

(4) 管理面。管理面用于协调数据面、控制面和知识面的交互，提供物联网的自主能力。

物联网实现的是全球物品的信息实时共享。显然，首先要做的是实现全球物品的统一编码，即对在地球上任何地方生产出来的任何一件物品，都要给它打上电子标签。

射频识别系统包括 EPC 标签和读写器。EPC 标签是编号(每一个商品唯一的号码，即牌照)的载体，当 EPC 标签贴在物品上或内嵌在物品中时，该物品与 EPC 标签中的产品电子代码就建立起了一对一的映射关系。

一个 EPC 物联网体系架构主要由 EPC 编码、EPC 标签及 RFID 读写器、中间件系统、ONS 服务器和 EPC IS 服务器等部分构成，如图 4-16 所示。

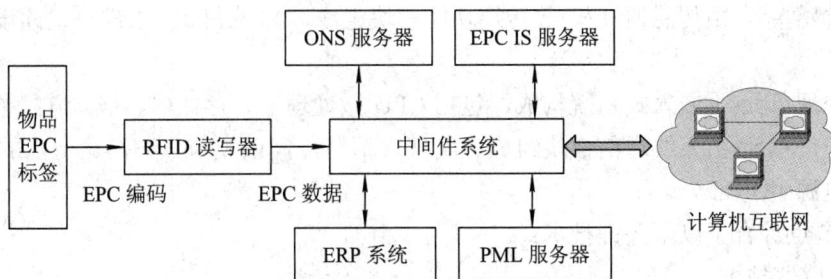

图 4-16　EPC 物联网体系架构

RFID 读写器从含有一个 EPC 或一系列 EPC 的标签上读取物品的电子代码，然后将读取的物品电子代码送到中间件系统中进行处理。当读取的数据量较大而中间件系统处理不及时的时候，可应用 ONS 来储存部分读取的数据。

中间件系统以该 EPC 数据为信息源，在本地 ONS 服务器获取包含该产品信息的 EPC

信息服务器的网络地址。

当本地 ONS 不能查阅到 EPC 编码所对应的 EPC 信息服务器地址时，向远程 ONS 发送解析请求，获取物品的对象名称；继而通过 EPC 信息服务的各种接口获得物品信息的各种相关服务。

整个 EPC 网络系统借助计算机互联网系统，利用在互联网的基础上发展产生的通信协议和描述语言而运行。

因此，也可以说物联网是架构在互联网基础上的关于各种物理产品信息服务网络的总和。

4.5.3 物联网的关键技术

物联网的基本组成如图 4-17 所示。

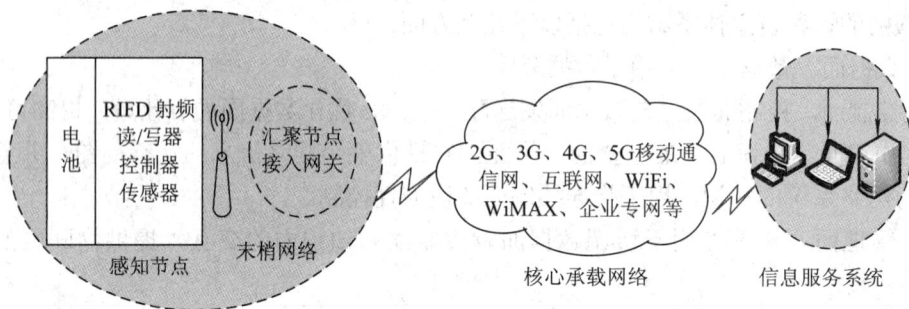

图 4-17 物联网的基本组成

1. 感知节点

感知节点由各种类型的采集和控制模块组成，如温度传感器、声音传感器、振动传感器、压力传感器、RFID 读写器、二维码识读器等，完成物联网应用的数据采集和设备控制等功能。

感知节点的组成包括以下四个基本单元：

(1) 传感单元(由传感器和模/数转换功能模块组成，如 RFID、二维码识读设备、温感设备等)。

(2) 处理单元(由嵌入式系统构成，包括 CPU 微处理器、存储器、嵌入式操作系统等)。

(3) 通信单元(由无线通信模块组成，实现末梢节点间以及节点与汇聚节点的通信等)。

(4) 电源/供电部分。

感知节点综合了以下关键技术：

- 传感器技术。
- 嵌入式计算技术。
- 智能组网技术。
- 无线通信技术。
- 分布式信息处理技术等。

通过各类集成化的微型传感器的协作，实时监测、感知和采集各种环境或监测对象的信息，通过嵌入式系统对信息进行处理，并通过随机自组织无线通信网络，以多跳中继方式将所感知信息传输到接入层的基站节点和接入网关，最终到达信息应用服务系统。

末梢网络即接入网络，包括汇聚节点、接入网关等，完成应用末梢感知节点的组网控制和数据汇聚，或完成向感知节点发送数据的转发等功能。

在感知节点之间组网之后，如果感知节点需要上传数据，则将数据发送给汇聚节点(基站)，汇聚节点收到数据后，通过接入网关完成和承载网络的连接；当用户应用系统需要下发控制信息时，接入网关接收到承载网络的数据后，由汇聚节点将数据发送给感知节点，完成感知节点与承载网络之间的数据转发和交互功能。

感知节点与末梢网络承担物联网的信息采集和控制任务，构成传感网，实现传感网的功能。

核心承载网络可以有很多种，主要承担接入网与信息服务系统之间的数据通信任务。根据具体应用需要，承载网络可以是公共通信网，如移动通信网、WiFi、WiMAX、互联网以及企业专用网，甚至是新建的专用于物联网的通信网。

2. 物联网关键技术

物联网技术涵盖了从信息获取、传输、存储、处理直至应用的全过程，在材料、器件、软件、网络、系统各个方面都要有所创新才会促进其发展。

国际电信联盟报告提出，物联网主要需要以下四项关键性应用技术：

- 标签物品的 RFID 技术。
- 感知事物的传感网络技术。
- 思考事物的智能技术。
- 微缩事物的纳米技术。

显然，这是侧重了物联网的末梢网络。对于核心承载网络来说，核心承载网通信技术包括：移动通信网、互联网、无线局域网和企业专用网。

由于物联网应用是由大量传感网节点构成的，在信息感知的过程中，采用各个节点单独传输数据到汇聚节点的方法是不可行的，需要数据融合技术和智能处理技术进行数据处理。

4.5.4 物联网的应用

物联网是通信网络的应用延伸和拓展，是信息网络上的一种增值应用。感知、传输、应用三个环节构成物联网产业的关键要素。感知识别是基础和前提；传输是平台和支撑；应用则是目的，是物联网的标志和体现。

物联网发展不仅需要技术，更需要应用，应用是物联网发展的强大推动力。物联网的主要应用领域如下：

(1) 现代物流。物联网覆盖现代物流从末梢神经到整个系统运行的全过程，现代物流从末梢神经到整个运行过程的实时监控和实时决策必须由物联网来支持。

(2) 智能交通。以物联网、大数据、人工智能等为代表的新技术能有效地解决交通拥堵、停车资源有限、红绿灯变化不合理等问题，最终使得智能交通得以实现。

(3) 智能安防。智能安防利用最新的物联网技术和计算机视觉技术，能够实时发现问题，自动识别目标，为用户提供更加全面的防护。

(4) 公共安全。物联网技术在环境监测、城市管理、应急防灾、安全监测、安检系统等方面得到广泛的应用，为公共安全构建了新的屏障。

(5) 现代农业。数字农业建设目标是实现农业生产管理的数字化、网络化与智能化，数字农业的核心是精准农业。

(6) 现代医疗。物联网技术可以将医院管理、医疗保健、健康监控、医学教育与培训连接成一个有机的整体。

(7) 数字环保。利用计算机技术、互联网技术、虚拟现实技术等，根据环境保护的要求，对环境保护业务实现规范和整合，对环境数据进行深入的分析和挖掘，从而最大限度地提高环境保护信息化水平、监督执法水平、工作协调水平。

(8) 国防军事。如图 4-18 所示和利用无线传感器网络，及时、准确地获取整个战场区域以及人难以到达区域的地形、气象、水文和敌我双方的兵力部署、武器配备、人员调动情况，"透明"地洞察战场情况，是信息时代战争的取胜法宝。

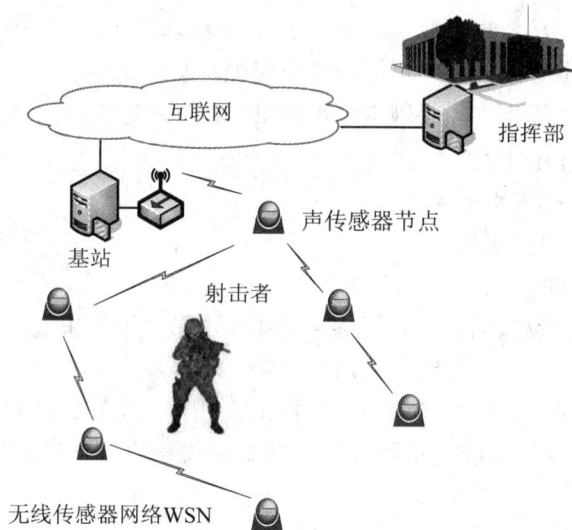

图 4-18　物联网的军事应用

4.6　移动互联网

4.6.1　移动互联网的概念

移动互联网是在传统互联网的基础上，伴随移动通信网的高速成长而迅速发展起来的一种新的网络和业务形态，是传统互联网与移动通信网从网络到业务高度融合的产物。

移动互联网是以移动网络作为网络接入方式的互联网及服务，它包括三个要素：移动终端、移动网络和应用服务。

移动互联网是移动通信和互联网从终端技术到业务全面融合的产物，它可以从广义和狭义两个角度来理解。

(1) 从广义角度理解，移动互联网指用户使用手机、上网本、笔记本电脑等移动终端，通过移动或无线网络访问互联网并使用互联网服务。

(2) 从狭义角度理解，移动互联网是指用户使用手机通过移动网络访问互联网并使用互联网服务。

一般而言，电信行业所指的移动互联网主要是指狭义角度理解的移动互联网，包括通过 3G、4G 和 5G 网络使用互联网服务(WAP 与 Web 方式)。

移动互联网既是一种已存在的网络和服务的实体，又是一种新的技术形态，即以 IP 网络技术、移动通信技术和计算机技术为核心的一个庞大的技术体系，是"移动宽带化""宽带移动化"两种趋势长期发展并以移动通信技术为纽带实现交汇融合的产物。

移动互联网不是对传统桌面互联网的完全替代，而是一个革命性的扩展。原有的 PC 在固定地点通过光纤等宽带有线线路上网方式仍然得以保存，而在原来无法上网的室外、移动状态等情形下，通过移动和无线方式也可以上互联网。

4.6.2　移动互联网的特点

移动互联网有以下几个主要特点：

(1) 终端移动性。移动互联网业务使得用户可以在移动状态下接入和使用互联网服务，移动互联网终端也就是智能手机或者 iPad 等，便于用户随身携带和随时使用，人们可以在任何完整或零碎的时间使用。

(2) 终端智能感知能力。移动互联网终端因其计算机软硬件结构和丰富的传感外设，可以定位自己所处的方位，采集周围的声音、温度等信息，因而具备智能感知的能力。

(3) 个性化。移动互联网的终端完全为个人使用，相应地其操作系统和各种应用也针对个人，采用社会化网络服务、博客等 Web 2.0 技术与终端个性化和网络个性化相互结合，个性化呈现能力非常强。此外移动网络对使用者个人的行为特征、位置信息等能够精确反映和提取，并可与电子地图等技术相结合形成信息。

(4) 业务私密性。在使用移动互联网业务时，所使用的内容和服务私密性更好，如手机支付业务、保密通信、手机门卡、手机水卡等。

图 4-19 为移动互联网与桌面互联网及移动通信网之间的关系。

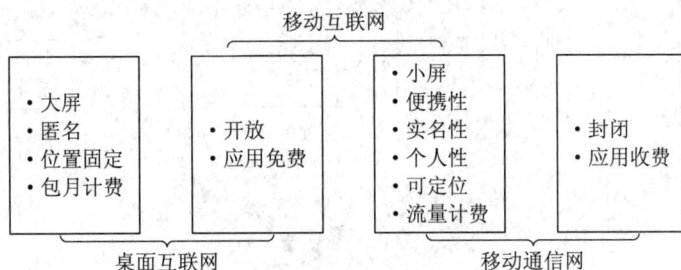

图 4-19　移动互联网与桌面互联网及移动通信网之间的关系

4.7 云 计 算

4.7.1 云计算的概念

本章所讲的云技术就是利用网络的技术。

云计算是一个美好的网络应用模式，由 Google 首先提出。云计算最基本的概念是，透过网络将庞大的计算处理程序自动分拆成无数个较小的子程序。

云计算是一种基于互联网的商业计算模型，它是分布式处理(Distributed Processing)、并行处理(Parallel Processing)和网格计算(Grid Computing)等技术的发展及商业实现。

云计算不但是当前信息行业非常流行且十分时尚的一个词语，而且是被广泛讨论的热点。从不同的角度对云计算概念的看法也各不相同：有人认为，云计算是一个以互联网为中心的软件；有人认为，云计算是一种基于 Web 的服务，以此实现虚拟化并创造出基于服务的业务模式；有人直接将云计算作为用户友好的网络计算。

究竟何谓云计算呢？云计算并不是凭空出现的，它由多种因素促成，具有一定的必然性。云计算是分布式计算技术的一种，可以从狭义和广义两个角度理解。

狭义的云计算是指 IT 基础设施的交付和使用模式，指通过网络以按需、易扩展的方式获得所需的资源。

广义的云计算是指服务的交付和使用模式，指通过网络以按需、易扩展的方式获得所需的服务。这种服务可以是与 IT(软件、互联网)相关的，也可以是任意其他的服务。

4.7.2 云计算的特点

云计算具有超大规模、虚拟化和可靠安全的特点。

云计算的核心是要提供服务。例如，Microsoft 的云计算有三个典型特点：软件＋服务，平台战略，自由选择。

未来的互联网世界将会是"云＋端"的组合。图 4-20 为云计算示意图。

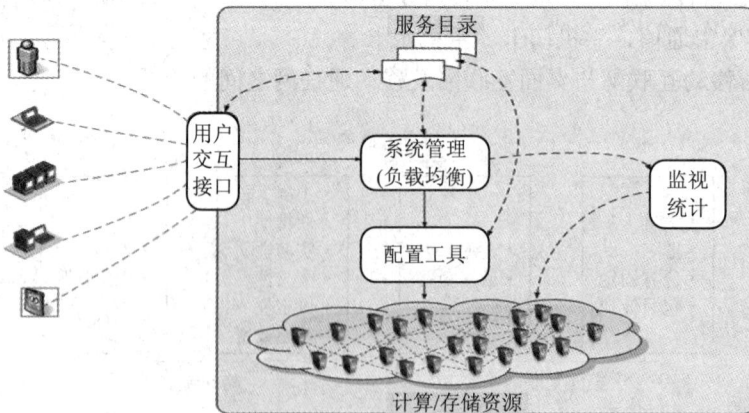

图 4-20 云计算示意图

20 世纪 60 年代，John McCarthy 提出：计算迟早有一天会变成一种公用基础设施。这意味着计算能力可以作为一种商品进行流通，就像煤、气、水、电一样取用方便且费用低廉。

用户可以便捷地使用各种终端设备访问云端中的数据和应用，这些设备可以是便携式计算机和手机，甚至是电视等大家熟悉的各种电子产品，同时用户在使用各种设备访问云中服务时，得到的是完全相同的无缝体验。

关于云计算的一个比较准确的定义是：云计算是一种计算模式，它可以把 IT 资源、数据和应用以服务的方式通过网络提供给用户，如图 4-21 所示。

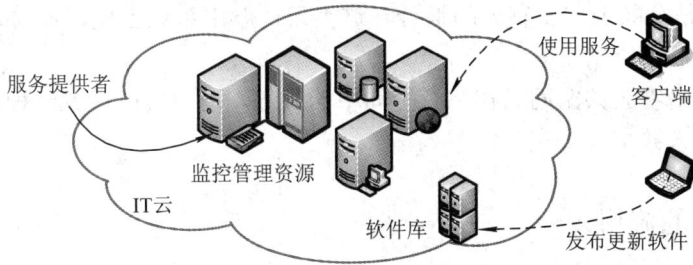

图 4-21　云计算的概念示意图

由云计算的这个定义可知，云计算最大的特征是通过互联网进行传输。从广义上讲，云计算是一种动态的、易扩展的且通常是通过互联网提供虚拟化的资源计算方式。

提供资源的网络被称为"云"。从最根本的意义来讲，云计算就是数据存储在云端，应用和服务也存储在云端，能够充分利用数据中心强大的计算能力，实现用户业务系统的自适应性。

4.7.3　云计算的分类

云计算的基本特征如下：

(1) 虚拟化。

(2) 高可靠性、可用性和扩展性。

(3) 按需服务。

(4) 超大规模。

(5) 高性价比。

如图 4-22 所示，可以按照部署方式和服务对象将云计算划分为公共云、私有云和混合云。

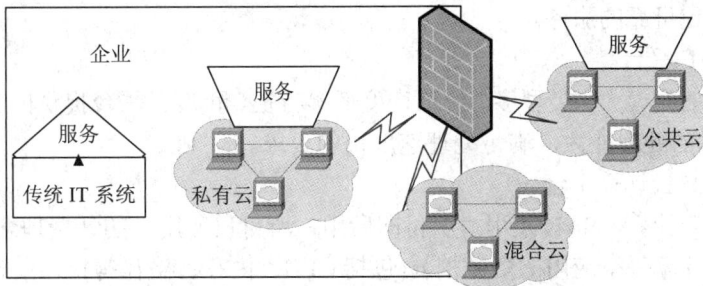

图 4-22　云计算的分类

(1) 当云计算按其服务方式提供给公众用户时，称其为公共云。公共云是由第三方(供应商) 提供的云计算服务。

公共云尝试为用户提供无后顾之忧的各种各样的 IT 资源，无论是软件、应用程序基础结构，还是物理基础结构，云提供商都负责安装、管理、部署和维护。

(2) 私有云或称专属云，是指为企业内提供云服务(IT 资源)的数据中心，这些云在商业企业和其他团体组织的防火墙之内，由本企业管理，不对外开放。

私有云可提供公共云所具有的许多功能。

(3) 混合云是公共云和私有云的混合，这类云一般由企业创建，而管理职责由企业和公共云提供商共同负责。

混合云利用既在公共空间又在私有空间中的服务，用户可以通过一种可控的方式部分拥有或部分与他人共享。

4.7.4　云计算的应用

1. 云计算对物联网的支撑

云计算有以下几种方式支撑物联网的应用发展。

(1) 单中心、多终端应用模式。其特点是：分布范围较小，私有云。

(2) 多中心、多终端应用模式。其特点是：区域跨度大，公共云，私有云。

(3) 信息与应用分层处理，海量终端应用模式。其特点是：用户范围广，信息及数据种类多，安全性要求高。

2. 云计算平台

互联网上开通了许多中文网站作为开放的云计算技术交流平台，为云计算爱好者提供云计算资讯信息，例如：

中国云计算服务网(http://www.cloudguide.com.cn)；

中云网(http://www.china-cloud.com)；

中国云计算(http://www.chinacloud.cn)。

1) 国内常见的云计算平台

(1) 阿里云。

相比传统的操作系统，依托云计算的阿里云 OS 具有明显的优势。最为明显的优势便在于其所提供的三大基础服务——云存储、云应用和云助手皆是基于成熟的云计算体系，为我们提供了稳定可靠的服务。

(2) 百度 BAE 平台。

对于大数据的规模大、类型多、价值密度低等特征，百度云平台提供的 BAE(百度应用引擎)具有高并发的处理能力，满足处理速度快的要求。

(3) 新浪 SAE 云计算平台。

作为典型的云计算，SAE 采用"所付即所用，所付仅所用"的计费理念，通过日志和统计中心精确地计算每个应用的资源消耗(包括 CPU、内存、磁盘等)。

(4) 腾讯云。

腾讯云有着深厚的基础架构，并且有着多年对海量互联网服务的经验，可以为开发者及企业提供云服务器、云存储、云数据库和弹性 Web 引擎等整体一站式服务方案。

(5) 华为云。

华为云通过基于浏览器的云管理平台，以互联网线上自助服务的方式，为用户提供云计算 IT 基础设施服务。

(6) 盛大云。

盛大云是一个安全、快捷、自助化 IaaS 和 PaaS 服务的门户入口。

2) 国外常见的云计算平台

(1) Amazon S3。

2006 年 3 月，亚马逊(Amazon)公司首先推出的云计算服务是简单存储服务(Simple Storage Services，S3)。它实现了基础设施，即服务(IaaS)云层的存储云功能，并且作为公共存储云提供给个人或企业用户使用。

(2) Amazon EC2。

2006 年 8 月，亚马逊推出了远程云计算平台服务，即 AWS 现有业务中最大的弹性计算云(Elastic Compute Cloud，EC2)。Amazon 公司现有约 4 万台服务器，分布在美洲和欧洲，以支持 EC2 服务。

(3) Simple Queue Service。

2007 年 7 月，亚马逊公司推出了简单队列服务(Simple Queue Service，SQS)。这项服务使托管主机可以存储计算机之间发送的消息。通过这项服务，应用程序的编写人员可以在分布式程序之间进行数据传递，而无须考虑消息丢失问题。

(4) Google App Engine。

Google App Engine(GAE)是 Google 公司于 2008 年 4 月推出的云计算服务(http://appengine.google.com)。这是一个可伸缩的 Web 应用程序云平台，它运用云计算技术，跨越多个服务器和数据中心来虚拟化应用程序。

(5) Microsoft 的云计算服务。

Microsoft 的云计算服务为用户提供包括电子邮件、日程表、协作工具和通信软件在内的诸多工具。当前，Microsoft 已经发布了完整地融入"云计算"的产品和策略，如 Azure 系列"云计算"服务、网络传递、轻巧版的 Office 应用软件及最新的 Live Mesh 中介软件等。

4.8　区块链技术

区块链是一个信息技术领域的术语。从本质上讲，它是一个共享数据库，存储于其中的数据或信息，具有不可伪造、全程留痕、可以追溯、公开透明、集体维护等特征。基于这些特征，区块链技术奠定了坚实的"信任"基础，创造了可靠的"合作"机制，具有广阔的运用前景。

4.8.1　发展现状

自 2009 年诞生至今，区块链技术在短短十余年内取得了长足的发展，在金融、供应链、物联网、知识产权保护、房地产、奢侈品以及食品药品追溯等领域迅速发展。

从区块链平台的发展来看，目前已经有比特币、以太坊、EOS、HyperLedger 等多个公共区块链开发与应用平台，它们为快速开发与部署区块链提供了一个方便与快捷的基础。在以太坊应用平台上，目前已经具有 2667 个应用(DApps)，部署的智能合约数量超过 4200 个，每日活跃用户超过 2.7 万，已经构筑了一个强大的区块链分布式应用生态体系。

此外，还有不少研究人员正在基于区块链探索未来网络基础设施的架构。通过区块链技术，使能未来网络中人、设备、服务的统一身份认证和管理，使能人与机器、机器与机器之间的可信通信，使能基于智能合约的多智能体实时交易，这些将成为融合互联网、工业互联网乃至卫星通信网络的下一代未来网络的核心与关键。

区块链技术的集成应用在新的技术革新和产业变革中起着重要作用。我国已将区块链发展上升为国家战略。

4.8.2　区块链本质

区块链是一种新的信息与网络技术，它采用加密、哈希和共识机制来保证网络中每个节点所记录的信息(也称为分布式账本)真实有效。区块链架构主要分为应用层、扩展层、协议层，其主要架构示意图如图 4-23 所示。

区块链与以往的技术相比，其核心特点可以归结为以下两点：

一是"自治"。区块链是真正意义上的分布式(点对点)网络，不需要任何所谓的中心节点。此外，区块链上的每一个节点都各自独立地记录网络信息，按照自己的策略进行各种网络操作。这样，区块链就能够形成所谓的"自治"。

二是"可信"。区块链的共识机制保证网络中所有节点的信息都是真实、可靠且同步的，任何试图篡改信息的做法都不能得逞。

区块链的"自治"是对目前互联网组织与体系架构的一种挑战。目前的互联网无疑已经被一些主流权力平台所垄断。谷歌可通过算法推荐左右网页浏览者所能阅读到的新闻。亚马逊可通过算法定价来"量身定制"商品的价格。个人隐私以及社交信息则被脸书、推特和微信这样的社交网络平台牢牢捏在手中。在区块链拥护者看来，区块链的"自治性"可以扭转互联网乾坤，通过自己的数据自己做主以及自主选择算法策略的方式，将互联网的权利交回用户手上，从而回归互联网的初心。

区块链的"可信"是对目前互联网乃至整个人类社会信任架构的一种挑战。以往的信任往往都会锚定到某个权威机构或者组织，通过层层传递的信任链，人类才能进行合约签订、商品交易等经济社会行为，甚至发行货币。这种信任模型成为人类社会发展的基石。然而，基于区块链的信任模型不是基于所谓的权威机构，而是基于数学，基于整个区块链系统，所以说区块链信任模型颠覆了传统的信任体系，从而为变革人类经济和社会活动提供了关键基础。在区块链拥护者看来，区块链信任模型可以将互联网从信息时代推向价值和意义时代，可以从根本上创新人类经济和社会活动，并开启人类信息文明的新纪元。

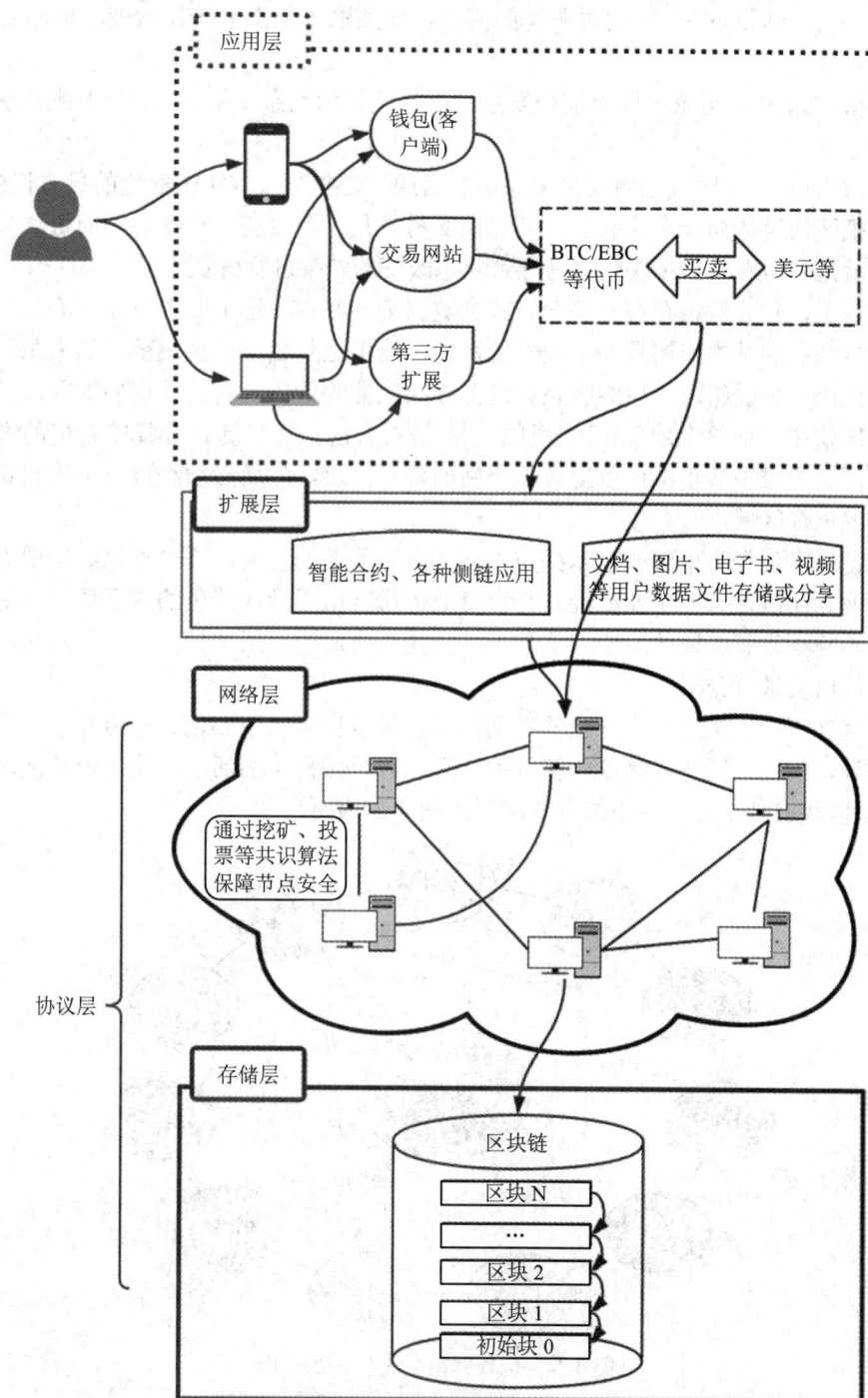

图 4-23　区块链架构示意图

4.8.3　区块链原理、设计与应用

区块链包括以下三个基本概念：

(1) 交易(transaction)：一次对账本的操作，导致账本状态的一次改变，如添加一条转账记录。

(2) 区块(block)：记录一段时间内发生的所有交易和状态结果，是对当前账本状态的次共识。

(3) 链(chain)：由区块按照发生顺序串联而成，是整个账本状态变化的口志记录。

如果把区块链作为一个状态机，则每次交易就是试图改变一次状态，而每次共识生成的区块，就是参与者对于区块中交易导致状态改变的结果进行确认。

在实现上，首先假设存在一个分布式的数据记录账本，这个账本只允许添加，不允许删除。账本底层的基本结构是一个线性的链表，这也是其名字"区块链"的来源。链表由一个个"区块"串联组成，后继区块记录前导区块的哈希值，新的数据要加入，必须放到一个新的区块中，而这个块(以及块里的交易)是否合法，可以通过计算哈希值的方式快速检验出来。任意维护节点都可以提议一个新的合法区块，然而必须经过一定的共识机制来确认最终的记账区域。

区块链技术已经从单纯的技术探讨走向了应用落地的阶段，国内外已经出现大量与之相关的企业和团队，有些企业已经结合自身业务摸索出了颇具特色的应用场景，更多的企业还处于不断探索和验证的阶段。实际上，要找到合适的应用场景，还是要从区块链技术自身的特性出发进行分析。

区块链在不引入第三方中介机构的前提下，可以提供去中心化、不可篡改、安全可靠等特性保证，因此，所有直接或间接依赖于第三方担保机构的活动，均可能从区块链技术中获益。 区块链技术在生活中的主要应用如图 4-24 所示。

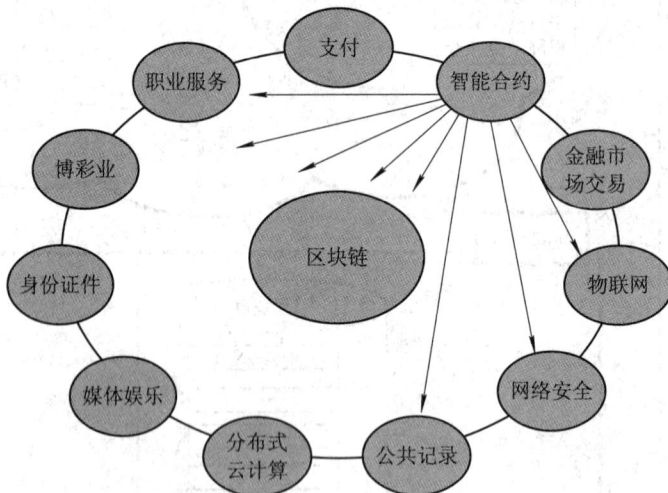

图 4-24　区块链在生活中主要应用

区块链自身维护着一个按时间顺序持续增长、不可篡改的数据记录，当现实或数字世界中的资产可以生成数字摘要时，区块链便成为确权类应用的完美载体，提供包含所属权和时间戳的数字证据。可编程的智能合约使得在区块链上登记的资产可以获得在现实世界中难以提供的流动性，并能够保证合约规则的透明和不可篡改，这就为在区块链上诞生更多创新的经济活动提供了土壤，为社会资源价值提供更加高效且安全的流动渠道。

面向大众消费者的区块链应用需要做到公开、透明、可审计，既可以是部署在无边界的公有链，也可以是部署在应用生态内多中心节点共同维护的区块链；面向企业内部或多个企业间的商业区块链场景，则可将区块链的维护节点和可见性限制在联盟内部，并用智能合约重点解决联盟成员间的信任或信息不对等问题，以提高经济活动效率。

未来几年内，可能深入应用区块链技术的场景将包括以下几个方面：

(1) 金融服务。区块链带来的潜在优势包括降低交易成本、减少跨组织交易风险等，这些领域的区块链应用目前最受关注，全球不少银行和金融交易机构都是主力推动者，部分投资机构也在应用区块链技术降低管理成本和管控风险。但另一方面，要注意可能引发的问题和风险，例如，DAO 这样的众筹实验，提醒应用者在业务和运营层面都要谨慎处理。

(2) 征信和权属管理。征信和权属的数字化管理是大型社交平台和保险公司都梦寐以求的目标。目前该领域的主要技术问题包括缺乏足够的数据和分析能力，缺乏可靠的平台支持以及有效的数据整合管理等。区块链被认为可以促进数据交易和流动，提供安全可靠的支持。征信行业的门槛比较高，需要多方资源共同推动。

(3) 资源共享。以 Airbnb 为代表的分享经济公司将欢迎去中心化应用，因为这样可以降低管理成本。该领域主题相对集中，设计空间大，受到大量的投资关注。

(4) 贸易管理。区块链技术可以帮助实现国际贸易和物流供应链领域中烦琐的手续和流程的自动化，基于区块链设计的贸易管理方案会为参与的多方企业带来极大的便利。另外，贸易中销售和法律合同的数字化、货物监控与检测、实时支付等方向都可能成为创业公司的突破口。

(5) 物联网。物联网也是很适合应用区块链技术的一个领域，预计未来几年内会有大应用出现，特别是租赁、物流等特定场景，都是很适合引入区块链技术的场景。

当然，对于商业系统来说，技术支持只是一种手段，其根本是需要满足业务需求。区块链作为一个底层的平台技术，要利用好它，需要根据行业特性进行综合考虑设计，为使用方的业务系统和商业体系提供合理的支持。我们有理由相信，区块链技术落地的案例会越来越多。这也会进一步促进新技术在传统行业中的应用，带来更多的创新业务和场景。

4.8.4　区块链与数字货币

区块链通过集体维护、分布式记录、储存的特征实现去中心化，通过非对称技术加密数学和可靠数据库技术完成信用背书，保障区块链系统开源、透明、安全。在中心化、信任缺失的互联网时代这些特征具有显著优势。

比特币是区块链的一个"杀手级应用"，区块链是比特币的底层技术，且作用绝不仅仅局限在比特币上。未来，区块链有望触及金融行业底层架构，革新包括商业银行在内的金融机构基础设施。此外，区块链技术还能在法律、零售、物联、医疗等领域得到应用，使这些行业不再依靠第三方来建立信用和信息共享，提高整个行业的运行效率和整体水平。

数字货币与电子货币、虚拟货币均不同。数字货币不仅可以提高资金的安全性，通过区块链实现追踪资金去向，同时还可以满足人们的去账户匿名支付需求。目前我国央行推出的数字货币(DCEP)是基于区块链技术推出的全新加密电子货币体系。区块链技术可以使整个数字货币体系中所有规则透明化，所有数据内容公开化，无法篡改和操纵，符合央行希望通过数字货币提升经济交易活动便利性和透明度的要求。

4.8.5　区块链面临的挑战

历经十载锤炼，区块链正在不断渗透到各行各业中，已经展现出良好的发展态势。然而，要想真正发挥区块链的价值，还面临着巨大的挑战，这些挑战有科学与技术方面的，也有政策与法律方面的。正所谓"成也萧何，败也萧何"，在区块链的重重挑战中，最为关键的仍然与区块链的"自治"与"可信"特性相关。

要想真正实现区块链的"可信"，就必须做到整个网络的共识，而要在全网范围内达成共识势必影响到交易吞吐量。因此，这导致了区块链面临的一个重大挑战——可扩展性问题。在区块链领域，一直都存在着一个所谓的"不可能三角"，即在一个区块链系统中，可扩展性、无中心和安全性三者最多只能取其二。要想在一个区块链系统中完全获得这三种属性几乎是不可能的，而这三种属性又恰恰是一个理想的区块链系统所应具备的。因此，任何一个区块链系统的架构策略都会包含这三者的折中与权衡。目前区块链的交易吞吐量都较低，比特币每 10 分钟打包一个区块，而以太坊每一秒钟也只能处理大概 15 笔交易。这个数据和淘宝每秒百万以上的交易吞吐相比，完全是小巫见大巫。在确保可信的前提下，克服可扩展性问题的挑战对于区块链技术研究而言，还有一段较长的路要走。

要想真正实现区块链的"可信"，区块链网络的规模必须足够大。一个规模不大的网络采用区块链本质上是没有意义的。然而，从现状而言，许多组织和机构都在小规模范围内尝试使用区块链，导致区块链技术和平台多样化。在全球最大开源代码托管平台 GitHub 上，有超过 6500 个活跃区块链项目，这些项目使用不同的平台、不同的开发语言、不同的协议、不同的共识机制和隐私保护方案。那么，要实现区块链的可信特性，就必然要将这些异构的区块链架接起来，这就导致了区块链面临的另一个重大挑战——互操作性问题。在互联网时代，我们已经饱受"信息孤岛、异构数据融合与异构协议互操作"之苦，不同区块链的跨链挑战将有过之而无不及。

区块链面临的又一个重大挑战是监管问题。区块链技术诞生于一群称为"网络朋克"的无政府主义者之中。区块链最早、最成功的应用是比特币，比特币被广泛地应用在"暗网"中，作为洗钱和非法交易的途径。基于区块链的首次代币发行(Initial Coin Offering, ICO)被人恶意利用，成为金融欺诈的一个手段。从这个视角而言，在保持区块链的"自治"优势的前提下，融入现实世界的监管体系中是广泛应用区块链的必经之路。

深入分析区块链本质，我们会发现区块链确实有着变革互联网乃至人类社会的潜力；再深入分析，我们又会发现区块链要想真正发挥其潜能，亦面临着不小的挑战。克服这些挑战，有待区块链技术的进一步完善与创新，也有待于目前监管体系的主动变革与创新。如果我们理性而客观地厘清区块链本质，那么必定能让区块链推动网络创新，造福人类社会。

本 章 小 结

本章简要介绍了通信网络、互联网、无线传感器网络、物联网、移动互联网、云计算、区块链技术等现代网络技术，这些都是发展迅速的技术领域。本章内容主要包括：通信网络的构成、拓扑、协议、交换等，互联网、无线传感器网络、物联网、移动互联网、区块链的基本概念、组成、关键技术、相互关系等。

习 题 4

1. 上网查阅最新的通信网络的进展。
2. 上网查阅物联网中使用的新技术，并了解物联网技术与人工智能技术的联系。
3. 上网查阅资料，了解互联网的最新情况。
4. 上网查阅资料，了解无线传感器网络的最新进展。
5. 上网查阅资料，了解云计算的情况。
6. 查阅相关资料，简述区块链技术在日常生活中主要解决了哪些问题。

第5章 信息获取技术

教学提示

现代信息获取技术主要涉及：传感器技术、检测技术、遥感技术、存储技术、自动控制技术和信息检索技术等。本章主要介绍现代信息获取技术的相关概念、基本原理、应用及发展情况，其中，重点是信号的感知、检测、存储和控制等技术。

5.1 传感技术

在信息时代，许多科学研究领域都离不开信息的获取和测量。传感器能将被测量参数转换成电信号，从而成为测量和信息获取系统的基础。传感器技术是一项涉及测量、功能材料、微电子、精密与微细加工、信息获取处理和计算机等技术的密集型综合技术。

随着人类探知领域和空间的拓展，电子信息种类日益繁多，信息传递速度日益加快，信息处理能力日益增强，相应的信息采集技术也在日益发展，并不断地与其他相关学科相结合，逐步形成自己的发展方向，孕育自己的新技术。目前，各先进工业国都极为重视传感技术和传感器的研究、开发和生产。传感技术已成为重要的现代科技领域，传感器及其系统生产已成为重要的新兴行业。

5.1.1 传感器基础

生物体的感官就是天然的传感器。例如，人通过"五官"——眼、耳、鼻、舌、皮肤分别获取视、听、嗅、味、触觉的信息。机器设备获取外界信息的方式则是通过各种不同类型的传感器，例如，通过光传感器获取视觉信息，通过温度传感器获取触觉信息等。图5-1是人与机器设备获取外界信息方式的比较。

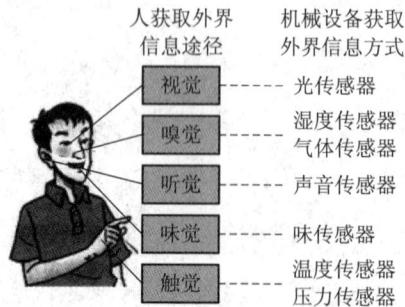

图 5-1　人与机器设备获取外界信息的方式

传感器指能将感受到的被测量(包括物理量、化学量、生物量等)，按照一定的规律转换成便于测量和传输的可用信号的器件或装置，通常由敏感元件、转换元件和信号调节转换电路等部件组成，如图 5-2 所示。

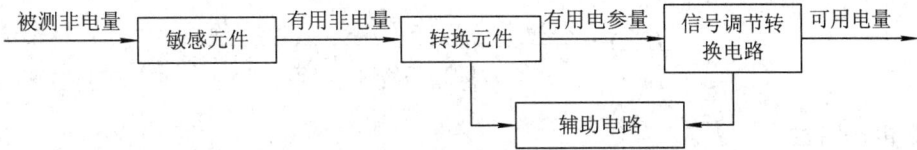

```
被测非电量 ──→ ┌──────┐ 有用非电量 ┌──────┐ 有用电参量 ┌─────────┐ 可用电量
              │敏感元件│ ─────────→│转换元件│ ─────────→│信号调节转│ ─────────→
              └──────┘           └──────┘           │ 换电路  │
                                      │              └─────────┘
                                      │                   │
                                      └──→ ┌──────┐ ────┘
                                           │辅助电路│
                                           └──────┘
```

图 5-2　传感器组成框图

作为模拟人体感官的"电五官"，传感器是系统对外界猎取信息的"窗口"。一辆现代化的汽车，其所用的传感器种类达数十种。在人们的日常生活中传感器被广泛应用于健康医疗、工业生产、交通运输、智能家居、节能等各个领域。

目前对传感器尚无一个统一的分类方法，但比较常用的有以下三种：

(1) 按传感器的物理量不同，可分为位移、力、速度、温度、流量、气体成分等传感器。

(2) 按传感器的工作原理不同，可分为电阻、电容、电感、电压、霍尔、光电、光栅、热电偶等传感器。

(3) 按传感器输出信号的性质不同，可分为输出为开关量("1"和"0"或"开"和"关")的开关型传感器、输出为模拟信号的模拟型传感器和输出为脉冲或代码的数字型传感器。

5.1.2　传感器的数学模型

描述传感器的方法离不开其输出与输入的关系及特性，最有效的描述方法是传感器的数学模型。传感器的数学模型包括动态模型和静态模型两种。其中，静态模型是指在输入信号不随时间变化的情况下，描述传感器的输出与输入之间的一种函数关系，传感器的动态模型是指输入量随时间变化时传感器的响应特性，它描述了输出和输入信号的一种数学关系。

(1) 在静态模型中，因为输入量和输出量都和时间无关，所以它们之间的关系，即传感器的静态特性可用一个不含时间变量的代数方程来描述。传感器的输入量 x 与输出量 y 之间的关系通常可用以下多项式表示：

$$y = a_0 + a_1x + a_2x^2 + \cdots + a_nx^n \tag{5-1}$$

(2) 在动态模型中，由于传感器的惯性和滞后，当被测量随时间变化时，传感器的输出往往来不及达到平衡状态，处于动态过渡过程中，所以传感器的输出量也是时间的函数。动态模型通常采用微分方程和传递函数描述。

微分方程是描述模拟系统的一般方法。在实际的模型建立过程中，一般采用线性常系数微分方程来描述输出量 y 和输入量 x 的关系。其通式如下：

$$
\begin{aligned}
&a_n\frac{\mathrm{d}^n y}{\mathrm{d}t^n} + a_{n-1}\frac{\mathrm{d}^{n-1} y}{\mathrm{d}t^{n-1}} + \cdots + a_1\frac{\mathrm{d}y}{\mathrm{d}t} + a_0y \\
&= b_m\frac{\mathrm{d}^m x}{\mathrm{d}t^m} + b_{m-1}\frac{\mathrm{d}^{m-1} x}{\mathrm{d}t^{m-1}} + \cdots + b_1\frac{\mathrm{d}x}{\mathrm{d}t} + b_0x
\end{aligned}
\tag{5-2}
$$

传递函数 $H(s)$ 只与系统结构参数有关,可以简单而恰当地描述传感器输出与输入的关系。定义输出 $y(t)$ 的拉氏变换 $Y(s)$ 和输入 $x(t)$ 的拉氏变换 $X(s)$ 的比为该系统的传递函数 $H(s)$,则

$$H(s) = \frac{Y(s)}{X(s)} = \frac{b_m S^m + b_{m-1} s^{m-1} + \cdots + b_0}{a_n S^n + a_{n-1} s^{n-1} + \cdots + a_0} \tag{5-3}$$

1. 静态特性

传感器的静态特性表示传感器在被测量各个值处于稳定状态时的输入与输出关系。即当输入量为常量或变化极慢时,这一关系就称为静态特性。在大多数测量系统中,待测的量变化缓慢,仅了解静态特性就够了。常用的静态特性参数有以下几种:

(1) 线性度:输出量与输入量之间的实际关系曲线偏离直线的程度,又称非线性误差。

(2) 灵敏度:输出量增量 Δy 与引起输出量增量 Δy 的相应输入量增量 Δx 之比,是传感器静态特性的一个重要指标。它表示单位输入量的变化所引起传感器输出量的变化,很显然,灵敏度越大,表示传感器越灵敏。

(3) 重复性:输入量按同一方向作全程多次测试时,所得特性曲线不一致的程度。

(4) 迟滞(回差滞环)现象:表明传感器在正向行程和反向行程期间,输出-输入特性曲线不重合的程度。对于同一大小的输入信号 x,在 x 连续增大的行程中对应某一输出量 y_i,与在 x 连续减小的行程中对应某一输出量 y_d 之间的差值叫滞环误差,即所谓的迟滞现象。

(5) 分辨率与阈值:分辨率指传感器在规定的范围所能检测输入量的最小变化量;阈值指能使传感器的输出端产生可测变化量的最小被测输入量值。

(6) 稳定性:在室温条件下,经过相当长的时间间隔,传感器的输出与起始标定时的输出之间的差异。

(7) 漂移:在外界的干扰下,输出量发生与输入量无关的、不需要的变化。漂移包括零点漂移和灵敏度漂移。零点漂移和灵敏度漂移又可分为时间漂移和温度漂移。时间漂移是指在规定的条件下,零点或灵敏度随时间的缓慢变化。温度漂移为由环境温度变化而引起的零点或灵敏度漂移。

(8) 静态误差(精度):传感器在其全量程内任一点的输出值与其理论输出值的偏离程度。

2. 动态特性

传感器的动态特性是指传感器对于随时间变化的输入量的响应特性,是传感器的输出值能够真实地再现变化着的输入量能力的反映。动态特性好的传感器,其输出量随时间变化的曲线与相应输入量随同一时间变化的曲线相同或近似,可以实时反映被测量的变化情况。常用的动态特性参数有:

(1) 时域中阶跃响应的时间常数、上升时间、响应时间、过冲量等。

(2) 频域中频响特性所反映出的带宽、工作频带、相位误差等。

5.1.3 传感器的应用

传感器是新技术革命和信息社会的重要技术基础,一切现代化仪器、设备几乎都离不开传感器。下面简单介绍各种传感器的应用。

1．力传感器

力传感器最常用的就是应变片，其工作原理是将应变片粘贴在装备的受压形变部位，当装备受压后，贴附在其上面的应变片也会跟着发生形变，从而发生阻值变化，引起连接应变片电路的电压或电流的变化。根据电压或电流变化的大小就可以推算出受到压力的大小，从而得出待测重量。其典型应用有：用于测力或称重的环形测力计、弹簧秤等；用于测量流体压力的波纹膜片、波纹管等；用于温度测量的双金属片等。

2．磁电式传感器

在印刷纸币时，使用了能感觉磁性的特殊磁性油墨，在验钞机的磁场中，放置磁阻元件，由于随纸币的移动磁阻元件的阻值依次发生变化，因此检测这个变化波形就能测定纸币的真伪。

3．温度传感器

感温磁铁就是温度传感器的一种。例如，电饭锅的停止工作的原理是：当温度升至"居里点(103℃)"时，感温磁体失去铁磁性，在弹簧的作用下，永磁体被弹开，触点分离，切断电源，从而停止加热。温度传感器的另一应用就是测温仪，典型应用有：家电产品中的室内空调、电冰箱、微波炉等；还可用于检测化工厂的溶液和气体的温度等。

4．光传感器

光传感器的典型应用是火警报警器，该装置在感测到烟雾时，就会发出警报。其工作原理是：当发生火灾时，产生大量烟雾，烟雾对光有散射作用，使部分光线照射到光电三极管上，导致其电阻变小，与光传感器连接的电路检测到这种变化，就会发出警报。

5．红外传感器

红外线传感器可大致分为热型和光电效应型两大类，后者也叫半导体红外线传感器。红外线传感器可以实现远距离探测，并且穿透性较好，能够实现无接触测量。半导体红外线传感器广泛应用于军事上。

6．生物传感器

生物传感器是发展、研究生物工程学的重要环节。生物传感器关键在于识别各种有生命的生物高分子，积极地模拟生物具有的优秀感觉功能和对化学物质的识别能力。

7．医用传感器

医用传感器包括图像诊断领域用的传感器和临床化学检验领域所用传感器。前者如 X 光诊断装置用传感器、CT 用传感器、核医学诊断装置用传感器、超声波诊断装置用传感器等；后者如光学传感器、电气化学传感器等。

8．海洋科学传感器

海洋科学传感器在海底电缆敷设保护、水深测定、海底状况观测、水温测定、海底电缆搜索、水中作业机器人、水中光学摄影机、水中位置标定等系统中都有大量应用。

9．原子能传感器

原子能传感器可分为反应堆监控用传感器、放射线防护用传感器、核材料管理用传感器和核融合开发用传感器等。

5.1.4 传感技术发展趋势

目前，全球的传感器市场在不断变化的创新之中呈现出快速增长的趋势。就世界范围而言，传感器市场上增长最快的依旧是汽车市场，占第二位的是过程控制市场。一些传感器市场，比如压力传感器、温度传感器、流量传感器、水平传感器已表现出成熟市场的特征。传感器市场的主要增长来自无线传感器、微机电系统传感器、生物传感器等新兴传感器，与之相对应的传感器新技术的发展趋势主要体现在以下几个方面：

1) 新材料、新功能的开发

传感器的工作原理是基于各种物理的、化学的、生物的效应和现象，具有这种功能的材料称为"功能材料"或"敏感材料"。显而易见，新的效应和现象的发现，是新的敏感材料开发的重要途径；而新的敏感材料的开发，是新型传感器问世的重要基础。

2) 微细加工技术的发展

传感器有逐渐小型化的趋势，小型化为使用传感器带来许多方便。通过微细加工技术，可以把众多类型的单个传感器件集成为一维、二维或三维阵列型传感器；或将传感器件与调理、补偿等处理电路集成一体化。微型传感器的显著特征是体积微小、重量很轻(体积、重量仅为传统传感器的几十分之一甚至几百分之一)。

3) 传感器的智能化

所谓智能传感器，是把传感器的拾取信息功能和微计算机的信息处理功能结合在一起的传感器。该传感器不仅能实现信息的探测、处理、逻辑判断和双向通信，而且具有自检测、自校正、自补偿、自诊断等多种功能。智能化传感器是传感器技术发展的必然趋势。

4) 多功能传感器的发展

目前开发的多功能传感器是指利用一个传感器测量多个参数的传感器设备。例如，同时检测血液中多种离子的传感器；同时检测多种气体的多功能传感器等。

5) 仿生传感器的开发

许多动物因为具有非凡的感应次声波信号的能力，从而使它们能够避免诸如火山爆发、地震、海啸之类的灭顶之灾。其他如狗的嗅觉(灵敏阈为人的一百万倍)；鸟的视觉(视力为人的 8～50 倍)；蝙蝠、飞蛾、海豚的听觉(主动性生物雷达——超声波传感器)；蛇的接近觉(分辨力达 0.001℃的红外测温传感器)等等。这些动物的感官性能，是当今传感器技术所企及的目标。

5.2 检 测 技 术

5.2.1 检测技术概述

检测技术作为信息科学的一个重要分支，与计算机技术、自动控制技术和通信技术等一起构成了信息技术的完整学科。以传感器为核心的检测系统像神经和感官一样，不断地向人类提供宏观与微观世界的各种信息，成为人们认识自然、改造自然的有力工具。从信息科学角度考察，检测技术任务有：寻找与自然信息具有对应关系的各种表现形式的信号，以及确定二者间的定性或定量关系；从反映某一信息的多种信号表现中挑选出在所处条件下最为合适的表现形式，以及寻求最佳的采集、变换、处理、传输、存储、显示等方法和相应的设备。

一个广义的检测系统一般由激励装置、被测对象、敏感元件、信号调理电路与输出单元所组成。图 5-3 所示是检测系统的组成框图。

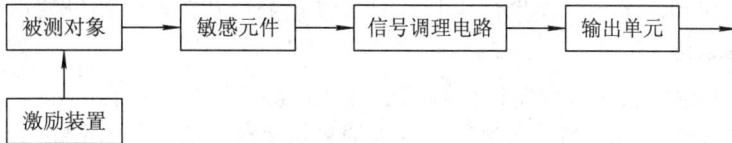

图 5-3　检测系统框图

图 5-3 中各部分功能简单介绍如下：

(1) 激励装置。给被测对象施加激励信号，使被测对象处于预定状态，并将其内在联系充分显示出来。

(2) 被测对象。被测对象特性以信号的形式给出，而被测信号一般都是随时间变化的动态量，即使在检测不随时间变化的静态量时，由于混有动态的干扰噪声，通常也按动态量进行检测。

(3) 敏感元件。敏感元件将感知的被测量按一定规律转化为某一种量值输出，通常是电信号。如果不是电信号，则需经变换电路将其变成电信号。

(4) 信号调理电路。信号调理电路一般有两个作用：一是信号转换和放大；二是信号处理，即滤波、调制和解调、衰减运算、数字化处理等。

(5) 输出装置。输出装置的种类很多，可根据需要进行配置。现代检测系统采用了计算机和网络技术将调理电路输出的信号直接送到信号分析设备中，进行在线处理。为保证测量结果的准确性、稳定性，上述环节的输出量与输入量之间应保持一一对应和尽量不失真关系。

5.2.2　检测技术的应用

检测技术在工业生产、交通管理、军事等领域得到了广泛的应用。在工业生产中，检测技术在生产过程自动化、运行数据采集、质量检查与控制、故障诊断等方面得到了广泛的应用。例如，根据设备频谱发现潜在问题并进行相应处理；在生产铝合金的过程中，借助检测技术选出正确配方等。检测技术在能源技术领域中也得到了广泛应用。例如，在能源分配领域对能源进行最佳分配计算，它可以根据精确检测到的动态负荷进行计算，也可以利用检测技术对尖峰负荷进行检测，达到合理利用能源的目的。在交通管理领域，先进的交通管理系统可以对车流和人流进行监测，使红绿灯的交替时间间隔根据实际情况改变，实现车辆和行人的平均等待时间最短，从而达到运行最佳化。在军事领域中，检测技术在军事领域的典型应用如电子哨兵，它配有多种传感器和在黑暗中监视物体运动的红外摄像机，执勤时提供图像监视和周围的环境信息，能较好地完成警戒任务。

5.2.3 检测技术的发展趋势

在现代工业生产、仪器仪表高度自动化和信息管理现代化过程中，涌现出大量以计算机为核心的信息处理与过程控制相结合的实用检测系统。综合其发展情况，主要有以下几个方面发展趋势：

(1) 集成化与综合化。电子测量仪器、自动化仪表、智能检测系统、数据采集和控制系统在生产自动化的需求下，在发展中相互靠近，功能相互覆盖，差异缩小，体现为信息综合管理与控制系统。

(2) 多功能化与智能化。智能化检测仪表能在被测参数变化时，自动选择测量方案，进行自校正、自补偿、自检测、自诊断，还能通过远程设定、信息存储、网络连接等，获取最佳的测试结果。

(3) 系统化及标准化。现代检测任务更多的涉及系统特性。系统化是指由若干相互间具有内在关联要素构成的一个整体来完成规定功能，达到特定目标。目前，作为采集检测与控制用的前端机需要与生产设备的主机、辅机合成一体，相互建立通信联系，形成分布式数据采集系统，以适应系统开放、复杂工程及大系统的需要。在向系统化发展的同时，还涉及系统部件接口的标准化、系列化与模块化，以便形成通用的整体。

(4) 仪器虚拟化。虚拟仪器是随着计算机技术和现代测量技术发展而产生的一种新型高科技产品，它利用现有的微型计算机，加上特殊设计的仪器硬件和专用软件，形成既有普通仪器的基本功能，又兼具特殊功能的新型计算机仪器系统。其主要工作是把传统仪器的控制面板移植到普通计算机上，利用计算机的资源，实现相关的测控需求，具有较高的性价比，可广泛应用于实验、科研、生产、军事等方面的检测与控制。

(5) 网络化。将智能检测和控制系统接入计算机网络会进一步增强其功能和活力。因此，网络化也是智能检测技术的一个重要发展方向。

5.2.4 检测系统的测量误差

测量误差是指检测结果与被测量的客观真值之间的差值。在检测过程中，被测对象、检测系统、检测方法、检测人员都会受到各种因素的影响。有时对被测量的转换也会改变被测对象原有的状态，造成测量误差。误差自始至终存在于一切科学实验和测量中，被测量的真值永远无法得到，但可以通过改进检测装置、检测手段以及对测量误差进行分析处理，使测量误差处于允许的范围内。

测量的目的是希望通过测量求取被测量的真值。在分析测量误差时，采用的被测量真值是指确定条件下被测量客观存在的实际值。判断真值的方法有三种：一是理论设计和理论公式的表达值，称为理论真值，例如，三角形内角和为 180 度；二是由国际计量学确定的基本计量单位，称为约定真值，例如，水的沸点为 100 度；三是精度高一级或几级的仪表的测量值，称为相对真值。测量中应用最广的是相对真值。

误差根据其出现的规律可分为系统误差、随机误差和粗大误差。系统误差是指保持恒定不变或按照一定规律变化的测量误差。系统误差主要是由于测量设备、测量方法的不完善和测量条件的不稳定而引起的。由于系统误差表示了测量结果偏离其真实值的程度，即反映了测量结果的准确度，所以在误差理论中，经常用准确度来表示系统误差的大小。系统误差越小，测量结果的准确度就越高。随机误差又称偶然误差，是一种大小和符号都不确定的误差，即在同一条件下对同一被测量重复测量时，各次测量结果服从某种统计分布；这种误差的处理依据概率统计方法。产生偶然误差的原因很多，如温度、磁场、电源频率等的偶然变化都可能引起这种误差；另外，观测者本身感官分辨能力的限制，也是偶然误差的一个来源。偶然误差反映了测量的精密度，偶然误差越小，精密度就越高，反之则精密度越低。系统误差和偶然误差是两类性质完全不同的误差。系统误差反映在一定条件下误差出现的必然性；而偶然则反映在一定条件下误差出现的可能性。粗大误差也称疏失误差，是指测量过程中操作、读数、记录和计算等方面的错误所引起的误差。显然，凡是含有疏失误差的测量结果都是应该摈弃的。

仪表测量误差是不可能绝对消除的，但要尽可能减小误差对测量结果的影响，使其减小到允许的范围内。

消除测量误差，应根据误差的来源和性质，采取相应的措施和方法。必须指出，一个测量结果中既存在系统误差，又存在偶然误差，要完全区分两者是不容易的。所以，应根据测量的要求和两者对测量结果的影响程度，选择消除方法。一般情况下，在对精密度要求不高的工程测量中，主要考虑对系统误差的消除；而在科研、计量等对测量准确度和精密度要求较高的测量中，必须同时考虑消除上述两种误差。

系统误差的消除方法有以下几种：

(1) 对测量仪表进行校正。在准确度要求较高的测量结果中，引入校正值进行修正。

(2) 消除产生误差的根源。选择正确的测量方法和测量仪器，尽量使测量仪表在规定的使用条件下工作，消除各种外界因素造成的影响。

(3) 采用特殊的测量方法，如正负误差补偿法、替代法等。例如，用电流表测量电流时，考虑到外磁场对读数的影响，可以把电流表转动 180 度，进行两次测量。在两次测量中，必然出现一次读数偏大，而另一次读数偏小，取两次读数的平均值作为测量结果，其正负误差抵消，可以有效地消除外磁场对测量的影响。

消除随机误差可采用在同一条件下对被测量进行足够多次的重复测量，取其平均值作为测量结果的方法。根据统计学原理可知，在足够多次的重复测量中，正误差和负误差出现的可能性几乎相同，因此偶然误差的平均值几乎为零。所以，在测量仪器仪表选定以后，测量次数是保证测量精密度的前提。

5.2.5 理想的检测系统

任何一个检测系统都应该有良好的频率特性、适当高的灵敏度、快的响应速度和小的时间滞后，才能实现输出波形较好地复现输入波形。理想的无失真测试要满足一定的条件。

(1) 线性系统。若检测系统输出信号能不失真地描述输入信号，则该测试系统的输入信号和输出信号之间应该存在一种定量的关系。这样的测试系统以线性系统最为理想。尽管静态测试中可以对输出采用校正或补偿技术做非线性校正，但动态测试中的非线性校正比较困难，因此应力求系统本身是线性系统。线性系统具有两个重要性质：一是遵循叠加原理，即同时作用于系统的两个输入信号经过系统后的输出信号应为这两个信号分别作用于系统时输出信号的和；二是遵循频率不变原理，即信号经过系统后输出信号频率不会产生变化。

(2) 理想测试系统。在实际检测系统中，只有在满足一定要求的情况下才能使输出波形无失真地复现输入波形。若一个检测系统输出信号与输入信号的波形精确地成一定的比例关系，在时间轴上所占宽度相等，幅度增大若干倍，则将该系统称为理想检测系统。设测试系统的输入为 $x(t)$，若实现不失真测试，则该测试系统的输出 $y(t)$ 应满足：$y(t) = A_0 x(t - t_0)$，如图 5-4 所示。

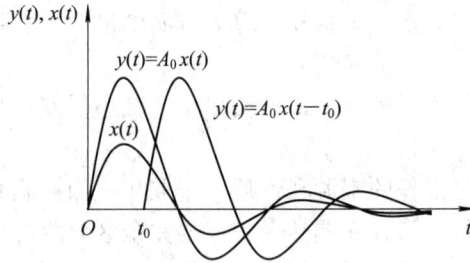

图 5-4　理想测量系统的输入输出关系

实际的测量系统一定是有失真的，理想精确的测量是无法实现的，只能采取一定技术手段将失真控制在一定误差范围内。

5.3　遥感技术

5.3.1　遥感技术综述

遥感技术是 20 世纪 60 年代兴起的一种探测技术，是根据电磁波的理论，应用各种传感仪器对远距离目标所辐射和反射的电磁波信息进行收集、处理并最后成像，从而对地面各种景物进行探测和识别的一种综合技术。遥感技术具有探测范围大、获取资料速度快且周期短、受地面条件限制少、方法多、获取信息量大等优点。

遥感的基本原理是任何物体都具有光谱特性，具体地说，就是它们都具有不同的吸收、反射、辐射光谱的性能。在同一光谱区各种物体反映的情况不同，同一物体对不同光谱的反映也有明显差别，即使是同一物体，在不同的时间和地点，由于太阳光照射的角度不同，它们反射和吸收的光谱也各不相同，遥感技术就是根据这些原理，对物体作出判断的。

由于地理信息系统(GIS)、全球定位系统(GPS)、互联网等相关科学技术日新月异的发展以及它们与遥感的相互渗透、有机融合，使遥感由早期较为狭窄的数据获取范围，逐步扩展到信息挖掘、业务应用乃至共享服务等更宽广的领域。

5.3.2　遥感系统的组成

遥感技术是根据远距离感知目标反射或自身辐射的电磁波、可见光、红外线，对目标进行探测和识别的。随着科学技术的创新及人类生存和发展的需要，遥感技术自 20 世纪

60 年代以来由数据获取开始，逐步延伸、扩展到信息挖掘、业务应用和共享服务领域。现代遥感技术主要包括信息的获取、传输、存储和处理等环节，完成这些功能的全套系统称为遥感系统。遥感系统的工作过程如图 5-5 所示。

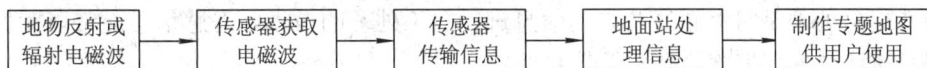

| 地物反射或辐射电磁波 | → | 传感器获取电磁波 | → | 传感器传输信息 | → | 地面站处理信息 | → | 制作专题地图供用户使用 |

图 5-5　遥感系统的工作流程框图

遥感系统是由遥感平台、传感器、遥感信息的接收和处理以及遥感图像的判读和应用四个部分组成。

1. 遥感平台

遥感平台是指遥感系统中搭载传感器的运载工具，按平台距离地面的高度不同分为地面平台、航空平台和航天平台。遥感地面平台高度在 100 m 以下，包括三脚架、遥感塔、遥感车等；航空平台主要指距离地面高度在 12 km 以内的飞机和气球平台，在航空平台上进行的遥感称为航空遥感；航天平台是指距离地面高度在 150 km 以上的人造地球卫星、宇宙飞船、空间轨道站和航天飞机，在航天平台上进行的遥感称为航天遥感。

2. 传感器

传感器也称遥感器或探测器，是远距离感测和记录地物环境反射或辐射电磁波的遥感仪器，通常安装在遥感平台上，传感器是遥感技术系统的核心部分。根据记录方式不同，传感器分为成像方式和非成像方式两类。成像方式是传感器把所探测到的地物辐射能量用图像形式表示；非成像方式是传感器把所探测到的地物辐射能量用数字或曲线图表示。

3. 遥感信息的接收和处理

遥感信息主要是指由航空遥感和航天遥感所获得的胶片和数字图像。对于航空遥感信息，待航空器返回地面时回收，又叫直接回收方式；对于卫星遥感信息，采用视频传输方式，即传感器将接收到的地物反射或辐射的电磁波信息经光电转换变为电信号，以无线电发送的方式将其送回地面接收站。根据所发射的数据是否立即传送回地面，分为实时传输和延时传输。

信息处理是指运用光学仪器和计算机设备对所获取的遥感信息进行校正、分析和解译处理的技术过程。信息处理的作用是通过对遥感信息的校正、分析和解译处理，掌握或清除遥感原始信息的误差，梳理、归纳出被探测目标物的影像特征，然后依据此特征从遥感信息中识别并提取所需的有用信息。

4. 遥感图像的判读和应用

遥感图像判读是将遥感图像数据进行分类和解译，将其转化为用户的类别信息。遥感图像判读是遥感信息应用的基础。遥感图像判读分为目视判读和计算机分类，目视判读是通过人眼观察，识别地物的类型和属性并编制判读专题地图；计算机分类是采用特定算法对数字图像进行分类，形成分类图。

信息应用是指专业人员按不同的目的将遥感信息应用于各业务领域的使用过程。信息应用的基本方法是将遥感信息作为地理信息系统的数据源，供人们对其进行查询、统计和分析利用。遥感的应用领域十分广泛，最主要的应用领域有军事、地质矿产勘探、自然资源调查、地图测绘、环境监测以及城市建设和管理等。

5.3.3　遥感信息处理

遥感信息处理是对遥感器获得的信息进行加工处理的技术。遥感信息通常以图像的形式出现，故这种处理也称遥感图像信息处理。

1．遥感信息处理的目的

遥感图像信息处理的主要目的如下：

(1) 消除各种辐射畸变和几何畸变，使经过处理后的图像能更真实地表现原景物真实面貌。

(2) 利用增强技术突出景物的某些光谱和空间特征，使之易于与其他地物区分和判别。

(3) 进一步理解、分析和判别经过处理后的图像，提取所需要的专题信息。

2．遥感信息处理的内容

遥感信息处理的主要内容包括以下几个方面：

(1) 遥感图像校正。遥感图像校正是指纠正变形的图像数据或低质量的图像数据，从而更加真实地反映其情景。图像校正主要包括辐射校正与几何校正两种。

(2) 遥感图像增强。遥感图像增强是通过增加图像中某些特征在外观上的反差来提高图像的目视解译性能，主要包括对比度变换、空间滤波、彩色变换、图像运算和多光谱变换等。图像校正是以消除伴随观测而产生的误差与畸变，使遥感观测数据更接近于真实值为主要目的的处理，而图像增强则把重点放在使分析者能从视觉上便于识别图像内容上。

(3) 遥感图像镶嵌。遥感图像镶嵌是将两幅或多幅数字图像(它们有可能是在不同的摄影条件下获取的)拼接在一起，构成一幅更大范围的遥感图像。

(4) 遥感图像融合。遥感图像融合是将多源遥感数据在统一的地理坐标系中采用一定算法生成一组新的信息或合成图像的过程。遥感图像融合将多种遥感平台、多时相遥感数据之间以及遥感数据与非遥感数据之间的信息进行组合匹配、信息补充，融合后的数据更有利于综合分析。

(5) 遥感图像自动判读。遥感图像自动判读是根据遥感图像数据特征的差异和变化，通过计算机处理，自动输出地物目标的识别分类结果，它是计算机模式识别技术在遥感领域的具体应用，可提高从遥感数据中提取信息的速度与客观性。

3．遥感图像处理的方法

遥感图像处理的方法有以下两种：

(1) 遥感图像光学处理。遥感图像光学处理的方法是针对光学图像，依靠光学仪器或电子光学仪器，用光学方法进行图像处理，实现处理目的。遥感图像光学处理精度高，反映目标地物真实，图像目视效果好，是遥感图像处理的重要方法之一。

(2) 遥感图像数字处理。随着计算机技术的发展，计算机处理技术已经越来越多地应用于遥感图像处理之中。在光学图像转换为数字图像之后，或者通过遥感传感器直接获得数字遥感图像之后，就可以利用计算机对遥感图像数据进行处理，这种处理技术称为遥感图像数字处理方法。数字处理方法操作简单，能够很容易地构建满足特定处理任务的遥感图像处理系统，同时随着计算机硬件和软件技术的发展，处理效率越来越高，可以准确地提取所需要的遥感信息，同时还可以和其他计算机系统融合，形成 3S 技术，即遥感技术(Remote Sensing，RS)、地理信息系统(Geography Information System，GIS)和全球卫星定位系统(Global Positioning System，GPS)的综合应用，将空间技术、传感器技术、卫星定位与导航技术和计算机技术、通信技术相结合，通过多学科高度集成对空间信息进行采集、处理、管理、分析、表达、传播和应用。目前，遥感图像数字处理方法已经逐步取代光学方法，成为遥感图像处理的主流技术手段。

5.3.4 遥感系统的分类

按照不同的分类标准，遥感系统可以划分为不同类别。比较常见的几种遥感系统分类方式如下所述。

1．按电磁辐射源分类

按照遥感电磁辐射源不同，可以把遥感技术分为以下两类：

(1) 主动遥感：由遥感探测器主动向地物目标发射电磁辐射能量，并接收地物目标反射的电磁能量作为遥感传感器接收和记录的能量来源。

(2) 被动遥感：遥感探测器不会主动发出电磁辐射能量，而是接收地物目标自身热辐射和反射自然辐射源(主要是太阳)的电磁能量作为遥感传感器的输入能量。

2．按工作高度分类

按照遥感系统工作的高度不同，可以把遥感技术分为以下三类：

(1) 航天遥感：又称太空遥感，泛指以各种太空飞行器作为平台的遥感技术系统，以人造地球卫星为主体，包括载人飞船、航天飞机和太空站，有时也把各种行星探测器包括在内。

(2) 航空遥感：泛指以飞机、飞艇或气球等作为空中平台对地观测的遥感技术系统。

(3) 地面遥感：主要指以高塔、车、船为平台的遥感技术系统，地物波谱仪或传感器安装在这些地面平台上，进行各种地物波谱测量。

3．按电磁波波谱分类

按照遥感传感器所用电磁波波谱不同，可以把遥感技术分为以下三类：

(1) 可见光/近红外遥感：主要指利用可见光(波长 0.4 μm～0.7 μm)和近红外光(波长 0.7 μm～2.5 μm)波段的遥感技术。这两个波段的辐射来源都是太阳，地物反映是对太阳辐射的反射特性。通过不同地物反射率的差异，就可以辨别出有关地物的信息。

(2) 热红外遥感：通过红外热敏感元件探测物体自身的热辐射能量，并形成地物目标的辐射温度或热场图像。热红外遥感的工作波段集中在波长 8 μm～14 μm 范围，热红外遥感的优势在于具有昼夜工作的能力。

(3) 微波遥感：利用波长 1 mm～1000 mm 的电磁波完成遥感功能。微波遥感的优点在于能够全天候工作，同时对云层、地表植被、松散沙层和干燥冰雪具有一定的穿透能力。

4．按数据类型分类

按遥感数据的类型不同，可以把遥感技术分为以下两类：

(1) 成像遥感：传感器接收和记录的电磁能量信息最后以图像形式保存。

(2) 非成像遥感：传感器接收和记录的电磁能量信息不以图像形式保存。

5．按应用空间分类

按照遥感技术应用的空间范围不同，可以把遥感技术分为以下三类：

(1) 全球遥感：全面系统地研究全球性资源与环境问题的遥感的统称。

(2) 区域遥感：以区域资源开发和环境保护为目的的遥感信息工程。通常按行政区(国家、省区等)、自然区(如流域)或经济区进行划分。

(3) 城市遥感：以城市环境和生态作为主要调查研究对象的遥感工程。

另外还有其他的分类方式，如按照应用领域可以分为资源遥感、环境遥感、农业遥感、林业遥感、渔业遥感、地质遥感、气象遥感、灾害遥感和军事遥感等。

5.3.5 遥感系统的应用及展望

遥感技术已经深入应用到人类的工作和生活中，在很多领域中发挥着越来越重要的作用。

1．在海洋研究中的应用

在海洋研究的很多领域都要依赖和使用气象卫星提供的海洋遥感资料。海洋研究学者可以从连续的气象卫星红外和可见光遥感图像中区分出不同温度的水团及水流的位置、范围、界线和移动情况并计算出移动速度，从而获得水团、涡漩的分布、洋流变动等信息。这些信息对于海洋研究起着非常重要的作用。此外，遥感技术在海洋资源的开发与利用、海洋环境污染监测、海岸带和海岛调查以及渔业等方面也已取得了成功的应用。

2．在气象和气候研究中的应用

在天气分析和气象预报中，卫星遥感资料促进了世界范围的大气温度探测，使天气分析和气象预报工作更为准确。在气象卫星云图上可以根据云的大小、亮度、边界形状、纹理、水平结构和垂直结构等来识别各种云系的分布，从而推断出锋面云、气旋云、台风和冰雹等的存在时间和位置，对各种大尺度和中小尺度的天气现象进行成功的定位、跟踪及预报。

3．在林业领域的应用

林业资源分布广，面积辽阔，属于再生性生物资源。应用遥感技术可编制大面积的森林分布图，测量林地面积，调查森林蓄积和其他野生资源的数量，对宜林荒山荒地进行立体调查，绘制林地立体图、土地利用现状图和土地潜力图等。通过对森林变化的动态监测，可及时对林业生产的各个环节——采种、育苗、造林、采伐、更新和林产品运输等工作起指导作用。

4．在地质领域的应用

遥感技术在地质工作中正发挥着日益重要的作用，目前已成为地质调查和环境资源勘察与监测的重要技术手段。其应用范围已由区域地质、矿产勘察、水文地质、工程地质和环境地质扩大到农业地质、旅游地质、国土资源、土地利用、城市综合调查和环境监测等许多领域。

5．在农业中的应用

现代遥感技术的多波段性和多时相性十分有利于对以绿色植物为主体的资源的观测研究，这使得遥感技术可应用于农业的很多领域。

20 世纪 50 年代，国际上在土地资源调查中就开始大量使用航空照片进行以土地为主体的土地资源调查工作；20 世纪 70 年代开始利用卫星影像对原来缺乏资料的第三世界国家进行了中比例尺制图。对土地资源的监测除实地进行定位观测外，还可用不同时期的同一幅影像进行影像叠加和对比，来准确地看出土地资源的变化情况，特别是一些交通不便或面积较大的地区，只有在卫星遥感技术发展以后，才有可能实现真正的及时监测。

6．在军事上的应用

遥感技术可为军事任务提供全面、及时和准确的战场信息，在现代军事作战中，军事侦察、战场监视与精确制导已完全离不开遥感技术。

在军事侦察中，可以通过摄影、红外、多波段、雷达、电视和激光等多种遥感技术，获取敌方的军事政治情况、武装力量情况和军事经济潜力，军队的编成、态势、状况、行动性质与企图、战区地形以及其他情报所采取的行动，对加快获取情报的速度，提高情报的可靠性和效率都有重要作用。在战场监视中，可以用遥感成像等手段来对敌空中、太空、地面、地下区域、地点和人员等实施有计划的观察。在精确制导武器的末制导阶段，常利用目标的反射或辐射特征测量其位置或相对位置参数，以实现武器的实时定位和轨迹修正，达到精确打击的目的。

7．在自然灾害监测上的应用

应用遥感技术可以对重大自然灾害进行监视和预测，遥感技术作为信息源始终贯穿于地震监测预报、震害防御、地震应急、地震救灾与重建的全过程。

目前我国已建立了重大自然灾害的历史数据库和背景数据库，从全国范围的角度，宏观地研究了自然灾害的危险程度分区和成灾规律，研究了详细的监测评价技术方法与应对措施，建立了各自的遥感信息系统，实现了对经常性和突发性自然灾害的监测评价功能。

8．遥感技术的发展

随着遥感技术的发展，获取地球环境信息的手段越来越多，获取的信息也越来越丰富。为了充分利用这些信息，建立全面收集、整理、检索和管理这些信息的空间数据库和管理系统，研究遥感信息自动分析机理，研制定量分析模型及实用的地学模型，进行多种信息源的信息融合与综合分析等，构成了当前遥感技术发展的前沿研究课题。当今的遥感技术已不单纯是一种信息获取和分析的技术手段，它与地理信息系统、全球定位系统、各种地面观测技术和信息分析技术等结合起来，正在形成一门崭新的地球信息科学，为促进人类新的决策、管理和发展模式而起着积极的推动作用。

当前遥感技术发展的特点主要表现为以下几个方面：

(1) 研制新一代传感器，以获得分辨率更高、质量更好的遥感图像。

随着遥感技术应用的广泛和深入，人们对遥感图像和数据的质量提出了更高的要求，其空间分辨率、光谱分辨率及时间分辨率的指标均有待于进一步提高。

获取多种信息，适应遥感不同应用的需要，是传感器研制方面的又一动向和进展。一颗卫星装备多种遥感器，既有高空间、光谱分辨率、窄成像带的遥感器，适合于小范围详细研究，又有中低空间、光谱分辨率、宽成像带的遥感器，适合宏观快速监测，二者综合起来，服务于不同的需求目的。

总之，不断提高传感器的功能和性能指标，开拓新的工作波段，研制新型传感器，提高获取信息的精度和质量，将是今后遥感技术发展的一个长期任务和发展方向。

(2) 遥感信息的处理走向定量化和智能化。

遥感技术的目的是获得有关地物目标的几何与物理特性。几何方程是显式表示的数学方程，而物理方程一直是隐式的。但随着对成像机理、地物波谱反射特征、大气模型、气溶胶研究的深入和数据的积累，以及多角度、多传感器、高光谱及雷达卫星遥感技术的成熟，全定量化遥感方法将逐步走向实用，遥感基础理论研究将走上新的台阶。

从遥感数据中自动提取地物目标，掌握它的属性和语义是摄影测量与遥感的中心任务之一。地物目标的自动识别技术主要集中在影像融合技术上，基于统计和基于结构的目标识别与分类，处理的对象包括高分辨率影像和高光谱影像。随着遥感数据量的增大，数据融合和信息融合技术的成熟和定量化遥感处理方法的发展，对遥感数据的处理方式会越来越自动化和智能化。

(3) 遥感应用不断深化。

在遥感应用的深度和广度不断扩展的情况下，微波遥感应用领域的开拓，遥感应用成套技术的发展，以及地球系统的全球综合研究等成为当前遥感技术发展的又一方向。具体表现为从单一信息源(或单一传感器)的信息(或数据)分析向多种信息源的信息(包括非遥感信息)复合及综合分析应用发展；从静态分析研究向多时相的动态研究以及预测预报方向发展；从定性判读、制图向定量分析发展；从对地球局部地区及其各组成部分的专题研究向地球系统的全球综合研究方向发展。

(4) 地理信息系统的发展与支持是遥感技术发展的又一进展和动向。

由遥感技术获取丰富地理信息依赖于对地理信息系统加以科学的管理，遥感的应用也依赖于对地理信息系统提供的多种信息源(包括非遥感信息)进行信息融合和综合分析。提高遥感识别分类的精度和对遥感图像的定量分析同样需要地理信息系统提供应用模型以及其他智能信息分析工具的支持。因此，在社会日益对遥感应用提出更高要求的现实情况下，需要充分利用遥感及非遥感手段获得的丰富地理信息，从而促成和推动地理信息系统的发展以及遥感与地理信息系统的结合。

现代遥感科学技术体系是支撑和贯穿国家遥感信息基础设施(NRSII)建设与发展的技术主体及运行服务主轴，国家遥感信息基础设施能够使遥感科学技术更加紧密而有效地与国家建设与发展的重大任务对接和融合，成为其核心且占据越来越大份额的中流砥柱。

5.4 存储技术

我们现在处于信息时代，每天都在和电脑、手机、平板电脑打交道，我们的工作和生活已经完全离不开视频、音乐、图片、文本、表格这样的数据文件，所有这些数据文件，都需要通过电子设备进行保存，这就是数据存储，简称存储。

存储就是根据不同的应用环境采取合理、安全、有效的方式将数据保存到某些介质上并能保证有效的访问。总的来讲，存储技术包含两个方面的含义：一方面它是数据临时或长期驻留的物理媒介；另一方面，它是保证数据完整安全存放的方式或行为。

5.4.1　存储概述

1．传统存储简介

存储是人类从古至今一直伴随自身的一个重要行为，也是人类发展文明的一个重要标志。在远古时期，人类就已经创造出许多存储记录信息的方法。那时在一些部落里，人们用结绳把本部落的风俗传统和传说以及重大事件记录下来，流传下去，如图 5-6 所示；绳结有大有小，每种结法、距离大小以及绳子粗细等都表示不同的意思。

甲骨文具有对称、稳定的格局，如图 5-7 所示，从字体的数量和结构方式来看，甲骨文已经发展成为有较严密系统的文字，有助于记录、传承信息。造纸术和纸的出现使得信息的记录、传播和继承有了革命性的进步，促进了人类文化的传播。

从帛书、卷轴、活字印刷术到现在的平版印刷，书籍逐渐发展成轻便、历久，易于记载、复制文字和图画的存储载体。至 20 世纪，书籍已成为传播知识、科学技术和保存文化的主要工具之一。

图 5-6　结绳记事

图 5-7　甲骨文

2．计算机存储简介

存储系统是指计算机中存放程序和数据的各种存储设备、控制部件及管理信息调度的设备(硬件)和算法(软件)所组成的系统。存储系统具有写入和读出计算机工作需要的信息(程序和数据)的能力，能实现计算机的信息记忆功能。现代计算机系统中常采用寄存器组、高速缓存、主存储器、外部存储器的多级存储体系结构，如图 5-8 所示，越靠近 CPU，存储器的速度越快，容量越小，每位的价格越高。采用这种组织方式能较好地解决存储容量、速度和成本的矛盾。

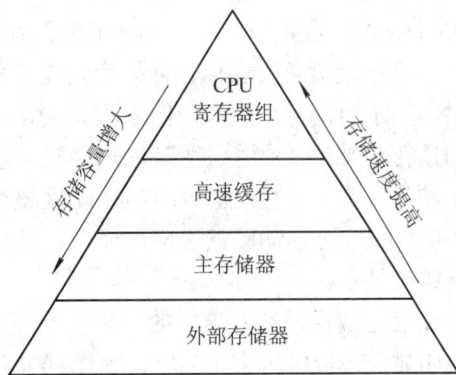

图 5-8　计算机的多级存储体系结构

计算机存储系统的核心是存储器，存储器分为内部存储器和外部存储器。内部存储器(简称内存)主要存储计算机当前工作需要的程序和数据，包括高速缓冲存储器(Cache，简称缓存)和主存储器,目前构成内存的主要是半导体存储器。外部存储器(简称外存)主要有磁性存储器、光存储器和半导体存储器三种实现方式,存储介质有硬磁盘、光盘、磁带和移动存储器等。

自从计算机诞生以来,存储设备经历了几十年的发展,不仅形态发生了很大的变化,容量更是呈几何级增长。以下介绍几种常用存储设备。

1) 磁存储设备

磁存储设备利用电和磁的相互转换来完成信息的存储与还原。

(1) 盘式磁带,如图 5-9 所示。IBM 最早把盘式磁带用在数据存储上。因为一卷磁带可以代替 1 万张打孔纸卡,于是它马上获得了成功,成为直到 20 世纪 80 年代之前最为普及的计算机存储设备。

(2) 软盘,如图 5-10 所示。第一张软盘是一张 8 英寸(1 英寸=2.54 厘米)的大家伙,可以保存 80 KB 的只读数据。1973 年,小一号但是容量为 256 KB 的软盘——5 英寸软盘诞生了,它的特点是可以反复读写。从此一个趋势开始了——磁盘直径越来越小,而容量却越来越大。到了 20 世纪 90 年代后期,出现了容量为 250 MB 的 3.5 英寸软盘。

图 5-9 盘式磁带

图 5-10 软盘

(3) 硬盘,如图 5-11 所示。对于普通用户来说,最常见的存储设备就是硬盘。计算机的三大核心硬件分别是 CPU(中央处理器)、内存(Memory)和硬盘(Hard Disk)。CPU 负责运算,硬盘负责存储,而内存,是 CPU 和硬盘之间的桥梁,用于暂时存放 CPU 中的运算数据。机械硬盘,全名温切斯特式硬盘,采用磁性碟片来存储;绝大多数硬盘都是固定硬盘,被永久性地密封固定在硬盘驱动器中。随着存储技术的发展,可移动硬盘也应运而生,而且越来越普及,种类也越来越多。

图 5-11 硬盘

硬盘是现在还在发展中的一种存储技术,硬盘的发展趋势很明显,即价格越来越便宜,容量越来越大。到现在,硬盘的容量已经发展得越来越大,类型越来越多;为了存放海量的数据,将很多价格较便宜的磁盘组合成一个容量巨大的磁盘组,称为磁盘阵列技术。

2) 光盘存储器

光盘存储器是利用光来记录和读取信息的,最先应用于数字化音频,20 世纪 80 年代开始在计算机领域广泛使用。

3) 固态存储器

固态硬盘(Solid State Drive, SSD)又叫电子硬盘,其存储单元使用 Nand Flash 存储芯片。与机械硬盘相比,SSD 读/写速度快,功耗低,无噪声,抗震动,体积小,同时价格高,容量小,寿命低。

混合硬盘(Hybrid Hard Disk,HHD)是把磁性硬盘和闪存集成到一起的一种硬盘,利用 Nand Flash 作为缓冲存储器来快速完成数据读/写。HHD 以减少对磁盘读/写的方式来提高硬盘的整体性能。

5.4.2　存储方式的架构

存储方式主要有三种基本架构,分别是直接附加存储(Direct Attached Storage,DAS)、网络附加存储(Network Attached Storage,NAS)和存储区域网络(Storage Area Network,SAN)。在存储领域,三种存储架构都占有一定的份额。

1. 直接附加存储(DAS)

DAS 是一种直接与主机系统相连接的存储设备,是计算机系统中最常用的数据存储方式,存储设备是通过 SCSI(小型计算机系统接口)线缆或 FC(光纤通道)直接连接到服务器的,如图 5-12 所示。I/O(输入/输出)请求直接

图 5-12　DAS 架构示意图

发送到存储设备。DAS 也可称为服务器附加存储(Server-Attached Storage,SAS)。它依赖于服务器,其本身是硬件的堆叠,不带有任何存储操作系统。

DAS 数据存储设备看似在外部,但实际直接挂接在服务器内部总线上,是整个服务器结构的一部分。DAS 技术成熟,购置成本低,组建和配置容易。其缺点是存储设备只能连接到一台主机使用,无法共享,使用成本较高,且其安全性与可靠性较低。

2. 网络附加存储(NAS)

NAS 是一种专业的网络文件存储及文件备份设备,它是基于 LAN(局域网),按照 TCP/IP 协议进行通信,以文件的 I/O 方式进行数据传输的。在 LAN 环境下,NAS 已经完全可以实现异构平台之间的数据级共享,比如 NT、Unix 等平台的共享。一个 NAS 系统包括处理器、文件服务管理模块和多个硬盘驱动器(用于数据的存储)。NAS 可以应用在任何网络环境当中。主服务器和客户端可以非常方便地在 NAS 上存取任意格式的文件,包括 SMB 格式(Windows)、NFS 格式(Unix,Linux)和 CIFS(Common Internet File System)格式等。

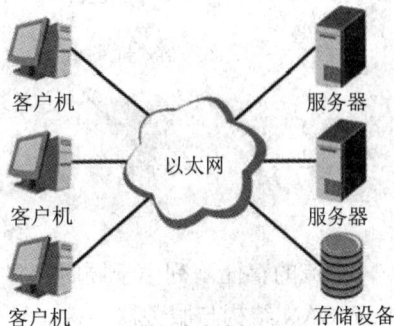

图 5-13　NAS 架构示意图

NAS 架构如图 5-13 所示。NAS 与 DAS 相比,其最大的特点是非直连。它可以通过 IP 网络,实现多台主机与存储设备之间的连接。NAS 大大提高了存储的安全性、共享性和成本。但是 NAS 的 I/O(输入/输出)特性渐渐成为性能瓶颈。随着应用服务器的不断增加,网

络系统效率会急剧下降。

3. 存储区域网络(SAN)

SAN 是指存储设备相互连接且与一台服务器或一个服务器群相连的网络。其中的服务器用作 SAN 的接入点。在有些配置中，SAN 也与网络相连。SAN 将特殊交换机当作连接设备，这些特殊交换机看起来很像常规的以太网络交换机，是 SAN 中的连通点。SAN 使得在各自网络上实现相互通信成为可能，同时带来了很多有利条件。

SAN 是在 NAS 基础上的演进，它通过专用光纤通道交换机访问数据，采用 ISCSI、FC 协议。根据传输方式的不同，SAN 分为光线通道的 FC-SAN 和 IP 网络的 IP-SAN。早期的 SAN 采用的是 FC 技术，称为 FC-SAN。FC-SAN 在 20 世纪末得到大规模应用。FC-SAN 技术较为成熟，且性能较为优异，但其兼容性差，成本高昂，扩展能力差。两种传输方式的架构分别如图 5-14、5-15 所示。

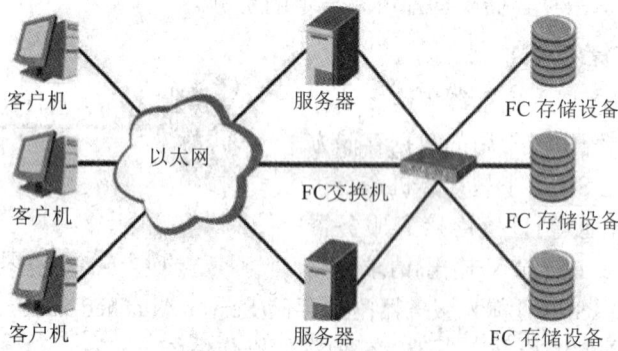

图 5-14 FC-SAN 架构示意图

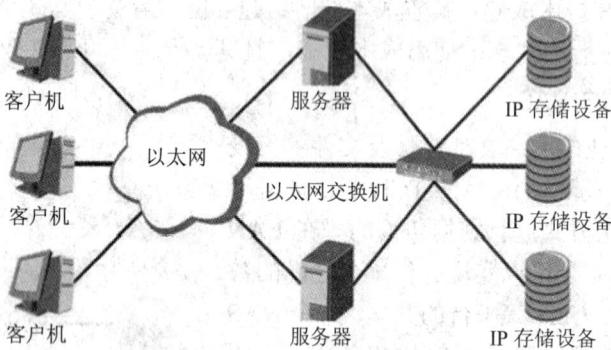

图 5-15 IP-SAN 架构示意图

主流的存储阵列由于同时提供光纤通道接口和普通网线接口，因此能够利用 FC-SAN 和 IP-SAN 结构与服务器连接。

5.4.3 磁盘阵列(RAID)技术

在传统的计算机存储系统中，数据存储通常由内置磁盘完成，这种内置存储方式容易引起性能、扩容和可靠性的问题。另外，CPU 处理器性能的提升速度远高于磁盘驱动器读/写速度的增长，两者性能的不匹配严重制约了系统性能的提升。磁盘阵列(Disk Array)能够通过多磁盘并行存取数据，大幅度提高数据吞吐率。通过数据校验提供容错功能，提高存储数据的可用性。RAID 技术作为高性能、高可靠的存储技术，已经得到了非常广泛的应用。

1988 年美国加州大学伯克利分校的 D. A. Patterson 教授等首次在论文"A Case of Redundant Array of Inexpensive Disks"中提出了 RAID(廉价冗余磁盘阵列)的概念。由于当时大容量磁盘价格比较昂贵，RAID 的基本思想是将多个容量较小、相对廉价的磁盘进行有机组合，从而以较低的成本获得与价格昂贵的大容量磁盘相当的容量、性能和可靠性。随着磁盘成本和价格的不断降低，RAID 可以使用大部分的磁盘，"廉价"已经毫无意义。因此，RAID 咨询委员会(RAID Advisory Board，RAB)决定用"独立"替代"廉价"，于是 RAID 变成了独立磁盘冗余阵列(Redundant Array of Independent Disks)，但这仅仅是名称的变化，实质内容没有改变。

从实现角度看，RAID 主要分为软 RAID、硬 RAID 以及软硬混合 RAID 三种。软 RAID 所有功能均由操作系统和 CPU 来完成，没有独立的 RAID 控制/处理芯片和 I/O 处理芯片，效率自然最低。硬 RAID 配备了专门的 RAID 控制/处理芯片和 I/O 处理芯片以及阵列缓冲，不占用 CPU 资源，但成本很高。软硬混合 RAID 具备 RAID 控制/处理芯片，但缺乏 I/O 处理芯片，需要 CPU 和驱动程序来完成，其性能和成本在软 RAID 和硬 RAID 之间。

RAID 采用高效的数据组织方式——数据条带化提高读/写性能。所谓"条带"，就是同一磁盘阵列中多个磁盘驱动器上相同位置的单个或多个扇区集合，通过对磁盘数据进行条块化，实现对数据成块存取，有效减少磁盘的机械寻道时间，提高数据存取速度。另外，将连续数据分散到多个磁盘，可以实现同一阵列中多块磁盘同时进行存取数据，提高存取效率。

RAID 通过镜像和奇偶校验的方式对数据进行冗余保护，保证数据安全。"镜像"就是利用冗余的磁盘保存数据副本，"奇偶校验"则是用户数据通过奇偶校验算法计算出奇偶校验码，并将其存放在额外的存储空间。如果 RAID 中某个磁盘数据失效，就可以利用镜像盘或奇偶校验信息对该磁盘上的数据进行修复。

RAID 主要利用数据条带、镜像和数据校验技术来提高性能、可靠性、容错能力和扩展性，根据运用或组合运用这三种技术的策略和架构，可以把 RAID 分为不同的等级，以满足不同数据应用的需求。RAID 每一个等级代表一种实现方法和技术，等级之间并无高低之分。在实际应用中，应当根据用户的数据应用特点，综合考虑可用性、性能和成本来选择合适的 RAID 等级，以及具体的实现方式。

RAID 技术经过不断的发展，现在已拥有了从 RAID0 到 RAID 7 八种基本的 RAID 级别。另外，还有一些基本 RAID 级别的组合形式，如 RAID10(RAID0 与 RAID1 的组合)，RAID 50(RAID0 与 RAID5 的组合)等。表 5-1 给出了常用 RAID 级别的比较。

表 5-1 常用 RAID 级别比较

RAID 级别对比项	RAID0	RAID1	RAID3	RAID5	RAID6	RAID10/01	RAID50
容错性	无	有	有	有	有	有	有
冗余类型	无	镜像	奇偶校验	奇偶校验	奇偶校验	镜像	奇偶校验
读性能	高	中	中	高	高	中	高
随机写性能	高	低	最低	低	低	中	中
连续写性能	高	低	中	中	低	中	中
最小磁盘数	2块	2块	3块	3块	4块	4块	6块

5.4.4 云存储

云存储是由第三方运营商提供的在线存储系统，比如面向个人用户的在线网盘和面向企业的文件、块或对象存储系统等。云存储的运营商负责数据中心的部署、运营和维护等工作，将数据存储包装成服务的形式提供给客户。云存储作为云计算的延伸和重要组件之一，提供了"按需分配、按量计费"的数据存储服务。因此，云存储的用户不需要搭建自己的数据中心和基础架构，也不需要关心底层存储系统的管理和维护等工作，还可以根据其业务需求动态地扩大或减小其对存储容量的需求。

云存储系统的模型结构分为四层，分别是存储层、基础管理层、应用接口层和访问层，如图 5-16 所示。

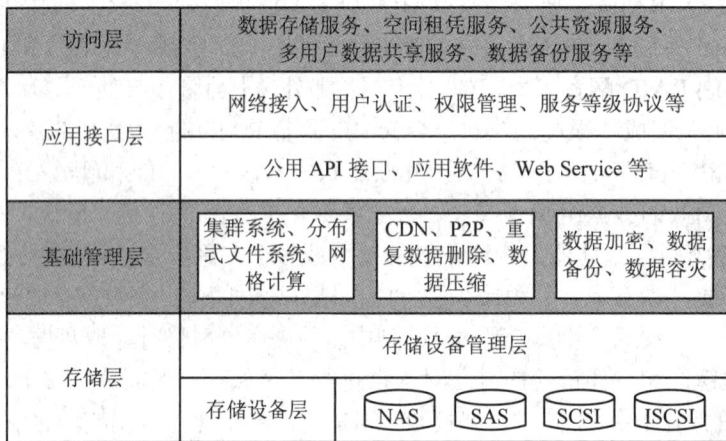

访问层	数据存储服务、空间租凭服务、公共资源服务、多用户数据共享服务、数据备份服务等		
应用接口层	网络接入、用户认证、权限管理、服务等级协议等		
	公用 API 接口、应用软件、Web Service 等		
基础管理层	集群系统、分布式文件系统、网格计算	CDN、P2P、重复数据删除、数据压缩	数据加密、数据备份、数据容灾
存储层	存储设备管理层		
	存储设备层 NAS SAS SCSI ISCSI		

图 5-16　云存储系统模型结构示意图

存储层是云存储系统的基础；基础管理层是整个云存储最复杂也是最关键的部分，云存储的主要功能由这一层完成；应用接口层为不同服务提供相应的用户接口，完成接入、用户认证和权限管理；访问层位于云存储的顶端，在这一层用户通过标准的公共应用接口来登录云存储系统，经验证后享受云存储系统提供的存储服务。

存储虚拟化是云存储的一个重要技术基础，通过抽象和封装底层存储系统的物理特性，将多个互相隔离的存储系统统一成为一个抽象的资源池，并对存储资源进行统一分配，根据用户使用的状况实时进行资源大小的动态调整。通过存储虚拟化技术，云存储可以实现很多新的特性。比如，用户数据在逻辑上的隔离、存储空间的精简配置等。网络技术是云存储发展的助推剂，所有用户需要通过公共网络连接云存储系统接收其提供的存储服务，只有高速、健康的网络环境才能保证连接的高效，满足数据存储过程中大量数据传输的需求。开放共享的互联网技术推动了云存储的发展。

未来的世界是网络存储世界，存储作为服务器非常重要的一部分，无论在硬件还是软件方面都已经从主机系统中脱离出来，成为完全独立的系统。而作为未来存储方向的网络存储，更因为其低成本、高可靠性和高智能化，将越来越被众多用户所重视。随着网络存储技术的发展，各种网络存储技术在功能上将会相互融合，各种网络存储设备的互联性也会得到极大的改善。

5.5　自动控制技术

5.5.1　自动控制技术综述

自动控制技术几乎渗透到国民经济的各个领域及社会生活的各个方面，是当代发展最迅速、应用最广泛、最引人注目的高科技，是推动新技术革命和产业革命的关键技术。所谓自动控制，是指脱离人的直接干预，利用控制装置(简称控制器)使被控对象(如设备、生产过程等)的工作状态或被控量(如温度、压力、流量、速度、pH 值等)按照预定的规律运行，例如，数控车床按预定程序自动切削，人造卫星准确进入预定轨道并回收等。所谓自动控制系统，是指实现上述控制目的，由相互制约的各部分按一定规律组成的具有特定功能的整体。

除了在工业上被广泛应用外，近年来随着计算机技术的发展和应用，自动控制技术还在宇航、机器人控制、导弹制导及核动力等高新技术领域中发挥着特别重要的作用，并已扩展到生物、医学、环境、经济管理和其他许多社会生活领域中。自动控制已成为现代社会生活中不可缺少的一部分。

5.5.2　自动控制系统的组成

由被控对象和控制装置(控制器)按照一定方式连接起来并能完成一定自动控制任务的总体称为自动控制系统。自动控制系统主要由控制器和被控对象两大部分组成，并且要实现一定的控制作用。每个系统都有输入量和输出量，输入量指影响系统输出量的外界输入，输出量指自动控制系统的被控制量。控制系统的组成原理如图 5-17 所示。

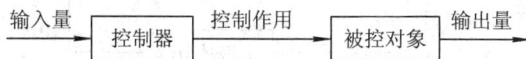

图 5-17　自动控制系统的组成原理图

下面以水箱水位自动控制系统为例，分析该自动控制系统的组成和工作原理。该系统的主要任务是使实际水位与要求水位一致。

系统中，输出量为实际水位，输入量为要求水位，是个给定值，扰动量为出水阀门的出水量变化。因此，水箱水位自动控制系统的任务也可以描述为克服扰动的影响，使系统的输出量与输入量保持一致。被控对象指控制系统中被控制的机器设备、生产过程等，而控制器(也称控制装置)指外加的对被控对象起到控制作用的各部分设备或装置的总称，通常由具有一定基本职能的各种基本元件组成，包括以下几种：

(1) 测量元件，测量被控制的物理量。

(2) 给定元件，给出与期望的被控量相对应的系统输入量。

(3) 比较元件，将测量元件检测的被控量实际值与给定元件给出的给定量进行比较，得到它们的偏差。

(4) 放大元件，将比较元件给出的偏差进行放大，用来推动执行元件去控制被控对象。

(5) 执行元件，直接推动被控对象，使其被控量发生变化。

(6) 校正元件(调节元件)，是结构或参数便于调整的元件，用串联或反馈的方式连接在系统中，以改善系统性能。

水箱水位自动控制系统方框图如图 5-18 所示。

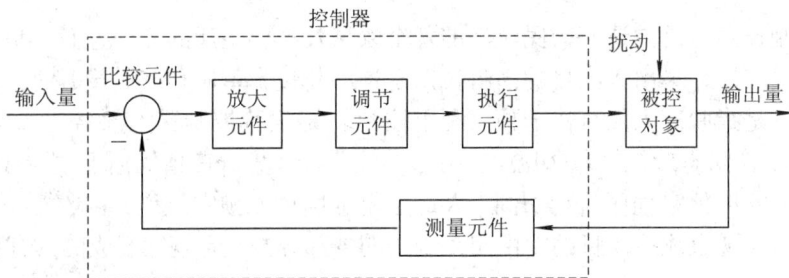

图 5-18　水箱水位自动控制系统方框图

5.5.3　自动控制系统的分类

按照不同的方式，可以将自动控制系统分为不同的种类，常用的有以下几种分类方式。

1. 按信号流向分类

按信号流向不同，自动控制系统分为开环控制系统和闭环控制系统。

在开环控制系统中，信号由输入端到输出端单向流动。开环系统方框图如图 5-17 所示。在闭环控制系统中，信号除从输入端到输出端流动外，还有输出到输入的反馈信号，也称反馈控制系统，闭环系统方框图如图 5-19 所示。

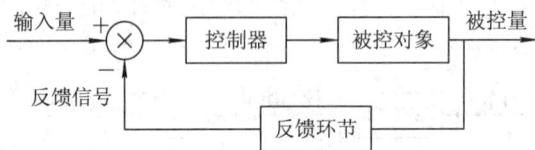

图 5-19　闭环系统方框图

采用闭环控制系统可以有效抑制被反馈通道包围的前向通道中的各种扰动对输出量的影响，提高系统的抗干扰性，改善系统的稳态精度。但由于反馈通道的存在，闭环系统有延时存在，系统得不到及时校正；闭环系统可能产生振荡，甚至不稳定；闭环系统结构复杂，系统性能分析和设计较麻烦，且较开环系统增加了成本。

2. 按输入信号分类

按系统输入信号不同，自动控制系统分为恒值调节系统、随动系统、程序控制系统。

恒值调节系统又称自动调节系统，这种系统的特征是输入量为一恒值，通常称为系统的给定值。恒值调节系统的任务是尽量排除各种干扰因素的影响，使输出量维持在给定值(期望值)附近，如工业过程中恒温、恒压、恒速等控制系统。

随动系统又称跟踪系统，该系统的控制输入量是一个事先无法确定的任意变化的量，要求系统的输出量能迅速平稳地复现或跟踪输入信号的变化，如雷达天线的自动跟踪系统和高炮自动瞄准系统就是典型的随动系统。

程序控制系统的输入信号不是常值，而是事先确定的运动规律，编成程序装在输入装置中，即控制输入信号是事先确定的程序信号，控制的目的是使被控对象的被控量按照要求的程序动作。如数控车床就属此类系统。

3．按元器件特性分类

按组成系统的元器件的特性不同，自动控制系统分为线性系统和非线性系统。

在线性系统中，组成系统的元器件的特性均为线性的，可用一个或一组线性微分方程来描述系统输入和输出之间的关系。线性系统的主要特征是具有齐次性和叠加性。

在非线性系统中，至少有一个元器件的特性不能用线性微分方程描述其输入和输出的关系。非线性系统还没有一种完整、成熟、统一的分析法。通常对于非线性程度不很严重的系统或对非线性系统做近似分析时，均可用线性系统理论和方法来处理。

严格来讲，由于各种物理系统总是存在不同程度的非线性，因此，实际上是不存在线性系统的，但在一定范围内，只要非线性不是很严重，有些系统可以近似作为线性系统来研究。

4．按系统特性随时间变化分类

按系统特性是否随时间变化，自动控制系统分为定常系统和时变系统。

在定常系统中，描述系统特性的微分方程中各项系数都是与时间无关的常数。该类系统只要输入信号的形式不变，在不同时间，对输入的输出响应形式是相同的。

在时变系统中，描述系统特性的微分方程中至少有一项系数是时间的函数。

5．按信号特性分类

按信号特性不同，自动控制系统分为连续系统和离散系统。

在连续系统中，组成系统中各环节的输入信号和输出信号都是连续时间信号。可以采用微分方程建立连续系统的数学模型。

在离散系统中，有一处或数处的信号是脉冲序列或数码。若系统中采用了采样开关，将连续信号转变为离散的脉冲形式的信号，此类系统又称为采样控制系统或脉冲控制系统。若采用数字计算机或数字控制器，其离散信号是以数码形式传递的，此类系统又称为数字控制系统。通常采用差分方程建立离散系统的数学模型。

目前随着计算机技术的发展和应用，一些控制系统中既有连续时间信号又有离散时间信号，一般称为采样离散控制系统。

6．按输入/输出量分类

按输入/输出量的不同，分为单变量系统和多变量系统。

单变量系统又称单输入/输出系统，是只有一个输入量和一个输出量的系统。这种系统结构较为简单。

多变量系统又称多输入多输出系统，是具有多个输入量或多个输出量的系统。这种系统结构比较复杂。系统的一个输出量会受到多个输入量的作用，一个输入量可能对多个输出量都能产生控制作用。对于线性多输入多输出系统，系统的任何一个输出等于数个输入单独作用下输出的叠加。

目前大多数复杂的系统均属于多输入多输出系统，这种系统一般通过建立状态变量和状态方程的方法进行描述和求解。

5.5.4 自动控制理论及其发展

自动控制理论是研究自动控制共同规律的技术学科，可分为经典控制理论和现代控制理论。

1. 经典控制理论

自动化技术的产生和发展经历了漫长的历史过程。自古以来，人类就有创造自动装置以减轻或代替人劳动的想法。我国原始的自动计时装置——铜壶滴漏就是采用了自动装置来调节液位；三国时期，使用指南车自动指示方位；古代天文学家张衡发明了浑天仪，自动对天体运行情况进行仿真，发明了候风地动仪，自动对地震进行检测等。1788年，英国人瓦特在蒸汽机上使用了离心调速器，解决了蒸汽机的速度控制问题，引起了人们对控制技术的重视。

英国数学家劳斯和德国数学家赫尔维茨分别在1877年和1895年独立地提出了判别系统稳定性的代数准则。

1932年，美国物理学家奈奎斯特运用复变函数理论建立了以频率特性为基础的稳定性判据，奠定了频率响应法的基础。后来，伯德和尼柯尔斯在20世纪30年代末和40年代初进一步将频率响应法加以发展，形成了经典控制理论的频域分析法，为工程技术人员提供了一个设计反馈控制系统的有效工具。

第二次世界大战期间，反馈控制方法被广泛用于设计研制飞机自动驾驶仪、火炮定位系统、雷达天线控制系统以及其他军用系统。这些系统的复杂性和对快速、精确控制的高性能要求，促使产生了许多新的见解和方法；同时，还促进了对非线性系统、采样系统以及随机控制系统的研究。

1948年，美国科学家伊万斯创立了根轨迹分析方法，为分析系统性能随系统参数变化的规律性提供了有力工具，它被广泛应用于反馈控制系统的分析、设计中。

以传递函数作为描述系统的数学模型，以时域分析法、根轨迹法和频域分析法为主要分析设计工具，构成了经典控制理论的基本框架。到20世纪50年代，经典控制理论发展到相当成熟的地步，形成了相对完整的理论体系。

经典控制理论研究的对象基本上是以线性定常系统为主的单输入单输出系统，还不能解决如时变参数问题、多变量、强耦合等复杂的控制问题。

2. 现代控制理论

经典控制理论只适用于单输入单输出的线性定常系统，只注重系统的外部描述而忽视了系统的内部状态。随着航天事业和计算机技术的发展，20世纪60年代初，在经典控制理论的基础上，以线性代数理论和状态空间分析法为基础的现代控制理论迅速发展起来。

1960年卡尔曼提出能控性和能观测性，揭示了线性系统许多属性间的内在联系。卡尔曼还引入状态空间法，提出具有二次型性能指标的线性状态反馈律，给出最优调节器的概念。这些新概念和新方法的出现标志着现代控制理论的诞生，其控制的主要目标是建立在状态空间法(时域法)的基础上，解决多变量系统的最优控制问题。

到 20 世纪 60 年代初，一套以状态方程作为描述系统的数学模型，以最优控制和卡尔曼滤波为核心的控制系统分析、设计的新原理和方法基本确定，现代控制理论应运而生。

现代控制理论主要利用计算机作为系统建模分析、设计乃至控制的手段，适用于多变量、非线性、时变系统。现代控制理论在航空、航天、制导与控制中创造了辉煌的成就，人类迈向宇宙的梦想变为现实。

5.5.5　自动控制系统的基本要求

对控制系统性能的要求概括为三方面：稳定性(稳)、动态性能(快)、稳态性能(准)。其中：稳定性是控制系统运行的必要条件，不稳定的系统是不能工作的；动态性能要求系统动态响应的快速性，系统的过渡过程越短越好；稳态性能给出了过渡过程结束后到达稳态的系统的控制精度度量。

1. 自动控制系统的稳定性

系统受到外界扰动偏离原来的平衡状态，在外界扰动消失后仍能恢复到原平衡状态，这种系统称为稳定系统，否则称为非稳定系统。非稳定系统和稳定系统如图 5-20 所示。

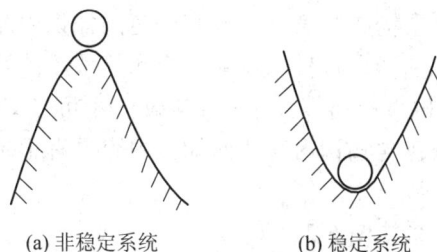

(a) 非稳定系统　　　(b) 稳定系统

图 5-20　非稳定系统和稳定系统

2. 自动控制系统的动态性能

控制系统由一种状态到达另外一种状态往往需要经过一个过渡过程，控制系统对其过渡过程的形式和快慢提出的要求，即系统的动态性能。自动控制理论应给出衡量系统快速性的指标。动态过程的优劣对随动控制系统和恒值控制系统都具有非常重要的意义。

3. 自动控制系统的稳态性能

控制系统进入最终稳态后，系统的准确性由表征系统实际稳态值与期望值间的差值，即稳态误差表示。稳态误差是表征系统控制精度的性能指标。自动控制理论给出了计算系统稳态误差的方法，指出系统结构和参数对系统稳态性能的影响。

5.6　信 息 检 索

5.6.1　信息检索概述

1. 信息、知识、文献

信息具有物质属性，是物质的存在方式及运动的规律和特点的表征，是事物及其现象的内外特征、相互联系及作用的反映。地震，海啸，花草树林的发芽、生长和枯萎，广播电视、网络的新闻、广告等发出的信息，不管你知道不知道，感知不感知，它们都是客观存在的。只要有物质存在，就有信息存在。人类认识世界和改造世界的过程，是一个不断从客观世界获得信息，并对信息进行加工处理，形成新的认知结构，然后通过实践活动反作用于客观世界的过程。

信息是知识的重要组成部分，但只有将反映自然现象和社会现象的信息经过加工，上升为对自然和社会发展客观规律的认识，这种再生信息才构成知识。

知识是人类认识的成果和结果，人们在认识世界和改造世界的过程中，获得大量客观事物传递的信息，然后经过大脑的思维活动进行加工处理，这种加工处理后的信息就是知识。知识作广义的理解，包括消息、情况、事实、数据。知识可分为理性知识和感性知识。理性知识，是对客观事物的本质和规律性的认识，是经过思维、逻辑加工的知识，构成知识体系；感性知识，是对客观事物的描述和对现象、事实的感知，是未经逻辑加工的知识。

当信息经过人脑重新组合和系统化后，就成为知识。也就是说，信息中包含知识，而知识用一定的记录手段记录下来时，则成为文献。

文献是记录有知识的一切载体，是用文字、图形、符号等技术手段记录人类知识的一切物质载体。文献由三个要素构成：第一，要有一定的知识内容；第二，要有保存和传递知识的记录方式，如文字、图形、符号、视频、声频等手段；第三，要有记录知识的物质载体，如纸张、感光材料、磁性材料等。这三要素缺一不可。文献与知识既是不同的概念，又有密切的联系。文献必须包含知识内容；而知识内容只有记录在物质载体上，才能构成文献。

信息、知识和文献的关系如图 5-21 所示。

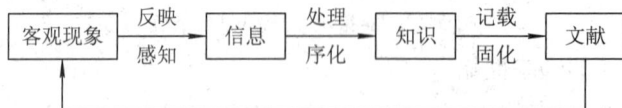

图 5-21　信息、知识和文献的关系图

人们获取知识的途径有两个：一是直接来源于产生信息的客观事物；二是通过信息载体或媒介的传递、交流而间接获得。获得的信息能否转化为知识，转化得是否充分、完整，取决于受主的认知能力。例如，人们对于卫星照片、气象云团的识读能力不同，所获得信息的量和质也会有差别。

塞缪尔·约翰逊(Samuel Johnson)说：知识可分成两类，一类是我们要掌握的学科知识，另一类是要知道在哪儿可以找到有关知识的信息。

2. 信息检索的基本知识

1) 信息检索的概念

信息检索是按照一定方式从信息集合中或数据库中查找所需信息的具体过程。广义的信息检索如图 5-22 所示，包括信息存储与查找两个过程，而狭义的信息检索仅指信息的查找。

对于信息用户而言，狭义的信息检索更为重要，因为用户需要的是方便、快捷、高效地获取所需的信息内容，而不必了解和掌握信息的管理方式、组织模式以及存储地点等事项。

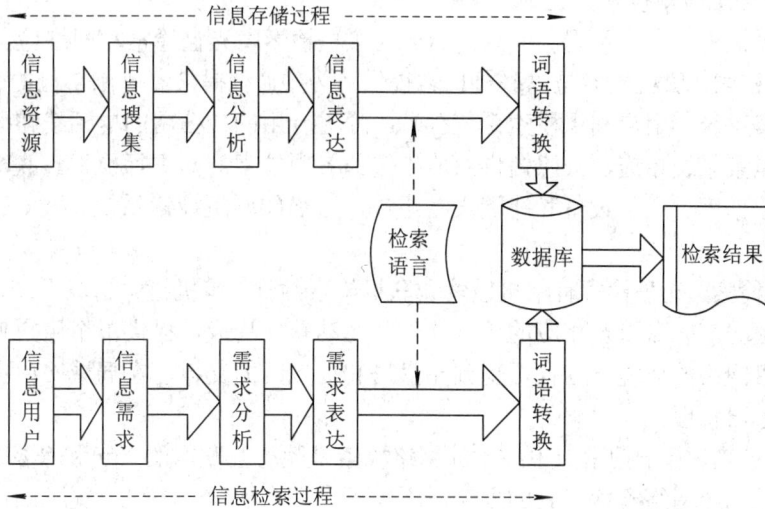

图 5-22　广义信息检索

2) 信息检索的基本原理

信息检索基本原理的核心是用户信息需求与一定的文献信息集合的比较和选择，是两者匹配的过程。一方面是用户的信息需求，一方面是组织有序的文献信息集合，检索就是从用户特定的信息需求出发，对特定的信息集合采用一定的方法、技术手段，根据一定的线索与规则从中找出相关的信息。

3) 信息检索方式

(1) 按检索对象分类。

按照检索对象不同，信息检索分为文献检索、数据检索和事实检索。

① 文献检索。文献检索是指查找用户所需文献的线索或者原文的检索。例如，查找某一主题的相关文献，对某研究课题立项的文献查新，或从事新产品开发时需要查找有关最新研究动态等。文献检索是一种相关性检索，检索结果是某一专题的文献线索(文摘、题录)，一般要经过阅读文摘后才能决定取舍。文献检索主要是利用二次文献进行，如各种载体形式的目录、题录、文摘、索引等。文献检索是信息检索中最基本、最重要的类型，是信息检索的核心和主体部分，是最常用的一种检索，其目标是检索出原始文献或原始文献的替代品。

② 数据检索。数据检索是指查找用户所需特定数据的检索。目标是检索出可以直接使用的数据或数值，例如查找各种统计数据、图像、图标、图表、数学表达式、化学分子式、设备型号、技术参数等。具体如检索"尼罗河的长度是多少"。数据检索是一种确定性检索，主要是利用各种词典、手册、百科全书、年鉴等参考工具书进行，也可以利用各种参考型数据库进行检索。

③ 事实检索。事实检索是指以特定的事实为检索对象的一种检索。例如，查找某一名人、机构的基本情况，某一事件发生的时间、地点、过程等。具体如检索"长江哪一年汛

期的水位最高"。事实检索和数据检索一样，也是一种确定性检索，所不同的是需要对检索出来的数据进行较为复杂的对比、分析、推理后，方可得出结论。可利用百科全书、手册、年鉴、名录及相关数据库等参考工具进行检索。

(2) 按计算机检索技术分类。

按照计算机检索技术不同，信息检索分为联机检索、光盘检索和网络检索。

① 联机检索。联机检索是以联机检索提供商为中心，提供商研制自己的软件，建立自己的联机检索系统，用户利用检索系统终端，通过专用的或公用的电话线路等数据通信网络与利用的检索系统相连，按照提供商所指定的各项检索规则进行检索。联机检索系统由主机系统、数据库、通信设备和终端设备组成。著名的联机检索系统有 OCLC、Dialog、STN 等。

② 光盘检索。光盘检索有单机检索和联机检索两种。单机检索自成系统，由普通计算机、光驱、数据库光盘以及相应的检索软件和驱动软件构成，提供单个用户使用。联机检索系统在光盘网络的环境下运行，受到光盘塔和局域网的支撑，在局域网内提供多个用户使用，由服务器管理。

③ 网络检索。基于搜索引擎技术的网络检索是随着互联网的兴起和普及而出现的。网络搜索引擎是当今网络检索工具的主流，不仅提供文本检索，还可以提供图像、图形、音频、视频、动画等多媒体检索。

4) 信息检索语言

信息检索语言是用来表达信息概念的一种人工语言，它是根据信息组织和检索需要所编制的特殊标志，是存储信息、组织信息和检索信息的符号。它是沟通"信息源"与"检索"的桥梁和纽带，能标引、组织和编排信息，形成各种信息检索工具或检索系统，利用检索语言将信息从检索工具或检索系统中检查出来。

检索语言的类型如图 5-23 所示。

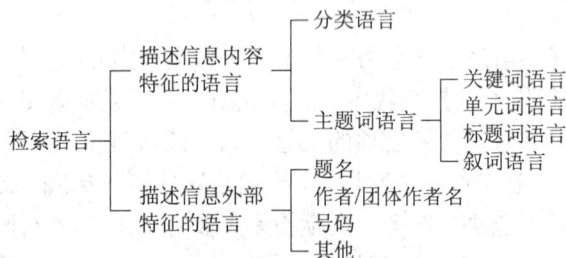

图 5-23　检索语言的类型

分类语言是按学科范畴划分而构成的一种语言体系，它集中反映学科的系统性，反映它们的相关、从属、派生等关系，从总体到局部分层、分面展开，形成分类体系。由类目号码及名称作为检索语言，构成分类类目表，如图书分类表、专利分类表用的都是分类语言。主题词语言包括关键词语言、单元词语言、标题词语言、叙词语言等，它们有不同的主题词表。主题词表达概念本身，在主题词表中通过参照系统来指示词汇之间的关系。

分类语言的具体表现形式是分类表，国内常用的有《中国图书馆图书分类法》《科学院图书馆分类法》《人民大学图书馆分类法》等，国外常用的有《杜威十进分类法》《美国国会图书馆分类法》等。

《中国图书馆图书分类法》把全部的知识门类分为马列、毛泽东思想，哲学，社会科学，自然科学，综合性图书这五大部类，在此基础上组成了 22 个大类。

《中国图书馆图书分类法》中的标记符号采用汉语拼音字母与阿拉伯数字相结合的混合号码，即用一个字母表示一个大类，以字母的顺序反映大类的序列。字母后用数字表示大类以下类目的划分，数字的编号使用小数制。

五个基本部类及下设的 22 个大类列表如表 5-2 所示。

表 5-2 《中国图书馆图书分类法》类目中的基本内容(一级大类)

代号	内容	代号	内容
A	马克思主义、列宁主义、毛泽东思想	TD	矿业工程
B	哲学	TE	石油、天然气工业
C	社会科学总论	TF	冶金工业
D	政治、法律	TG	金属学、金属工艺
E	军事	TH	机械、仪表工业
F	经济	TJ	武器工业
G	文化、科学、教育、体育	TK	动力工程
H	语言、文字	TL	原子能技术
I	文学	TM	电工技术
J	艺术	TN	无线电电子学、电信技术
K	历史、地理	TP	自动化技术、计算技术
N	自然科学总论	TQ	化学工业
O	数理科学和化学	TS	轻工业、手工业
P	天文学、地球科学	TU	建筑科学
Q	生物科学	TV	水利工程
R	医药、卫生	U	交通运输
S	农业科学	V	航空、航天
T	工业技术	X	环境科学、劳动保护科学
TB	一般工业技术	Z	综合性图书

5.6.2 文献检索

1. 文献出版类型

文献的类型按出版形式不同可分为图书、期刊、特种文献等。

1) 图书

图书是记录和保存知识、表达思想、传播信息的最古老、最主要的手段。它便于存放、携带，阅读时可不受空间、时间和设备的限制。这些优点使图书过去、现在和将来都是人类社会最主要的信息交流媒介之一。

图书可分为两类，即阅读类和工具类图书。阅读类图书包括教科书、专著、普及读物等，它是供系统学习知识之用；工具类图书包括百科全书、年鉴、手册、辞典等，它是供检索各种数据和事实之用。

如果想对某些问题获得较全面的系统知识或对陌生问题获得初步了解，参考图书是十分有效的。正式出版的图书，封内版权页均有国际标准书号、出版单位和出版时间等。

近年来电子图书种类和数量在迅速增长。目前，电子图书的推广已不存在技术和经济上的问题，其普及前景是很光明的。

2) 期刊

期刊又称杂志，是有一个固定的名称、有统一出版形式、定期出版且每期有多篇论文组成的连续性出版物。

期刊与图书相比，最突出的特点是出版周期短，内容新颖，能及时反映科技研究成果的新信息。有些发明和最新发现并不是成熟、稳定和可靠的，它们往往不被图书采纳，却可以被期刊采用，所以期刊论文的内容有时代表理论或实践前进的方向。

期刊作为重要的文献信息源还体现在世界上所有主要检索工具都以期刊为主要收录对象，因此人们可以比图书更快更方便地查到所需资料。正式出版的期刊有固定的刊名，并均有刊号，即国际标准连续号。

3) 科技报告

科技报告是科学、技术研究结果的报告或研究进展的记录。

这些研究项目多数是由政府单位提供经费，以签订合同的方式委托研究所、公司或高等院校来进行研究并提供科研成果。例如，国家及省自然科学基金项目、载人航天项目、863 项目等。

按流通范围不同，科技报告可分为保密和非保密的报告。属于保密的报告内容大多涉及军事、国防工业和尖端技术成果，是限制发行的；但公开的和解密的也占一定数量。因此，它的获得不如图书或期刊容易。

科技报告内容涉及的都是最新研究课题和尖端技术，能充分反映一个国家的科学技术成果、动向和发展水平。在形式上，科技报告每份自成一册，篇幅长短不一，并编有报告号。

4) 会议文献

会议文献指在各种学术会议上宣读和交流的书面论文。

国内外许多学术团体每年都要组织召开全国性和国际性的学术会议。学术团体大部分是以学科或职业组织起来的群众性组织。例如，中国电子学会、中国物理学会、中国机械工程学会、美国的电气与电子工程师学会(简称 IEEE)、英国的电气工程师学会(简称 IEE)。会议内容主要是本学科领域当前研究的最新课题，提交的会议论文是经过会议组委会聘请专家审查挑选的，质量较高，会议论文经常被 EI 和 ISTP 收录。开完一次学术会议后，都以图书或期刊专集的形式出版会议文献，称为会议录。

会议文献的特点是文献论题集中，专业性强，内容新，学术水平高，出版发行快。会议文献已成为排名于期刊文献后的第二大科技文献信息源。

5) 专利文献

专利是受专利法保护的发明。目前，全世界已有 130 多个国家建立了专利制度。我国是在 1985 年 4 月实行的专利制度。若某人对一项技术有创新发明，则可以向专利局申请专利。经过专利局的严格审查，被认为符合专利的三个条件(新颖性、先进性和实用性)就可以批准为专利。

专利文献主要是指专利说明书，也就是申请专利的时候，向专利局提交的书面文件。

专利文献具有内容详尽、广泛的特点，专利说明书既是技术文件又是法律文件。要求专利说明书用法律语言概括，准确地说明申请专利权的范围和技术细节，使它成为保护知识产权的主要依据。专利文献是制定科研规划、新产品开发和实施技术改造的一个主要技术信息源。

6) 学位论文

学位论文是高等院校或研究机构的学生为取得各级学位而提交的毕业论文。它按级别可分为学士论文、硕士论文和博士论文。

学位论文的特点是：论文质量参差不齐，不出版发行。一般保存在授予学位的单位图书馆。较高层次的学位论文，具有一定的创造性，所探讨的问题比较专深，对科研、生产和教学有较大的参考价值。

7) 标准文献

标准文献指按规定程序制定并经公认的权威机构批准的一整套在特定范围内执行的规格、规则、技术要求等规范性文献，也就是对工农业产品和工程建设的质量、规格及其检验方法等方面所作的技术规定。它是组织现代化生产，进行科学管理的具有法律约束作用的技术文献。

按审批机构级别不同，标准可分为国际标准、国家标准、部颁标准、企业标准四个等级。

标准文献的特点：第一，有固定的代号和专门的编写格式；第二，时效性强；第三，具有法律约束力，要求人们自觉遵守；第四，数量多，篇幅小，文字简练，通常一个标准只解决一个问题，以单行本发行；第五，更新换代频繁，各种标准都将随着科学技术的发展而不断地修订和补充。

2. 文献检索的常用工具和途径

依据文献外表特征的检索途径有以下几种：

(1) 文献名途径：如书名、刊名、篇名、特种文献名等。

(2) 著者途径：如作者、编者、译者等。

(3) 序号途径：文献出版时所编的号码，如报告号、专利号、标准号、文摘号等。

(4) 其他途径：如出版类型、出版日期、国别、文种等。

依据文献内容特征的检索途径有以下几种：

(1) 主题途径：所需文献的主题内容，如主题索引、关键词索引等。

(2) 分类途径：按照学科分类体系查找文献。

(3) 其他途径：依据学科特有的特征查找，如分子式索引、环系索引、子结构索引等。

3. 科技文献检索方法

科技文献检索的方法有正文法、引文法和循环法。

(1) 正文法：也就是上面介绍的从主题、分类、作者等途径查找。它可分为顺查和倒查、抽查三种。顺查即按时间从最早到最近的顺序查找,适用于欲了解某项研究的全过程。倒查与顺查相反,从最近查起,适用于对某项研究已有充分了解,只想了解最新进展的查找者。

(2) 引文法:又叫追溯法,即着眼于文献所附的参考或引用文献目录。

(3) 循环法:正文法和引文法交替使用。

4. 科技文献检索步骤

科技文献检索的步骤如下:

(1) 确定检索方向,弄清所需信息的特征。

(2) 确定检索方法。

(3) 根据学科、语种等选择一种或多种检索工具。

(4) 根据主题、分类或作者确定检索途径。

(5) 实施检索。检索过程中应注意尽量先使用累计索引,然后再通过现期索引补充;一套检索工具(引擎)或各种索引和各种检索工具(引擎)间要相互配合使用;检出一批结果后,应浏览文摘,判断是否满足要求,并加以筛选;若感到不满意,则应及时修改检索策略,加以调整,再行检索,直到满意为止。

(6) 索取原始文献。首先辨识文献款目,包括文献类型、来源、出版物名称等;然后查找原始文献的收藏单位,先从本单位、本地区入手,利用馆藏目录和联合目录(联网目录),找到原始文献收藏单位,即可通过借阅、复制或网上传输获得文献。

5.6.3 计算机信息检索

计算机信息检索就是在计算机和人的共同作用下,按照一定的方法组织和存储信息,并通过人-机对话从计算机存储的大量数据中自动输出用户所需的那部分信息的过程。它具有检索速度快、途径多、更新快、资源共享、方便灵活、结果可以直接输出的特点。

计算机检索的过程实际上是一个比较、匹配的过程,检索提问只要与数据库中的信息的特征标志及其逻辑关系相一致,则属"命中",即找到了符合要求的信息。计算机信息检索系统包括软硬件设备和数据库。其中,数据库是长期储存在计算机内、有组织、可共享的数据集合。数据库中的数据按一定的数据模型组织、描述和储存,具有较高的数据独立性和易扩展性,并可在一定范围内为各种用户所共享。数据库是检索系统中的信息源,是计算机信息检索系统的物质基础,也是用户进行检索的对象。

1. 布尔逻辑检索

布尔逻辑检索指采用布尔逻辑表达式来表达用户的检索要求,并通过一定的算法和实现手段进行检索的过程。逻辑算符也称布尔算符,用来表示两个检索单元(检索项)之间的逻辑关系。常用的逻辑算符有三种:AND(逻辑与" * ")、OR(逻辑或" + ")、NOT(逻辑非" - ")。

2. 截词检索

截词检索是指用截词符号"?""*"或"$"加在检索词的前后或中间,以检索一组概念相关或同一词根的词。这种检索方式可以扩大检索范围,提高查全率,主要用于西文数据库检索。中文数据库通常不使用这种技术。

3. 位置算符检索

运用位置算符表示两个检索词间的位置邻近关系，又叫邻接检索。

这种检索技术通常只出现在西文数据库中，在全文检索中应用较多。

如果说布尔逻辑算符是表示两个概念之间的逻辑关系，那么位置算符表示的就是两个概念在信息中的实际物理位置关系。

4. 网络数据库检索

网络数据库是指将数据存放在远程服务器上，用户通过国际互联网 Internet 直接访问，也可通过 Web 服务器或中间服务器访问。用户在自己的客户端上，通过互联网和浏览器界面对数据库进行检索。以下是几个大型综合性中文网络数据库检索系统。

(1) 中国知网(CNKI)，如图 5-24 所示。

图 5-24　中国知网界面

(2) 万方数据知识服务平台，如图 5-25 所示。

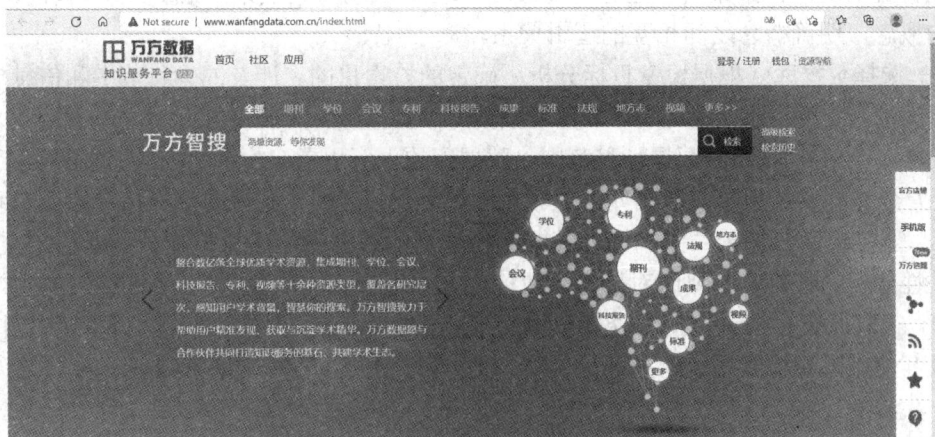

图 5-25　万方数据知识服务平台界面

(3) 维普网，如图 5-26 所示。

图 5-26   维普网界面

5. 计算机检索的技巧和方法

进行计算机检索时，扩大检索范围的方法包括：概念的扩大，范围的扩大，增加同义词、近义词、相关词和缩略词，用"or""?"，年代的扩大，去掉连字符，更换另外的数据库或是另外的光盘继续进行检索等。

减小检索范围的方法包括：核心概念的限定，核心期刊的限定，语种的限定，用布尔逻辑算符"AND"或者"NOT"组配检索词，使用位置算符提高查准率，选择确切的检索词缩小检索范围等。

计算机检索的步骤包括确定检索目标，制定检索策略，选择数据库，上机检索，对检索结果评价，检索策略调整和获取原文。

(1) 确定目标、制定策略。首先明确用户是要查新、查参考资料还是查询论文被收录或引用情况等，以便对检索的查准、查全和时间范围的指标要求有一个大致的了解，从而制定出符合情况的检索策略。通过对检索内容进行分析，找出核心概念和隐含概念，排除无关的概念，明确概念之间相互的逻辑关系。

(2) 选择数据库。根据检索目标分析所确定的检索目的、涉及的学科范围和信息类型，选择合适的数据库。选择过程中还应考虑数据库的类型(参考、全文还是电子期刊)、内容(专利、标准、会议)、收录的数据学科范围、数据库的更新周期，收录文献的语种等因素。例如，要看全文就要选用全文数据库或电子期刊，要查标准或专利就要选择标准库或专利库。

(3) 上机检索、评价结果、调整策略。在选择的数据库中进行检索，并对检出文献进行相关性分析、评价，必要时对检索词或检索方式进行修改，直至检出结果符合要求。

(4) 获取原文。根据文摘出处获取原文信息，刊名缩写还原为全称，查本馆书目检索系统或其他馆书目检索系统，判断原文所在地，获取原文。

本 章 小 结

本章重点介绍了信息获取技术，信息获取的方法和技术种类。

　　传感器通过将被测量参数转换成电信号，成为测量和信息获取的基础技术。

　　检测技术作为信息科学的一个重要分支，它以传感器为核心，源源不断地向人类提供宏观与微观世界的种种信息。

　　遥感技术作为一种探测技术，它利用各种传感仪器对远距离目标所辐射和反射的电磁波信息进行收集、处理，并最后成像，从而为人们提供地面各种景物的探测和识别信息。

　　存储技术根据不同的应用环境通过采取合理、安全、有效的方式将数据保存到某些介质上，从而能保证人们可以通过有效的访问来获取已经存储的信息。

　　自动控制技术既涉及信息的获取，又关联信息的输出和控制，几乎渗透到国民经济的各个领域及社会生活的各个方面。

　　信息检索是从信息集合中或数据库中获取所需信息的有效方法。

　　我们通过不同的方式获得各种信息，信息的获取是信息处理和应用的基础。

习 题 5

1. 上网查阅最新的信息获取技术的进展。
2. 传感器由哪些部件组成？传感器的分类方法有哪些？
3. 上网查阅资料，了解传感器技术的最新发展趋势。
4. 检测系统由哪些部分组成？
5. 上网查阅资料，了解检测技术的最新发展趋势。
6. 检测误差分为哪几种？消除方法有哪些？
7. 遥感技术系统由哪几部分组成？各部分的主要功能是什么？
8. 遥感图像处理方法有哪两种？
9. 常见的存储设备有哪些？
10. 什么是云存储？
11. 什么是信息检索？按照检索对象不同，信息检索分为哪几类？
12. 文献检索常用的工具和途径有哪些？

第6章 信息传输技术

教学提示

现代信息传输技术的主要分支包括：卫星通信、移动通信、光通信、量子通信等。本章主要介绍现代通信技术的基本概念、基本原理、基本通信系统。其中，重点是移动通信系统和卫星通信系统。

6.1 现代通信概述

在信息时代，人们需要获得信息、处理信息和传输信息，这就是信息技术的三个主要分支：信息获取技术、信息处理技术和信息传输技术。

6.1.1 通信的概念

所谓通信，就是信息的传递。这里所说的"传递"，可以认为是一种信息传输的过程或方式。信息传递包括：

(1) 空间的传递：就是通常所说的信息传输。

(2) 时间的传递：就是信息存储。

在本章里，我们所讨论的，是特指利用各种电信号或光信号作为通信信号的电通信与光通信，就是人们常说的电信。

6.1.2 通信的发展

自19世纪初电通信技术问世以来，短短的100多年里，通信技术的发展可谓日新月异，出现了许多新技术。

根据各种通信技术在通信发展史上的地位、作用以及对人类社会的影响，人们对过去的100多年通信技术的发展历史进行了概括性的总结，其中有10项重大通信技术值得人们纪念。分别介绍如下：

(1) 莫尔斯发明有线电报。有线电报开创了人类信息交流的新纪元。

(2) 马可尼发明无线电报。无线电报为人类通信技术开辟了一个崭新的领域。

(3) 载波通信。载波通信的出现，改变了一条线路只能传输一路电话的局面，使得在一个物理介质上传输多路音频电话信号成为可能。

(4) 电视。电视极大地改变了人们的生活，使传输和交流的信息从单一的声音发展到实时图像。

(5) 电子计算机。计算机被公认为是 20 世纪最伟大的发明，它加快了各类科学技术的发展进程。

(6) 集成电路。集成电路为各种电子设备提供了高速、微小、功能强大的"心脏"，使人类的信息传输能力和信息处理能力达到了一个新的高度。

(7) 光纤通信。光导纤维的发明，使人们寻求到一种真正能够承担起构筑未来信息化基础设施传输平台重任的通信介质。

(8) 卫星通信。卫星通信将人类带入了太空通信时代。

(9) 蜂窝移动通信。蜂窝移动通信为人们提供了一种前所未有、方便快捷的通信手段。

(10) 因特网。因特网的出现意味着信息时代的到来，使地球变成了一个没有距离的整体。

6.1.3　通信系统模型

通信是从一地向另一地传递和交换信息。实现信息传递所需的一切技术设备和传输媒质的总和称为通信系统。通信系统通常是指由通信收发双方和信道组成的器件与设备的全体。

最简单的基于点与点之间的通信系统的一般模型如图 6-1 所示。

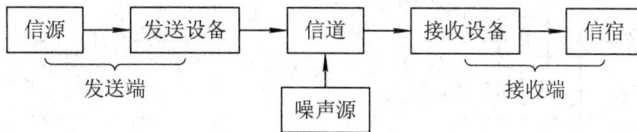

图 6-1　通信系统的一般模型

1) 发送端

通信系统的发送端由信源和发送设备组成。

信源是消息的产生地，其作用是把各种消息转换成原始电信号，称之为消息信号或基带信号。例如，电话机、手机和计算机等终端设备就包括信源。

发送设备的基本功能是将信源和信道匹配起来，即将信源产生的消息信号变换成适合在信道中传输的信号。变换方式是多种多样的，调制是最常见的变换方式。对数字通信系统来说，发送设备常常还包括信源编码、信道编码和加密编码。

2) 信道和噪声源

信道是指传输信号的物理通道。在无线通信和移动通信系统中，信道是无线的，例如，信道可以是大气(自由空间)。在有线通信中，信道是有线的，例如，信道可以是明线、电缆或光纤。

噪声源不是人为加入的，而是通信系统中各种设备以及信道中所固有的。噪声的来源是多种多样的，它可分为内部噪声和外部噪声，而外部噪声往往是从信道引入的。

3) 接收端

通信系统的接收端由接收设备和信宿组成。

接收设备的基本功能是完成发送设备的反变换，即进行解调、解码等。它的任务是从带有干扰的接收信号中正确恢复出相应的原始基带信号。

信宿是信息传输的归宿点，其作用是将复原的原始信号转换成相应的消息。

6.1.4　通信方式的分类

常用的通信方式有以下几种：

1．同频单工制

同频是指通信的双方使用相同的工作频率，单工是指通信双方的操作采用"按—讲"(PTT)方式，如图 6-2 所示。平时，双方的接收机均处于收听状态。如果 A 方需要发话，可按下 PTT 开关，则发射机工作，接收机关闭。这时，由于 B 方接收机处于收听状态，即可实现由 A 至 B 的通话。

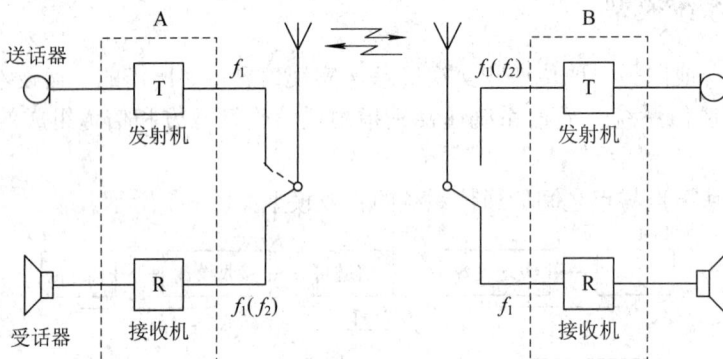

图 6-2　同频单工制方式示意图

2．半双工制

半双工制方式如图 6-3 所示，中心转信台(A)使用一组频率，而移动台(B)采用单工制，该方式主要用于有中心转信台的无线调度系统。

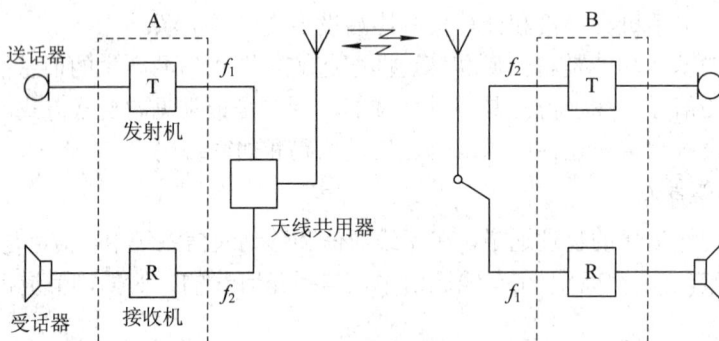

图 6-3　半双工制方式示意图

3．双工制

双工制方式如图 6-4 所示，是指通信双方的收发信机均同时工作，即任一方在发话的同时也能收听到对方的话音，无需按 PTT 开关，类同于平时打市话，使用自然，操作方便。

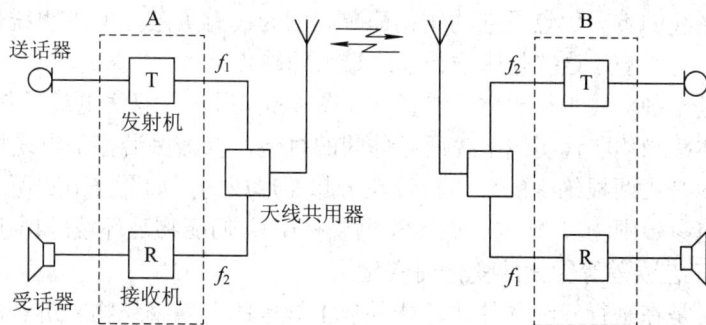

图 6-4　双工制方式示意图

6.1.5　通信系统的分类

通信系统的分类方式很多,分别介绍如下。

1. 按信号特征分类

根据信道传输的信号种类不同,通信系统可分为两大类:模拟通信系统和数字通信系统。

信道中传输模拟信号的系统称为模拟通信系统,如模拟电话系统、传真系统、模拟广播电视系统等;信道中传输数字信号的系统称为数字通信系统,如数字电话通信系统。

2. 按传输介质分类

按传输的介质不同,通信系统可以分为无线通信系统和有线通信系统。

利用无线电波、红外线、超声波、激光进行通信的系统称为无线通信系统。广播系统、移动电话系统、传呼通信系统、电视系统等都是无线通信系统。

无线通信系统的信道为无线信道,如图 6-5 所示。

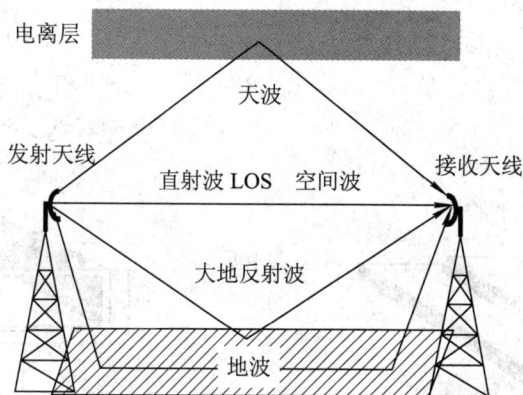

图 6-5　无线信道

用导线(包括电缆、光缆和波导等)作为介质的通信系统就是有线通信系统,如市话系统、闭路电视系统、普通的计算机局域网等。

常用的有线信道如图 6-6 所示。

明线电缆是双线并行导体,如图 6-6(a)所示。它仅仅由两根并行线组成,中间由空气隔离，这类传输线的唯一优点是它的结构简单。因为没有屏蔽，所以明线传输线辐射损耗高并且易受噪声的影响，这些是明线传输线最大的缺点。

双线电缆是一种双线平行导体传输线，如图 6-6(b)所示。双线电缆通常称为带状电缆，它采用连续固体绝缘体取代明线电缆两导体间的衬垫，以确保沿整个电缆均衡间隔。

双绞线电缆是由两根绝缘的导体扭绞在一起而形成的，如图 6-6(c)所示。双绞线电缆的主要参数是电参数(阻抗、感抗、电容和电导率)，它们随物理环境(如温度、湿度和机械压力)以及制造工艺误差等因素的变化而变化。

屏蔽电缆对是在平行双线导体传输线外包上导电的金属编织物。屏蔽的平行线对如图 6-6(d)所示，它包括两个由固体绝缘体分隔的平行导体。整个结构包裹在编织导管中，然后再覆盖保护的塑料外套。

图 6-6(e)、(f)所示为同轴电缆，包括一个中心导体，周围是同心的(与中心距离相同)外部导体。在频率相对高的频段上，同轴外导体提供极好的屏蔽以防止外部干扰。然而在低频应用中，屏蔽的作用并不有效。

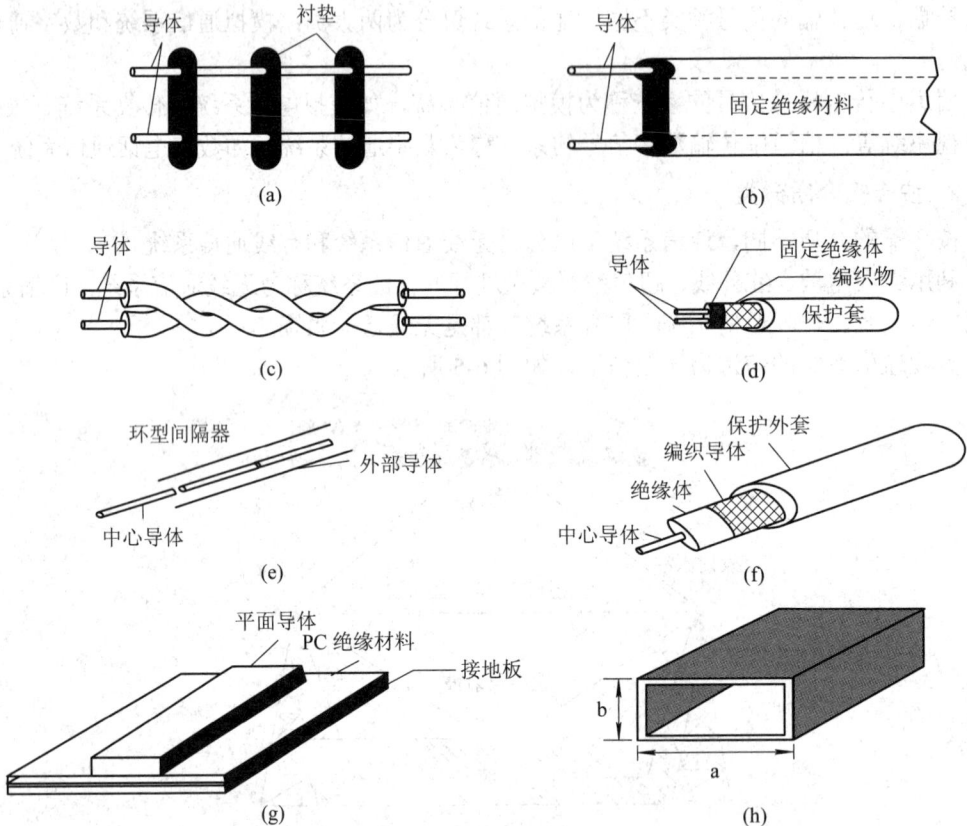

图 6-6 常用有线信道

微带线是一个由绝缘体隔离的、与接地板分离的平面导体。图 6-6(g)所示为一个简化的单轨微带线路。接地板作为电路的公共点，必须至少是上层导体宽度的 10 倍，而且要连接到地。

　　波导是一个空心导管，如图 6-6(h)所示，它们的内表面可以反射电磁波。如果波导管壁是良导体且很薄，则壁内无电流流过，因此能量损耗很少。通过波导管内的电介质传播能量，其电介质通常是干燥的空气。

　　随着通信技术、计算机技术和网络技术的飞速发展，单纯的有线或无线通信系统越来越少，实际通信系统常常是有线与无线两种方式结合起来使用。

　　现在的移动互联网、物联网、无线传感网等，都是这种应用的典范。

3．按调制方式分类

　　按调制与否，通信系统可分为基带通信系统和调制通信系统。

　　基带通信系统传输的是基带信号，即没有经过任何调制处理的信号；而调制通信系统传输的是已调信号。

4．按通信业务分类

　　按传输信息的物理特征不同，通信系统可分为电话通信系统、电报通信系统、广播通信系统、电视通信系统和数据通信系统等。

5．按工作波段分类

　　按使用波长的不同，通信系统可分为长波通信系统、中波通信系统、短波通信系统、微波通信系统和光通信系统等。

　　一种通信系统可以分属不同的种类，例如，我们所熟悉的无线电广播既是中波通信系统、调制通信系统，也是无线通信系统。

　　无论怎样划分，通信系统都只是在信号处理方式、传输方式或传输介质等外在特征上做文章，其通信的实质并没有改变，即大量地、快速地、准确地、广泛地、方便地、经济地、安全地传输信息。

6.2　无 线 通 信

6.2.1　无线通信的特点

　　无线通信是利用电磁波传播进行信息传输。无线通信的信道是无线信道，具有以下特点：

　　(1) 信道是随参信道；

　　(2) 多普勒效应；

　　(3) 多径效应；

　　(4) 大气传播效应；

　　(5) 随机衰落现象等。

　　目前，近距无线通信技术，如蓝牙(Bluetooth)、无线局域网 802.11(Wi-Fi)和红外数据传输(IrDA)等技术得到了广泛的使用。

　　另外，新型的通信技术正在崛起，它们分别是：ZigBee、超宽频(Ultra WideBand)、短距通信(NFC)、WiMedia、GPS、DECT、无线 1394 和专用无线系统等。它们都有各自立足的特点：或基于传输速度、距离、耗电量的特殊要求；或着眼于功能的扩充性；或符合某些单一应用的特别要求；或建立竞争技术的差异化等。但是没有一种技术可以完美到足以满足所有的需求。

6.2.2　常用无线通信系统

1. 微波通信系统

微波通信是指用微波作为载波携带信息进行通信的方式。

微波的传播特性类似于光的传播，微波信号沿直线传播，绕射能力很弱，一般只能进行视距内的传播。所谓视距传播，是指发射天线和接收天线处于相互能看见的视线距离内的传播方式。地面通信、卫星通信、雷达等都可以采用这种传播方式。

2. 散射通信系统

散射通信系统是利用散射波进行通信的。

电波在低空对流层中遇到不均匀的"介质团"时，就会发生散射，散射波的一部分到达接收天线处，这种传播方式称为不均匀媒质的散射传播，如图 6-7 所示。

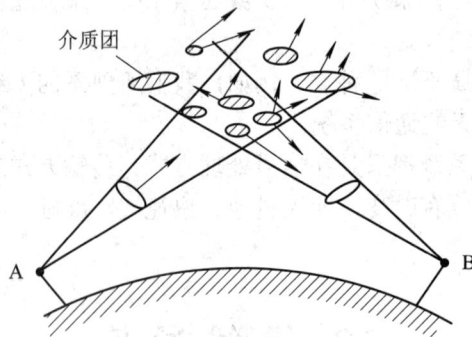

图 6-7　不均匀媒质的散射传播

1) 对流层散射通信

对流层散射主要用于 100 MHz 以上的频段。对流层是大气的最底层，通常是指从地面算起至高达(13 ± 5) km 的区域。

这种传播方式的优点是容量大，可靠性高，保密性好，单跳跨距达 300 km～800 km，一般用于无法建立微波中继站的地区，如用于海岛之间或跨越湖泊、沙漠、雪山等地区。

2) 流星余迹通信

流星余迹通信系统也是一种散射通信系统，它利用流星余迹形成的不均匀媒质的散射传播实现通信。

由于流星余迹具有随机性，因此，流星余迹通信具有很强的保密性。西安电子科技大学在 20 世纪 70 年代开始研究流星余迹通信，取得了许多成果，在国防科技中得到了重要应用。

3. 蜂窝移动通信系统

蜂窝移动通信系统也称"小区制"系统，是将所有要覆盖的地区划分为若干个小区，在每个小区设立一个基站(BS)，为本小区的用户服务，多个小区通过移动交换中心(MSC)互联，完成网络的控制等功能。蜂窝系统通过频率复用、切换和位置管理等技术，能为广大区域内的大量用户提供方便、快捷、高性能的移动通信服务。

4. 无线数据网

无线数据网(Wireless Data Networking)技术正变得越来越常用，可用于接入有线局域网和骨干网络，同时也可以接入电信网络中。无线数据网络按照覆盖范围可分为无线个人区域网(Wireless Personal Area Network，WPAN)、无线局域网(Wireless Local Area Network，WLAN)、无线城域网(Wireless Metropolitan Area Network，WMAN)及无线广域网(Wireless Wide Area Network，WWAN)等。不同的标准化组织针对不同类型的无线数据网推出了多个无线数据网标准，其中 IEEE 802 协议中定义的一系列无线网络标准应用最为广泛。

5. 卫星通信

卫星通信是地球站之间或航天器与地球站之间利用通信卫星进行转发的无线电通信。卫星通信系统由通信卫星、地球站、测控和监控系统组成，其中通信卫星起到中继作用，把一个地球站或移动终端的信号经过变频和放大后再传输给另一端的地球站或移动终端。测控站对通信卫星的轨道位置和姿态进行测量和控制。监测中心对所有通信卫星有效载荷(转发器)的通信业务进行监测管理，以保持整个系统的安全、稳定运行，并与用户信息管理系统相连接，实现对用户业务的监控管理。由于将中继站放到空中，相比地面中继传输，卫星通信系统具有覆盖面宽、容量大、业务多样、机动性强，稳定可靠、不受地理条件限制及成本与通信距离无关等优点，因此，它在现代信息社会中发挥着越来越重要的作用，在军事通信领域的作用尤为突出。

6. 无线自组织网络

无线自组织网络即 Ad Hoc 网络，是由若干带有无线收发信机的节点构成的一个无中心的、多跳的、自组织的对等式无线通信网络。自组织网络与传统通信网络的最大不同之处在于自组织特性，其优点是网络的抗摧毁能力和支持网络拓扑结构动态变化的能力较强，适合于一些紧急场合的通信组网需要，如战术电台通信网。其缺点是网络的实现及维护非常复杂，存在网络带宽受限、对实时性业务支持较差和安全性不高等弊端。

7. 无线传感器网络

无线传感器网络(Wireless Sensor Network，WSN)是由大量静止或移动的传感器以自组织和多跳的方式构成的无线网络，其目的是协作地感知、采集、处理和传输网络覆盖地理区域内感知对象的监测信息，并报告给用户。

8. 集群通信系统

集群通信系统是指由多个用户共用一组无线信道，并动态地使用这些信道的移动通信系统，其主要用于调度通信。集群通信系统由基站、移动台、调度台和控制中心四部分组成。其中，基站负责无线信号的转发，移动台用于在运行中或停留在某个不确定的地点进行通信，调度台负责对移动台进行指挥、调度和管理，控制中心主要负责控制和管理整个集群通信系统的运行、交换和接续。集群通信系统可以把所具有的可用信道为系统的全体用户共用，它能够自动选择信道，具有共用频率、共用设施、共享覆盖区、共享通信业务、共同分担费用、兼容有线通信等特点，同时它还具有调度指挥、控制、交换、中继等功能，既节约频谱，又能为用户提供快速、方便、无干扰的通信，是一种多用途、高效能而又廉价的先进无线调度通信系统。

9. 无线寻呼系统

无线寻呼系统是一种不用语音的单项选择寻呼系统。其接收端是多个可以由用户携带的高灵敏度接收机(俗称 BB 机、Call 机)。在接收机收到呼叫时，会自动振铃、显示数码或汉字，向用户传递特定的信息。寻呼系统可粗分为专用寻呼系统和公用寻呼系统两类。专用寻呼系统主要为一个或几个单位使用，其规模多为中小型系统。无线寻呼系统的组成如图 6-8 所示。

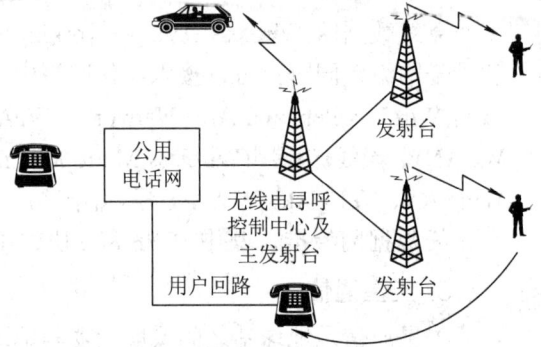

图 6-8　无线寻呼系统组成示意图

10. 无绳电话系统

无绳电话机实质上是全双工无线电台与有线市话系统及逻辑控制电路的有机组合，他能在有效的场强空间内通过无线电波介质，实现副机与座机之间的"无绳"联系。简单地说，无绳电话机就是将电话机的机身与手柄分离成为主机(母机)与副机(子机)两部分，主机与市话网用户电话线连接，副机通过无线电信道与主机保持通信，不受传统电话机手柄及话绳的限制。这样，携带副机的用户可以在一定范围内自由活动并进行通话，如图6-9所示。

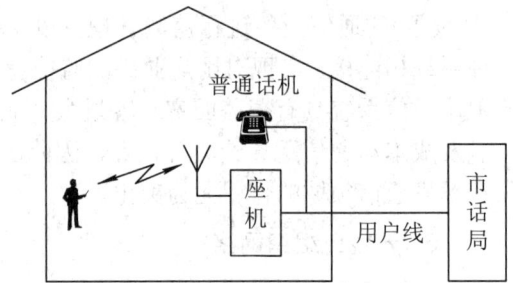

图 6-9　无绳电话系统示意图

6.3　卫　星　通　信

6.3.1　微波接力通信

微波接力通信是指用微波作为载波携带信息进行的接力通信。对于长距离通信可采用接力的方式，这就是微波接力通信，如图 6-10 所示。

由于地球曲面的影响以及空间传输的损耗，每隔 50 km 左右，就需要设置中继站，将电波放大转发而延伸。长距离微波通信干线，可以经过几十次中继，而传至数千公里仍可保持很高的通信质量。

微波中继站的设备包括天线、收发信机、调制器、多路复用设备以及电源设备、自动控制设备等。中继站的作用是将信号进行再生、放大处理后，再转发给下一个中继站，以确保传输信号的质量。

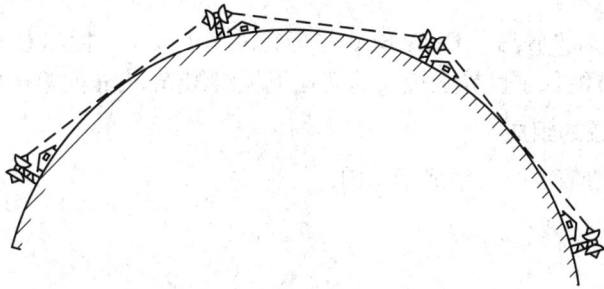

图 6-10　微波接力通信

　　为了把电波聚集起来成为波束送至远方，一般都采用抛物面天线，其聚焦作用可大大增加传输距离。

6.3.2　卫星通信系统

　　自从 1945 年克拉克提出三颗对地球同步的卫星可覆盖全球的设想(如图 6-11 所示)以来，卫星通信真正成为现实经历了 20 年左右的时间。

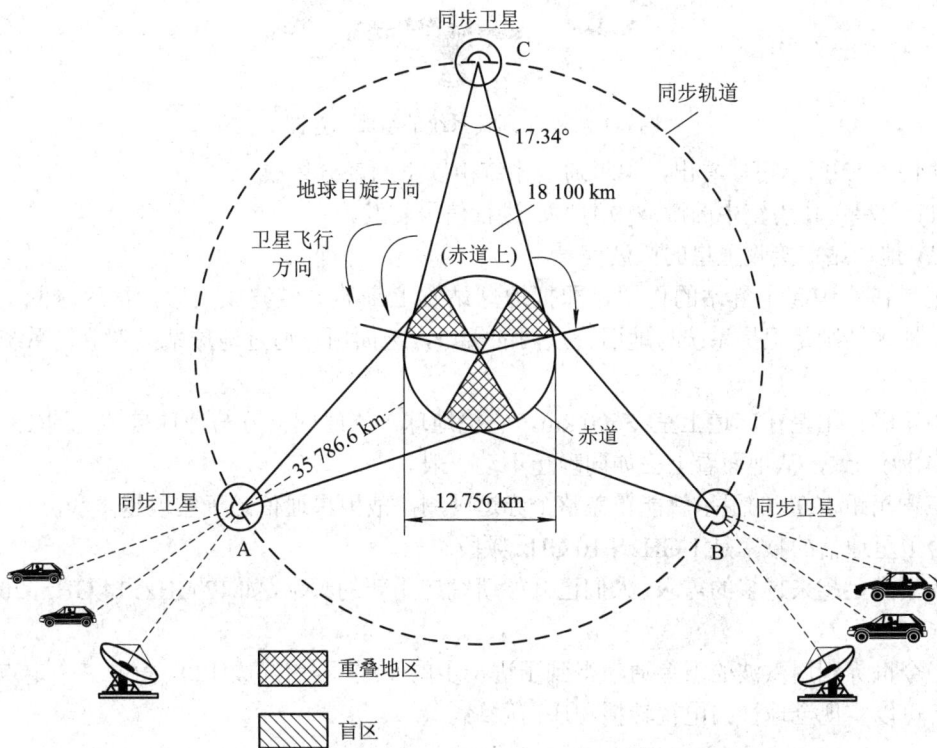

图 6-11　三颗同步卫星覆盖全球

　　1957 年 10 月 4 日，原苏联成功发射了世界上第一颗距地球高度约 1600 km 的人造地球卫星，实现了对地球的通信，这是卫星通信历史上的一个重要里程碑。

　　1962 年 7 月，美国发射的第一个卫星微波接力站——Telstar 卫星，首次把现场的电视图像由美国传送到欧洲。

1965 年 4 月 6 日,"晨鸟"(Early Bird)号静止卫星的发射,标志着卫星通信真正进入了实际商用阶段,并被纳入了世界上最大的商业卫星组织 Intelsat 的第一代卫星系统 IS-I。

1. 卫星通信系统的组成

图 6-12 为卫星通信系统的组成示意图。

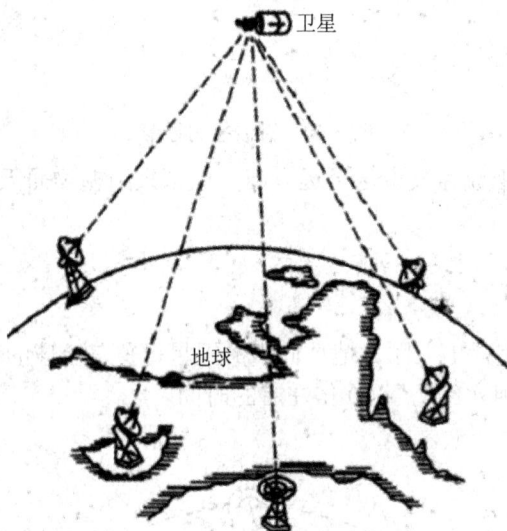

图 6-12 卫星通信系统的组成示意图

由图 6-12 所示可以看出,卫星通信系统由以下两部分组成:

(1) 卫星:作为空中的微波中继站,进行信号转发。

(2) 地球站:接收卫星的微波信号。

卫星在空中起中继站的作用,即把地球站发上来的电磁波放大后,再返送回另一地球站。地球站则是卫星系统与地面公众网的接口,地面用户通过地球站接入卫星系统形成链路。

由于静止卫星在赤道上空 3600 km,它绕地球一周时间恰好与地球自转一周(23 小时 56 分 4 秒)一致,从地面看上去如同静止不动一般。

三颗相距 120°的卫星就能覆盖整个赤道圆周,故卫星通信易于实现越洋和洲际通信。最适合卫星通信的频率是 1 GHz～10 GHz 频段。

为了满足越来越多的需求,人们已开始研究应用新的频率,如 12 GHz、14 GHz、20 GHz 及 30 GHz。

当今世界利用微波的卫星通信得到了进一步的发展,利用互成 120°角的三个定点同步卫星,可以实现全球性的电视转播和通信联络。

2. 卫星通信的特点

卫星通信同现在常用的电缆通信、微波通信等相比,其优点可以概括为:远、多、好、活、省。

(1) 远:指卫星通信的距离远。俗话说:站得高,看得远。同步通信卫星可以"看"

到地球最大跨度达 18 000 余千米。在这个覆盖区内的任意两点都可以通过卫星进行通信，而微波通信一般是 50 km 左右设一个中继站，一颗同步通信卫星的覆盖距离相当于 300 多个微波中继站。

(2) 多：指通信路数多、容量大。一颗现代通信卫星，可携带几个至几十个转发器，可提供几路电视和成千上万路电话。

(3) 好：指通信质量好、可靠性高。卫星通信的传输环节少，不受地理条件和气象的影响，可获得高质量的通信信号。

(4) 活：指运用灵活、适应性强。卫星通信不仅可以实现陆地上任意两点间的通信，而且能实现船与船、船与岸上、空中与陆地之间的通信，它还可以结成一个多方向、多点的立体通信网。

(5) 省：指成本低。在同样的容量和距离的条件下，卫星通信和其他的通信设备相比，所耗的资金少。卫星通信系统的造价并不随通信距离的增加而提高，随着设计和工艺的成熟，成本还在降低。

1) 卫星通信的优点

(1) 通信范围大，只要在卫星发射的波束覆盖的范围内均可进行通信。

(2) 不易受陆地灾害影响。

(3) 建设速度快。

(4) 易于实现广播和多址通信。

(5) 电路和话务量可灵活调整。

(6) 同一通信可用于不同方向和不同区域。

2) 卫星通信的缺点

(1) 由于两地球站间电磁波传播距离有 72 000 km，信号传输有较大延迟。

(2) 10 GHz 以上频带受降雨、降雪等天气的影响。

(3) 天线受太阳噪声的影响。

6.3.3　卫星通信的关键技术和常用通信系统

卫星通信的关键技术包括：微波技术、天线技术、卫星技术、多址技术、轨道技术和地球站技术等。

常用卫星通信系统包括：同步卫星通信系统、中轨道卫星通信系统、低轨道卫星通信系统和卫星移动通信系统等。

6.4　移　动　通　信

6.4.1　移动通信的概念及特点

移动通信是指移动用户之间或移动用户与固定用户之间进行的通信。它包括通信用户的位置存在变化，但通信过程中用户不处于运动状态的情况。当然，通信双方都不移动时进行的通信可以作为移动通信的极限特例。

移动通信与其他通信方式相比，具有以下基本特点：

(1) 电波传播条件恶劣。由于允许通信中的用户可以在一定范围内自由活动，其位置不受束缚，因此，无线电波的传播特性一般都很差，通常会出现阴影效应、多径效应、多普勒(Doppler)频移效应。

(2) 干扰严重。除去一些常见的外部干扰，如天电干扰、工业干扰和信道噪声外，移动通信系统常见的干扰有：同道干扰、临道干扰、互调干扰等。

(3) 网络结构复杂。常见网络结构有：带状(如铁路公路沿线)、面状(如覆盖一城市或地区)、立体状(如地面通信设施与中、低轨道卫星通信网络的综合系统)等。

(4) 网络管理比较复杂。通常网络管理包括：用户认证、身份鉴别、位置登记、过境切换等移动性管理技术。

(5) 综合了多种技术。

(6) 对设备要求苛刻。

(7) 移动通信可以利用的频谱资源非常有限，而移动通信业务量的需求却与日俱增。

6.4.2　移动通信系统的分类

按不同的标准，移动通信系统可分为不同的类别。

(1) 按使用对象不同，移动通信可分为民用设备和军用设备。

(2) 按使用环境不同，移动通信可分为陆地通信、海上通信和空中通信。

(3) 按多址方式不同，移动通信可分为频分多址(FDMA)、时分多址(TDMA)和码分多址(CDMA)。

(4) 按服务范围不同，移动通信可分为专用网和公用网。

6.4.3　移动通信的演进

1940 年，出现了人工接续的移动电话，调制方式为 FM 调频，单工工作方式，使用频段为 150 MHz 及 450 MHz。

20 世纪 60 年代，出现了自动拨号移动电话，全双工工作方式，使用频段为 150 MHz 与 450 MHz。1964 年，美国开始研究更先进的移动电话系统(IMTS)。

从 20 世纪 80 年代开始，1G 进入人们的生活中，AMPS、TACS 移动通信系统分别在美国、英国投入使用。 使用频段为 800 MHz 及 900 MHz，全自动拨号，全双工工作，具有越区频道转换、自动漫游通信功能，频谱利用率、系统容量和话音质量都有明显的提高。移动通信网络为蜂窝状移动通信系统，它形成了第一代移动通信系统(1G)，即模拟移动通信系统。

20 世纪 90 年代，进入 2G 时代，GSM 数字移动通信系统、窄带 CDMA(IS-95A)数字移动通信系统及卫星移动通信系统投入使用。数字移动通信系统进入发展与成熟的时期，通常称之为第二代移动通信系统(2G)，即数字移动通信系统。

2000 年以后，第三代移动通信系统(3G)在全球范围广泛使用。CDMA2000、WCDMA和由我国自主提出的时分同步 CDMA(TD-SCDMA)被国际电信联盟(ITU)批准为第三代移动通信系统(IMT-2000)的三大主流标准。2007 年，WiMAX 成为 3G 的第四大标准。

2007 年，乔布斯发布 iPhone，智能手机的浪潮随即席卷全球，终端功能的大幅提升也加快了移动通信系统的演进脚步。2008 年，支持 3G 网络的 iPhone3G 发布，人们可以在手机上直接浏览电脑网页，收发邮件，进行视频通话，收看直播等，人类正式步入移动多媒体时代。

2012 年 1 月，ITU 正式审议通过将 LTE-Advanced 和 Wireless MAN-Advanced(802.16m) 技术规范确立为 4G 国际标准，我国主导制定的 TD-LTE-Advanced 同时成为标准之一。

4G 支持像 3G 一样的移动网络访问，可满足游戏服务、高清移动电视、视频会议、3D 电视以及很多其他的需要高速的功能。4G 时代的来临，给了一些新兴公司发展的机会，各种各样的新型公司如雨后春笋般争相出现，人们的生活越来越便捷，人们已经离不开手机，更加智能化的生活已经悄悄来临。

2018 年 6 月，3GPP 全会批准了第五代移动通信技术标准(5G NR)独立组网功能冻结。加之 2017 年 12 月完成的非独立组网 NR 标准，5G 已经完成第一阶段全功能标准化工作，进入了产业全面冲刺新阶段。2020 年 7 月，3GPP 宣布 R16 标准冻结，这标志 5G 第一个演进版本标准完成。

5G 拥有支撑未来不同应用场景的能力，分别是高可靠低延时(uRLLC)、增强型移动带宽(eMBB)、大规模机器通信(mMTC)。5G 不仅能提供超高清视频、浸入式游戏等交互方式再升级；还将支持海量的机器通信，服务智慧城市、智慧家居；也将在车联网、移动医疗、工业互联网等垂直行业"一展身手"。简单来说，5G 速度更快、更安全、信号更强、覆盖面积更广，应用领域更广泛。

5G 应用中，mMTC 与 uRLLC 两种场景主要是面向物联网的应用需求，5G 的商用，将实现真正的万物互联。

2020 年 2 月，国际电信联盟无线电部门 5D 工作组(ITU-R WP5D)召开了第三十四次会议，暨本年度世界无线电通信大会 WRC-19 后的第一次会议，正式开始面向 2030 及未来(即 6G)的研究工作，征集业内相关机构对于 6G 技术发展趋势的观点。

中国工信部于 2019 年成立了 6G 研究组，并在 2019 年底正式更名为 IMT-2030 推进组，推动 6G 相关工作。

6G 通信网络将实现全球立体深度覆盖，将空间、陆地以及海洋紧密无缝连接，即不仅提供陆地通信服务，还将提供空间通信，设备和设备间的短距离通信，以及物理空间与虚拟空间的通信服务，等等。进一步来说，未来 6G 还将以人为中心发展体域网络(Body Area Network，BAN)，形成既有广度又有深度的多层覆盖。

6G 通信网络也将实现多网络融合的智能泛在体系，构建与人类社会和物理世界紧密连接的网络空间。

6.4.4　移动通信的关键技术

移动通信系统涉及的关键技术如下：
(1) 无线信道抗衰落技术。
(2) 抗干扰技术。
(3) 调制解调技术。

(4) 语音编码技术。

(5) 纠错编码技术。

(6) 组网技术。

(7) 智能天线技术。

(8) 多输入多输出技术。

(9) 多用户检测技术。

(10) 软件无线电技术。

(11) 认知无线电技术。

(12) 电磁兼容技术等。

图 6-13 所示是数字蜂窝移动通信系统的网络结构，其组成部分如下：

(1) 移动交换中心(MSC)。

(2) 基站分系统(BSS)(含基站控制器(BSC))。

(3) 基站收发信台(BTS)。

(4) 移动台(MS)。

(5) 归属位置寄存器(HLR)。

(6) 访问位置寄存器(VLR)。

(7) 设备标志寄存器(EIR)。

(8) 认证中心(AUC)。

(9) 操作维护中心(OMC)。

网络通过移动交换中心(MSC)还与公共交换电话网(PSTN)、综合业务数字网(ISDN)以及公共数据网(PDN)相连接。

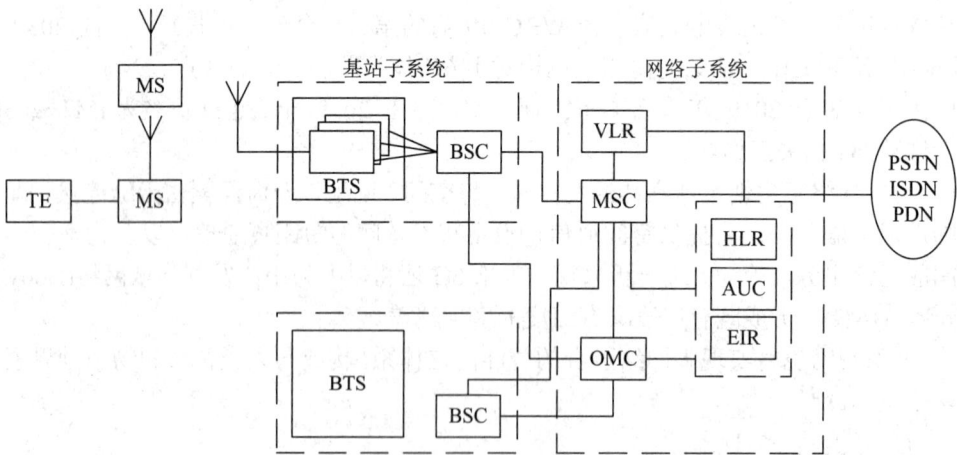

图 6-13　蜂窝移动通信系统的网络结构

移动通信系统由若干个基本部分(或称功能实体)组成。在用这些功能实体构建网络时，为了相互之间进行信息交换，有关功能实体之间都要用接口进行连接。同一通信网络的接口，必须符合统一的接口规范。

图 6-14 所示是蜂窝移动通信系统所用的各种网络接口，其中：

(1) Sm 是用户和网络之间的接口，也称人机接口。

(2) Um 是移动台与基站收发信台之间的接口，也称无线接口或空中接口。

(3) A 是基站和移动交换中心之间的接口。

(4) Abis 是基站控制器和基站收发信台之间的接口。

(5) B 是移动交换中心和访问位置寄存器之间的接口。

(6) C 是移动交换中心和归属位置寄存器之间的接口。

(7) D 是归属位置寄存器和访问位置寄存器之间的接口。

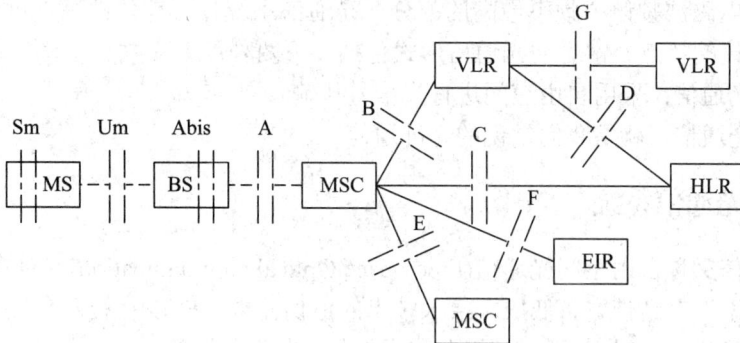

图 6-14　蜂窝移动通信系统的网络接口

(8) E 是移动交换中心之间的接口。

(9) F 是移动交换中心和设备标志寄存器之间的接口。

(10) G 是访问位置寄存器之间的接口。

　　无论何时，当某一移动用户在接入信道上向另一移动用户或有线用户发起呼叫，或者某一有线用户呼叫移动用户时，移动通信网络就要按照预定的程序开始运转，这一过程会涉及网络的各个功能部件，包括基站、移动台、移动交换中心、各种数据库以及网络的各个接口等。

　　网络要为用户呼叫配置所需的控制信道和业务信道，指定和控制发射机的功率，进行设备和用户的识别和鉴权，完成无线链路和地面线路的连接和交换，最终在主呼叫用户和被呼叫用户之间建立起通信链路，提供通信服务。这一过程称为呼叫接续过程，实现移动通信系统的连接控制(或管理)功能。

6.4.5　移动通信的应用

　　据工信部统计数据，截至 2021 年 1 月底中国移动通信用户达 15.94 亿，移动物联网连接数达到 11.36 亿。移动通信由于其独有的灵活性，已经得到了非常广泛的应用，主要体现在以下几个方面：

(1) 手机无人不有。

(2) 移动上网。

(3) 移动支付。

(4) 移动监控。

(5) 移动电视。

(6) 移动音乐。

(7) 移动计算。

(8) 移动通信与互联网结合，构成移动互联网。

(9) 手机与物联网结合。

6.5 光 通 信

光波段是电磁波频谱中频率最高的部分，光通信系统具有有效性高、可靠性好、不易受到电信号干扰的特点。常见的光通信形式包括以下两种：

(1) 无线光通信：采用自由空间进行光信号传输。

(2) 有线光通信：就是我们常说的光纤通信。

6.5.1 无线光通信系统

无线光通信又称自由空间光通信(Free Space Optical communication，FSO)。近年来，随着"最后一公里"对高带宽、低成本接入技术的迫切需求，FSO 在视距传输、宽带接入中有了新的发展机遇，同时由于光通信器件制造技术的飞速发展，无线光通信设备的制造成本大幅下降，FSO 得到越来越多的应用。图 6-15 为无线光通信系统的组成框图。

为提供全双工能力，每一个无线光波传输系统均含有光发射机与光接收机。用数据、声音或图像信号调制驱动光发射器件 LED 或 LD，经透镜以较窄发散角的红外光束发射到大气中。

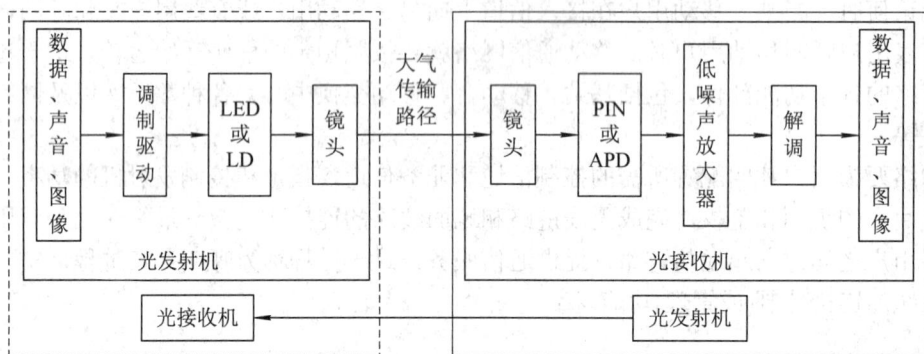

图 6-15 无线光通信系统组成

光接收机镜头与光电探测器件(一般为 PIN 或 APD)接收到这种红外光束，经低噪声放大，然后由解调器解调出数据、声音或图像信号。

天气变化对无线光通信系统的信号传输影响较大，晴天对传输质量的影响最小，雨、雪和雾天对传输质量的影响较大。

信号衰减的典型测试结果如下：

晴天：5 dB/km～15 dB/km；

雨天：20 dB/km～50 dB/km；

雪天：50 dB/km～150 dB/km；

雾天：50 dB/km～300 dB/km。

目前，解决这个问题一般采用更高功率的 LD 管、更先进的光学器件和多光束，因此，无线光通信系统的应用受到限制。

1．无线光通信的主要应用

无线光通信的主要应用可归结为以下几个方面。

(1) 在不具备有线接入条件或原带宽不足时提供高效的接入方案。

FSO 可以不必在城市内破路埋线而快速地在楼宇间实现宽带数字通信，也可在不便铺设光缆地区和没有桥梁的大河两岸之间实现宽带数据通信传输。

(2) 有效解决"最后一公里"问题。

FSO 可以解决各种业务接入的"最后一公里"问题，提高用户接入端的传输容量和速度，能够较好地满足电信网、有线电视网和 IP 网三网合一对带宽的要求。

(3) 力助局域网互联。

FSO 提供了临近局域网之间互连互通的选择方案，不仅可以解决局域网内用户接入的高速传输问题，还可方便地实现局域网之间的连接，形成更大范围的城域网和广域网。

(4) 应急备用方案。

FSO 可以作为有线通信线路故障或紧急抢险时的应急备用链路，也可作为大型临时活动的通信解决方案。

(5) 快速组建电信网络。

对于新兴的电信网络运营商来说，无线光通信网络可以帮助其快速组建本地网，以较少的资金、人力和时间完成城域网建设；对于传统的电信网络运营商来讲，无线光通信网络系统可以作为其光缆传输系统的补充，用于不便铺设光缆的区域。由于建设周期短，所需费用少，因此无线光通信网络系统可以实现先组网再销售的商业模式。

(6) FSO 在卫星间、卫星与地面站间有着重要的应用。如在 1995 年美国与日本所进行的联合试验中，实现了日本菊花-6 卫星与美国大气观测卫星相距 39 000 km 的双向光通信。这是一种远距离通信应用，目前仍在研发之中，但卫星间光通信具有容量大、不需进行 ITU 国际协调等优势，它将成为重要的卫星通信手段之一。

2．无线光通信存在的主要问题

虽然无线光通信网络系统独具魅力，拥有大量潜在的应用市场，但也存在许多有待完善的地方。目前存在的主要问题有以下几个方面：

(1) 收发端对准问题。FSO 是一种视距宽带通信技术，发射机与接收机之间需要严格的视距传输条件才能实现通信。当通信设备安装在高楼的顶部时，在风力的作用下设备会发生摆动，这样便会影响激光器的对准精度。楼宇结构中某些部分的热胀或轻微地震等因素，有时也会导致发射机和接收机无法对准。

(2) 大气媒介的影响。恶劣的天气情况会对 FSO 的传播信号产生衰耗作用。空气中的散射粒子，会使光线在空间、时间和角度上产生不同程度的偏差。大气中的粒子还可能吸收激光的能量，使信号的功率衰减。FSO 采用的红外光在空气中传播时易受各种气候因素的影响，如降雨、强烈日光等。在大雾天气下，信号衰减可达到每公里 400 dB，这使 FSO 系统的有效工作距离不到 50 m，甚至比无线局域网的传输距离还要短。因此，FSO 需要寻求一种最优波长频率，并在通信链路中找出波长与性能的最优组合。

(3) 传输距离与信号质量的矛盾突出。FSO 的传输距离越大，光束就越宽，接收端收到的光信号质量也越差。目前较远距离的大气激光通信的研究还没有取得突破性进展。

(4) 激光的安全问题。激光束的安全性是 FSO 系统必须考虑的问题。光信号的发射功率必须限制在保证人类眼睛安全的功率范围内，这也限制了 FSO 的通信距离。

6.5.2 光纤通信系统

光纤通信技术是通过光学纤维传输信息的通信技术。

光纤通信系统的基本原理如下：

(1) 在发信端，信息被转换和处理成便于传输的电信号，电信号控制光源，使其发出的光信号具有所要传输的信号的特点，从而实现信号的电-光转换。

(2) 发信端发出的光信号通过光纤传输到远方的收信端，经光电二极管等转换成电信号，从而实现信号的光-电转换。

各种电信号对光波进行调制后，通过光纤进行传输的通信方式，称为光纤通信。

光纤通信不同于有线电通信，后者是利用金属媒体传输信号，光纤通信则是利用透明的光纤传输光波，如图 6-16 所示。

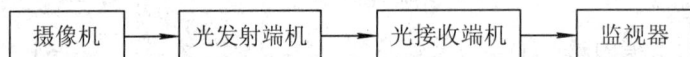

摄像机 → 光发射端机 → 光接收端机 → 监视器

图 6-16　光纤通信系统

虽然光和电都是电磁波，但频率范围相差很大。一般通信电缆最高使用频率约 9 MHz～24 MHz(10^6 Hz)，而光纤工作频率在 10^{14} Hz～10^{15} Hz 之间。

光纤通信具有以下几个主要的优点：

(1) 容量大。光纤工作频率比目前电缆使用的工作频率高出 8～9 个数量级，故所开发的容量很大。

(2) 衰减小。光纤每公里衰减比目前容量最大的通信同轴电缆的每公里衰减要低一个数量级以上。

(3) 体积小，重量轻。同时有利于施工和运输。

(4) 防干扰性能好。光纤不受强电、电气化铁道和雷电干扰，抗电磁脉冲能力也很强，保密性好。

(5) 节约有色金属。一般通信电缆要耗用大量的铜、铝或铅等有色金属。光纤本身是非金属，光纤通信的发展将为国家节约大量有色金属。

(6) 成本低。目前市场上各种电缆金属材料价格不断上涨，而光纤价格却有所下降。这为光纤通信得到迅速发展创造了重要的前提条件。

6.5.3 光纤通信的关键技术

光纤传输系统的主要组成部分包括：光发送机、光接收机、光缆传输线路、光中继器和各种无源光器件等。

光纤通信的关键技术包括：光信号源技术、光传输技术、光纤技术、光电测量技术和光电转换技术等。

6.5.4 光纤通信的应用

1．光纤通信与以往电气通信的区别

光纤通信与以往的电气通信相比，其主要特点如下：

(1) 传输频带宽、通信容量大。

(2) 传输损耗低、中继距离长。

(3) 线径细、重量轻，原料为石英，节省金属材料，有利于资源的合理使用。

(4) 绝缘、抗电磁干扰性能强。

(5) 具有抗腐蚀能力强、抗辐射能力强、可绕性好、无电火花、泄露小、保密性强等优点。

2．光纤通信的主要应用领域

光纤通信的应用领域很广泛，主要用于以下几个方面：

(1) 长途干线通信。

(2) 全球通信网、各国的公共电信网(如我国的国家一级干线、各省二级干线和县以下的支线)。

(3) 市话中继线。

(4) 军事通信。

(5) 高质量彩色的电视传输、工业生产现场监视和调度、交通监视控制指挥、城镇有线电视网、共用天线(CATV)系统等。

(6) 光纤局域网。

(7) 特殊环境，如应用在飞机内、飞船内、舰艇内、矿井下、电力部门、军事及有腐蚀和有辐射等场合。

6.6 量 子 通 信

6.6.1 信息安全的概念

信息安全是现代通信系统的一个重要指标。在互联网的大规模应用中，网络信息安全发挥着越来越重要的作用。

在当今的信息化社会中，信息已成为一种重要的战略资源。信息的应用已经渗透到军事、科技、文化、商业等各个领域。信息在现代社会生产、生活中的作用日益重要。

传播、共享和自增值是信息的固有属性，与此同时，又要求信息的传播是可控的，共享是授权的，增值是确认的。因此，信息的安全和可靠在任何状况下都是必须要保证的。

信息网络的大规模全球互联趋势，Internet 的开放性，以及人们的社会与经济活动对计算机网络依赖性的与日俱增，使得信息网络的安全性成为信息化建设的一个核心问题。

随着信息网络技术的日益普及和广泛应用，其应用层次不断深入，应用领域逐渐扩展。

如党政部门信息系统、金融业务系统、企业商务系统等，伴随网络的普及，安全日益成为影响网络效能的重要问题。

由于 Internet 所具有的开放性、国际性和自由性，在不断增加应用自由度的同时，也对信息安全提出了更高的要求。

信息安全涉及的领域相当广泛，这是因为在目前的公用通信网络中存在着各种各样的安全漏洞和威胁。从广义来说，凡是涉及网络上信息的保密性、完整性、可用性、真实性和可控性的相关技术与原理，都是信息安全所要研究的领域。

6.6.2　保密通信

保密通信就是通过对信息的变换或编码，将机密的敏感消息变换成难以读懂的乱码型文字的一种通信方式。

信息加密的目的是保护网内的数据、文件、口令和控制信息，保护网上传输的数据。网络加密常用的方法有链路加密、端点加密和节点加密三种。

链路加密的目的是保护网络节点之间的链路信息安全；端点加密的目的是对源端用户到目的端用户的数据提供保护；节点加密的目的是对源节点到目的节点之间的传输链路提供保护。

信息加密过程是由形形色色的加密算法来具体实施的，它以很小的代价提供很大的安全保护。在多数情况下，信息加密是保证信息机密性的唯一方法。

据不完全统计，到目前为止，已经公开发表的各种加密算法多达数百种，主要分为常规加密算法和公钥加密算法。

在常规密码中，收信方和发信方使用相同的密钥，即加密密钥和解密密钥是相同或等价的。

常规密码的优点是有很强的保密强度，且能经受时间的检验和攻击，但其密钥必须通过安全的途径传输。因此，其密钥管理成为系统安全的重要因素。

在公钥密码中，收信方和发信方使用的密钥互不相同，而且几乎不可能从加密密钥推导出解密密钥。最有影响的公钥密码算法是 RSA，它能抵抗目前已知的所有密码攻击。

公钥密码的优点是可以适应网络的开放性要求，且密钥管理问题也较为简单，尤其可方便地实现数字签名和验证。随着现代电子技术和密码技术的发展，公钥密码算法将是一种很有前途的网络安全加密体制。

6.6.3　量子保密通信

量子力学的诞生深刻地改变了人类社会。20 世纪推动社会发展的核能、激光、半导体等高技术，都是以量子力学为基础的。

量子特性在提高运算速度、确保信息安全、增大信息容量、提高检测精度等方面将突破经典信息系统的极限。

1. 量子通信的含义

经典通信是由电信号参数传输信息的通信方式。量子通信是由量子态携带信息的通信方式。量子保密通信提供了一种不可窃听、不可破译的绝对安全的密码技术。

量子密钥体系采用量子态为信息载体，量子力学原理保证其绝对安全。主要表现在以下几个方面：

(1) 量子不可分割性：不能分流信号窃听。

(2) 量子力学不可克隆性：不能复制信号窃听。

(3) 量子力学非定域性：量子隐形传态——先传量子态，后传信息。

(4) 单个粒子的量子态——偏振或相位等，可以用来编码、储存和传输信息，如果有一个窃密者想要窃取这些信息，就会在截获粒子的一瞬间改变其量子态，使信息失真，达不到窃密的目的，同时使储存、传输信息的人立即发觉被窃密。

(5) 纠缠粒子(EPR)对：在空间分开后，粒子 A 在地球，粒子 B 在月球。若单独测 A 或 B 的自旋，则等概率的向上或向下。若地球上已测得 A 的自旋向上，则 B 不管测量与否，必定自旋向下。

2. 量子通信的发展

1984 年，C. H. Bennett 和 G. Brassard 提出了第一个量子密钥分发协议，史称 BB84 协议。

1992 年，C. H. Bennett 提出量子信道传输经典信息的可能性。

1993 年，C. H. Bennett 发表了量子测量、量子信息提取、量子信道、信道容量的开创性的研究成果。英国皇家国防研究院在光纤中实现了 BB84 方案相位编码量子密钥分配实验。瑞士日内瓦大学进行了 BB84 协议偏振编码传输实验。

2003 年，Aspelmeyer 小组首次完成了自由空间的纠缠光子对分发实验，纠缠光子分发距离为 600 m，为基于纠缠光子对的量子通信全球网络的建立提供了实验基础。

2007 年，中国科技大学在合肥建成了中国第一个量子通信局域网。

2012 年，中国科学家潘建伟等人在国际上首次成功实现百公里量级的自由空间量子隐形传态和纠缠分发。

2013 年，Weinfurther 小组完成了基于飞机运动平台的 20 km 自由空间量子密钥分发实验。同年，潘建伟小组在青海湖完成了关于星地量子密钥分发的全方位论证实验，为基于卫星的量子通信和远距离的量子力学基本检验铺平了道路。

2018 年，潘建伟教授及其同事彭承志等组成的研究团队，联合中国科学院上海技术物理研究所王建宇研究组、国家天文台等，与奥地利科学院 Anton Zeilinger 研究组合作，利用"墨子号"量子科学实验卫星，在中国和奥地利之间首次实现距离达 7600 km 的洲际量子密钥分发，并利用共享密钥实现加密数据传输和视频通信。该成果标志着"墨子号"已具备实现洲际量子保密通信的能力，为未来构建全球化量子通信网络奠定了坚实基础。

6.6.4　量子通信系统的组成

自由空间单光子源量子通信通过量子密钥分发传输密钥，其安全性依赖于单光子不可分割性和量子不可克隆定理。只要随机地使用彼此正交的量子态表示信息，就可以确保通信的安全性。

自由空间纠缠光源量子通信的信息载体是纠缠光子对，通过纠缠光子对分发建立量子纠缠信道，利用量子隐形传态原理，传输量子信息。基于纠缠的量子通信是绝对安全的。

图 6-17 为典型的量子通信系统原理框图。

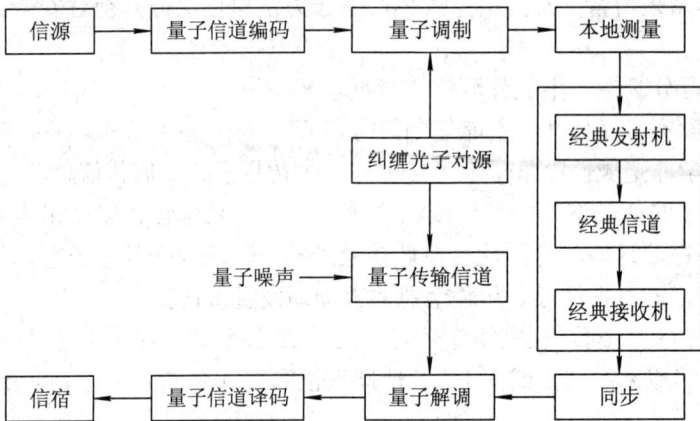

图 6-17 量子通信系统原理框图

图 6-17 中主要部分介绍如下：

(1) 信源是纠缠光子对源。

(2) 自由空间量子通信系统的量子传输信道是自由空间，用以传输量子信息。

(3) 经典信道用以传输经典信息。

(4) 量子信道编码器通过引入冗余量子比特，建立起量子比特间的校验关系，其目的是使量子信息在信道中传输时能够克服量子噪声带来的影响。量子信道编码器的输出是由每 N 个量子比特为一组构成的量子编码符号流。

(5) 量子调制器的作用是使得携带量子信息的量子信号的特性与信道特性匹配，这通过将待传输的量子比特与由纠缠光子对源产生的 EPR 对构成复合系统来实现。

量子通信可以分为：量子光纤通信系统，自由空间量子通信系统，量子卫星通信系统，平流层量子通信系统等。

量子通信的关键技术包括：单光子源技术，纠缠光子对技术，单光子检测技术，量子信道技术，量子编码技术，量子交换技术，量子中继技术，量子多用户检测技术等。

量子通信的应用包括：保密通信，军事通信，金融通信网络，量子局域网，全球量子通信系统等。

本 章 小 结

本章简要介绍了现代通信技术，主要包括移动通信、卫星通信、光通信、量子通信等。

移动通信是无线通信的新发展，是应用最为广泛的现代通信技术之一。

卫星通信是不可替代的，是构成全球通信网络的必要手段。

无线光通信在视距传输、宽带接入中拥有大量潜在的应用市场。

光纤通信是有线通信的最高形式，是构成全球通信网络主干线的基础。

量子通信基于量子信息传输的高效和绝对安全性，开创了通信和保密领域新的发展方向，量子保密通信技术提供了迄今为止唯一高度安全的通信保密方式。

习 题 6

1. 通信系统的组成模块有哪些?
2. 简述通信系统的分类。
3. 卫星通信系统是如何工作的?
4. 移动通信的特点有哪些?
5. 无线光通信的应用场景和主要问题有哪些?
6. 上网查阅 5G 移动通信和未来移动通信 6G 的应用场景。
7. 上网查阅最新的光纤通信技术研究进展。
8. 上网查阅量子通信的关键技术和应用。

第7章 信息处理技术

教学提示

本章介绍信息处理及信息处理技术,首先讲述经典的连续信号和数字信号的处理技术;在此基础上,介绍目前我们所处的信息环境,即所谓的大数据时代;然后讲述利用多传感器实现的数据融合技术;最后讲述现代信号处理技术和基于人工智能的智能信息处理技术。

7.1 信息处理概述

7.1.1 信息处理的基本概念

人类的生产和生活很大程度上依赖于信息的收集、处理和传输。获取信息并对它进行加工处理,使之成为有用信息并发布出去的过程,称为信息处理。

1. 信息

信息既是一种抽象的概念,又是一个无处不在的实际事件。控制论创始人维纳(Norbert Wiener)认为,信息既不是物质也不是能量,它是人类为适应外部环境及感知外部环境,与外部环境交换内容的总称。因此,可以认为,信息是人与外界的一种交互通信的信号量。

信息论奠基者香农(Clause Shannon)认为,信息就是能够用来消除不确定性的东西,是一个事件发生概率的对数的负值。该论述第一次阐明了信息的功能和用途,表明了信息是一个可以度量的概念,并且指出了信息的度量方法是可以依据相应事件发生的概率进行确定其大小。这样,不同概率事件就包含了不同的影响度(或称信息量)。

信息具有以下特性:

(1) 可识别性。信息是可以识别的。识别又可分为直接识别和间接识别。直接识别是指通过感官的识别,间接识别是指通过各种测试手段的识别。不同的信息源有不同的识别方法。

(2) 可存储性。信息是可以通过各种方法存储的。

(3) 可扩充性。信息随着时间的变化,将不断扩充。

(4) 可压缩性。人们对信息进行加工、整理、概括、归纳就可使之精练,从而浓缩。

(5) 可传递性。信息的可传递性是信息的本质特征。

(6) 可转换性。信息是可以由一种形态转换成另一种形态的。

(7) 特定范围有效性。信息在特定的范围内是有效的,否则是无效的。

2. 信息处理

信息处理就是对信息的接收、存储、转化、传输和发布等。信息的接收包括信息的感知、信息的测量、信息的识别、信息的获取以及信息的输入等；信息的存储就是把接收到的信息及转换、传输、发布中的信息通过存储设备进行缓冲、保存、备份等处理；信息的转化就是把信息根据人们的特定需要进行分类、计算、分析、检索、管理和综合等处理；信息的传输就是把信息从一地传输到另外一地；信息的发布就是把信息通过各种形式展示出来。

由于信息通常加载在一定的信号上，对信息的处理总是通过对信号的处理来实现，所以，信息处理往往和信号处理具有类同的含义。信息处理一般是对电信号进行的处理，也有对光信号、超声信号等直接进行处理的。在计算机技术不断发展的基础上，如能加上对事物的理解、推理和判断能力，信息处理的效果就会有更大的改进。

信息处理的目的主要有：提高有效性；提高抗干扰性；改善主观感觉的效果；对信息进行识别和分类；分离和选择信息等。总之，信息处理是为了更好地与信宿的性质相匹配，舍弃那些对信宿无关的部分，突出信宿需要的有用部分。

信息处理的一个基本规律是信息不增原理。这个原理表明，对载荷信息的信号所作的任何处理，都不可能使它所载荷的信息量增加。一般来说，处理的结果总会损失信息，而且处理的环节和次数越多，这种损失的概率就越大，只有在理想的处理情况下，才不会丢失信息，但是也不能增加信息。

依据信息处理的目的，信息处理的方法主要有以下几种：

(1) 提高有效性的信息处理方法。根据信宿的性质和特点，压缩信息量的各种方法都属于这一类。例如，通过过滤、预测、信源编码和阈变换等方法，就可以在一定程度上压缩频带，压缩动态范围，压缩数据率。在允许一定失真的条件下，信息率失真理论是这类信息处理技术的理论基础。

(2) 提高抗干扰性的信息处理方法。为了提高抗干扰的能力，针对干扰的性质和特点，对载荷信息的信号进行适当的变换和设计。例如，通过过滤和综合来消除画面的条纹干扰或孤立斑点；通过适当的设计使信号具有较强的相关性来抑制随机噪声的干扰；通过对信号附加适当的冗余，使信号具有发现和纠正错误的能力等，这些都是这类信息处理技术的应用实例。

(3) 改善主观感觉效果的信息处理方法。这类技术主要应用在图像处理方面。例如，通过灰度变换和修正图像，通过频率成分的加重和调整来改善图像的质量；为了便于观察图像各个部分的差别，把灰度差转换为色彩差，形成假彩色图等。此外，广播中的立体声处理也是改善主观感觉效果的信息处理技术。

(4) 识别和分类的信息处理方法。这是信息处理技术发展较快的一个分支，通常称为模式识别。这种方法的要点是：根据用户要求，合理地抽取模式的特征，然后根据一定的准则对模式进行识别和分类。具体实现的方法主要有两类：一类是基于模式统计特征和统计推断理论的统计识别方法；另一类是基于模式结构特征和文法推理的文法识别方法。统计识别方法要求先提取模式的特征，得到原始的特征空间，然后把它变换到低维空间，并根据一定的准则(如最小均方误差准则、最大熵准则等)对它进行分类(线性分类或非线性分类，后者具有较好的分类效果，但比较复杂)。文法识别方法要求先选取模式的元素(即结构特性)，然后进行文法分析和推断，再通过样板匹配的方法，按照相似度准则来识别模式。

(5) 选择与分离的信息处理方法。通常从内容随时增减变动的数据库中有选择地提取信息，或情报检索和文字加工等，都属于信息选择。此外还有分离信息，如在多数人交谈的环境中，只选取一个人的讲话，这就需要有发话者的语声识别器。例如，利用基频和音调等特征来识别选择的对象，然后再将有关信息提取出来。在场景识别中，为了从背景中将活动物体图像分离出来，可以仿照蛙眼识别活动目标的原理，通过侧抑制方法来实现。

7.1.2　信息与信号处理

由于信息通常加载在一定的信号上，例如，古代人利用点燃烽火台产生的滚滚狼烟，向远方军队传递敌人入侵的信息，这属于光信号；当我们说话时，声波传递到他人的耳朵，使他人了解我们的意图，这属于声信号；遨游太空的各种无线电波、四通八达的电话网中的电流等，都可以用来向远方传递各种信息，这属于电信号。人们通过对光、声、电信号进行接收并分析处理，从而知道对方要表达的信息。信号是信息的载体，信息通过信号传递。只有通过对接收信号的处理，才能获得信息。

信号处理(Signal Processing)是指对信号进行变换和运算。信号处理的目的是削弱信号中多余的内容，滤除混杂的噪声和干扰，或者，将信号变换成容易分析和识别的形式，便于估计和选择它的特征参量。例如，从月球探测器发来的图像信号可能被淹没在噪声中，利用信号处理技术可以增强有用信号，滤除噪声，从而得到清晰的图像。

与信号有关的理化或数学过程有：信号的发生、信号的传输、信号的接收、信号的分析、信号的处理、信号的存储、信号的检测与控制等。也可以把这些与信号有关的过程统称为信号处理。信号处理可以用于沟通人与人之间或人与机器之间的联系；可以用来探测人们周围的环境，并揭示出那些不易观察到的状态和构造细节；还可以用来控制和利用能源与信息。

信号处理分为模拟信号处理和数字信号处理两大类。

20世纪80年代以来，由于高速数字计算机的运用，大大促进了信号处理研究的发展，信号处理在诸如数据通信、生物医学工程、语音识别与合成、图像数据处理、工业生产自动化以及经济形势预测等领域内起着关键的作用。

7.2　信号与系统

信号与系统以通信系统和控制系统的基本问题为主要背景，研究信号经系统传输或处理的一般规律。

7.2.1　信号和系统的定义及分类

1. 信号

信号(Signal)是运载信息的工具，是信息的载体。从广义上讲，它包含光信号、声信号和电信号等。

信号的分类方法很多，按数学关系、取值特征、能量功率、处理分析、所具有的时间函数特性、取值是否为实数等，信号可以分为确定性信号和非确定性信号(又称随机信号)、连续信号和离散信号、能量信号和功率信号、时域信号和频域信号、时限信号和频限信号、实信号和复信号等。

信号按其幅度和时间变量的取值特征可分为模拟信号和数字信号两大类。

2. 系统

系统(system)是由相互作用、相互依赖的若干组成部分结合而成并具有特定功能的有机整体。系统包括物理系统和非物理系统，人工系统和自然系统。

信号与系统的关系如图 7-1 所示。

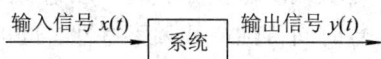

输入信号 $x(t)$ → 系统 → 输出信号 $y(t)$

图 7-1　信号与系统关系框图

系统接收输入信号 $x(t)$，或者说，信号进入系统，系统对信号进行处理，即变换和运算，得到输出信号 $y(t)$，这个过程常用式(7-1)表示。

$$y(t) = T[x(t)] \tag{7-1}$$

式中，$T[]$ 表示系统。根据待处理信号是模拟信号还是数字信号，系统分为模拟系统和数字系统。

在信息科学与技术领域中，常常利用通信系统、控制系统和计算机系统进行信号的传输、交换和处理。组成通信系统、控制系统和计算机系统的主要部件中包括大量的多种类型的电路，这些电路与信号及系统有着密切的联系。信号作为待传输信息的载体，具有一定的形式(模拟的或数字的)，对于给定形式、传输和处理要求的信号，系统应具有相应的功能和特性与信号匹配，而电路应具有相应的结构和参数与系统匹配。例如，由一个电容和一个电阻构成的简单电路，可以实现滤波(低通滤波器和高通滤波器)，也可以完成运算(微分运算和积分运算)，这取决于电路结构和信号的形式；低通滤波器和高通滤波器的通带截止、微分器和积分器的时间常数则取决于电路的参数。

7.2.2　信号与系统的研究内容

信号分为模拟信号和数字信号两大类，相应的系统也分为模拟系统和数字系统；信号与系统的研究内容重点讲述模拟信号与模拟系统的分析研究方法，数字信号与数字系统则放在数字信号处理中讲述。

1. 信号分析

常用的信号分析方法有时域分析法和频域分析法。

以时间为自变量描述物理量的变化是信号最基本、最直观的表达形式。时域分析，就是将信号表示为时间变量或空间变量的函数，或者绘出信号随时间或空间变化的图像，以便于对信号进行运算，运算包括移位、反褶、尺度(伸缩)变换、微分、积分以及信号的相加、相乘、统计特征计算和相关性分析等。

对信号进行时域分析时，有一些信号的时域参数相同，但并不能说明信号就完全相同。

因为信号不仅随时间变化，还与频率、相位等信息有关，这就需要进一步分析信号的频率结构，并在频率域中对信号进行描述。

频域(Frequency Domain)是描述信号在频率方面特性时用到的一种坐标系，自变量是频率，即横轴是频率，纵轴是该频率信号的幅度，也就是通常说的频谱图。频谱图描述了信号的频率结构及频率与该频率信号幅度的关系。频域分析则是通过傅里叶级数或傅里叶变换将时域信号分解成多个正弦函数的和或积分，得到信号的频谱，即将信号表示为频率变量的函数。1822 年，法国数学家傅里叶在研究热传导理论时发表了《热的分析理论》，提出并证明了将周期函数展开为正弦级数的原理，奠定了傅里叶级数的理论基础。泊松、高斯等人把这一成果应用到电学中，从此，傅里叶的这一理论得到了广泛应用。频域分析揭示了信号内在的频率特性以及信号时间特性与其频率特性之间的密切关系，从而导出了信号的频谱、带宽以及滤波、调制和频分复用等重要概念。

时域波形与频域波形的关系如图 7-2 所示。

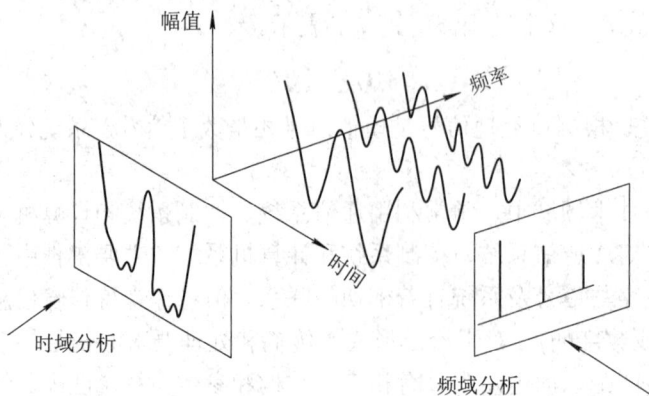

图 7-2　时域波形与频域波形的关系

2. 系统分析

系统的理论研究包括系统分析和系统设计两个方面。在给定的系统条件下，研究系统对于输入激励信号所产生的输出响应，这就是系统分析；系统设计则是已知输入激励信号和期望的输出信号，设计满足要求的系统。信号与系统主要讲述系统分析。

连续时间系统通常用微分方程来描述，也就是系统的输入与输出之间通过它们的时间函数及其对时间的各阶导数的线性组合联系起来。系统分析的方法包括时域分析、频域分析和复频域分析。

系统的时域分析法是直接求解系统的微分方程，系统的分析计算过程均在时间变量域内完成；时域分析法直观、物理概念清楚，如果描述系统的微分方程是一阶或二阶的，求解后可利用时域指标直接评估系统的性能。时域分析法是学习变换域分析法的基础。

系统时域分析法包含两个方面内容：一是求解微分方程；二是已知系统的单位冲激响应，将冲激响应与输入信号进行卷积积分，求出系统的输出响应。

系统频域分析法是将通过式(7-2)所示的傅里叶变换，将时域输入信号分解成多个正弦函数的和(或积分)，从而得到输入信号的频谱；然后求系统对各个正弦分量的响应，得到响应(即输出信号)的频谱；最后通过傅里叶反变换，求得时域响应。

$$\begin{cases} F(\Omega) = \int_{-\infty}^{\infty} f(t) \mathrm{e}^{-\mathrm{j}\Omega t} \mathrm{d}t \\ f(t) = \dfrac{1}{2\pi} \int_{-\infty}^{\infty} F(\Omega) \mathrm{e}^{-\mathrm{j}\Omega t} \mathrm{d}\Omega \end{cases} \tag{7-2}$$

　　频域分析法是基于频率特性或频率响应对系统进行分析和设计的一种方法，故其与时域分析法相比有较多的优点。相对于时域复杂的卷积积分计算，频域分析法是将卷积计算转换为乘法运算，容易求得系统的响应。但是它必须经过两次变换计算，计算量比较大。不过在很多情况下，由于直接给定激励信号的频谱，且只需要得到响应信号的频谱，因此这时就可以不用或少用变换。

　　复频域也称拉氏域(S 域)，系统的复频域分析是通过式(7-3)所示的拉普拉斯变换，把时间函数 $f(t)$ 与复变函数 $F(s)$ 联系起来，把时域问题通过数学变换为复频域问题，把时间域的高阶微分方程变换为复频域的代数方程求解，求出输出响应，再通过拉普拉斯逆变换求出输出响应的时域函数。

$$\begin{cases} F(s) = \int_{0^-}^{+\infty} f(t) \mathrm{e}^{-st} \mathrm{d}t \\ f(t) = \dfrac{1}{2\pi\mathrm{j}} \int_{c-\mathrm{j}\infty}^{c+\mathrm{j}\infty} F(s) \mathrm{e}^{st} \mathrm{d}s \end{cases} \tag{7-3}$$

　　时域分析法具有直观、准确的优点，然而实际系统往往都是高阶的，要建立和求解高阶系统的微分方程比较困难。利用拉普拉斯变换可以避开烦琐的求解微分方程的过程，特别是对于高阶微分方程，拉氏变换法可以使计算量大大减小。

　　"信号与系统"课程的任务就是研究信号与系统的基本概念和基本分析方法，初步认识如何建立信号和系统的数学模型，经适当的数学分析求解，对所得结果给予物理解释，赋予物理意义。

7.3　数字信号处理

　　数字信号处理，是从 20 世纪 50 年代起随着信息学科和计算机学科的高速发展而迅速发展起来的一门新兴学科，它已成为科学与技术领域内发展最为迅速、应用最为广泛的学科之一。其重要性在各个领域的发展和应用中日益表现出来。因此，在国内外的高等院校里，"数字信号处理"已经成为理学和工学必修的一门专业基础课程。

　　在模拟通信中，为了提高信噪比，需要在信号的传输过程中对衰减的传输信号进行放大，而信号在传输过程中不可避免地叠加上的噪声也被同时放大。随着传输距离的增加，噪声累积越来越多，致使传输质量严重恶化。如果采用数字信号传输，由于数字信号的幅值是有限位二进制数，在传输过程中虽然也受到噪声的干扰，但当信噪比恶化到一定程度时，则可在适当的距离采用判决再生的方法，再生成没有噪声干扰的和原发送端一样的数字信号，所以可实现长距离高质量的传输。

　　广义来说，数字信号处理是研究用数字方法对信号进行分析、变换、滤波、检测、调制、解调以及快速算法的一门技术学科。

7.3.1 数字信号及系统的定义和分析方法

时间和幅度取值都是离散的信号称为数字信号,用有限的二进制位数来表示其幅度值。数字信号处理(Digital Signal Processing)用运算的方法实现处理数字信号的目的,其主要的运算包括滤波、转换、检测、估计、压缩、识别等。

1. 数字信号和数字系统

模拟信号的数字化需要三个步骤:采样、量化和编码。

采样是指用每隔一定时间的信号样值序列来代替原来在时间上连续的信号,也就是在时间上将模拟信号离散化。

量化是用有限个幅度值近似原来连续变化的幅度值,把模拟信号的连续幅度变为有限数量的有一定间隔的离散值。

编码是按照一定的规律,把量化后的值用二进制数字表示,然后转换成二值或多值的数字信号。这样得到的数字信号可以通过电缆、微波干线、卫星通道等数字线路传输。在接收端则采用与上述模拟信号数字化过程相反的处理过程,再经过后置滤波恢复成原来的模拟信号。

处理数字信号的系统,称为数字系统。

模拟信号的数字化处理过程如图7-3所示。

$$x(t) \rightarrow \boxed{预滤波} \rightarrow \boxed{ADC} \rightarrow \boxed{数字信号处理} \rightarrow \boxed{DAC} \rightarrow \boxed{平滑滤波} \rightarrow y(t)$$

图 7-3　连续信号的数字化处理过程

图 7-3 中的 ADC 是模/数变换器,包括采样、量化和编码三部分,完成将模拟信号转换为数字信号。DAC 是数/模变换器,通常包括解码和零阶保持器。解码与 ADC 中的编码对应,零阶保持器的作用是将采样时刻的值保持到下一个采样时刻到来,实现采样信号转换为阶梯状连续信号,再通过 DAC 后的"平滑滤波器"滤除高频分量。

由于采样理论要求 ADC 中采样频率 f_s 必须大于等于输入信号 $x(t)$ 最高频率的 2 倍,否则,经 DAC 恢复的信号会出现失真。因此,图 7-3 所示的系统前端加有"预滤波器",预先滤除输入信号中频率大于 $f_s/2$ 的部分。

与模拟系统相比,数字系统的优点是:体积小、功耗低、精度高、可靠性高、灵活性大、易于大规模集成、可进行二维与多维处理。

由于对模拟信号采样后,在进行量化时,不可避免地会引入"量化误差",为了避开这些误差的影响,我们在讲述基本理论时,采用的信号是量化前的离散信号,即对模拟信号采样后的数值序列,采样过程可用式(7-4)表示。

$$x(n) = x(t)\,|_{t=nT} \qquad (n=0,\ 1,\ 2\cdots) \tag{7-4}$$

式中,T 为采样间隔,是采样频率的倒数,即 $T=1/f_s$。

对数字系统也可以采用离散序列表示。

2. 数字信号与数字系统的分析方法

与模拟信号类似，数字信号的分析方法有时域分析法和频域分析法，数字系统的分析方法有时域分析法、频域分析法和复频域分析法。

时域分析法是在时间域对信号和系统进行分析。对信号而言，是将信号表示成离散时间 n 的函数，从而对信号进行运算；对系统而言，是建立输入/输出信号的差分方程，解差分方程获得输出信号，或者用离散时间序列表示系统，用输入信号与系统的卷积和得到输出序列。

频域分析法是用傅里叶变换将时域信号和系统变换到频域，由此可以分析信号的频谱，分析系统的频域特性及用乘法代替卷积求解输出。

系统的复频域(Z 域)分析法是用 Z 变换将离散系统的差分方程变换为代数方程，再利用 Z 逆变换将方程的解变换到时域，由此得到系统的时域输出；也可以将用离散序列表示的系统经 Z 变换得到系统函数的概念。

7.3.2　数字信号处理的主要内容

数字信号处理主要研究有关谱分析方法、离散变换快速算法(快速傅里叶变换)和数字滤波技术。

1. 谱分析

信号分析主要包括时域分析和频域分析。谱分析就是频域分析，是在频域中描述信号特性的一种分析方法，所用的数学工具就是傅里叶变换。

谱分析就是将信号源发出的信号按频率顺序展开，使其成为频率的函数，其目的是把复杂的时间历程波形，经过傅里叶变换分解为若干单一的谐波分量来研究，以获得信号的频率结构以及各谐波和相位信息。

离散傅里叶变换(Discrete Fourier Transform，DFT)的快速算法——快速傅里叶变换(Fast Fourier Transform，FFT)为频谱分析提供了一种优异的分析手段。

2. 快速傅里叶变换(FFT)

1965 年，库利(T. W. Cooley)和图基(J. W. Tukey)在《计算机数学》杂志上发表了著名的《机器计算傅里叶级数的一种算法》论文，首次提出离散傅里叶变换的快速算法，后经人们改进，很快形成了一套高效运算方法，这就是快速傅里叶变换(FFT)。自从有了快速算法，离散傅里叶变换的运算次数大为减少(复数乘法次数由 N^2 次下降至 $\frac{N}{2}\mathrm{lb}N$ 次，N 是待处理信号的长度)，运算效率提高 1～2 个数量级，这为数字信号处理技术应用于各种信号的实时处理创造了良好的条件，大大推动了数字信号处理技术的发展。快速傅里叶变换还可用来进行一系列有关的快速运算，如相关、褶积、功率谱等运算。快速傅里叶变换可用专用设备，也可以通过软件实现。与快速傅里叶变换相似，其他形式的变换，如沃尔什变换、数论变换等也有其快速算法。

3. 数字滤波器

数字滤波器是通过一定的运算方法改变输入数字信号所含频率分量的相对比例或滤除

某些频率分量，从而获得所需的有用信息的数字系统。

数字滤波器根据其选频作用分为低通滤波器(Low-Pass Filter，LPF)、高通滤波器(High-Pass Filter，HPF)、带通滤波器(Band-Pass Filter，BPF)和带阻滤波器(Band-Stop Filter，BSF)等；从实现方法上分为无限脉冲响应(Infinite Impulse Response，IIR)数字滤波器和有限脉冲响应(Finite Impulse Response，FIR)数字滤波器；从处理的信号类型上分为经典滤波器和现代滤波器。

图 7-4 所示为理想低通、高通、带通和带阻数字滤波器的幅频特性曲线，图中 ω_c 为通带截止频率，ω_{cd} 和 ω_{cu} 分别为上通带截止频率和下通带截止频率，$|H(e^{j\omega})|$ 为滤波器传递函数的幅值。

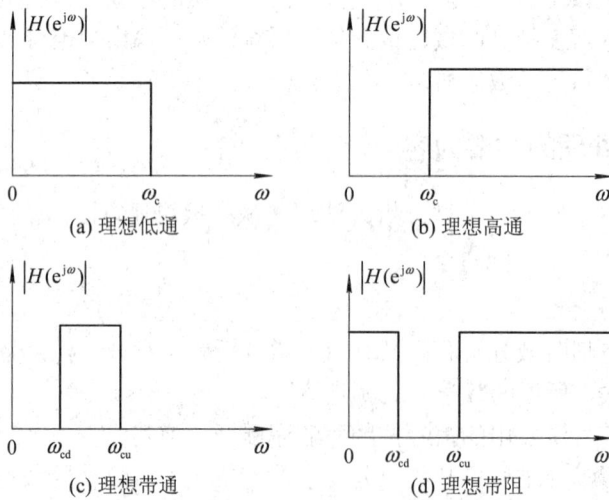

(a) 理想低通 (b) 理想高通 (c) 理想带通 (d) 理想带阻

图 7-4　理想低通、高通、带通和带阻滤波器的幅频特性

数字滤波器的设计就是根据所需选频特性来设计满足要求的系统，包括低通滤波器、高通滤波器、带通滤波器、带阻滤波器和全通滤波器。具体说就是，根据给定的通带截止频率、通带允许的最大衰减、阻带截止频率和阻带允许的最小衰减等性能指标来设计系统。图 7-5 所示曲线为一个低通滤波器的幅频特性曲线。

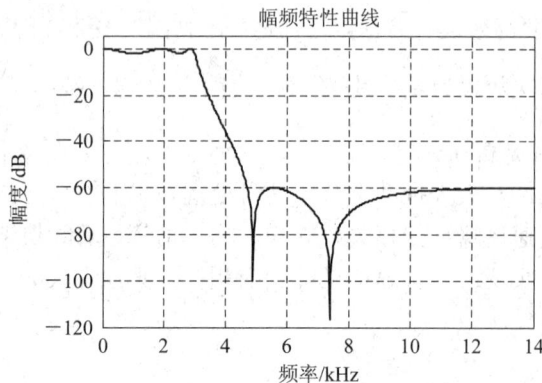

幅频特性曲线

图 7-5　低通滤波器的幅频特性曲线

图 7-5 中横坐标表示频率，单位是 kHz；纵坐标表示系统的频率特性，单位是分贝(dB)。该滤波器的通带和阻带截止频率分别为 3 kHz 和 6 kHz，通带衰减和阻带衰减分别为 −2 dB 和 −60 dB。系统的性能表明，该系统将输入信号中频率超过 6 kHz 的频率分量衰减 60 dB，即减小到输入量的千分之一；频率小于 3 kHz 的频率分量衰减 2 dB，即减小为输入量的 79%。这样的系统可以实现滤除高频信号，保留低频信号。

经典滤波器是假定输入信号 $x(n)$ 中的有效信号和噪声(或干扰)信号成分各在不同的频带，当 $x(n)$ 通过一个经典滤波系统后，可以将噪声信号成分有效地去除。可是，如果有效信号和噪声信号的频带相互重叠，那么经典滤波器将无能为力，只有通过现代滤波器滤除噪声。

数字滤波器也可以用软件实现。软件实现方法是借助于通用数字计算机按滤波器的设计算法编出程序进行数字滤波计算。

4. 数字信号处理器

DSP 芯片，也称数字信号处理器，是一种特别适合于进行数字信号处理、运算的微处理器，其主要应用是实时快速地实现各种数字信号处理算法。

通用微处理器通常采用冯·诺依曼结构，其指令和数据共用同一个存储空间和单一的地址及数据总线，统一编址。处理器要执行任何指令，都要先从存储器中取出指令，解码，再取操作数，然后才能执行，即使单条指令也要耗费许多周期。

DSP 采用程序总线和数据总线分离的哈佛结构，其主要特点是将程序和数据存储在不同的存储空间，即程序存储器和数据存储器是两个相互独立的存储器，每个存储器独立编址，独立访问。在哈佛结构中，由于程序存储器和数据存储器在两个分开的空间中，因此取指和执行能完全重叠运行。为了进一步提高效率，在哈佛结构的基础上再加以改进，使得程序存储器和数据存储器之间可以进行数据传输，称为改进的哈佛结构。

DSP 芯片一般具有以下主要特点：

(1) 在一个指令周期内可完成一次乘法和一次加法。

(2) 程序和数据空间分开，可以同时访问指令和数据。

(3) 片内具有快速 RAM，通常可通过独立的数据总线对两块 RAM 同时访问。

(4) 具有低开销或无开销循环及跳转的硬件支持。

(5) 快速的中断处理和硬件 I/O 支持。

(6) 具有在单周期内操作的多个硬件地址产生器。

(7) 可以并行执行多个操作。

(8) 支持流水线操作，使取指、译码和执行等操作可以重叠执行。

当然，与通用微处理器相比，DSP 芯片的其他通用功能相对较弱些。

从 1979 年 Intel 公司发明 2920 DSP 芯片以来，到目前为止，世界上能够生产 DSP 芯片的公司有十几个，其中主要公司有美国德克萨斯仪器公司(Texas Instruments，TI)、美国模拟器件公司(Analog Device，AD)和美国摩托罗拉公司(Motorola)。在众多 DSP 芯片种类中，最成功的是 TI 公司的一系列产品。TI 公司在 1982 年成功推出第一代 DSP 芯片 TMS32010 及其系列产品 TMS32011、TMS320C10/C14/C15/C16/C17 之后，不断推陈出新，相继设计生产了多种信号的 DSP。目前 TI 将其 DSP 芯片归纳为三大系列，即：TMS320C2000 系列、TMS320C5000 系列、TMS320C6000 系列。如今，TI 公司生产的一系列 DSP 产品已经成为当今世界上最有影响的 DSP 芯片，TI 公司也成为世界上最大的 DSP 芯片供应商，其 DSP 市场份额占全世界份额的近 50%。

美国模拟器件公司也占有一定的 DSP 芯片市场份额，相继推出了一系列具有自己特点的 DSP 芯片，其定点 DSP 芯片有 ADSP2101/2103/2105、ADSP2111/2115、ADSP2161/2162/2164 以及 ADSP2171/2181，浮点 DSP 芯片有 ADSP21000/21020、ADSP21060/21062 等。

7.3.3 数字信号处理的应用

数字信号处理的应用领域十分广泛。就所获取信号的来源而言，有通信信号的处理，雷达信号的处理，遥感信号的处理，控制信号的处理，生物医学信号的处理，地球物理信号的处理，振动信号的处理等。若以所处理信号的特点来讲，又可分为语音信号的处理，图像信号的处理，一维信号的处理和多维信号的处理等。接下来，主要介绍以下几种信号处理。

1. 语音信号处理

语音信号处理是信号处理中的重要分支之一。它包括的主要方面有：语音的识别、语音的理解、语音的合成、语音的增强和语音的数据压缩等，各种应用均有其特殊问题。

语音识别是将待识别的语音信号的特征参数即时提取出来，与已知的语音样本进行匹配，从而判定待识别语音信号的音素属性。关于语音识别方法，有统计模式语音识别，结构和语句模式语音识别，利用这些方法可以得到共振峰频率、音调、嗓音、噪声等重要参数。

语音理解是人和计算机用自然语言对话的理论和技术基础。

语音合成的主要目的是使计算机能够讲话。首先需要研究清楚在发音时语音特征参数随时间的变化规律，然后利用适当的方法模拟发音的过程，合成为语音。

语音信号处理是发展智能计算机和智能机器人的基础，是制造声码器的依据。

2. 图像信号处理

图像信号处理的应用已渗透到各个科学技术领域。在图像处理的实际应用中，获得较大成果的有遥感图像处理技术、断层成像技术、计算机视觉技术和景物分析技术等。根据图像信号处理的应用特点，处理技术大体可分为图像增强、恢复、分割、识别、编码和重建等几个方面。

3. 地球物理信号处理

为了勘探地下深处所储藏的石油和天然气以及其他矿藏，通常采用地振勘探方法来探测地层结构和岩性。这种方法的基本原理是：在一选定的地点施加人为的激振，如用爆炸方法产生一振动波向地下传播，遇到地层分界面即产生反射波，在距离振源一定远的地方放置一系列感受器，接收到达地面的反射波，从反射波的延迟时间和强度来判断地层的深度和结构。感受器所接收到的地振记录是比较复杂的，需要经过处理后才能进行地质解释。处理的方法很多，有反褶积法、同态滤波法等，这是一个尚在努力研究的问题。

4. 生物医学信号处理

信号处理在生物医学方面主要是用来辅助生物医学基础理论的研究和用于诊断检查与监护。例如，用于细胞学、脑神经学、心血管学、遗传学等方面的基础理论研究。人的脑神经系统由约 100 亿个神经细胞所组成，是一个十分复杂而庞大的信息处理系统。在这个处理系统中，信息的传输与处理是并列进行的，并具有特殊的功能，即使系统的某一部分发生障碍，其他部分仍能工作，这是计算机做不到的。因此，关于人脑的信息处理模型的研究就成为基础理论研究的重要课题。此外，神经细胞模型的研究，染色体功能的研究等，都可借助于信号处理的原理和技术来进行。

生物医学信号处理用于诊断检查较为成功的实例有脑电或心电的自动分析系统、断层成像技术(CT)等。断层成像技术是诊断学领域中的重大发明。X 射线断层的基本原理是：X 射线穿过被观测物体后构成物体的二维投影，接收器接收后，再经过恢复或重建，即可在一系列的不同方位计算出二维投影，经过运算处理即取得实体的断层信息，从而在大屏幕上得到断层造像。信号处理在生物医学方面的应用正处于迅速发展阶段。

国际上一般把 1965 年作为数字信号处理这一门学科的开端，经过几十年的时间，数字信号处理形成了完整的理论体系，并且，随着电子技术和计算机技术的飞速发展，数字信号处理的理论和技术一直在不断地完善和丰富，更重要的是，数字信号处理的理论和技术是目前现代信号处理强有力的基础。

7.3.4　数字信号处理的理论及算法

1. 数字信号处理的核心理论——傅里叶分析方法的建立过程

古巴比伦人利用"三角函数和"的概念来描述周期性过程，并用来预测天体运动。

1748 年，欧拉在振动弦的研究中得出结论：如果在某一时刻振动弦的形状是这些标准振荡模的线性组合，那么在其后任何时刻，振动弦的形状也是这些振荡模的线性组合。

1753 年，D. 伯努利声称：一根弦的实际运动都可以用标准振荡模的线性组合来表示。

1759 年，拉格朗日提出强烈批评：不可能用三角级数来表示一个具有间断点的函数。

1802 年，傅里叶构思了关于三角级数的想法。热的传播和扩散现象是傅里叶研究成果的实际物理背景。

1807 年，傅里叶在论文《热的传播》中引入了傅里叶级数与积分，拉普拉斯、拉格朗日、勒让德、孟济、拉克劳克斯组成的评审委员会虽承认傅里叶此成果的新颖和重要性，但却批评其缺乏数学的严谨，最终由于拉普拉斯的强烈反对未能发表。

1822 年，傅里叶在其发表的专著《热的分析理论》中全面论述了傅里叶级数的思想。

1829 年，狄里赫利给出了傅里叶级数存在的精确条件，完善了傅里叶级数理论。

19 世纪至 20 世纪出现了两种 Fourier 分析方法——Continuous 和 Discrete。

1965 年，IBM 的 Cooley 和 Bell Lab 的 Tukey 发明了 FFT 算法，使傅里叶变换得以在计算机平台上快速实现。

1982 年，德州仪器公司成功推出了第一代 DSP 芯片 TMS32010。

20 世纪 80 年代，随着大规模集成电路技术、微电子技术、半导体技术的发展，出现了专用的离散时间信号处理高速定点/浮点计算器。

20 世纪 90 年代至今，DSP 技术发展迅速，渗透到人们学习、工作、生活各个方面，同时出现了新的 DSP 理论和方法，如现代谱分析、小波等。

2. 20 世纪最伟大的十个算法

(1) 1946 年，由 Los Alamos 的 Von Neumann，Stan Vlam 和 Nick Metropolis 编写的 Metropolis 算法，即 Monte Carlo 方法。

(2) 1947 年，由兰德公司的 Grorge Dantzig 创造的线性方案的单纯性算法。

(3) 1950 年，由美国国家标准局数值分析所的 Magnus Hestenes、Edward Stiefel 和 Cornelius Lanczos 创造的 Krylovz 空间迭代法。

(4) 1951 年，由橡树岭国家实验室的 Alston Householder 创造的矩阵盘算的分解方法。

(5) 1951 年，由 John Backus 在 IBM 领导的小组研制的 Fortron 最优编译程序。

(6) 1959 到 1961 年，由伦敦的 Ferranti Ltd 的 J. G. F. Francis 创造的称为 QR 的算法的盘算机本征值。

(7) 1962 年，由 London 的 Elliot Brothers Ltd 的 Tony Hoare 提出的快速(按大小)分类法。

(8) 1965 年，由 IBM 的 Cooley 与 Princeton&Bell 提出的基于 Tukey 的 FFT 算法。

(9) 1977 年，由 Brighham Young 大学的 Helaman Ferguson 和 Rodney Forcede 提出的整数关系侦察算法。

(10) 1987 年，由 Yale 的 Leslie Greengard 和 Vladinimir Rokhlin 创造的快速多级算法。

7.4 大数据时代

最早提出"大数据(Big Data)"时代已到来的是全球知名咨询公司麦肯锡，麦肯锡称：数据，已经渗透到当今每一个行业和业务职能领域，成为重要的生产因素。人们对于海量数据的挖掘和运用，预示着新一波生产率增长和消费者盈余浪潮的到来。早在 1980 年，著名未来学家阿尔文·托夫勒便在《第三次浪潮》一书中，将大数据热情地赞颂为"第三次浪潮的华彩乐章"。"大数据"的概念在物理学、生物学、环境生态学等领域以及军事、金融、通信等行业存在已有时日，只是近年来因为互联网和信息行业的发展才引起人们关注。

接下来，介绍两个例子。

(1) 某移动公司挽留流失客户。iPhone 进入中国后，铁杆的某移动用户王先生加入了联通合约机大军。三个月之后，王先生接到了移动公司的客服电话，向他介绍公司的优惠资费活动。一位某移动的工作人员称，运营商会保管用户数据，如果话费锐减，基本上就是流失先兆。给数亿用户建立一个数据库，通过跟踪用户的话费消耗情况，运营商就能知道哪些用户在流失。这就是大数据的应用。

(2) 工薪阶层如何省小钱。公司职员肖伟，是个不折不扣的网购专家。区别于菜市场的费力砍价，肖伟的做法简单多了，登陆各种比价网站，然后选择最便宜的正规店下单。比价网站通过抓取海量的产品信息，比如抓取京东、天猫、易购的数据，然后将价格由低到高进行排列，这也是大数据的应用。

物联网、云计算、移动互联网、车联网、手机、平板电脑、PC 以及遍布地球各个角落的各种各样的传感器，无一不是大数据的来源或者承载方式。

7.4.1 大数据的概念

大数据，或称巨量资料，指的是所涉及的资料体量规模巨大到无法透过目前主流软件工具，在合理时间内达到撷取、管理、处理、并整理成为帮助企业经营决策及更积极目的的资讯。在维克托·迈尔-舍恩伯格及肯尼斯·库克耶编写的《大数据时代》中，大数据指不用随机分析法(抽样调查)这样的捷径，而采用所有数据的方法。因而大数据处理数据的三大转变是：要全体不要抽样，要效率不要绝对精确，要相关不要因果。

大数据同过去的海量数据有所区别,其基本特征可以用 4 个 V 来总结(Volume、Variety、Value 和 Velocity)，即体量大、多样性、价值密度低、速度快。

(1) 数据体量巨大。数据量已经从 TB(1024 GB＝1 TB)级别跃升到 PB(1024 TB＝1 PB)、EB(1024 PB＝1 EB)乃至 ZB(1024 EB＝1 ZB)级别。

(2) 数据类型繁多。如网络日志、视频、图片、地理位置信息等。

(3) 价值密度低。以视频为例，在连续不间断地监控过程中，可能有用的数据仅仅有一两秒。

(4) 处理速度快。一般要在秒级时间范围内给出分析结果，时间太长就失去价值了。这个速度要求是大数据处理技术和传统的数据挖掘技术最大的区别。

大数据到底有多大？一组名为"互联网上一天"的数据告诉我们：一天之中，互联网产生的全部内容可以刻满 1.68 亿张 DVD；发出的邮件有 2940 亿封之多(相当于美国两年的纸质信件数量)；发出的社区帖子达 200 万个(相当于《时代》杂志 770 年的文字量)；卖出的手机为 37.8 万台，高于全球每天出生的婴儿数量 37.1 万……"大数据"作为时下 IT 行业最火热的词汇，随之而来的数据仓库、数据安全、数据分析、数据挖掘等围绕大数据的商业价值的利用逐渐成为行业人士争相追捧的利润焦点。

7.4.2 大数据技术

大数据技术的战略意义不在于掌握庞大的数据信息，而在于对这些含有意义的数据进行专业化处理。换言之，如果把大数据比作一种产业，那么这种产业实现盈利的关键，在于提高对数据的"加工能力"，通过"加工"实现数据的"增值"。

大数据技术就是指从各种各样类型的海量数据中，快速获得有价值信息的技术。解决大数据问题的核心是大数据技术。目前所说的"大数据"不仅指数据本身的规模，也包括采集数据的工具、平台和数据分析系统。研发"大数据"的目的是发展大数据技术并将其应用到相关领域，通过解决巨量数据处理问题促进其突破性发展。因此，大数据时代带来的挑战不仅体现在如何处理巨量数据从中获取有价值的信息，也体现在如何加强大数据技术研发，抢占时代发展的前沿。

大数据处理的流程可以概括为四步：采集、导入与预处理、统计与分析及数据挖掘。满足这四个方面的步骤，才能算得上是一个比较完整的大数据处理。

1) 大数据处理之一——采集

大数据的采集是指利用多个数据库来接收发自客户端(Web、App 或者传感器形式等)的数据，并且用户可以通过这些数据库来进行简单的查询和处理工作。例如，电商会使用传统的关系型数据库 MySQL 和 Oracle 等来存储每一笔事务数据，除此之外，Redis 和 MongoDB 这样的 NoSQL(非关系型数据库)也常用于数据的采集。

在大数据的采集过程中，其主要特点和挑战是并发数高，因为同时有可能会有成千上万的用户来进行访问和操作。如火车票售票网站和淘宝网，它们并发的访问量在峰值时达到上百万，所以需要在采集端部署大量数据库才能支撑，同时，如何在这些数据库之间进行负载均衡和分片也需要深入思考和设计。

2) 大数据处理之二——导入与预处理

虽然采集端本身会有很多数据库，但是如果要对这些海量数据进行有效的分析，还是应该将这些来自前端的数据导入到一个集中的大型分布式数据库，或者分布式存储集群，并且可以在导入基础上做一些简单的清理和预处理工作。也有一些用户会在导入时使用来自 Twitter 的 Storm(Storm：一个开源的实时数据处理框架)来对数据进行流式计算，以满足部分业务的实时计算需求。

导入与预处理过程的特点和挑战主要是导入的数据量大，每秒钟的导入量经常会达到百兆，甚至千兆级别。

3) 大数据处理之三——统计与分析

统计与分析主要利用分布式数据库或者分布式计算集群来对存储于其内的海量数据进行普通的分析和分类汇总等，以满足大多数常见的分析需求。在这方面，一些实时性需求会用到 EMC 的 GreenPlum、Oracle 的 Exadata 以及基于 MySQL 的列式存储 Infobright 等，而一些批处理，或者基于半结构化数据的需求可以使用 Hadoop(Hadoop：一个分布式系统基础架构，由 Apache 基金会开发。用户可以在不了解分布式底层细节的情况下，开发分布式程序)。

统计与分析这部分的主要特点和挑战是分析涉及的数据量大，其对系统资源，特别是 I/O 会有极大的占用。

4) 大数据处理之四——数据挖掘

与前面统计和分析过程不同的是，数据挖掘一般没有什么预先设定好的主题，主要是在现有数据上面进行基于各种算法的计算，从而起到预测(Predict)的作用，进而满足一些高级别数据分析的需求。比较典型的算法有用于聚类的 Kmeans、用于统计学习的 SVM 和用于分类的 NaiveBayes，主要使用的工具有 Mahout、Rapid、Miner、KNIME、Smartbi 和 Tanagra 等。

数据挖掘过程的特点和挑战主要是用于挖掘的算法很复杂，并且计算涉及的数据量和计算量都很大，常用数据挖掘算法都以单线程为主。

大数据可分成大数据技术、大数据工程、大数据科学和大数据应用等领域。目前人们谈论最多的是大数据技术和大数据应用，工程和科学问题尚未被重视。大数据工程指大数据的规划、建设、运营、管理的系统工程；大数据科学关注大数据网络发展和运营过程中发现和验证大数据的规律及其与自然和社会活动之间的关系。

7.4.3　大数据的相关问题

当今，大数据已经成为现实生活中无法逃避的存在。每当我们要作出决策的时候，大数据就无处不在。大数据术语的广泛出现也使得人们渐渐明白了它的重要性。大数据渐渐向人们展现了它给学术、工业和政府带来的巨大机遇。与此同时，大数据也向参与的各方提出了巨大的挑战。

1. 技术问题

(1) 利用信息技术等手段处理非结构化和半结构化数据。

在信息社会，信息可以划分为两大类：一类信息能够用数据或统一的结构加以表示，我们称之为结构化数据，如数字、符号等；另一类信息无法用数字或统一的结构表示，我们称之为非结构化数据，如文本、图像、声音、网页等。而半结构化数据是结构化的数据，但是结构变化很大，例如员工的简历，它不像员工基本信息那样一致，每个员工的简历大不相同，有的员工的简历很简单，比如只包括教育情况，有的员工的简历却很复杂，包括工作情况、婚姻情况、出入境情况、户口迁移情况、党籍情况、技术技能等，还有的可能有一些我们没有预料到的信息。

大数据中，结构化数据只占 15% 左右，其余的 85% 都是非结构化的数据，它们大量存在于社交网络、互联网和电子商务等领域。另外，也许有 90% 的数据来自开源数据，其余的被存储在数据库中。大数据的不确定性表现在高维、多变和强随机性等方面。股票交易数据流是不确定性大数据的一个典型例子。非结构化和半结构化数据的个体表现、一般性特征和基本原理尚不清晰，这些都需要通过包括数学、经济学、社会学、计算机科学和管理科学在内的多学科交叉来研究和讨论。给定一种半结构化或非结构化数据，如图像，如何把它转化成多维数据表、面向对象的数据模型或者直接基于图像的数据模型？值得注意的是，大数据的每一种表示形式都仅呈现数据本身的侧面表现，并非全貌。

如果把通过数据挖掘提取"粗糙知识"的过程称为"一次挖掘"过程，那么将"粗糙知识"与被量化后的主观知识，包括具体的经验、常识、本能、情境知识和用户偏好相结合而产生"智能知识"的过程就叫作"二次挖掘"。从"一次挖掘"到"二次挖掘"类似事物从"量"到"质"的飞跃。

由于大数据所具有的半结构化和非结构化特点，基于大数据的数据挖掘所产生的结构化的"粗糙知识"(潜在模式)也伴有一些新的特征。这些结构化的"粗糙知识"可以被主观知识加工处理并转化，生成半结构化和非结构化的"智能知识"。寻求"智能知识"反映了大数据研究的核心价值。

大数据是一种具有隐藏法则的人造自然，寻找大数据的科学模式将带来对研究大数据之美的一般性方法的探究，尽管这样的探索十分困难，但是如果我们找到了将非结构化、半结构化数据转化成结构化数据的方法，已知的数据挖掘方法将成为大数据挖掘的工具。

(2) 大数据复杂性、不确定性特征描述的刻画方法及大数据的系统建模。

大数据复杂性、不确定性特征描述的刻画方法及大数据的系统建模问题的突破是实现大数据知识发现的前提和关键。从长远角度来看，由大数据的个体复杂性和随机性所带来的挑战将促使大数据数学结构的形成，从而导致大数据统一理论的完备。从短期而言，学术界期望发展一种一般性的结构化数据与半结构化、非结构化数据之间的转化原则，以支持大数据的交叉工业应用。已知的最优化、数据包络分析、期望理论、管理科学中的效用理论将可以被应用到研究如何将主观知识融合到对数据挖掘产生的"粗糙知识"的"二次挖掘"过程中。

(3) 数据异构性与决策异构性的关系对大数据知识发现与管理决策的影响。

由于大数据本身的复杂性，这一问题无疑是一个重要的科研课题，对传统的数据挖掘理论和技术提出了新的挑战。在大数据环境下，管理决策面临着两个"异构性"问题：数据异构性和决策异构性。传统的管理决策模式取决于对业务知识的学习和日益积累的实践经验，而管理决策又是以数据分析为基础的。

大数据已经改变了传统的管理决策结构的模式，研究大数据对管理决策结构的影响会成为一个重要的科研问题。除此之外，决策结构的变化要求人们探讨如何为支持更高层次的决策而去做"二次挖掘"。无论大数据带来了哪种数据异构性，大数据中的"粗糙知识"仍可被看作"一次挖掘"的范畴。通过寻找"二次挖掘"产生的"智能知识"来作为数据异构性和决策异构性之间的桥梁是十分必要的。探索大数据环境下决策结构是如何被改变的，相当于研究如何将决策者的主观知识参与到决策的过程中。

2. 大数据的存储问题

(1) 容量问题。这里所说的"大容量"通常可达到 PB 级的数据规模，因此，海量数据存储系统也一定要有相应等级的扩展能力。与此同时，存储系统的扩展一定要简便，可以通过增加模块或磁盘柜来增加容量，甚至不需要停机。

(2) 延迟问题。大数据应用还存在实时性的问题。特别是涉及与网上交易或者金融类相关的应用。有很多大数据应用环境需要较高的 IOPS 性能，比如 HPC 高性能计算。此外，服务器虚拟化的普及也导致了对高 IOPS 的需求，正如它改变了传统 IT 环境一样。为了迎接这些挑战，各种模式的固态存储设备应运而生，小到简单的在服务器内部作高速缓存，大到全固态介质可扩展存储系统通过高性能闪存存储，以及自动、智能地对热点数据进行读/写高速缓存的 LSI Nytro 系列产品等都在不断发展。

(3) 安全问题。某些特殊行业的应用，比如金融数据、医疗信息以及政府情报等都有自己的安全标准和保密性需求。虽然对于 IT 管理者来说这些并没有什么不同，而且都是必须遵从的，但是，大数据分析往往需要多类数据相互参考，而在过去并不会有这种数据混合访问的情况，大数据应用催生出一些新的、需要考虑的安全性问题。

(4) 成本问题。对于那些正在使用大数据环境的企业来说，成本控制是关键的问题。想控制成本，就意味着我们要让每一台设备都实现更高的"效率"，同时还要减少那些昂贵的部件。重复数据删除等技术已经进入到主存储市场，而且还可以处理更多的数据类型，这都可以为大数据存储应用带来更多的价值，提升存储效率。

(5) 数据的积累。许多大数据应用都会涉及法规遵从问题，这些法规通常要求数据要保存几年或者几十年，有些使用大数据存储的用户希望数据能够保存更长的时间，因为任何数据都是历史记录的一部分，而且数据的分析大都是基于时间段进行的。要实现长期的数据保存，就要求存储设备的生产厂商开发出能够持续进行数据一致性检测的功能以及其他保证数据长期高可用的特性。同时还要实现数据直接在原位更新的功能。

(6) 灵活性。大数据存储系统的基础设施规模通常都很大，因此必须经过仔细设计，才能保证存储系统的灵活性，使其能够随着应用分析软件一起扩容及扩展。在大数据存储环境中，已经没有必要再做数据迁移了，因为数据会同时保存在多个部署站点。一个大型的数据存储基础设施一旦开始投入使用，就很难再调整了，因此它必须能够适应各种不同的应用类型和数据场景。

在 2011 年 12 月 8 日工信部发布的物联网"十二五"规划中，信息处理技术作为四项关键技术创新工程之一被提出来，其中包括了海量数据存储、数据挖掘、图像视频智能分析，这些都是大数据的重要组成部分。而另外三项关键技术创新工程包括：信息感知技术、信息传输技术、信息安全技术，也都与大数据密切相关。

7.5　数据融合技术

随着计算机技术、通信技术的快速发展和日趋紧密地互相结合，作为数据处理的新兴技术——数据融合技术，在近年来得到惊人的发展并已进入诸多应用领域。数据融合是指采集并集成各种信息源、多媒体和多格式信息，从而生成完整、准确、及时和有效的综合信息的过程。数据融合起源于 1973 年美国国防部资助开发的声呐信号处理系统，其概念在 20 世纪 70 年代就出现在一些文献中。

数据融合是一个框架，它是一个把多源信息，通过合适的方法结合起来得到一个更满意结果的过程。多传感器系统是数据融合的硬件基础，多源信息是数据融合的对象，协调优化和综合处理是数据融合的核心。数据融合技术通过组合获得比单传感器数据更准确的信息，即通过各个传感器之间的协调和性能互补来提高整个多传感器系统的性能。

7.5.1　数据融合技术的概念

数据融合(Data Fusion)也称信息融合(Information Fusion)，是利用计算机技术对按时序获得的多源的观测信息，在一定准则下加以自动分析、综合，以完成所需决策和估计任务而进行的信息处理过程。它是一种多层次、多方面的处理过程，这个过程是对多源数据进行检测、结合、相关、估计和组合以达到精确的状态估计和身份估计，以及完整、及时的态势评估和威胁估计。

数据融合的基本原理就像人脑综合处理信息一样，充分利用多源信息，通过对这些多源的观测信息的合理支配和使用，把多源信息在空间或时间上的冗余或互补，依据某种准则来进行组合，以获得被测对象的一致性解释或描述。

1. 信息融合过程的简单描述

首先通过各类传感器将被测对象转换为电信号，然后经 ADC 将模拟信号转换为数字量，数字化后的电信号需经预处理，滤除干扰和噪声，对处理后的有用信号做特征量提取，特征量进入数据融合中心，或者将有用信号直接进行数据融合，最后输出融合结果。信息融合过程如图 7-6 所示。

传感器 → ADC → 预处理 → 特征量提取 → 融合中心 → 输出结果

图 7-6　信息融合过程

传感器是数据的来源，传感器不一定是物理形式的，数据源或者信息源甚至人工数据都称为传感器；融合是一种数据的加工过程，融合算法将随着数据源的不同以及融合目标的不同而不同。数据融合技术主要有以下几个优点：

(1) 可以提高信息的可信度。由于多传感器数据融合技术拓展了时空分辨力，其利用多种传感器能够更加准确地获得环境目标的某一特征或一组相关特征，降低了目标位置估计和属性估计的不确定性，使整个系统所获得的综合信息具有更高的精度及可靠性。

(2) 改进了系统探测性能。由于多传感器数据融合技术是对目标进行多种测量的有效融合，在相同的时间内能获得更多的信息，特别是在测量运动速度快的目标时，提高了系统探测的有效性，弥补了因手段缺乏而引起的不足。

(3) 提供稳定的工作性能。多传感器数据融合技术利用系统固有的冗余度，减少了关于目标或事件的假设集合，对同一目标或事件的同一传感器在不同的时序上的多次测量或同一时刻不同传感器的独立测量进行有效综合分析和处理，可以提高系统检测的有效性和生存能力。

(4) 提高了系统的容错能力。由于多个传感器所采集的信息具有冗余性，当系统中有一个甚至几个传感器出现故障时，尽管某些信息容量减少了，但仍可由其他传感器获得有关信息使系统继续运行，故经过数据融合处理无疑会使系统在利用这些信息时具有很好的容错性能。

(5) 实现信息的智能化处理。多传感器数据融合技术为多信息源复杂系统的智能控制与决策奠定了基础。它可以使信息处理更方便、快捷和智能化，数据融合技术可以进行更复杂信号的检测处理，提高系统检测的准确性。

随着多传感器数据融合技术的发展，其应用的领域也在不断扩大，多传感器融合技术已成功地应用于众多的研究领域。

2. 数据融合的层次

数据融合按照融合对象的层次不同可分为以下几种：

(1) 数据层融合。数据融合是直接在采集到的原始数据层上进行的融合，在各种传感器的原始测报未经预处理之前就进行数据的综合与分析。数据层融合一般采用集中式融合体系进行融合处理，这是低层次的融合，例如，成像传感器中通过对包含同一像素的模糊图像进行图像处理来确认目标属性的过程就属于数据层融合。

(2) 特征层融合。特征层融合属于中间层次的融合，它先对来自传感器的原始信息进行特征提取(特征可以是目标的边缘、方向、速度等)，然后对特征信息进行综合分析和处理。特征层融合的优点在于实现了可观的信息压缩，有利于实时处理，并且由于所提取的特征直接与决策分析有关，因而融合结果能最大限度地给出决策分析所需要的特征信息。特征层融合可分为两大类：目标状态融合和目标特性融合。

(3) 决策层融合。决策层融合通过不同类型的传感器观测同一个目标，每个传感器在本地完成基本的处理，其中包括预处理、特征抽取、识别或判决，以建立对所观察目标的初步结论，然后通过关联处理进行决策层融合判决，最终获得联合推断结果。

数据融合作为一门交叉学科，其理论基础依然是数学方面的，在不同领域和不同的应用上方法也不尽相同。而所有的基础都可以看成是对于不确定性问题研究的扩展；由于人们已经认识到数据融合的意义，又由于新的传感器的出现、处理技术的提高以及处理软件的改进从而使数据的实时融合成为可能。

多传感器数据融合作为一种可消除系统的不确定因素、提供准确的观测结果和综合信息的智能化数据处理技术，已在军事、工业监控、智能检测、机器人、图像分析、目标检测与跟踪、自动目标识别等领域获得普遍关注和广泛应用。数据融合必将成为未来复杂工业系统智能检测与故障诊断的重要技术。另外，将基于模糊逻辑、神经网络、遗传算法、粗集理论、支持向量机、小波变换等智能方法有机结合起来实现对当前数据融合算法的改进，也是将来的一个重要的发展趋势。

7.5.2　数据融合算法简介

数据融合作为一种数据综合和处理技术，实际上是许多传统学科和新技术的集成和应用，其中涉及的知识包括通信、模式识别、决策论、不确定性理论、信号处理、估计理论、最优化技术、计算机科学、人工智能、神经网络等，特别是神经网络和人工智能等新概念、新技术在多传感器数据融合中将起到越来越重要的作用。多传感器数据融合技术的核心问题是选择合适的融合算法，由于信息的多样性和复杂性，对数据融合方法的基本要求是具有鲁棒性(Robustness)和并行处理能力。"鲁棒"是 Robust 的音译，也就是健壮和强壮的意思，它是在异常和危险情况下系统生存的关键。所谓"鲁棒性"，是指控制系统在一定(结构、大小等)的参数摄动下，维持某些性能的特性。例如，计算机软件在输入错误、磁盘故障、网络过载或有意攻击情况下，能否不死机、不崩溃，就是该软件的鲁棒性。

一般情况下，基于非线性的数学方法，如果它具有容错性、自适应性、联想记忆和并行处理能力，那么都可以用来作为融合方法。

多传感器数据融合虽然未形成完整的理论体系和有效的融合算法，但根据各自的具体应用背景，在不少应用领域已经提出了许多成熟并且有效的融合方法。

常用的数据融合算法大体上可分成以下三大类。

1. 基于统计理论的融合算法

基于统计理论的融合算法包括经典推理法、贝叶斯估计法和证据理论法(Dempster-Shafer 法)。

(1) 经典推理法。经典推理法在早期的数据融合中得到了广泛的应用，由于其完全依赖数学理论，因此形式简单、易操作。其缺点是必须已知先验知识和计算先验概率密度分布函数，同时一次仅能估计两个假设，因此用于多变量统计时计算非常复杂。

(2) 贝叶斯估计法。贝叶斯估计法比经典推理法有了较大的进步，它可以处理多个假设问题，贝叶斯估计法的传感器信息依据概率原则进行组合，测量不确定性以条件概率表示，当传感器组的观测坐标一致时，可以直接对传感器的数据进行融合。但大多数情况下，传感器测量的数据要以间接方式采用贝叶斯估计进行数据融合。

(3) D-S 证据推理法。D-S 证据推理法是贝叶斯估计法的重要推广和扩充，其主要有三个基本要点：基本概率赋值函数、信任函数和似然函数，它用置信区间代替概率，用集合表示事件，用 D-S 组合规则代替贝叶斯公式来更新置信函数。其自上而下的推理结构分为目标合成、推断和更新三级。D-S 理论的优点是解决了一般水平的不确定性分配问题，能够很好地表示"不确定性""不知道"等认知学上的重要概念，因此具有很大的应用前景。

2. 基于信息论的融合算法

基于信息论的融合算法包括模板法、聚类分析法和人工神经网络等，这些方法的共同点是将自然分组和目标类型相联系。

(1) 模板法。模板法通过对观测数据与先验模板进行匹配处理，来确定观测数据是否支持已有模板所表征的假设。通过具体的时域、频域或小波域的数据或图像与预先存储的目标特征或预测的目标模型做比较，计算预测数据和实测数据的关联，若两者的相关系数超过了一个预先设定的阈值，则认为两者存在匹配关系。模板法由于计算量大，在非实时环境中有很好的效果，而在实时环境中可能无法满足要求。

(2) 聚类分析法。聚类分析法根据预先指定的相似标准把观测分为一些自然组或聚集，再把自然组与目标预测类型相关。它需要定义一个相似性函数或关联度量以提供一个表示任何两个特征向量之间"接近"程度或不相似程度的值。其缺点是本身的启发性使得数据排列方式、相似性参数的选择、聚类算法的选择等都对聚类有影响。

(3) 人工神经网络。人工神经网络具有很强的容错性以及自学习、自组织及自适应能力，能够模拟复杂的非线性映射。人工神经网络的这些特性和强大的非线性处理能力，恰好满足了多传感器数据融合技术处理的要求。人工神经网络根据当前系统所接收的样本相似性确定分类标准，这种确定方法主要表现在网络的权值分布上。同时，可以采用人工神经网络特定的学习算法来获取知识，得到不确定性推理机制；利用人工神经网络的信号处理能力和自动推理功能，实现多传感器数据融合。当输入数据中混有噪声时，人工神经网络的优点更加突出。

3. 基于认识模型的融合算法

基于认识模型的融合算法是试图模仿人类进行实体辨别的过程，其中包括模糊集合理论、逻辑模板法和专家系统等。

(1) 模糊集合理论。模糊集合理论应用广义的集合论来确定指定集合所具有的隶属关系。模糊集合理论对模糊集合及其元素提供了一个集合变换代数算法(如并集、逻辑或等)。这些算法建立在一组可变的模糊"IF-THEN"规则基础上的。这些规则的来源既可以是专家的信息也可以通过输入——输出数据对的映射得到。"IF-THEN"规则的模糊概念是以隶属函数来表达的，通过使某些指标函数取得最优值以获得最佳辨识效果。该方法的难点在于如何构造合理有效的隶属函数和指标函数。

(2) 逻辑模板法。逻辑模板法是基于逻辑的识别技术的总称，它将模糊逻辑推理方法应用在系统匹配模型中，主要用于时间探测或态势估计所进行的多传感器数据融合的应用中。

(3) 专家系统。专家系统是试图模拟专家对专业进行决策和推理的能力，其知识库包含事实、经验规则和启发性信息，使用观测数据，再根据知识库进行推理。专家系统或知识库系统适于实现较高水平的推理。由于专家系统方法依赖于知识的表示，因此其先验知识库的有效建立决定了专家系统应用的成败。

数据融合的算法非常多，除了以上常见的数据融合算法外，还有基本的加权平均法、卡尔曼滤波法、品质因数法等，随着科学技术的飞速发展，一些智能方法如粗集理论、小波分析理论和支持向量机等也陆续出现，它们将在多传感器数据融合中起到越来越重要的作用。

7.5.3　数据融合技术的用途

高速、低成本及高可靠性的数据融合技术不仅在军事领域得到越来越广泛的应用，而且在自动化制造领域、商业部门乃至家庭都有极其广阔的应用前景。如自动化制造过程中的实时过程控制、传感器控制元件、工作站以及机器人和操作装置控制等均离不开数据融合技术的应用。多传感器数据融合在以下领域具有十分重要的应用价值和广阔的应用前景。

1. 防御系统

防御系统是专门对进入所管辖领域的各类目标进行探测、跟踪和目标识别的系统。其监视对象主要是进入所管辖领域的各类飞机、反飞机武器和传感器平台等。要求以较高的探测概率发现目标，并对所发现的目标进行连续跟踪，不仅能够识别出大、中、小型飞机，而且最好能够识别出目标的种类。监视范围大约由几千米到几百千米，所采用的传感器主要有雷达(RADAR)、红外(IR)、激光(LASER)、无线电子支援测量系统(ESM)、敌我识别(IFF)传感器、光电(EO)传感器等。

2. 机器人控制

目前，一个功能较强的智能机器人通常配置有立体视觉、听觉、距离和接近觉传感器、力/力矩传感器、多功能触觉传感器等。多传感器系统采集的信息量将大大增加，而这些信息在时间、空间、可信度、表达方式上各不相同，对这些信息的处理和管理工作有新的要求。若对各种不同的传感器采集的信息进行单独、独立地加工，不仅会导致信息处理工作量的增加，而且切断了各传感器信息间的内在联系，丢失信息有机组合可能蕴含的有关环境特征，从而造成信息资源的浪费。此外，以往在对机器人智能领域的研究中，人们把更多的精力集中到研究和开发机器人的各种外部传感器上，尽管在现有的智能机器人和自主式系统中，大多数使用了多个不同类型的传感器，但并没有把这些传感器作为一个整体加以分析，反而更像是一个多传感器的拼合系统。由于传感器感知的是同一环境下不同(或相同)侧面的有关信息，所以这些信息的相关是必然的，由此，多传感器系统要求采用与之相应的信息综合处理技术，以协调各传感器间的工作。

3. 医疗诊断

无论是中医的"望、闻、问、切"，还是西医的"视、触、叩、听"，都说明医疗诊断是多种信息的融合。近年来，随着大量高新技术的发展和应用，各种医疗设备获得的医学图像以非常直观的方式展示人体内部的形态结构或有关生理参数的空间分布，这成为近代医学中的一种不可缺少的诊断手段。由于各种医学设备的成像原理不同，得到的图像所体现的信息也不同，而把不同图像进行融合，可得到从单独任何一幅图像无法获得的信息。如 CT(Computed Tomography，计算机 X 射线断层扫描)图像和 MRI(Magnetic Resonance Imaging，核磁共振成像)图像的融合，CT 对密度差异较大的组织识别效果好，MRI 可以很好地识别软组织，所以 CT 与 MRI 医学图像融合具有广泛的临床应用价值。

4. 遥感

遥感影像融合是将在空间、时间、波谱上冗余或互补的多源遥感数据按照一定的规则

(或算法)进行运算处理，获得比任何单一数据更精确、更丰富的信息，生成具有新的空间、波谱、时间特征的合成影像数据。

影像通过融合既可以提高多光谱影像空间分辨率，又保留其多光谱特性。因此，它不仅是数据间的简单复合，而且强调信息的优化，以突出有用的专题信息，消除或抑制无关的信息，改善目标识别的影像环境，从而增强解译的可靠性，减少模糊性(即多义性、不确定性和误差)，提高分类精度，扩大应用范围和效果。

在遥感中，数据融合属于一种属性融合，它是将同一地区的多源遥感影像数据加以智能化合成，产生比单一信息源更精确、更完全、更可靠的估计和判断。

1) 多源遥感的数据特点

相对于单源遥感影像数据，多源遥感影像数据所提供的信息具有以下特点：

(1) 冗余性：多源遥感影像数据对环境或目标的表示、描述或解译结果相同。

(2) 互补性：指信息来自不同的自由度且相互独立。

(3) 合作性：不同传感器在观测和处理信息时对其他信息有依赖关系。

(4) 信息分层的结构特性：数据融合所处理的多源遥感信息可以在不同的信息层次上出现，这些信息抽象层次包括像素层、特征层和决策层，分层结构和并行处理机制还可保证系统的实时性。

2) 多源遥感影像融合过程

多源遥感影像融合过程可分为两个：数据准备和预处理与影像数据融合。

(1) 数据准备和预处理。数据准备首先收集要进行融合的原始遥感影像，对遥感影像进行合适的预处理，除去原始影像中有问题的扫描线和噪声，以增加影像质量，提高融合效果；然后根据影像融合范围进行裁减，这样可以减少融合像元数目，提高速度；而最重要的是对要进行融合的影像进行空间配准。融合之前对多源影像数据进行高精度的配准是提高融合质量非常关键的因素。

(2) 影像数据融合。在进行影像数据融合时，根据实际需要和融合目的选择合适的融合方法，按照各种方法的原理和步骤进行。在融合过程中每一步变换都有一系列的参数要确定和选择，这些参数会影响最后的融合效果，因此一种融合算法也需要进行多次试验，同时不同融合方法之间也需要进行对比，之后才可以确定最适当的融合方法以及融合时选择怎样的参数。对于各种算法所获得的融合遥感影像，根据实际需要，可进一步进行处理，如"匹配处理"和"类型变换"等，以便使研究的目标得到更加清晰的表示。

7.5.4 数据融合技术的发展

数据融合的发展受多方面科学技术发展成果的推动，主要表现在以下两个方面：

(1) 传感技术取得飞速发展。多传感器系统设备的设计和生产能力的提高，使得传感器性能大大提高，例如，更高的分辨率、更远距离上更高的探测概率和更快的反应速度等。因此，各种面向复杂应用背景的军用或民用多传感器系统随之大量涌现，这使得多传感器系统的处理方式发生了根本性改变，如何处理数量庞大、种类繁多的信息成为多传感器系统首先要考虑的问题。

(2) 信号处理、模式识别、图形图像处理、人工智能和神经网络等相关学科的飞速发展。随着相关理论和技术的发展，数据融合的算法和技术将越来越完善，也将在更多领域得到应用。

7.6　现代信号处理

通过前面几节的学习，我们知道，在现代科学技术领域，电子信息系统的应用范围极为广泛，如通信、导航、声呐、地震勘测、医学仪器和射电天文等。电子信息系统的发展进程常常和信息的利用程度不可分割，而信息的利用程度又和信号与信息处理技术的发展紧密联系。

经典信号处理技术假设待处理信号及其背景噪声是高斯的和平稳的；待分析系统限于时不变(或缓慢)、线性、因果、最小相位的系统；信号分析方法只限于一、二阶矩特性和傅里叶变换。现在，信号处理进入了一个新的发展阶段，信号处理的一些重要领域，如优化、自适应、高分辨、多维和多通道等，其理论和方法均日趋系统化，对系统的分析不再限于理想模型，还要考虑实际因素，同时对系统也不再限于定性描述，还要作出统计性能评价，使理论和实际在更高的水平上密切结合，非线性理论和非线性技术也得到了发展和应用。这就是现代信号处理的理论和技术。

7.6.1　傅里叶变换的局限性

法国工程师傅里叶于 1807 年提出了傅里叶级数的概念，即任一周期信号可分解为复正弦信号的叠加。1822 年，傅里叶又提出了非周期信号分解的概念，这就是傅里叶变换。经过近 200 年的发展，傅里叶变换不但已经形成了一个重要的数学分支，而且在信号分析与信号处理中起到了重要的作用。正是由于傅里叶变换，原本比较抽象的"频率"概念才变得具体化。

对于一个信号，给定其函数表达式 $x(t)$，或 x 随 t 变化的曲线，我们可以由此得出在任一时刻该信号的幅值。如果想要了解该信号的频率成分，即"在××Hz 处频率分量的大小"，则可通过傅里叶变换来实现。信号的时间和频率是经典信号分析和处理中两个最重要的物理量，分别对应着信号的时域分析和频域分析，但如果我们想知道信号在某一个特定时间，如 t_0，所对应的频率是多少，或对某一个特定点的频率，如 Ω_0，所对应的时间是多少，那么傅里叶变换则无能为力。例如，信号 $x(t)$ 由三个不同频率的正弦信号所组成，即

$$x(t) = \begin{cases} \cos(2\pi f_1 t), & 0 \leqslant t < T_1 \\ \cos(2\pi f_2 t), & T_1 \leqslant t < T_2 \\ \cos(2\pi f_3 t), & T_2 \leqslant t < T \end{cases} \tag{7-5}$$

式中，$T > T_2 > T_1$，$f_3 > f_2 > f_1$。$x(t)$ 的波形如图 7-7(a)所示，经傅里叶变换后，$x(t)$ 的幅频特性 $|X(f)|$ 如图 7-7(b)所示。显然，$|X(f)|$ 给出了在 f_1、f_2 及 f_3 处有三个频率分量，还给出了这三个频率分量的大小，但由此图看不出 $x(t)$ 在何时有频率 f_1，何时又有 f_2 及 f_3，即傅里叶变换无时间定位功能。

线性频率调制信号 $x(t) = \exp(\mathrm{j}2\pi\mu t^2)$，其频率与时间 t 成正比，在雷达领域中，该信号

又称作 chirp 信号，图 7-8 是线性频率调制信号的实部随时间变化的波形。

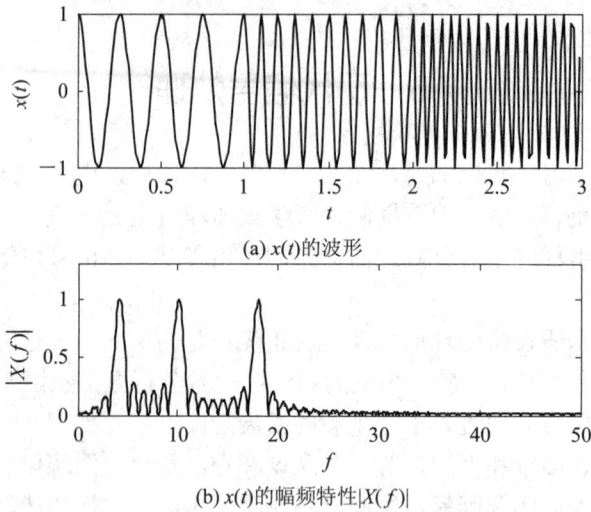

(a) x(t)的波形

(b) x(t)的幅频特性|X(f)|

图 7-7　三段不同频率组合信号的时域和频域波形

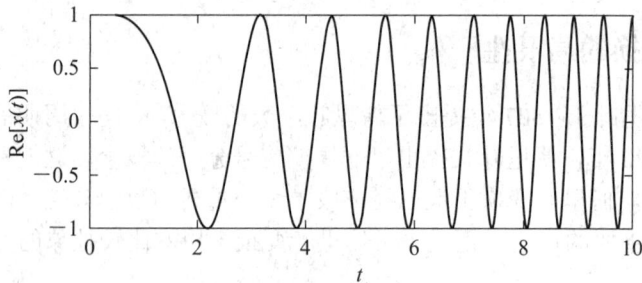

图 7-8　线性频率调制信号的时域波形

　　信号的频率随时间变化的信号称为时变信号。傅里叶变换是分析平稳信号的时域表示和频域表示的有力工具。在非平稳信号分析中，传统的傅里叶变换受到了限制，因为非平稳信号的频率是时变的，只了解信号频率的全局特性是远远不够的，需要获取信号频谱随时间变化的特征。因此，对给定的信号 $x(t)$，人们希望能找到一个二维函数 $W_x(t, f)$，它应是我们最关心的两个物理量 t 和 f 的联合分布函数，它可以反映 $x(t)$ 的能量随时间 t 和频率 f 变化的形态，这种表示称为信号的时频表示。基于信号时频表示的信号分析称为信号的时频分析，非平稳信号的时频分析是现代信号处理的重要内容之一。

　　对系统而言，经典滤波器是假定输入信号 $x(t)$ 中的有效信号和噪声(或干扰)的频率处在不同的频段，当 $x(t)$ 通过一个线性滤波系统后，可以将噪声成分有效地去除。可是，如果有效信号和噪声的频带相互重叠，那么经典滤波器将无能为力。

　　利用现代信号处理技术设计的现代滤波器，其理论研究的主要内容是从含有噪声的数据记录(又称为时间序列)中估计出信号的某些特征或信号本身。一旦信号被估计出，那么估计出的信号比原信号会有高的信噪比。现代滤波器把信号和噪声都视为随机信号，利用它们的统计特征(如自相关函数、功率谱函数等)推导出一套最佳的估值算法，然后用硬件和软件实现。目前，现代滤波器主要有：维纳滤波器、卡尔曼滤波器、线性预测器、自适应滤波器等。

7.6.2　信号处理的发展过程及现代信号处理的突破

1. 信号处理的发展过程

信号处理技术起源于上世纪 40 年代，主要是在信号检测、信号估计、滤波等方面建立了一系列基础理论和方法，为信息处理系统的实现和发展指明了方向；由于当时的技术条件(主要是硬件实现条件)的限制，优化信号处理系统难以实现，在这一阶段里，实际应用的只是一些简单的处理技术。

1948 年创立的系统论、信息论和控制论三大科学理论，对于信号处理学科的发展起到了非常重要的推动作用。系统思想源远流长，但作为一门科学的系统论，人们公认是由美籍奥地利人、理论生物学家路德维希·冯·贝塔朗菲(L. V. Bertalanffy)创立的，他为确立适用于系统的一般原则作出了重要贡献。信息论是美国数学家克劳德·艾尔伍德·香农(Claude Elwood Shannon)建立的，它是现代通信理论的基础，在计算技术、自动控制等方面得到广泛应用。控制论是美国数学家诺伯特·维纳(Norbert Wiener)提出的，它在通信、计算机和人工智能等方面得到广泛应用。

20 世纪 60 年代以来，即经典信号处理技术阶段，计算机技术、微电子集成电路技术和工艺迅猛发展，为复杂的信号处理技术的实现提供了可能的环境，从而将信号处理理论和技术的发展推向高潮。在这一阶段中，信号处理的研究不再仅限于一般理论和方法的探讨，而是更多地侧重于实现方面。新的算法和实现方法，以及相应的应用成果层出不穷。在此基础上发展起来的新一代信号处理系统，其优化和自适应性能大大提高，使早期的信号处理系统已无法与其相提并论。

进入 20 世纪 90 年代，信号处理进入了一个新的发展时期，我们称其为现代信号处理发展阶段。

2. 现代信号处理的突破

现代信号处理的发展突破了理想模型的框架。现代信号处理理论和技术的发展与以前信号处理的发展模式不同，随着信号处理应用领域的扩大和实现水平的提高，促使人们在理论和方法上的研究和探索向更深层次发展，使得信号处理理论和方法更切合实际。现代信号处理的发展在研究思想和方法上的主要变化表现在突破了理想模型的框架。这种变化体现在信号分析和系统研究两个方面。

1) 信号分析方面

在此之前，研究分析信号时均假设信号及背景噪声是高斯的、平稳的。高斯随机过程的特性只取决于它的期望值、方差和相关函数，即它的一、二阶矩函数。另外，对于平稳过程而言，由维纳-辛钦(Wiener-Khinchine)定理可知，其相关函数存在傅里叶变换，而且就是该过程的功率谱密度。正由于过程是平稳的，傅里叶变换这种全局性统计变换才对它有效，变换结果在频域反映了平稳过程的统计特性。以此为基础，对信号的分析研究只是基于它的二阶矩特性和傅氏谱。然而，事实上许多信号是非高斯和非平稳的，因而为了更精确地研究分析信号，摒弃理想模型，采用新的分析方法是信号处理发展的必然，也是目前现代信号处理研究热点的一个方向。例如，用时频分布和小波(Wavelets)变换分析研究非平稳信号，以及用高阶矩信号处理(即采用高阶统计量分析处理信号)方法分析研究非高斯信号。

2) 系统研究方面

以前的研究对象通常是局限于时不变(或缓变)的线性、因果和最小相位系统。尽管这样构建的系统在一定场合是适用的，但随着应用领域的扩大，要求提高对系统的描述和分析结果精度，这需要我们去研究时变、非因果、非最小相位和非线性系统。例如，采用混沌、分维和分形几何的思想和方法去研究非线性动力学系统(如研究系统的局部不稳定性、全局稳定性等特性)，采用模糊(Fully)信息处理方法和神经网络去建立实现智能和非线性系统。

另外，现代信号处理的发展，其理论研究与实用研究几乎是同步进行的，这点与以前的研究思维模式是不同的。现在信号处理领域的状况是既重视基础理论的研究，又重视实际实现和应用的研究，两方面相互促进，交互发展。

7.6.3　现代信号处理的基本内容

在各种各样的信号传输信道中，所传输的确定信号往往受到噪声的影响，带来了复杂的随机性，而信道本身的传输特性也经常具有时变性，如果用经典的信号分析方法来观察和分析各类通信问题，会带来很大的误差，对提高传输质量和通信效率都非常不利，甚至导致无法进行正常通信。

现代信号处理的基本内容包括统计信号处理、多维多信道信号处理、非高斯信号处理和非平稳信号处理。

(1) 统计信号处理研究的信号形式不确定，只能用统计特性描述，统计信号处理的很多结论也只能通过数理统计分析得到；而确定性信号处理研究的信号具有确定的形式，系统响应可以通过求解微分或差分方程得到。

统计信号处理包括参数估计理论、信号检测、波形估计、现代频谱分析、自适应滤波、鲁棒参数估计与谱分析、统计性能分析等。

(2) 多维多信道信号处理主要包括高分辨率二维 ARMA 谱估计与谐波恢复、二维最大熵法和二维 LMS 自适应滤波等算法。

(3) 非高斯信号处理是近几年发展起来的新技术，主要包括用高阶统计量解决非因果非最小相位系统识别、高斯有色噪声抑制以及高斯/非高斯有色噪声下的信号检测和谐波恢复等问题。

(4) 非平稳信号处理包括基于时频分析的信号检测，基于多尺度估计理论的信号检测(如小波变换、短时分形变换、分布式系统状态融合估计等)，智能信息处理技术(如模糊计算技术、人工神经网络)等。

随着电子技术和计算机技术的高速发展，信号处理的理论和方法也获得了迅速的发展，十几年前，研究的对象还限于简单的线性、时不变、因果和最小相位系统，而现在非线性、非因果及非最小相位系统的研究已成为热点。同时，由于数学工具——高阶统计量和小波变换的发展，可以对非高斯信号和非平稳信号进行有效的分析和处理，对加性有色噪声的处理也取得了实质性的突破。这些新发展的理论和技术成为现代信号处理的主要标志。现代信号处理已经广泛地应用于雷达、声呐、通信、自动化、地球物理、航空航天、生物医学、天文、振动工程等技术领域。

7.7　智能信息处理技术

　　智能信息处理技术是信号与信息技术领域一个前沿的富有挑战性的研究方向，它以人工智能理论为基础，侧重于信息处理的智能化，包括计算机智能化(文字、图像、语音等信息智能处理)、通信智能化以及控制信息智能化。

　　智能信息处理的研究方向很多，主要包括以下几个方面：网络科学(Web Science)、智能计算(Intelligent Computing)、搜索引擎(Search Engine)、数据挖掘(Data Mining)、优化算法(Optimizational Gorithm)、机器学习(Machine Learning)等。

7.7.1　网络科学

1. 网络科学的定义

　　网络科学(Network Science)是专门研究复杂网络系统的定性和定量规律的一门崭新的交叉科学，研究涉及复杂网络的各种拓扑结构及其性质，与动力学特性(或功能)之间的相互关系，包括时空斑图的涌现、动力学同步及其产生机制，网络上各种动力学行为和信息的传播、预测(搜索)与控制，以及工程实际所需的网络设计原理及其应用研究，其交叉研究内容十分广泛、丰富。

2. 发展简史

　　网络科学首先得益于图论和拓扑学等应用数学的发展。关于图论的文字记载最早出现在欧拉 1736 年的论著中，他所考虑的原始问题具有很强的实际背景。在数学上，关于哥尼斯堡七桥问题、多面体的欧拉定理、四色问题等都是拓扑学发展史的重要问题。

　　20 世纪 50 年代末至 60 年代匈牙利著名的数学家 Paul Edo's 保罗·埃尔德什和 Alfred Renyi(阿尔弗雷德·莱利)，历史上首次探讨了我们所处的相互关联的宇宙的基本问题：网络是如何形成的？建立了著名的随机图理论，奠定了随机网络理论的基础。这一理论最重要的假设是：网络节点之间的链接是随机选择建立连接的。他们认为网络图和它所代表的世界从根本上说是随机的。随机网络模型的前提是深刻的平等主义：我们完全随机地安排链接，因此所有的节点都有等同的机会获得链接。

　　他们用相对简单的随机图来描述网络，简称 ER 随机图理论。他们最重要的发现是 ER 随机图中许多重要性质都是随着网络规模的增大突然涌现的。他们创立的 ER 随机图理论为图类的阈函数和巨大分支涌现的相变等提供了研究网络的一种重要的数学理论。用图论的语言和符号可以精确简洁地描述各种网络。图论不仅为数学家和物理学家提供了描述网络的共同语言和研究平台，而且至今图论的许多研究成果、结论和方法技巧仍然能够自然地应用到现在复杂网络的研究中，成为网络科学研究的有力方法和工具之一。

　　1998 年，科学家迎来了复杂网络的又一次突破性进展。首先冲破 ER 理论框框的人是美国康奈尔大学理论和应用力学系的博士生 Watts 及其导师 Strogatz，他们在 *Nature* 杂志上发表了题为《"小世界"网络的群体动力行为》的论文，提出了小世界网络模型。人们常有这种体验，当参加国内外会议或访问、旅游时，经常在与遇到的一些新朋友交谈中，很快就发现：他认识你的朋友，你认识他的朋友的朋友，于是大家不约而同地脱口而出：这个世界真小啊！这就是"小世界效应(现象)"，这里包含了"六度分离概念"的基本思想。试想一下，你现在想与世界上任何一个人联系交朋友吗？这似乎不太可能实现。如果你真想联络到他，应该怎么办？你可以这样做：找一个最有可能和他有联系的亲友，把问候转达给这位亲友，然后这位亲友也照样去找下一位亲友。这样你一共需要多少个亲友作为"中转站"就能找到对方呢？这个问题的答案或许有点让人吃惊：不论你想找地球上哪个人，大约只需要6步，最后一步就是"中转"的最终目标。2003年哥伦比亚大学社会学系的邓肯·瓦茨(Duncan Watts)领导的研究小组在《科学》杂志上发表了实验报告，他们利用互联网在全世界范围内初步检验了上述惊人的假说，有六万多志愿者参与利用电子邮件通信试验，例如通过在分布世界各地的某同学的同学中进行通信试验表明，确实不到6步就实现了，这就利用互联网初步验证了"小世界现象"。

1999年美国圣母(Notre Dame)大学物理系的Barabasi教授及其博士生Albert在*Science*杂志上发表了题为《随机网络中标度的涌现》一文，提出了一个无标度网络模型，发现了复杂网络的无标度性质，并和M. Newmann及D. J. Watts共同编辑了《网络的结构与动力学》专著，该书在国际上产生了广泛的影响，引起了全世界的高度重视。这正是他在网络科学方面的杰出贡献，因此于2006年获得了美国Von Neumann计算金奖，这标志着复杂网络研究进入了网络科学的新时代，由此诞生了一门崭新的科学：网络科学。

网络科学的两大发现以及随后许多真实网络的实证研究表明：真实世界的网络既不是规则网络，也不是随机网络，而是兼具小世界和无标度特性，具有与规则网络和随机图完全不同的统计特性的网络。

3. 应用领域

网络科学的应用领域主要包括以下几个方面：

(1) 安全和军事应用。网络拓扑结构的稳健性与脆弱性问题，网络结构对军事网络的容错性影响，军事网络的抗干扰、多环境、多任务、异构性、保密性研究等均涉及网络科学。例如，怎么确保复杂网络可靠运转以有效应对网络灾变，如何应对未来虚拟攻击带来的严重后果等(可以参考2009年Stuxnet病毒攻击伊朗核设施的事件、2011年"CSDN泄密门"事件)。

(2) 生物和疾病控制。如何控制计算机病毒和各种传染病传播(包括艾滋病、非典和禽流感等)以应对它们给人类造成巨大的威胁呢？网络科学对于研究传染病的传播方式有着重要的作用。不同的网络模型对于我们的应对方式有着不同的指导原则。例如在随机网络中，传统的疾病传播理论认为，每种病毒都有一个传播阈值，超过这个阈值，疾病会传播。而在无标度模型中，这一阈值消逝，疾病的传播与中心节点携带病毒的概率有关。

(3) 物联网研究等其他方面。物联网在未来将会成为一个全球性的动态网络。其覆盖面将无限大，功能繁多，网络异构性强、覆盖面广、信息处理能力强，跨越虚拟和现实空间，因此会成为一个复杂网络的研究样本。对于其发展，一方面需要借助网络科学的研究成果加以引导和控制，另一方面又可以作为网络科学的研究样本促进这一学科的发展。

7.7.2 智能计算

智能计算(Intelligent Computing)只是一种经验化的计算机思考性程序,是人工智能化体系的一个分支,是辅助人类处理各式问题的具有独立思考能力的系统。

智能计算也称为计算智能,包括遗传算法、模拟退火算法、禁忌搜索算法、进化算法、启发式算法、蚁群算法、人工鱼群算法,粒子群算法、混合智能算法、免疫算法、人工智能、神经网络、机器学习、生物计算、DNA 计算、量子计算、智能计算与优化、模糊逻辑、模式识别、知识发现、数据挖掘等。

智能计算不是一个全新的事物,而是由通用计算发展而来的,它既是对通用计算的延续与升华,也是应对 AI 趋势的新计算形态。

智能计算需要具有以下几个关键特征:

(1) 持续进化:自我智能管理与升级的能力。

(2) 环境友好:与地理环境位置无关的随地部署、无缝连接与高效协同。

(3) 开放生态:产业上下游多方均可广泛参与,共创共享 AI 红利。

智能计算就是利用先进的 IT、CT 技术(芯片、架构、AI 等),首先实现 IT 基础设施的智能化升级(智能管理、在线升级与进化),针对不同业务负载智能分配最优计算资源,提升 IT 基础设施的利用效率,优化当前业务的计算 TCO;其次面向未来 AI 新业务形态,提供充沛且经济的计算能力,并可随时随地开发、部署、使用与协同,降低 AI 使用门槛,让 AI 成为一种通用与普惠的计算资源;最后是开放架构与生态,让更多的参与者有机会参与 AI 计算。

人工智能和智能计算完全是两个概念。图灵奖获得者约翰·霍普克罗夫特说,计算和通信两个领域的融合开创了智能计算的新天地,计算机已经可以更聪明地帮助人们获得和处理信息,这已经和人工智能的概念大相径庭了。

7.7.3 搜索引擎

搜索引擎(Search Engine)是指根据一定的策略,运用特定的计算机程序从互联网上采集信息,在对信息进行组织和处理后,为用户提供检索服务,将检索的相关信息展示给用户的系统。

搜索引擎是工作于互联网上的一门检索技术,它旨在提高人们获取、搜集信息的速度,为人们提供更好的网络使用环境。从功能和原理上搜索引擎大致被分为全文搜索引擎、元搜索引擎、垂直搜索引擎和目录搜索引擎等四大类。

搜索引擎发展到今天,基础架构和算法在技术上都已经基本成型和成熟。

搜索引擎的整个工作过程分为三个部分:

(1) 网络"爬虫"在互联网上爬行和抓取网页信息,并存入原始网页数据库。

(2) 对原始网页数据库中的信息进行提取和组织,并建立索引库。

(3) 根据用户输入的关键词,快速找到相关文档,并对找到的结果进行排序,然后将查询结果返回给用户。

在搜索引擎技术的帮助下,利用关键词、高级语法等检索方式就可以快速捕捉到相关度极高的匹配信息。同时，还能对检索的信息加以一定维度的分析，以引导对信息的使用与认识。随着搜索引擎技术的日益成熟，当代搜索引擎技术几乎可以支持各种数据类型的检索，例如自然语言、智能语言、机器语言等各种语言。目前，不仅视频、音频、图像可以被检索，而且人类面部特征、指纹、特定动作等也可以被检索。可以想象，在未来几乎一切数据类型都可能成为搜索引擎的检索对象。

　　搜索引擎基本结构一般包括：搜索器、索引器、检索器、用户接口等四个功能模块。搜索引擎工作流程主要有数据采集、数据预处理、数据处理、结果展示等阶段。在各工作阶段分别使用了网络"爬虫"、中文分词、大数据处理、数据挖掘等技术。

　　互联网上的用户众多，数据信息来源极广，互联网上的网页是实时动态变化的，网页的更新、删除等变动极为频繁，有时候会出现才更新的网页在"爬虫"程序还来不及抓取的时候却已经被删除的情况，这将大大影响搜索结果的准确性。"爬虫"抓取的数据在经过预处理后数据量依然相当庞大，这给大数据存储技术带来相当大的挑战。目前由于数据挖掘技术以及计算机硬件的限制使得数据处理的准确度未能达到理想程度，而且由于一些个人或公司利用搜索引擎现有的漏洞，通过作弊手段来干扰检索结果，导致检索结果的可靠性可能会受到影响。

　　搜索引擎的发展趋势包括：社会化搜索、实时搜索、移动搜索、个性化搜索、地理位置感知搜索、跨语言搜索、多媒体搜索、情境搜索等。

7.7.4　数据挖掘

　　数据挖掘(Data Mining)是指从大量的数据中通过算法搜索隐藏于其中信息的过程，它通过统计、在线分析处理、情报检索、机器学习、专家系统(依靠过去的经验法则)和模式识别等诸多方法来实现。

　　数据挖掘是人工智能和数据库领域研究的热点问题，所谓数据挖掘，是指从数据库的大量数据中揭示出隐含的、先前未知的并有潜在价值的信息的非平凡过程。数据挖掘是一种决策支持过程，它主要基于人工智能、机器学习、模式识别、统计学、数据库、可视化技术等，高度自动化地分析企业的数据，作出归纳性的推理，从中挖掘出潜在的模式，帮助决策者调整策略，减少风险，作出正确的决策。

　　知识发现过程由三个阶段组成：数据准备、数据挖掘、结果表达和解释。

　　数据挖掘可以与用户或知识库交互。数据挖掘是通过分析每个数据，从大量数据中寻找其规律的技术，它主要有数据准备、规律寻找和规律表示三个步骤。数据准备是从相关的数据源中选取所需的数据并整合成用于数据挖掘的数据集；规律寻找是用某种方法将数据和解释集所含的规律找出来；结果表达是尽可能以用户可理解的方式(如可视化)将找出的规律表示出来并进行解释。数据挖掘的任务有关联分析、聚类分析、分类分析、异常分析、特异群组分析和演变分析等。

　　数据挖掘利用了来自以下一些领域的思想：

(1) 来自统计学的抽样、估计和假设检验。

(2) 人工智能、模式识别和机器学习的搜索算法。

(3) 建模技术和学习理论。

　　数据挖掘迅速地接纳了来自其他领域的思想,这些领域包括最优化、进化计算、信息论、信号处理、可视化和信息检索。

　　数据的类型可以是结构化的、半结构化的,甚至是异构型的。发现知识的方法可以是数学的、非数学的,也可以是归纳的。最终被发现了的知识可以用于信息管理、查询优化、决策支持及数据自身的维护等。

　　数据挖掘的对象可以是任何类型的数据源。它既可以是关系数据库,此类包含结构化数据的数据源;也可以是数据仓库、文本、多媒体数据、空间数据、时序数据、Web 数据等,此类包含半结构化数据甚至异构性数据的数据源。

　　数据挖掘系统模型如图 7-9 所示,数据挖掘的系统由数据库管理模块、挖掘前处理模块、挖掘操作模块、模式评估模块、知识输出模块等部分组成,这些模块的有机组成构成了数据挖掘系统的体系结构。

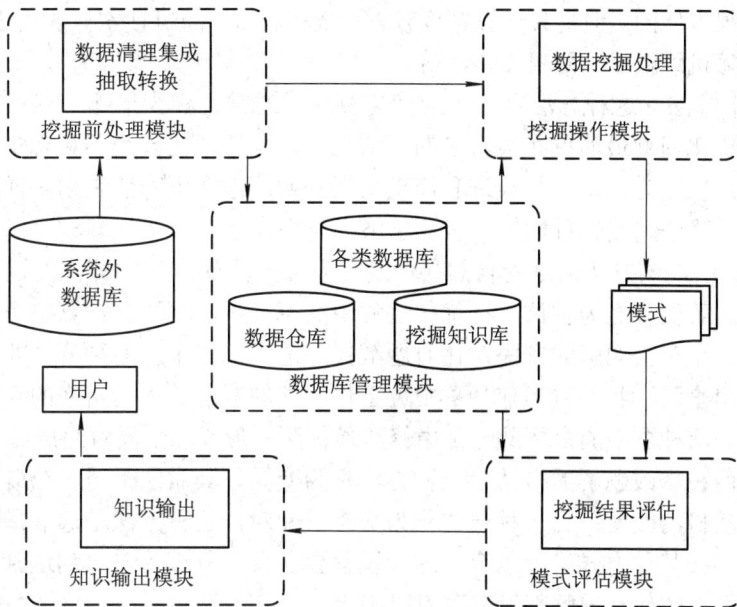

图 7-9　数据挖掘系统模型

　　数据挖掘分为有指导的数据挖掘和无指导的数据挖掘。有指导的数据挖掘是利用可用的数据建立一个模型,是对一个特定属性的描述。无指导的数据挖掘是在所有的属性中寻找某种关系。具体而言,分类、估值和预测属于有指导的数据挖掘;关联规则和聚类属于无指导的数据挖掘。

　　数据挖掘的算法主要包括神经网络法、决策树法、遗传算法、粗糙集法、模糊集法、关联规则法等。

7.7.5　优化算法

1. 基本概念

　　算法(Algorithm)是指对解题方案的准确而完整的描述,是一系列解决问题的清晰指令,算法代表着用系统的方法描述解决问题的策略机制。优化算法(Optimization Algorithm)是指对算法的有关性能进行优化,如时间复杂度、空间复杂度、正确性、健壮性。随着大数据时代的到来,算法要处理数据的数量级越来越大并且处理问题的场景也千变万化。为了增强算法处理问题的能力,对算法进行优化是必不可少的。算法优化一般是对算法结构和收敛性进行优化。

2．常见算法优化方法

(1) 随机搜索(Random Search)法。这是利用随机数求极小点而求得函数近似的最优解的方法。

在变量允许的变化区间,不断随机地而不是有倾向性地产生随机点,计算其约束函数和目标函数的值,对满足约束条件的点,逐个比较其目标函数的值,将坏的点抛弃,保留好的点,最后便得到最优解的近似解。这种方法是建立在概率论的基础上的,所取随机点越多,得到最优解的概率也就越大。由于大多数计算机程序库中有随机数发生器,所以应用这种方法是很方便的。但是其计算精度较差,效率较低。随机搜索一般用于粗选或普查。常用的方法有随机跳跃法、随机走步法等。

(2) 梯度下降法。这种方法是一个最优化算法,通常也称为最速下降法。最速下降法是求解无约束优化问题最简单和最古老的方法之一,虽然现在已经不具有实用性,但是许多有效算法都是以它为基础进行改进和修正而得到的。最速下降法是用负梯度方向为搜索方向的,最速下降法越接近目标值,步长越小,前进越慢。

(3) 遗传算法。该方法也是受自然科学的启发而产生的。这类算法的运行过程是先随机生成一组解,我们称之为种群。在优化过程中的每一步,算法会计算整个种群的成本函数,从而得到一个有关题解的排序,在对题解排序之后,一个新的种群,即我们称之为下一代就被创建出来了。我们将当前种群中位于最顶端的题解加入其所在的新种群中,这称为精英选拔法。新种群中的余下部分是由修改最优解后形成的全新解组成的。

常用的有两种修改题解的方法:一种方法称为变异,其做法是对一个既有解进行微小的、简单的、随机的改变;另一种方法称为交叉或配对,这种方法是选取最优解中的两个解,然后将它们按某种方式进行组合,这一过程会一直重复进行,直到达到指定的迭代次数,或者连续经过数代后题解都没有改善时停止。

(4) 模拟退火法。该方法是受物理学启发而产生的一种优化算法。退火是指将合金加热后再慢慢冷却的过程。模拟退火也是从一个随机解开始,然后朝着某个方向变化。该算法最为关键的部分在于:如果新的解成本值更低,那么新的解则会替代当前解,和爬山法类似;不过,如果新的解成本值更高,这个解仍然有可能替代当前解。模拟退火算法之所以有用,不仅因为它总是会接受一个更优的解,而且还因为它在"退火"过程的开始阶段会接受表现比较差的解。随着"退火"过程的不断进行,该算法越来越不可接受较差的解。

7.7.6　机器学习

1．机器学习的概念

机器学习(Machine Learning, ML)是一门多领域交叉学科,涉及概率论、统计学、逼近论、凸分析、算法复杂度理论等多门学科。机器学习专门研究计算机怎样模拟或实现人类的学习行为,以获取新的知识或技能,重新组织已有的知识结构使之不断改善自身的性能。

机器学习是人工智能的核心，是使计算机具有智能的根本途径，其应用遍及人工智能的各个领域，它主要使用归纳、综合而不是演绎。

机器学习的核心是使用算法解析数据，从中学习，然后对世界上的某件事情作出决定或预测。这意味着，与其显式地编写程序来执行某些任务，不如教计算机如何开发一个算法来完成任务。

2．机器学习的类型

机器学习有三种主要类型：监督学习、非监督学习和强化学习。

1) 监督学习

监督学习涉及一组标记数据，计算机可以使用特定的模式来识别每种标记类型的新样本。监督学习的两种主要类型是分类和回归。

在分类中，机器被训练成将一个组划分为特定的类。分类的一个简单例子是电子邮件账户上的垃圾邮件过滤器。过滤器分析用户以前标记为垃圾邮件的电子邮件，并将它们与新邮件进行比较。如果它们匹配度达到一定的百分比，这些新邮件将被标记为垃圾邮件并发送到适当的文件夹。那些经比较后结果不相似的电子邮件被归类为正常邮件并发送到用户的邮箱。

在回归中，机器使用先前的(标记的)数据来预测未来。比如，通过使用气象事件的历史数据(即平均气温、湿度和降水量)，手机的天气应用程序可以查看当前天气，并在未来的时间内对天气进行预测。

2) 非监督学习

在非监督学习中，数据是无标签的。由于大多数真实世界的数据都没有标签，这些算法特别有用。非监督学习分为聚类和降维。聚类用于根据属性和行为对象进行分组。这与分类不同，因为这些组不是用户提供的。聚类的一个例子是将一个组划分成不同的子组(例如，基于年龄和婚姻状况)，然后将其应用到有针对性的营销方案中。降维通过找到共同点来减少数据集的变量。大多数大数据可视化使用降维来识别趋势和规则。

3) 强化学习

强化学习通过使用机器的个人历史和经验来作出决定。强化学习的经典应用是玩游戏。与监督和非监督学习不同，强化学习不涉及提供"正确的"答案或输出。相反，它只关注性能。这反映了人类是如何根据积极和消极的结果学习的。同样的道理，一台下棋的电脑可以学会不把它的国王移到对手的棋子可以进入的空间。然后，国际象棋的这一基本教训就可以被扩展和推断出来，直到机器能够对垒(并最终击败)人类顶级玩家为止。

3．机器学习与人工智能的关系

机器学习是人工智能的一个分支。人工智能致力于创造出比人类更能胜任复杂任务的机器。这些任务通常涉及判断、策略和认知推理，这些技能最初被认为是机器的"禁区"。虽然这听起来很简单，但这些技能的范围非常大，如语言处理、图像识别、规划等。机器学习使用特定的算法和编程方法来实现人工智能。

4．机器学习的应用

机器学习最主要的应用领域有：专家系统、认知模拟、规划和问题求解、数据挖掘、网络信息服务、图像识别、故障诊断、自然语言理解、机器人和博弈等，具体而言，即数据挖掘、计算机视觉、自然语言处理、生物特征识别、搜索引擎、医学诊断、检测信用卡欺诈、证券市场分析、DNA 序列测序、语音和手写识别、战略游戏和机器人运用等方面。

机器学习涉及大量数学知识，主要是线性代数、微积分、概率和统计。Bayes 定理是机器学习的基本思想。

机器学习最大的突破是 2006 年的深度学习。深度学习是一类机器学习，目的是模仿人脑的思维过程，经常用于图像和语音识别。机器学习的主要算法有：回归算法，k-最近邻算法(KNN)、决策树算法、贝叶斯算法、聚类算法、深度学习和神经网络算法等。

随着机器学习的进步，物联网设备比以往任何时候都更聪明、更复杂。机器学习有两个主要的与物联网相关的应用：使设备变得更好和收集数据更加有效。让设备变得更好是非常简单的：使用机器学习来个性化环境。我们看到了聊天机器人的激增，成熟的语言处理算法每天都在改进它们。机器学习使自动驾驶汽车成为可能，比如交通标志传感器，它使用监督学习算法来识别和解析交通标志，并将它们与一组有标记的标准标志进行比较。这样，汽车就能看到停车标志，并认识到它实际上意味着让停车，而不是让转弯，或告之是单向行驶或人行横道。

本 章 小 结

本章讲述了信息处理的基本概念，包括信息、信号和系统的定义，特别是当前广泛使用的数字信号和数字系统的定义；讲述了信号处理的基本内容和技术；介绍了大数据的概念，大数据处理技术及相关问题；还介绍了数据融合技术的概念以及算法和用途；在分析经典信号处理局限性的基础上，简要介绍了现代信号处理算法和技术；最后，介绍了智能信息处理的研究方向、相关算法和发展趋势。

习 题 7

1. 信息处理的方法有哪几种？
2. 什么是信号的频域分析？
3. 模拟信号的数字化处理需要哪些步骤？
4. 数字信号处理的主要内容有哪些？
5. 什么是大数据？其基本特征有哪些？
6. 简述大数据处理的流程。
7. 怎样理解数据融合？简述数据融合的过程。
8. 现代信号处理技术有哪些突破？
9. 查阅相关文献，分析智能信息处理的研究方向和进展。

第8章　信息科学技术应用举例

教学提示

信息技术的发展和应用给现代社会信息的传播和使用带来了极大的便利。本章概述了电子支付、射频识别技术、短距离无线通信技术和智能控制技术，介绍了以智能手机为平台的手机支付和手机控制技术。要求学生了解电子支付的流程、常见的短距离无线通信技术、手机支付的特点和问题以及手机控制技术的应用，重点掌握射频识别的系统组成和智能控制技术的基础理论。

8.1　电子支付

电子支付系统是指以电子方式代替现金进行交易的付费及收费系统。

电子货币在定义上与电子钱包多有重叠，狭义的通常指只能用于实体场所的卡片或感应元件，而广义的电子钱包还指网络消费用的虚拟钱包。然而，多数定义不严格的情况下两个名词是通用的。

8.1.1　电子支付的概念

所谓电子支付，是指从事电子商务交易的当事人，包括消费者、厂商和金融机构，通过信息网络，使用安全的信息传输手段，采用数字化方式进行的货币支付或资金流转操作。

电子支付与传统支付的区别有以下几个方面。

1. 数字化的支付方式

电子支付是采用先进的技术，通过数字流转来完成信息传输的，其各种支付方式都是采用数字化的方式进行款项支付的。

传统的支付方式是通过现金的流转、票据的转让及银行的汇兑等物理实体的流转来完成款项支付的。

2. 开放的系统平台

电子支付的工作环境是一个开放的系统平台(即因特网)。传统支付则是在较为封闭的系统中运作的。

3. 先进的通信手段

电子支付使用的是最先进的通信手段，例如因特网、Extranet 等，其对软、硬件设施的要求很高，一般要求有联网的计算机、相关的软件及其他一些配套设施。

传统支付使用的是传统的通信媒介，对设施没有这么高的要求。

4. 明显的支付优势

电子支付具有方便、快捷、高效、经济的优势。用户只要拥有一台上网的计算机，便可足不出户，在很短的时间内完成整个支付过程。支付费用仅相当于传统支付的几十分之一，甚至几百分之一。

传统支付必须到规定地点进行。

8.1.2　电子支付协议

电子支付需要在互联网支付平台按照电子支付协议来进行。常用的电子支付协议包括两部分：SSL(Secure Sockets Layer，安全套接层协议)和 SET(Secure Electronic Transaction，安全电子交易协议)。

(1) SSL 协议是由 Netscape 研发的，用以保障在 Internet 上数据传输的安全性。SSL 协议位于 TCP/IP 协议与各种应用层协议之间，为数据通信提供安全支持，它已被广泛地用于 Web 浏览器与服务器之间的身份认证和加密数据传输。

SSL 协议层包括两个协议子层：SSL 记录协议；SSL 握手协议。

SSL 记录协议(SSL Record Protocol)建立在可靠的传输协议(如 TCP)之上，为高层协议提供数据封装、压缩、加密等基本功能的支持。

SSL 握手协议(SSL Handshake Protocol)建立在 SSL 记录协议之上，用于在实际的数据传输开始前，通信双方进行身份认证、协商加密算法、交换加密密钥等。

(2) SET 协议(Secure Electronic Transaction)被称为安全电子交易协议，是由 Master Card 和 Visa 联合 Netscape、Microsoft 等公司于 1997 年 6 月 1 日推出的一种新的电子支付模型。SET 协议是 B2C 上基于信用卡支付模式而设计的，它保证了开放网络上使用信用卡进行在线购物的安全。SET 主要是为了解决用户、商家、银行之间通过信用卡的交易而设计的，它具有保证交易数据的完整性、交易的不可抵赖性等优点，因此它成为目前公认的信用卡网上交易的国际标准。

SET 协议所涉及的对象有消费者、在线商店、收单银行、电子货币发行机构以及认证中心(CA)等，它的运行目标如下：

(1) 保证信息在互联网上安全传输。
(2) 保证电子商务参与者信息的相互隔离。
(3) 解决网上认证问题。
(4) 保证网上交易的实时性，规范协议和消息格式。

8.1.3　电子支付的发展

电子支付的发展经历了以下几个阶段：

(1) 第一阶段是银行利用计算机处理银行之间的业务，如办理结算。
(2) 第二阶段是银行计算机与其他机构计算机之间资金的结算，如代发工资等业务。
(3) 第三阶段是利用网络终端向客户提供各项银行服务，如自助银行。
(4) 第四阶段是利用银行销售终端向客户提供自动的扣款服务。

(5) 第五阶段是最新阶段，也就是基于 Internet 的电子支付，它将第四阶段的电子支付系统与 Internet 整合，实现随时随地通过 Internet 进行直接转账结算，形成电子商务交易支付平台。

2005 年，是中国的电子支付元年。这一年中国电子支付市场高速增长，并且很多电子支付法规也得到了完善，经过 15 年来的发展，中国的电子支付实现了飞速增长。

8.1.4 电子支付的业务类型

按电子支付指令发起方式的不同，电子支付的业务类型可作如下划分：
(1) 网上支付。
(2) 电话支付。
(3) 移动支付。
(4) 销售点终端交易。
(5) 自动柜员机交易。
(6) 其他电子支付。

网上支付是电子支付的一种形式。广义地讲，网上支付是以互联网为基础，利用银行所支持的某种数字金融工具，发生在购买者和销售者之间的金融交换过程。网上支付可实现从买者到金融机构、商家之间的在线货币支付、现金流转、资金清算、查询统计等，由此为电子商务服务和其他服务提供金融支持。

电话支付是电子支付的一种线下实现形式，是指消费者使用电话(固定电话、手机、小灵通)或其他类似电话的终端设备，通过银行系统就能从个人银行账户里直接完成付款的方式。

移动支付是使用移动设备通过无线方式完成支付行为的一种新型的支付方式。移动支付所使用的移动终端可以是手机、PDA、移动 PC 等。

8.1.5 电子支付工具

随着计算机技术的发展，电子支付的工具越来越多。这些支付工具可以分为以下三大类：
(1) 电子货币类，如电子现金、电子钱包等。
(2) 电子信用卡类，如智能卡、借记卡、电话卡等。
(3) 电子支票类，如电子支票、电子汇款(EFT)、电子划款等。

这些支付方式各有自己的特点和运作模式，适用于不同的交易过程。以下介绍电子现金、电子钱包、电子支票和智能卡等常用的电子支付工具。

1. 电子现金

电子现金(E-Cash)是一种以数据形式流通的货币，又称为数字货币(Digital Cash)，是一种非常重要的电子支付工具。它把现金数值转换成为一系列的加密序列数，通过这些序列数来表示现实中各种金额的市值，用户在开展电子现金业务的银行开设账户并在账户内存钱后，就可以在接受电子现金的商店购物了。

近年来，伴随区块链技术逐渐成熟，出现了比特币、瑞波币、以太坊等数字货币，但受币值波动大、监管困难等影响，目前只在小范围进行流通，它们更趋向于投资工具，而非支付手段。2020 年中国的法定数字货币，又称为数字人民币，已经在小范围开始试点，这是全球第一个投入试点的法定数字货币。

2. 电子钱包

电子钱包是电子商务活动中网上购物顾客常用的一种支付工具，是在小额购物或购买小商品时常用的新式钱包。

电子钱包一直是世界各国开展电子商务活动中的热门话题，也是实现全球电子化交易和因特网交易的一种重要工具，全世界已有很多国家正在建立电子钱包系统以便取代现金交易的模式。

目前，我国也正在开发和研制电子钱包服务系统。使用电子钱包购物，通常需要在电子钱包服务系统中进行。电子商务活动中的电子钱包的软件通常都是免费提供的，可以直接使用与自己银行账号相连接的电子商务系统服务器上的电子钱包软件，也可以从因特网上直接调出来使用，但需采用各种保密方式利用因特网上的电子钱包软件。

目前，世界上的两大电子钱包服务系统是 VISA cash 和 Mondex。

其他电子钱包服务系统还有 HP 公司的电子支付应用软件(VWALLET)，微软公司的电子钱包 MS Wallet，IBM 公司的 Commerce POINT Wallet 软件，Master Card Cash，Euro Pay 的 Clip 和比利时的 Proton，等等。

3. 电子支票

电子支票(Electronic Check，E-Check 或 E-Cheque)是一种借鉴纸张支票转移支付的优点，利用数字传递，将钱款从一个账户转移到另一个账户的电子付款形式。

这种电子支票的支付是在与商户及银行相连的网络上以密码方式传递的，多数使用公用关键字加密签名或个人身份证号码(PIN)代替手写签名。

用电子支票支付，事务处理费用较低，而且银行也能为参与电子商务的商户提供标准化的资金信息，故而可能是最有效率的支付手段。

4. 智能卡

智能卡是安装有嵌入式存储芯片的存储卡。

20 世纪 70 年代中期，法国 Roland Moreno 公司采取在一张信用卡大小的塑料卡片上安装嵌入式存储器芯片的方法，率先成功开发出 IC 存储卡。

经过 20 多年的发展，1997 年，真正意义上的智能卡，即在塑料卡上安装嵌入式微型控制器芯片的 IC 卡，由摩托罗拉和 Bull HN 公司研制成功。

5. ATM 卡

自动柜员机(ATM)卡是由银行、信用社或其他金融机构发行的用于进行货币交易的卡。ATM 卡在世界上许多国家使用都很普遍。智能卡与 ATM 卡的区别在于两者分别是通过嵌入式芯片和磁条来储存信息的。由于智能卡存储的信息量较大，存储信息的范围较广，安全性也较好，因而逐渐引起人们的重视。

6. 金卡工程

中国国家金卡工程取得了令人瞩目的成绩。目前，IC 卡已在金融、电信、社会保障、税务、公安、交通、建设、公用事业、石油石化、组织机构代码管理等许多领域得到广泛应用。

第二代居民身份证(卡)、社会保障 IC 卡、城市交通 IC 卡、电话 IC 卡、三表(水、电、气)IC 卡、消费 IC 卡等行业 IC 卡应用已经渗透到百姓生活的方方面面,并取得了较好的社会效益和经济效益。这对提高各行业及地方政府的现代化管理水平,改变人民的生活模式和提高生活质量,推动国民经济和社会信息化进程发挥了重要作用。

8.1.6　电子支付流程

电子支付的流程如下:

(1) 支付的发起。

(2) 支付指令的交换与清算。

(3) 支付的结算等环节。

清算(Clearing),指结算之前对支付指令进行发送、对账、确认的处理,还可能包括指令的轧差。

轧差(Netting),指交易伙伴或参与方之间各种余额或债务的对冲,以产生结算的最终余额。

结算(Settlement),指交易双方或多方对支付交易相关债务的清偿。

从严格意义上讲,清算与结算是不同的过程,清算的目的是结算。但在一些金融系统中清算与结算并不严格区分,或者清算与结算同时发生。

8.1.7　电子支付的优势

支付的电子化与创新,经历了后端到前端的发展过程。银行后端 IT 系统与电信网络的应用,使货币债权能够被电子化地记录与保存起来,实现银行间支付清算与结算的电子化处理,这个阶段的变革几乎不被公众所注意。

银行前端支付工具与渠道的创新,为消费者带来真实的便利,ATM/POS、支付卡、互联网、手机、机顶盒等逐步成熟与流行,极大地改变了银行与客户、消费者与商家之间的交互方式,节省成本、提高效率是创新的主要动力。

支付交易流程各个环节的电子化程度越来越高。从理论上讲,信息与电信技术使整个支付流程能够以电子化的方式进行全程自动化处理。

8.2　射频识别技术

射频识别(Radio Frequency Identification,RFID)技术是物联网的关键技术之一。射频识别技术作为本世纪最有发展前途的信息技术之一,已得到全球业界的高度重视。

8.2.1　射频识别系统

射频识别技术是 20 世纪 90 年代兴起并逐渐走向成熟的一种自动识别技术,是一项利用射频信号的空间耦合(交变磁场或电磁场)来实现无接触信息传递,并通过所传递的信息达到识别目的的技术。

射频识别系统的基本组成如图 8-1 所示。

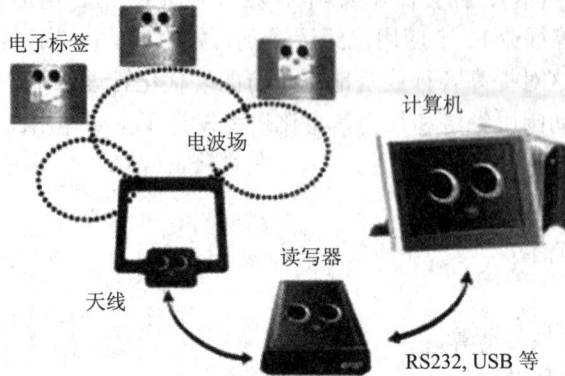

图 8-1　射频识别系统的基本组成图

1. 射频识别系统的组成

射频识别系统主要包括以下组成部分：

(1) 电子标签。

(2) 天线。

(3) 读写器。

(4) 计算机系统。

2. 射频识别系统的基本工作原理

(1) RFID 卡进入读写器的射频电波场后，由其天线获得感应电流，经升压电路作为芯片的电源。

(2) 将带信息的感应电流，通过射频前端电路检测得到数字信号，并将数字信号送入逻辑控制电路进行信息处理。

(3) 所需回复的信息从存储器中获取，然后经逻辑控制电路送回射频前端电路。

(4) 最后通过天线发回给读写器。

图 8-2 为完整的射频识别系统框图。

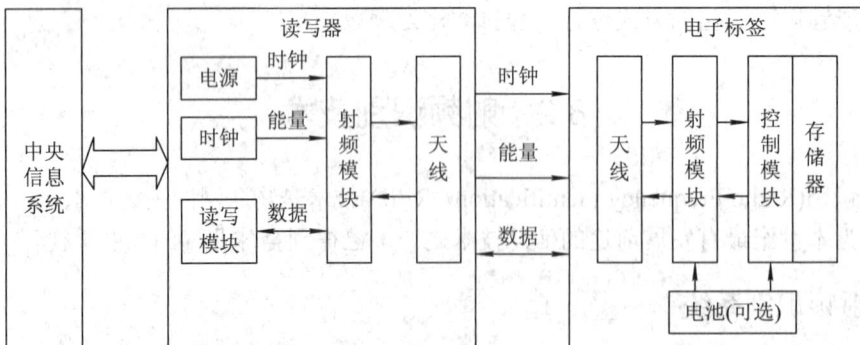

图 8-2　射频识别系统框图

中央信息系统是对识别到的信息进行管理、分析及传输的计算机平台。它一般包含一个数据库，存储着所有 RFID 电子标签的数据信息，用户可以通过中央信息系统查询相关的 RFID 电子标签信息。

中央信息系统与 RFID 读写器相连，通过读写器对电子标签中数据信息进行读取或改写，对数据库内的数据信息也进行实时的更新。

中央信息系统一般和互联网或专网相连接，RFID 电子标签中的数据信息可以得到大范围的共享，用户也可以实现远程操作功能。

3．RFID 系统的工作流程

(1) RFID 读写器通过射频模块中的天线将无线电载波信号发射出去，形成读写器的一个有效识别范围。

(2) 当 RFID 电子标签(无源标签)进入到这个识别范围时，电子标签被激活，通过 RFID 读写器天线发出的电磁场提取工作能量，并通过电子标签内的射频模块的天线，将标签中存储的数据信息发射出去。

(3) RFID 读写器的天线接收到射频信号，射频模块对信号进行解调解码，通过中央信息系统或读写器自身判断其合法性后，针对不同的设定发出不同的指令，例如，读取信息或者改写信息。

(4) RFID 读写器将经过读写模块处理后的数据信息传输至中央信息系统，中央信息系统对这些信息进行实时更新，然后将这些信息共享给用户。

在 RFID 系统中，始终以能量作为基础，通过一定的时序方式来实现数据交换。

4．RFID 系统信道中存在的事件模型

在 RFID 系统工作的信道中存在以下三种事件模型：

(1) 以能量提供为基础的事件模型。

(2) 以时序方式实现数据交换的事件模型。

(3) 以数据交换为目的的事件模型。

8.2.2　RFID 电子标签

RFID 电子标签是 RFID 系统中必备的一部分，标签中存储着被识别物体的相关信息，通常被安置在被识别的物体表面上。图 8-3 为 RFID 电子标签组成图。

RFID 电子标签一般包括天线、射频模块、控制模块、存储器、电池(可选)几个部分。

当 RFID 电子标签被 RFID 读写器识别或者电子标签主动向读写器发送消息时，标签内的物体信息将被读取或改写。

按标签中是否有电池，可将 RFID 电子标签分为两类：有源标签和无源标签。

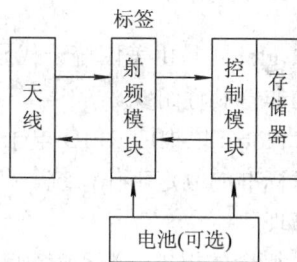

图 8-3　RFID 电子标签组成图

RFID 电子标签包括以下两大模块：

(1) 射频模块。该模块通过内置的天线来完成与 RFID 读写器之间的射频通信。

(2) 控制模块。该模块内有一个存储器,它存储着标签内的所有信息。可以通过与 RFID 读写器间的数据交换实时修改信息。

8.2.3 RFID 读写器

RFID 读写器是 RFID 系统的中间部分,它可以利用射频技术读取或者改写 RFID 电子标签中的数据信息,并且可以把这些读出的数据信息通过有线或者无线方式传输到中央信息系统进行管理和分析。

图 8-4 为 RFID 读写器组成图。

读写器

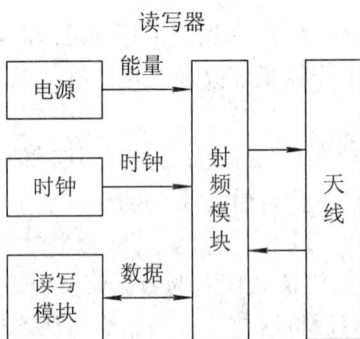

图 8-4 RFID 读写器组成图

RFID 读写器的基本组成包括:射频模块、天线、读写模块及其他一些基本功能单元。

RFID 读写器还有其他的硬件设备,包括电源和时钟等。电源用来给 RFID 读写器供电,并且通过电磁感应可以给无源 RFID 电子标签供电;时钟在进行射频通信时用于确定同步信息。

RFID 读写器的主要功能是读写 RFID 电子标签中的物体信息,RFID 读写器通过射频模块发送射频信号,读写模块连接射频模块,把由射频模块中得到的数据信息进行读取或改写。

8.2.4 EPC 系统

EPC global 是由美国统一代码协会(UCC)和国际物品编码协会(EAN)于 2003 年 9 月共同成立的非营利性组织。

EPC global 以推广 RFID 电子标签的网络化应用为宗旨,继承了 Auto-ID 中心的行业内企业技术标准的制定工作,统一研究标准并推动商业应用,此外,还负责 EPC global 号码的注册管理。

EPC 概念的提出,源于射频识别技术的发展和计算机网络技术的发展。EPC 的标准是由 EPC global 建立和推动的,主要面向物流供应链领域。EPC 系统的最终目标是为每一件商品建立全球的、开放的标识标准。

EPC 系统构成如下:

(1) EPC 编码体系。EPC 编码是存储在射频标签中的唯一信息。

(2) 射频识别系统。射频识别(RFID)系统由 EPC 标签和 EPC 标签读写器组成。

(3) 信息网络系统。EPC 系统的信息网络系统是在全球互联网的基础上，通过 EPC 中间件、对象名称解析服务和 EPC 信息服务，来实现全球"实物互联"的。

图 8-5 为 EPC 系统的工作流程图。

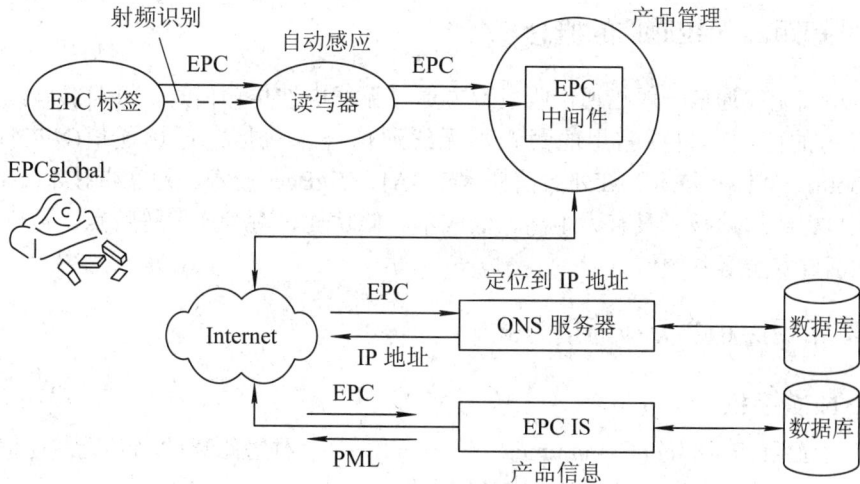

图 8-5　EPC 系统的工作流程图

8.2.5　射频识别技术应用举例

随着物联网技术和智慧中国的快速发展，作为物联网关键技术之一的射频识别技术得到了广泛的应用。例如，电子不停车收费系统(Electronic Toll Collection，ETC)。

电子不停车收费系统是目前世界上较为先进的收费系统，是 RFID 技术在智能交通领域的应用之一。图 8-6 为电子不停车收费系统示意图。

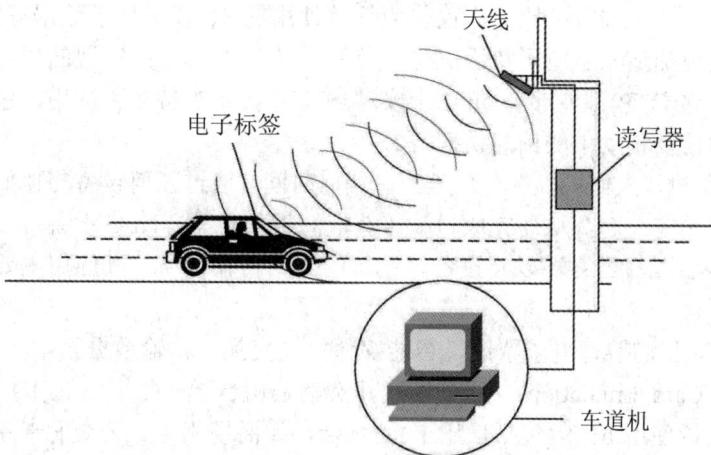

图 8-6　电子不停车收费系统示意图

在电子不停车收费系统中，高速运行的车辆上装有射频识别电子标签，高速收费站配备有射频识别读写器、射频天线和计算机信息处理系统。

8.3　短距离无线通信技术

8.3.1　短距离无线通信的概念

短距离无线通信一般指通信收发双方通过无线电波传输信息，并且传输距离限制在几十米以内的范围。目前常用的短距离无线通信技术包括：近场通信(NFC)、蓝牙技术(Bluetooth)、Wi-Fi 技术、红外通信技术(IrDA)、ZigBee 技术、超宽带技术(UWB) 等。由于短距离无线通信技术具有近距离、低成本、低功耗、对等通信等特点，被广泛应用于生产、生活、安全等各领域。

8.3.2　常用短距离无线通信方式

1. NFC 手机

近场通信(Near Field Communication，NFC)，是一种短距离的高频无线通信技术，允许电子设备之间进行非接触式、点对点数据传输(在 10 cm 内)交换数据。近场通信技术是由免接触式射频识别技术演变而来，并向下兼容 RFID。近场通信最早由 SONY 和 PHILIPS 各自开发成功，主要用于为手机等手持设备提供 M2M(Machine to Machine)的通信。

NFC 芯片不仅具有相互通信功能，还具有计算能力，在 Felica 标准中还含有加密逻辑电路，MIFARE 的后期标准也追加了加密/解密模块(SAM)。为了推动 NFC 的发展和普及，业界创建了一个非营利性的标准组织——NFC Forum，以促进 NFC 技术的实施和标准化，确保设备和服务之间协同合作。目前，NFC Forum 在全球拥有数百个成员，包括 SONY、PHLIPS、LG、摩托罗拉、三星、Intel 等，其中的中国成员有中国移动、华为、中兴、上海同耀和台湾正隆等公司。

NFC 手机内置 NFC 芯片,比原先仅作为标签使用的 RFID 增加了数据双向传输的功能,这个进步使得其更加适用于电子货币支付；特别是 RFID 所不能实现的相互认证和动态加密以及一次性钥匙(OTP)都能够在 NFC 上实现。NFC 技术支持多种应用，包括移动支付与交易、对等式通信及移动中的信息访问等。

通过 NFC 手机，人们可以在任何地点、任何时间，通过任何设备与他们希望得到的娱乐服务与交易联系在一起，从而完成付款、获取海报信息等。NFC 设备可以用作非接触式智能卡、智能卡的读写器终端以及设备对设备的数据传输链路，其应用主要可分为以下四个基本类型。

(1) 用于付款和购票、电子票证、智能媒体以及交换、传输数据。

(2) 卡模式(Card Emulation)。这个模式其实就是相当于一张采用 RFID 技术的 IC 卡，可以替代现在大量使用 IC 卡(包括信用卡)的场合，如商场刷卡、公交刷卡系统，门禁管制系统，车票、门票验票机等。此种方式下有一个极大的优点，那就是卡片通过非接触读卡器的 RF 域来供电，即便是寄主设备(如手机)没电也可以工作。

(3) 点对点模式(P2P Mode)。这个模式和红外线差不多，可用于数据交换，只是传输距离较短，传输创建速度较快，传输速度也较快，且功耗低(蓝牙也类似)。将两个具备 NFC

功能的设备连接起来，能实现数据的点对点传输，如下载音乐、交换图片或者同步设备地址簿。因此通过 NFC，多个设备如数码相机、PDA、计算机和手机之间都可以交换资料或者进行服务。

(4) 读卡器模式(Reader/Writer Mode)。该模式可作为非接触式读卡器使用。例如，从海报或者展览信息电子标签上读取相关信息。

2. 蓝牙技术

蓝牙技术(Bluetooth)是广受业界关注的短距离无线连接技术。它是一种无线数据与语音通信的开放性全球规范，它以低成本的短距离无线连接为基础，可为固定的或移动的终端设备提供廉价的接入服务。

蓝牙技术的实质内容是为固定设备或移动设备之间的通信环境建立通用的近距离无线接口，将通信技术与计算机技术进一步结合起来，使各种设备在没有电线或电缆相互连接的情况下，能在近距离范围内实现相互通信或操作。其传输频段为全球公众通用的 2.4 GHz ISM 频段，提供 1 Mb/s 的传输速率和 10 m 的传输距离。

蓝牙技术的缺点是过于昂贵，突出表现在芯片大小和价格难以下调、抗干扰能力不强、传输距离太短、信息安全问题等方面，这就使得许多用户不愿意花大价钱来购买这种无线设备。因此，业内专家认为，蓝牙的市场前景取决于蓝牙价格和基于蓝牙的应用是否能达到一定的规模。

3. Wi-Fi 技术

Wi-Fi(Wireless Fidelity，无线高保真)是一种无线通信协议，正式名称是 IEEE 802. 11 系列标准，与蓝牙一样，同属于短距离无线通信技术。Wi-Fi 虽然在数据安全性方面比蓝牙技术要差一些，但在电波的覆盖范围方面却略胜一筹，可达 100 m 左右。

Wi-Fi 是以太网的一种无线扩展，理论上只要用户位于一个接入点四周的一定区域内，就能以几百 Mb/s 的速度接入 Web。但实际上，如果有多个用户同时通过一个点接入，那么带宽被多个用户分享，Wi-Fi 信号不受墙壁阻隔，但在建筑物内的有效传输距离小于户外。

WLAN 未来最具潜力的应用将主要在 SOHO、家庭无线网络以及不便安装电缆的建筑物或某些场所。目前这一技术的用户主要来自机场、酒店、商场等公共热点场所。Wi-Fi 技术可将 Wi-Fi 与基于 XML 或 Java 的 Web 服务融合起来，可以大幅度减少企业的成本。例如，企业选择在每一层楼或每一个部门配备 Wi-Fi 的接入点，而不是采用电缆线把整幢建筑物连接起来。这样一来，可以节省大量铺设电缆所需花费的资金。

微软推出的桌面操作系统 Windows XP 和嵌入式操作系统 Windows CE 都包含了对 Wi-Fi 的支持。其中，Windows CE 同时还包含对 Wi-Fi 的竞争对手蓝牙等其他无线通信技术的支持。由于投资 Wi-Fi 的费用降低，许多厂商介入这一领域。Intel 推出了集成 WLAN 技术的笔记本电脑芯片组，不用外接无线网卡就可实现无线上网。

4. IrDA 技术

IrDA 是一种利用红外线进行点对点通信的技术，也是第一个实现无线个人局域网(PAN)的技术。目前它的软硬件技术都很成熟，在小型移动设备如 PDA、手机上广泛使用。事实上，当今每一个出厂的 PDA 及许多手机、笔记本电脑、打印机等产品都支持 IrDA。

IrDA 的主要优点是无需申请频率的使用权，因而红外通信成本低廉，并且还具有移动通信所需的体积小、功耗低、连接方便、简单易用的特点。此外，红外线发射角度较小，传输上安全性较高。

IrDA 的不足之处在于它是一种视距传输，两个相互通信的设备之间必须对准，中间不能被其他物体阻隔，因而该技术只能用于 2 台(非多台)设备之间的连接。而蓝牙就没有此限制，且不受墙壁的阻隔。IrDA 目前的研究方向是如何解决视距传输问题及提高数据传输率。

5. ZigBee 技术

ZigBee 主要应用在短距离范围之内并且数据传输速率不高的各种电子设备之间。ZigBee 名字来源于蜂群使用的赖以生存和发展的通信方式，蜜蜂通过跳 ZigZag 形状的舞蹈来分享新发现的食物源的位置、距离和方向等信息。

ZigBee 可以说是蓝牙的同族兄弟，它使用 2.4 GHz 波段，采用跳频技术。与蓝牙相比，ZigBee 更简单，速率更慢，功率及费用也更低。它的基本速率是 250 kb/s，当降低到 28 kb/s 时，传输范围可扩大到 134 m，并获得更高的可靠性。

ZigBee 技术的特点如下：

(1) 数据传输速率低。ZigBee 传输速率只有 10 kb/s～250 kb/s，专注于低传输应用。

(2) 功耗低。在低耗电待机模式下，两节普通 5 号干电池可使用 6 个月以上。

(3) 成本低。因为 ZigBee 数据传输速率低，协议简单，所以大大降低了成本。

(4) 网络容量大。每个 ZigBee 网络最多可支持 255 个设备。

(5) 有效范围小。ZigBee 的有效覆盖范围在 10 m～75 m 之间，能覆盖普通家庭或办公室环境。

(6) 工作频段灵活。ZigBee 的工作频段分别为 2.4 GHz、868 MHz(欧洲)及 915 MHz(美国)，均为免执照频段。

6. UWB 技术

超宽带(Ultra Wideband，UWB)技术是一种无线载波通信技术，它不采用正弦载波，而是利用纳秒级的非正弦波窄脉冲传输数据，因此其所占的频谱范围很宽。

UWB 可在非常宽的带宽上传输信号，美国 FCC 对 UWB 的规定为在 3.1 GHz～10.6 GHz 频段中占用 500 MHz 以上的带宽。由于 UWB 可以利用低功耗、低复杂度发射/接收机实现高速数据传输，因此它在非常宽的频谱范围内采用低功率脉冲传输数据而不会对常规窄带无线通信系统造成大的干扰，并可充分利用频谱资源。

UWB 技术具有系统复杂度低，发射信号功率谱密度低，对信道衰落不敏感，截获能力低，定位精度高等优点，尤其适用于室内等密集多径场所的高速无线接入，非常适于建立一个高效的无线局域网或无线个域网(WPAN)。

UWB 主要应用在小范围、高分辨率、能够穿透墙壁、地面和身体的雷达和图像系统中。除此之外，这种新技术适用于对速率要求非常高(大于 100 Mb/s)的 LAN 或 PAN。

UWB 最具特色的应用将是视频、消费、娱乐方面的无线个人局域网(PAN)。UWB 有可能在 10 m 范围内，支持高达 110 Mb/s 的数据传输率，不需要压缩数据就可以快速、简单、经济地完成视频数据处理。

8.4　低功耗广域网

8.4.1　低功耗广域网的概念

低功耗广域网(Low Power Wide Area Network，LPWAN)是面向物联网技术的一种远距离、低功耗的无线通信网络技术。LPWAN 技术更适用于大规模物联网应用部署，进而带来物联网应用的大发展。

8.4.2　低功耗广域网的特点

低功耗广域网具有以下主要特点：

(1)功耗低。LPWAN 通信频次低、数据量小，可以使用电池供电，电池使用寿命可长达数年。

(2)传输距离远。LPWAN 传输距离一般超过 5 km，甚至可达几十公里。

(3)覆盖范围广。LPWAN 可以覆盖难以到达或者偏远地区。

(4)可靠性高。LPWAN 可长时间运行于无人值守环境，抗干扰能力强。

(5)低成本。LPWAN 可使用低成本组件，简化硬件设计，降低成本。

8.4.3　常见的低功耗广域网

低功耗广域网工作在授权频段的技术主要包括 NB-IoT、EC-GSM；工作在非授权频段的技术主要包括 Lora、SigFox。

1. NB-IoT

NB-IoT(Narrow Band Internet of Things)，称为窄带物联网，它支持低功耗设备在广域网的蜂窝数据连接。

NB-IoT 可以直接部署于 2G/3G/4G 网络，现有无线网络基站的射频与天线等可以复用，有利于降低成本和市场推广应用，也使得 NB-IoT 的部署更加灵活快捷。NB-IoT 虽然牺牲了速率，却换回了更低的功耗，并且能覆盖到地下车库、地下室、地下管道等信号难以到达的地方，可以实现通信的全覆盖。

因为 NB-IoT 自身具备的低功耗、广覆盖、低成本、大容量等优势，使其可以广泛应用于多种垂直行业，如远程抄表、资产跟踪、智能停车、智慧农业等。

2. EC-GSM

EC-GSM(Extended Coverage-GSM，即扩展覆盖 GSM 技术)。EC-GSM 技术可以使用现有已布建的 GSM(2G)基地台，可拥有更大的通信覆盖面积，支持更多 GSM 终端节点的通信。其优点是采用授权频谱，通信可靠、安全，可与 GSM 混合部署，无须额外的频谱资源。但是也有很多运营商已决定退出 GSM 网，其产业链前景不明朗。

3. LoRa

LoRa(Long Range Radio)，即远距离无线电。它是由法国一家公司 Cycleo 研发的一种创新半导体技术 LoRa，后来被美国 Semtech 公司收购。后续由 Semtech 公司基于 LoRa 技术，开发了一套 LoRa 通信芯片解决方案。 LoRa 后续通过 LoRa 联盟开始覆盖推广普及。

LoRa 主要在全球免费的 433、470、868、915 MHz 等频段运行(即非授权频段)。采用了线性调制扩频的方式，能够显著提高其接收灵敏度，实现了比其他调制技术更远的通信距离。

LoRa 具有远距离、低功耗、多节点、低成本和抗扰等特性，同时 LoRa 还具有低速率、小数据传输等特点。目前 LoRa 被广泛应用在智慧社区、智能家居和楼宇、智能表计、智慧农业、智能物流等行业，前景广阔。

4. SigFox

SigFox 是 SigFox 公司部署的一种低成本、高可靠性、低功耗的广域网解决方案，通过用户设备集成支持 SigFox 协议的射频模块或者芯片，提供物联网(IoT)连接服务。SigFox 使用 192 kHz 频谱带宽的公共频段来传输信号。

SigFox 协议具有低功耗、低成本、网络容量高、简单易用等特点。

SigFox 应用主要集中在工业、共用事业、农业、公共部门等领域的智能计量、智能跟踪、温度检测等方面。

8.5　手 机 支 付

随着智能手机的普及，手机支付技术成为电子商务时代人们的首选。

8.5.1　手机支付的概念

手机支付就是用户使用手机对所消费的商品或服务进行账务支付的一种服务方式。

截至 2020 年 12 月，中国网络支付用户规模达 8.54 亿人，其中手机用户占 99.84%，且支付宝和微信用户占据超过 80% 的市场份额。

维萨公司是一个由 21 000 家金融机构会员所组成的联盟组织，总部位于美国加利福尼亚州旧金山。1959 年，美洲银行开始在美国加利福尼亚州发行美洲银行卡；1977 年，"VISA" 被正式作为该组织的标志，称为维萨国际组织。VISA 卡是维萨国际组织于 1982 年年末开始发行的信用卡，如图 8-7 所示。

图 8-7　VISA 卡

Visa 系统是全世界最完善的电子支付网络，将全球多达 10 亿持卡人与 2400 万个商户交易点紧密联系。Visa 系统是于 1973 年创立的金融机构组织，并于 1976 年开始沿用 "Visa" 的名称。

世界各地对于手机支付服务的需求与日俱增。Visa 与行业合作伙伴携手，通过了解和满足各地的特殊需求，为消费者提供手机支付服务。

8.5.2　手机支付的方式

手机支付方式有以下三种形式：

(1) 手机话费支付方式：费用通过手机账单收取，用户在支付其手机账单的同时支付了这一费用。

在这种方式中，移动运营商为用户提供了信用，但这种代收费的方式使得电信运营商有超范围经营金融业务之嫌，因此其范围仅限于下载手机铃声等有限业务，交易额度受限。

(2) 指定绑定银行支付：费用从用户开通的电话银行账户(即借记卡账户)或信用卡账户中扣除。

在该方式中，手机只是一个简单的信息通道，将用户的银行账号或信用卡号与其手机号相关联，如果更换手机号则需要到开户行做变更。

(3) 银联快捷支付。该种方式无需绑定手机支付，个人用户无需在银行开通手机支付功能，即可实现用各种带有银联标识的借记卡进行支付。系统采用双信道通信方式进行通信，非同步传输，更加安全快捷，相对而言此种方式最为简单、方便、快捷。

8.5.3　手机支付的基本原理

手机支付的基本原理是将用户手机 SIM 卡与用户本人的银行卡账号建立一种一一对应的关系，用户通过发送短信的方式，在系统短信指令的引导下即可完成交易支付请求，如图 8-8 所示。

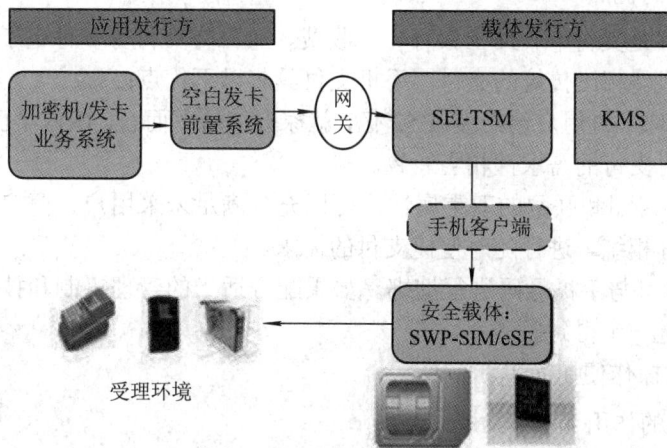

图 8-8　手机支付原理

手机支付的特点是操作简单，可以随时随地进行交易。用户还可以通过 WAP 和客户端两种方式进行支付，无需任何绑定，用户在短信引导下完成交易，仅需要输入银行卡号和密码即可，银联结算。

手机支付这项个性化增值服务可以实现众多支付功能，此项服务强调了移动缴费和消费。手机支付将真正让手机成为随身携带的电子钱包。

通过特殊技术(主要是 NFC 近距离通信技术)实现手机支付的手机，可支持电子支付和数据下载等多种功能。未来手机将集成公交卡、银行卡和钥匙等功能，提供部分日常生活服务，方便市民出行购物。

手机支付的技术实现了整个移动支付的价值链，包括移动运营商、支付服务商(比如银行、银联等)、应用提供商(公交、校园、公共事业等)、设备提供商(终端厂商、卡供应商、芯片提供商等)、系统集成商、商家和终端用户。

目前移动支付技术的实现方案主要有五种，即双界面 JAVA card、SIM Pass、RFID-SIM、NFC 和智能 SD 卡。

NFC 手机内置 NFC 芯片，是组成 RFID 模块的一部分。它可以被当作 RFID 无源标签使用，进行费用支付；也可以被当作 RFID 读写器，用作数据交换与采集；还可以进行 NFC 手机之间的数据通信。

RFID-SIM 是双界面智能卡技术向手机领域渗透的产品。RFID-SIM 既有 SIM 卡的功能，也可实现近距离无线通信。

金融智能 SD 卡在目前 SIM 卡的封装形式下，EEPROM 容量已经达到极限。通过使用智能 SD 卡来扩大 SIM 卡的容量，可以满足业务拓展的需要。

银联新一代智能卡手机支付是以手机中的金融智能卡(SIM 卡或智能 SD 卡)作为支付账户载体，以手机作为支付信息处理终端，通过无线通信网络以及非接触通信技术(NFC)进行远程和现场支付的新兴支付方式。

8.5.4 手机支付的优点、作用及问题

1. 手机支付的优点

手机支付其实是支付卡、网上银行、代收费、第三方支付等多种电子支付融合发展之后的集成支付方式。相比传统的支付，手机支付具有以下优点：

(1) 当前，全球手机用户已经突破 52 亿，就家庭渗透率而言，国内早已达到 95%以上，手机支付与用户对支付的需求性相当一致。

(2) 手机具备终端和联网的双重属性，可以充分满足未来用户、商户、各个支付相关产业对近距和远程相统一进行随时便捷支付的需求。

(3) 手机支付可与手机号码进行捆绑。如果配合适当的管理机制和技术管控，随身携带的资金安全会进一步得到提高。

(4) 手机支付操作便捷简单。

2. 手机支付的作用

手机支付是支付方式发展的一种必然趋势，手机支付的推广和应用对于商户、服务提供商和消费者具有以下三个方面的作用：

(1) 对于商户而言，手机支付将为自身业务的开展提供无空间和时间障碍的便捷支付体系，在加速支付效率，减少运营成本的同时也降低了目标用户群的消费门槛，有助于进一步构建多元化的营销模式，进一步提升整体营销效果。

(2) 从服务提供商的角度来看，在完成规模化推广并与传统以及移动互联网相关产业结合后，手机支付所具备的独特优势和广阔的发展前景，将为服务提供商带来巨大的经济效益。

(3) 对于消费者来讲，手机支付使得支付资金携带更加方便，消费过程更加便捷简单，消除了支付障碍之后，可以更好地尝试许多新的消费模式。同时如果配以适当的管理机制和技术管控，支付资金的安全性也会得到进一步提高。

3．存在的问题

尽管手机支付优势明显，应用前景非常广阔，但用户仍有以下担心：

1) 手机支付的主要问题

手机支付无论对用户还是银行，首先需要考虑的就是通过各种技术手段保障其安全性，没有这一基本前提，手机支付的前景便不容乐观。

2) 手机支付的主要弊端

就目前而言，手机支付方式存在以下两个明显的弊端：

(1) 大多数手机受到 SIM 卡容量的限制，所发送的信息全部为明码，致使手机支付的安全性较低。

(2) 通过短信支付的方式即时性较差，难免会造成资金流和物流的停滞。

3) 手机支付必须解决的问题

若要使手机支付达到理想的快捷和安全的层面，至少还要从技术角度解决以下两个方面的问题：

(1) SIM 卡与 STK 卡的融合问题。STK 卡是一种小型编程语言的软件，可以固化在 SIM 卡中，它能接收和发送 GSM 的短信数据，起到 SIM 卡与短信之间的接口作用，同时它还允许 SIM 卡运行自己的应用软件。

(2) 通过技术手段保障信息传输的及时性。利用手机支付，一般要求通信的实时性较强，采用短信方式在遇到某些情况时，由于存储等原因，往往使其不能及时转发而有一定的时延。此外，有些物品的购买，不能用短消息，而需用语音实现，这样会产生通话费用，导致交易成本增加。如何利用语音回拨等方式，以及对 SMS、WAP、GPRS 等传输手段的综合比较及采用尚待研究。

8.6　智能控制技术

在信息化的今天，各种智能控制技术正在改变我们的生活。智能手机与控制技术的结合，为智能控制技术的应用打开了方便之门。

8.6.1　智能控制的概念

智能控制(Intelligent Control)，是在无人干预的情况下，能自主地驱动智能机器，实现控制目标的自动控制技术。

控制理论发展至今已有 100 多年的历史，经历了"经典控制理论"和"现代控制理论"的发展阶段，已进入"大系统理论"和"智能控制理论"阶段。

智能控制技术(Intelligent Control Technology，ICT)是控制理论发展的新阶段，主要用来解决那些用传统方法难以解决的复杂系统的控制问题。

1．常用智能控制技术

常用的智能控制技术有以下几种：

(1) 模糊逻辑控制。

(2) 神经网络控制。

(3) 专家系统。

(4) 学习控制。

(5) 分层递阶控制。

(6) 遗传算法。

2．智能控制的定义

智能控制的定义，有以下几种：

· 定义一：智能控制是由智能机器自主地实现其目标的过程，而智能机器则定义为在结构化或非结构化的、熟悉或陌生的环境中，自主地或与人交互地执行人类规定的任务的一种机器。

· 定义二：K. J. 奥斯托罗姆则认为，把人类具有的直觉推理和试凑法等智能加以形式化或机器模拟，并用于控制系统的分析与设计中，以期在一定程度上实现控制系统的智能化，这就是智能控制。

· 定义三：智能控制是一类无需人的干预就能够自主地驱动智能机器实现其目标的自动控制，也是用计算机模拟人类智能的一个重要领域。

· 定义四：智能控制实际只是研究与模拟人类智能活动及其控制与信息传递过程的规律，研制具有仿人智能的工程控制与信息处理系统的一个新兴分支学科。

8.6.2 智能控制的发展

智能控制的核心在高层控制，即组织控制。高层控制是对实际环境或过程进行组织、决策和规划，以实现问题的求解。为了完成这些任务，需要采用符号信息处理、启发式程序设计、知识表示、自动推理和决策等有关技术。

这些问题的求解过程与人脑的思维过程有一定的相似性，即具有一定程度的"智能"。对许多复杂的系统，难以建立有效的数学模型和用常规的控制理论去进行定量计算和分析，而必须采用定量方法与定性方法相结合的控制方式。

定量方法与定性方法相结合的目的是要由机器用类似于人的智慧和经验来引导求解过程。因此，在研究和设计智能系统时，主要注意力不是放在数学公式的表达、计算和处理方面，而是放在对任务和现实模型的描述、符号和环境的识别以及知识库和推理机的开发上，即智能控制的关键问题不是设计常规控制器，而是研制智能机器的模型。

随着人工智能和计算机技术的发展，已经有可能把自动控制和人工智能以及系统科学中一些有关学科分支(如系统工程、系统学、运筹学、信息论)结合起来，建立一种适用于复杂系统的控制理论和技术。智能控制正是在这种条件下产生的。它是自动控制技术的最新发展阶段，也是用计算机模拟人类智能进行控制的研究领域。

1965 年，傅京孙首先提出把人工智能的启发式推理规则用于学习控制系统。

1985 年，在美国首次召开了智能控制学术讨论会。

从 20 世纪 60 年代起，计算机技术和人工智能技术迅速发展，为了提高控制系统的自学习能力，控制界学者开始将人工智能技术应用于控制系统。

20 世纪 70 年代初，傅京孙、Glofiso 和 Saridis 等学者从控制论角度总结了人工智能技术与自适应、自组织、自学习控制的关系，提出了智能控制就是人工智能技术与控制理论的交叉的思想，并创立了人机交互式分级递阶智能控制的系统结构。

20 世纪 80 年代，随着专家系统技术的逐渐成熟及计算机技术的迅速发展，使得智能控制和决策的研究也取得了较大进展。

近年来，随着科技的飞速发展，"中国制造"向以智能控制为基础的"中国智造"转型，并且伴随着 5G 技术的发展，进一步推动了"中国智造"的发展进程。

8.6.3 智能控制系统

一个系统如果具有感知环境、不断获得信息以减小不确定性和规划、产生以及执行控制行为的能力，即称为智能控制系统。

智能控制技术是在向人脑学习的过程中不断发展起来的。人脑是一个超级智能控制系统，具有实时推理、决策、学习和记忆等功能，能适应各种复杂的控制环境。

智能控制与传统自动控制的区别主要有以下几点：

(1) 传统的自动控制是建立在确定的模型基础上的，而智能控制的研究对象则存在模型严重的不确定性。

(2) 传统的自动控制系统的输入或输出设备与人及外界环境的信息交换很不方便。计算机及多媒体技术的迅速发展，使智能控制变成了多方位"立体"的控制系统。

(3) 传统的自动控制系统具有控制任务单一性的特点，而智能控制系统的控制任务可以比较复杂。

(4) 传统的控制理论对线性问题有较成熟的理论，而对高度非线性的控制对象虽然有一些非线性方法可以利用，但不尽如人意。而智能控制为解决这类复杂的非线性问题找到了一个出路。

(5) 与传统的自动控制系统相比，智能控制系统具有足够的关于人的控制策略、被控对象及环境的有关知识以及运用这些知识的能力。

(6) 与传统的自动控制系统相比，智能控制系统能以非数学广义模型和数学表示的混合方式控制过程，采用开闭环控制和定性及定量控制相结合的多模态控制方式。

(7) 与传统的自动控制系统相比，智能控制系统具有变结构特点，能总体自寻优，具有自适应、自组织、自学习和自协调能力。

(8) 与传统的自动控制系统相比，智能控制系统具有补偿能力、自修复能力以及判断决策能力。

总之，智能控制系统通过智能机自动地完成其目标的控制过程，其智能机可以在熟悉或不熟悉的环境中，自动地或人-机交互地完成拟人任务。

8.6.4 智能控制的技术基础与应用

1．智能控制的技术基础

智能控制以控制理论、计算机科学、人工智能、运筹学等学科为基础，扩展了相关的理论和技术，其中应用较多的有模糊逻辑、神经网络、专家系统、遗传算法等理论，以及自适应控制、自组织控制和自学习控制等技术。

专家系统是利用专家知识对专门的或困难的问题进行描述的控制系统。尽管专家系统在解决复杂的高级推理中获得了较为成功的应用，但是专家系统的实际应用相对还是比较少的。

模糊逻辑用模糊语言描述系统，既可以描述应用系统的定量模型，也可以描述其定性模型。模糊逻辑可适用于任意复杂的对象控制。

遗传算法作为一种非确定的拟自然随机优化工具，具有并行计算、快速寻找全局最优解等特点，它可以和其他技术混合使用，用于智能控制的参数、结构或环境的最优控制。

神经网络是利用大量的神经元，按一定的拓扑结构进行学习和调整的自适应控制方法。它能表示出丰富的特性，具体包括并行计算、分布存储、可变结构、高度容错、非线性运算、自我组织、学习或自学习。这些特性是人们长期追求和期望的系统特性。神经网络在智能控制的参数、结构或环境的自适应、自组织、自学习等控制方面具有独特的能力。

智能控制的相关技术与控制方式结合或综合交叉结合，构成风格和功能各异的智能控制系统和智能控制器，这也是智能控制技术方法的一个主要特点。

2．智能控制的应用

智能控制的具体应用主要表现在以下几个方面：

1) 生产过程中的智能控制

生产过程中的智能控制主要包括局部级智能控制和全局级智能控制。

局部级智能控制是指将智能引入工艺过程中的某一单元进行控制器设计。其研究热点是智能 PID 控制器，因为其在参数的整定和在线自适应调整方面具有明显的优势，且可用于控制一些非线性的复杂对象。

全局级的智能控制主要针对整个生产过程的自动化，包括整个操作工艺的控制、过程的故障诊断、规划过程操作及处理异常等。

2) 先进制造系统中的智能控制

智能控制被广泛地应用于机械制造行业。在现代先进制造系统中，需要依赖那些不够完备和不够精确的数据来解决难以或无法预测的情况，人工智能技术为解决这一难题提供了一些有效的解决方案。

(1) 利用模糊数学、神经网络的方法对制造过程进行动态环境建模，利用传感器融合技术来进行信息的预处理和综合。

(2) 采用专家系统为反馈机构，修改控制机构或者选择较好的控制模式和参数。

(3) 利用模糊集合决策选取机构来选择控制动作。

(4) 利用神经网络的学习功能和并行处理信息的能力，进行在线的模式识别，处理那些可能是残缺不全的信息。

　　3) 电力系统中的智能控制

　　电力系统中的发电机、变压器、电动机等电气设备的设计、生产、运行、控制是一个复杂的过程，国内外的电气工作者将人工智能技术引入到电气设备的优化设计、故障诊断及控制中，取得了良好的控制效果。

　　(1) 用遗传算法对电气设备的设计进行优化，可以降低成本，缩短计算时间，提高产品设计的效率和质量。

　　(2) 应用于电气设备故障诊断的智能控制技术有模糊逻辑、专家系统和神经网络。

　　(3) 智能控制在电流控制 PWM 技术中的应用是具有代表性的技术应用方向之一，也是研究的新热点之一。

　　近年来，智能控制技术在国内外有了较大的发展，已进入工程化、实用化的阶段。作为一门新兴的理论技术，它还处在一个发展时期。随着人工智能技术、计算机技术的迅速发展，智能控制必将迎来它的发展新时期。

8.6.5　智能制造

　　智能制造 (Intelligent Manufacturing，IM)，最早由美国学者 P. K. Wright 和 D. A. Bourne 在其著作 *Manufacturing Intelligence* 中出现，他们将智能制造定义为机器人应用制造软件系统技术、集成系统工程以及机器人视觉等技术，实行批量生产的系统性过程。中国工信部出台的《智能制造发展规划(2016—2020 年)》中，将智能制造定义为基于新一代信息通信技术与先进制造技术深度融合，贯穿于设计、生产、管理、服务等制造活动的各个环节，具有自感知、自学习、自决策、自执行、自适应等功能的新型生产方式。

　　智能制造代表着先进制造技术与信息化的融合，离不开智能控制技术和网络技术等的发展和应用。

　　智能制造系统主要由自动化设备和智能"神经系统"构成。在引入数控机床、机器人等生产设备并实现生产自动化的基础上，结合企业资源计划系统、生产过程执行系统等管理软件组成的"神经系统"中枢，通过传感器、嵌入式芯片、RFID 标签、条码等获取信息，借助 PLC(可编程逻辑控制器)并结合现场总线、工业以太网、NB-IoT 等通信技术，在生产过程中自动地感知环境、获取信息、传递指令，并实现科学决策、智能设计、合理排产，提升设备使用率，监控设备状态，指导设备运行。

8.7　手机控制技术

8.7.1　手机视频监控

1. 手机视频监控系统的应用

手机视频监控系统可以用于以下领域：

(1) 家居安防和监控。用户外出期间，手机监控系统会将家中的一切异常在第一时间发送到用户的手机上,给用户亲临现场的感觉。

(2) 公司和商铺的远程监管。业主外出期间,系统可以实现公司和商铺 24 小时的昼夜监视和布控,按用户要求对异常情况即时录像,供分析破案参考。

(3) 医院和幼儿园。用户系统通过随时了解患者或幼儿情况。

(4) 其他特殊场所、城市交通状况的监管;一些不适合看管人员长久坐班但又需要看管的场所,如机房、仓库、药库等。

2. 手机视频监控系统原理

(1) 将来自各摄像机的视频信号输入手机视频服务器采集终端。

(2) 采集终端通过图像压缩算法,将视频信号转换为数字图像,并将经压缩后的音视频数据流通过光纤网转发到视频监控中心。

(3) 视频监控中心的监控计算机对收到的来自前端的图像和声音数据进行解压缩,并通过计算机显示屏幕和声卡进行实时监控。

当发生报警时,报警解码器将联动报警输出设备,通过报警解码器将报警信号输入终端,然后再传输到监控中心,监控中心的视频服务器接收到报警信号后立即发出声音信号,记录报警事件,进行硬盘录像等报警操作。

摄像机的控制、布防等控制信号是下行传输的,由监控中心监控主机发出各种控制信号,手机视频服务器采集终端收到控制信号后,通过云台镜头控制器直接控制摄像机或完成布防操作。

系统采用硬件压缩软件解压技术,在相关科室的计算机终端上增加相应的软件或者通过操作系统的浏览器的 Web 功能就可实现远程视频监控功能,将计算机终端设置成视频监控工作站。

3. 采集端组成

手机视频采集端由视频采集终端、画面分割器、一体化摄像机或其他各种摄像机、各种报警传感器和报警设备、报警解码器、云台及云台解码器等几个部分组成。

4. 采集端功能

手机视频采集端可实现下述功能:

(1) 图像采集、录制及远传。

(2) 采集各种报警信号,实现报警联动并传给集控站监控中心。

(3) 控制云台和镜头的动作。

(4) 控制矩阵切换器切换视频图像。

(5) 接受远方控制命令,控制云台转动、镜头运动和报警设备输出。

5. 监控中心

监控中心由中心图像管理服务器、图像监控终端、图像处理软件、远程视频监控/联网报警软件等几个部分组成。

监控中心用于接收现场传来的图像及报警信号,提示保安人员采取各类措施,同时可以实现远程控制矩阵、摄像机、云台和远距离联动控制,也可进行远程录像文件下载、图像检索和数码录像放像等操作。

中心图像管理服务器用于管理图像的传输、存储,在管理服务器上安装有系统管理数据库和系统管理软件及监控终端模块等软件,起着对整个系统的管理和服务作用。

监控终端是视频监控系统的操作主机,用于实现视频监控的各种功能。监控终端由普通 PC 担当,各前端的视频数据均由安装在监控终端的监控软件进行解压还原。

8.7.2 手机与智慧城市

1. 智慧城市的概念

智慧城市是在新一代信息技术支撑下的知识社会下一代创新(创新 2.0 版)环境下的城市形态。

智慧城市的架构如图 8-9 所示,包括四个部分:感知层、网络层、平台层、应用层。

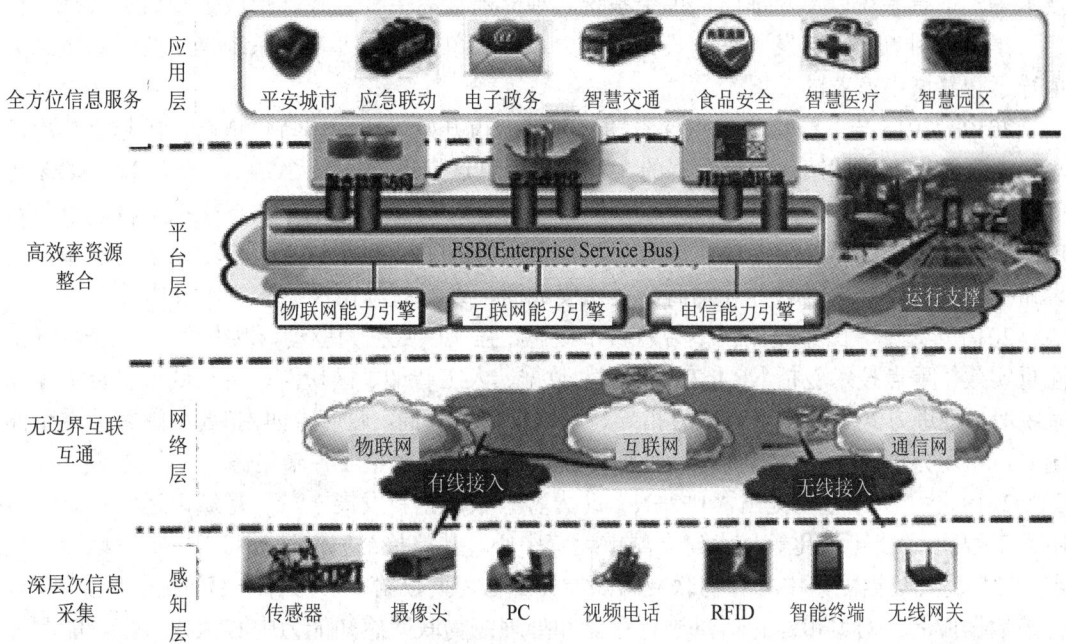

图 8-9 智慧城市体系架构

智慧城市的建设内容主要包括以下几个部分:

(1) 智慧基础设施。

(2) 智慧政府。

(3) 智慧公共服务。

(4) 智慧产业。

(5) 智慧人文。

伴随网络帝国的崛起和移动技术的融合发展以及创新的民主化进程,知识社会环境下的智慧城市是继数字城市之后信息化城市发展的高级形态。

从技术发展的视角看,智慧城市建设要求通过以移动技术为代表的物联网、云计算等新一代信息技术的应用实现全面感知、泛在互联、普适计算与融合应用。

智慧城市是信息化与城市化的高度融合,是城市信息化向更高阶段发展的表现。 移动通信和手机技术的发展，正在为人类社会开启智慧未来之门。

随着移动互联网时代的到来，智慧城市中的手机不仅仅是通信工具，而且基于手机终端的智能应用，已涵盖政务、新闻、交通、便民、生活、娱乐、医疗、旅游和教育等智能服务。

家长打开手机就能看到孩子在幼儿园的生活情况，病人能通过手机在家"看医生"，开车出门，掏出手机先看看实时交通视频，然后决定出行路线。这一切在以前人们设想中的美好城市生活，如今都变得触手可及。

2. 移动智慧城市运营策略

早在 2008—2012 年，我国智慧城市就经历了第一次浪潮，被称为概念导入期。该时期智慧城市建设以行业应用为驱动，重点技术包括无线通信、光纤宽带、HTTP、GIS、GPS技术等，信息系统以单个部门、单个系统、独立建设为主要方式，形成大量信息孤岛，信息共享多采用点对点自发共享方式。产业力量较为单一，国外软件系统集成商引入概念后主导了智慧城市产业的发展。

2012—2015 年，被称为试点探索期，智慧城市开始走出中国特色道路，掀起第二次浪潮。该阶段在中国城镇化加速发展的大背景下，重点推进 RFID、3G/4G、云计算、SOA 等信息技术的全面应用，系统建设呈现横纵分割特征，信息共享基于共享交换平台，以重点项目或协同型应用为抓手。住建部牵头，在全国选取了 290 个试点，广泛探索智慧城市建设路径和模式。国内外软件开发商、系统集成商、设备商等积极参与各环节建设。

2016 年之后，国家提出新型智慧城市概念，强调以数据为驱动，以人为本、统筹集约、注重实效，重点技术包括 Nb-IoT、5G、大数据、人工智能、区块链、智慧城市平台和操作系统等。推进方式上逐步形成政府指导、市场主导的格局，政府方面由 25 个国家部委全面统筹，市场方面由电信运营商、软件商、集成商、互联网企业各聚生态。

2019 年，中国移动提出"1+2+N"助力智慧城市创新发展。"1"是城市运营中心，运用人工智能、3D 可视化等技术建立城市运营中心，掌控整个城市运行状况，更好地治理城市。"2"是大数据能力中心和物联网感知能力中心，大数据中心为各个部门提供数据共享，打破数据孤岛，对城市运行信息进行存储和处理；物联网感知能力中心承载市政、能源、公共安全、环保、消防、交通等多个行业的感知终端接入。"N"是同时提供智慧交通、智慧园区、智慧环保、空气微站、智慧安监等 N 个行业应用，与运营中心协同治理城市。

同年，在杭州举办的"浙江省智慧城市 2019 年度高峰论坛暨成果案例发布会"上，中国移动浙江公司的"5G + 智慧城市"应用案例也成为备受瞩目的亮点，其中，"乌镇 5G 示范小镇——浙江移动打造乌镇 5G 新型智慧城镇"案例获得优秀奖，"5G 赋能高品质步行街"获得创新奖。

2020 年，华为在"智慧上海·进而有为"上海城市峰会 2020 上提出"城市智能体"，表示面向未来，将继续携手生态伙伴，共建能感知、会思考、可进化、有温度的城市智能体，助力上海全面推进城市数字化转型，集聚能力、聚合生态，凝聚上海市政府、科技公司、运营商、应用开发商、企业、科研机构、高校、市民等社会各方力量来共同参与。

2021 年初，中国联通网络技术研究院首席科学家唐雄燕提出"打造 F5G 全光底座，云光一体赋能智慧城市"，通过"光联万物"加快整个社会经济的数字化转型步伐，为"万物智联"奠定更加坚实的基础。

本 章 小 结

本章介绍了信息科学技术实际应用并举例说明。

电子支付采用数字化的方式进行货币支付和资金流转,具有方便、高效、快捷、经济等优势。

RFID 技术是物联网的关键技术之一,广泛应用于智慧物流和智慧交通等领域。

短距离无线通信技术具有近距离、低成本、低功耗、对等通信等特点,广泛应用于智能终端的信息传输。

低功耗广域网的 NB-IoT、LoRa 等技术将在 5G 万物互联网络中大放异彩。

手机支付是电子支付的重要手段,是信息化时代人们的支付首选,其技术支撑是近场通信与射频识别技术。

手机控制技术是智能控制技术与移动互联网结合的产物,手机视频监控系统在现代社会有着广泛的应用。

在以移动互联网为引领的物联网时代,移动通信技术和手机技术的发展,让智慧城市走进现实生活。

习 题 8

1. 什么是近场通信技术?
2. 什么是短距离无线通信技术? 常见的短距离无线通信方式有哪些?
3. 什么是射频识别技术?
4. 什么是手机支付技术?
5. 什么是手机控制技术?
6. 上网查阅常见低功耗广域网技术的最新发展。
7. 上网查阅手机支付技术的最新发展。
8. 上网查阅智能控制技术的最新发展。

附录　英汉术语对照

缩写	英文名称	中文含义
A		
AAAI	American Association for Artificial Intelligence	美国人工智能协会
AACR	Aware，　Adapitive and Cognitive Radio	意识、自适应与认知无线电
ADARS	Adaptive Antenna Receive System	自适应天线接收系统
ADC	Analog-to-Digital Converter	模拟数字转换器
ADSL	Asymmetric Digital Subscriber Line	非对称数字用户线
AES	Advanced Encryption Standard	高级加密标准
AGC	Automatic Gain Control	自动增益控制
ALU	Arithmetic Logic Unit	算术逻辑单元
AM	Amplitude Modulation	幅度调制
AMPS	Advanced Mobile Phone System	先进移动电话系统
ANSI	American National Standards Institute	美国国家标准学会
AOA	Angle Of Arrival	到达角
APC	Automatic Power Control	自动功率控制
API	Application Programming Interface	应用程序接口
ASIC	Application Specific Integrated Circuits	专用集成电路
ASSP	Application Specific Standard Product	专用标准产品
ATM	Asynchronous Transfer Mode	异步传输模式
AT&T	American Telephone & Telegraph	美国电话电报公司
AVS	Audio Video Coding Standard	数字音视频编解码标准
AUC	Authentication Center	认证中心
B		
BLAST	Bell Laboratories Layered Space Time Coding	贝尔实验室分层空时码
BPSK	Binary Phase Shift Keying	二进制相移键控
BT	Base Transceiver	基站收发器
BS	Base Station	基站
BSS	Base Station Subsystem	基站子系统
BSC	Base Station Controller	基站控制器
BW	Band Width	带宽
BF	Bit-Flipping	比特翻转

续表一

缩写	英文名称	中文含义
BP	Belief Propagation	置信传播
BPF	Band-Pass Filter	带通滤波器
BSF	Band-Stop Filter	带阻滤波器
C		
CDMA	Code Division Multiple Access	码分多址
CNI	Communication，Navigation and Identification	通信、导航与识别
CPU	Central Processing Unit	中央处理器
CR	Cognitive Radio	认知无线电
CRC	Cyclic Redundancy Check	循环冗余校验
CSI	Channel State Information	信道状态信息
CSMA	Carrier Sense Multiple Access	载波侦听多路访问
CVSD	Continuously Variable Slope Delta	连续可变斜率增量
CELP	Code Excited Liner Prediction	码激励线性预测
D		
DAC	Digital-to-Analog Converter	数字模拟变换器
DARPA	Defense Advanced Research Projects Agency	美国国防部高级研究计划局
DAS	Direct Attached Storage	直接附加存储
DBF	Digital Beam Forming	数字波束形成
DC	Distributed Computing	分布式计算
DDC	Digital Down Converter	数字下变频器
DES	Data Encryption Standard	数据加密标准
DFS	Dynamic Frequency Selection	动态频率选择
DMR	Digital Modular Radio	数字模块化无线电
DOA	Direction Of Arrival	到达方向
DQUC	Direct Quadrature Up-Conversion	直接正交上变频
DSA	Dynamic Spectrum Access	动态频谱接入
DSP	Digital Signal Processor	数字信号处理器
DSS	Dynamic Spectrum Sharing	动态频谱共享
DSTBC	Differential Space Time Block Coding	差分空时分组编码
DUC	Digital Up-Conversion	数字上变频器
DWDM	Dense Wavelength Division Multiplexing	密集波分多路技术
DM	Data Mining	数据挖掘
DF	Data Fusion	数据融合
DFT	Discrete Fourier Transform	离散傅里叶变换

续表二

缩写	英文名称	中文含义
E		
EB	Early Bird	晨鸟
EC2	Elastic Compute Cloud	弹性计算云
EDA	Electronic Design Automation	电子设计自动化
EIRP	Equivalent Isotropically Radiated Power	等效全向辐射功率
EISA	Extended Industry Standard Architecture	扩展工业标准结构
EMC	Electro Magnetic Compatibility	电磁兼容性
EMI	Electro Magnetic Interference	电磁干扰
EMS	Electro Magnetic Susceptibility	电磁敏感度
EME	Electro Magnetic Environment	电磁环境
EIR	Equipment Identification Register	设备标识寄存器
ESPAR	Electronically Steerable Phased Array Radar	电子操纵相控阵雷达
F		
FCC	Federal Communication Commission	美国联邦通信委员会
FD	Frequency Domain	频域
FFT	Fast Fourier Transform	快速傅里叶变换
FHSS	Frequency Hopping Spread Spectrum	跳频扩频
FIR	Finite Impulse Response	有限脉冲响应
FM	Frequency Modulation	频率调制
FPGA	Field Programmable Gate Array	现场可编程门阵列
FSO	Free Space Optical Communication	自由空间光通信
FSK	Frequency Shift Keying	频移键控
G		
GAE	Google App Engine	谷歌应用引擎
GC	Grid Computing	网格计算
GPP	General Purpose Processor	通用处理器
GPRS	General Packet Radio System	通用分组无线业务
GPS	Global Positioning System	全球卫星定位系统
GSM	Global System for Mobile Communications	全球移动通信系统(欧洲)
GIS	Geographic Information System	地理信息系统
H		
HBF	Half Band Filter	半带滤波器
HDL	Hardware Description Language	硬件描述语言
HHD	Hybrid Hard Disk	混合硬盘
HLR	Home Location Register	归属位置寄存器

续表三

缩写	英文名称	中文含义
HF	High Frequency	高频(3 MHz～30 MHz)
HMI	Human Machine Interface	人机接口
HPF	High-Pass Filter	高通滤波器
I		
ICNIA	Intergrated Communications, Navigation, Identification Avionics	综合通信、导航、识别系统
IC	Intelligent Computing	智能计算
ICT	Information and Communications Technology	信息通信技术
IDC	Internet Data Center	互联网数据中心
IDL	Interface Definition Language	接口定义语言
IDEA	International Data Encryption Algorithm	国际数据加密算法
IEEE	Institute of Electrical and Electronics Engineers	美国电气与电子工程师学会
IEC	International Electrotechnical Commission	国际电工委员会
IF	Intermediate Frequency	中频
IFF	Identification Friend or Foe	敌我识别
IIR	Infinite Impulse Response	无限脉冲响应
I/O	Input/Output	输入/输出
IRR	Image Rejection Ratio	镜像抑制比
ISC	Intelligent System Controller	智能系统控制器
ISDN	Integrated Services Digital Network	综合业务数字网
ISO	International Standardization Organization	国际标准化组织
ISM	Industrial, Scientific and Medical	工业、科学和医疗
ISR	Ideal Software Radio	理想软件无线电
ITU	International Telecommunication Union	国际电信联盟
J		
JCIT	Joint Combat Information Terminal	联合作战信息终端
JTIDS	Joint Tactical Information Distribution System	联合战术信息分发系统
JTRS	Joint Tactical Radio System	联合战术无线电系统
JVM	Java Virtual Machine	Java 虚拟机
JPEG	Joint Photographic Experts Group	联合图像专家组
JVT	Joint Video Team	视频联合工作组
K		
KPCS	Key Processing Computer Software	密钥处理计算机软件
KQML	Knowledge Query and Manipulation Language	知识查询和处理语言

续表四

缩写	英文名称	中文含义
L		
LAN	Local Area Network	局域网
LDPC	Low Density Parity Check Code	低密度奇偶校验码
LMDS	Local Multipoint Distribution Service	本地多点分配业务
LMP	Link Manager Protocol	链路管理协议
LMR	Land Mobile Radio	陆地移动无线电
LSTC	Layered Space Time Coding	分层空时码
LPF	Low-Pass Filter	低通滤波器
M		
MAC	Media Access Control	媒体接入控制
MATLAB	Matrix Laboratory	矩阵实验室
MBMMR	Multi Band Multi Mode Radio	多频段多模式无线电
MD5	Message-Digest Algorithm	信息摘要算法
MFMARS	Multi Function，Multi band，Airborne Radio System	多功能多频段机载无线系统
MIMO	Multiple Input Multiple Output	多输入多输出
ML	Machine Learning	机器学习
MLS	Microwave Landing System	微波着陆系统
MMITS	Modular Multifunction Information Transfer System	模块化多功能信息传输系统
M3	Multiband，Multimode，Multirole	多频段、多模式、多功能
MSRT	Mobile Subscriber Radio Terminal	移动用户无线终端
MSC	Mobile Switching Center	移动交换中心
MUSIC	Multiple Signal Classification	多重信号分类
MPEG	Moving Pictures Experts Group	运动图像专家组
N		
NASA	National Aeronautics and Space Administration	美国航空航天局
NAS	Network Attached Storage	网络附加存储
NEL	Network Layer	网络层
NGI	Next Generation Internet	下一代互联网
NFC	Near Field Communication	近场通信
NF	Negative Feedback	负反馈
NTDR	Near Term Digital Radio	近期数字电台
NC	Network Science	网络科学
O		
OE	Operating Environment	操作环境
OFDM	Orthogonal Frequency Division Multiplexing	正交频分复用技术

续表五

缩写	英文名称	中文含义
OO	Objected Oriented	面向对象
OS	Operation System	操作系统
OSI	Open Systems Interconnection	开放系统互连
OTA	Over The Air	空中接口下载
OSMLG	One-Step Majority-Logic	一步多数逻辑
OA	Optimization Algorithm	优化算法
OMC	Operation and Maintenance Center	操作维护中心
P		
PAM	Pulse Amplitude Modulation	脉冲幅度调制
PC	Personal Computer	个人计算机
PC	Polar Code	极化码
PC	Parallel Computing	并行处理
PCM	Pulse Code Modulation	脉冲编码调制
PDM	Pulse Duration Modulation	脉冲宽度调制
PDA	Personal Digital Assistant	个人数字助理
PDN	Public Data Network	公共数据网络
PLD	Programmable Logic Device	可编程逻辑器件
PLRS	Position Location Reporting System	定位报告系统
PMCS	Programmable Modular Communication System	可编程模块化通信系统
PPM	Pulse Position Modulation	脉冲位置调制
PSK	Phase Shift Keying	相移键控
PSTN	Public Switched Telephone Network	公用交换电话网
PSoC	Programmable System on Chip	可编程片上系统
Q		
QPUC	Quad Programmable Up Converter	四通道可编程上变频器
R		
RADAR	Radio Detection And Ranging	无线电探测与测距(雷达)
RAID	Redundant Arrays of Independent Disks	独立磁盘冗余阵列
RKRL	Radio Knowledge Representation Language	无线知识描述语言
RTOS	Real Time Operating System	实时操作系统
RTDX	Real Time Data eXchange	实时数据交换
RS	Remote Sensing	遥感
S		
SAN	Storage Area Network	存储区域网络
SAR	Synthetic Aperture Radar	合成孔径雷达

缩写	英文名称	中文含义
SARA	Spectrum Agile Radios	频谱捷变无线电
SCA	Software Communication Architecture	软件通信体系结构
SCR	Software Controlled Radio	软件控制无线电
SDL	Specification and Description Language	规范与描述语言
SDMA	Spatial Division Multiple Access	空分多址
SDR	Software Defined Radio	软件定义无线电
SIM	Subscriber Identity Module	客户识别模块
SINR	Signal to Interference plus Noise Ratio	信干噪比
SR	Software Radio	软件无线电
SSB	Single Side Band	单边带调制
SSD	Solid State Drive	固态硬盘
STBC	Space Time Block Coding	空时分组编码
STTC	Space Time Trellis Coding	空时网格编码
SQS	Simple Queue Service	简单队列服务
ST	Sensor Technologies	传感器技术
ST	Smart Technologies	智能技术
SoC	System on Chip	片上系统
SW	Self Ware	自主件
SE	Search Engine	搜索引擎
SP	Signal Processing	信号处理
T		
TACS	Total Access Communication System	全接入通信系统
TCP/IP	Transmission Control Protocol/Internet Protocol	传输控制协议/网际协议
TDMA	Time Division Multiple Access	时分多址
TDM	Time Division Multiplexing	时分多路复用
TD-SCDMA	Time Division-Synchronization Code Division Multiple Access	时分-同步码分多址
TPC	Transmit Power Control	发射功率控制
TRC	Tropo Radio Communication	对流层散射通信
U		
UC	Ubiquitous Computing	普适计算
UHF	Ultra High Frequency	超高频(300 MHz~3000 MHz)
UML	Unified Modeling Language	统一建模语言
USR	Ultimate Software Radio	终极软件无线电
UWB	Ultra Wide Band	超宽带

续表七

缩写	英文名称	中文含义
V		
VHDL	Very High Speed Integrated Circuits Hardware Description Language	甚高速集成电路硬件描述语言
VHF	Very High Frequency	甚高频(30 GHz～300 GHz)
VLST	Vertical Layered Space Time	垂直分层空时(编码)
VLR	Visit Location Register	访问位置寄存器
VSB	Vestigial Sideband	残留边带
W		
WCDMA	Wideband Code Division Multiple Access	宽带码分多址
WDE	Waveform Development Environment	波形集成开发环境
WDN	Wireless Data Networking	无线数据网
WITS	Wireless Information Transfer System	无线信息传输系统
WLAN	Wireless Local Area Network	无线局域网
WMAN	Wireless Metropolitan Area Network	无线城域网
WPAN	Wireless Personal Area Network	无线个人域网
WRAN	Wireless Regional Area Network	无线区域网
WWAN	Wireless Wide Area Network	无线广域网
WSN	Wireless Sensor Network	无线传感器网络
X		
XG	neXt Generation	下一代
XML	eXtensible Markup Language	可扩展标记语言
XTM	XML Topic Maps	XML 主题图
Z		
ZigBee		"紫蜂"技术(IEEE802.15.4)

参 考 文 献

[1] 苏广文，张乐芳，高翔，等. 移动互联网应用开发技术[M]. 西安：西安电子工业出版社，2013.

[2] 尹浩，韩阳. 量子通信原理与技术[M]. 北京：电子工业出版社，2013.

[3] 陈祝明. 软件无线电技术基础[M]. 北京：高等教育出版社，2007.

[4] 杨小牛，楼才义，徐建良. 软件无线电原理与应用[M]. 北京：电子工业出版社，2001.

[5] 向新，张发启，王兴华，等. 软件无线电原理与技术[M]. 西安：西安电子科技大学出版社，2008.

[6] 余兆明，余智，张丽媛. 手机电视技术[M]. 西安：西安电子科技大学出版社，2011.

[7] FETTE B A. 认知无线电技术[M]. 2 版. 赵知劲，郑仕链，尚俊娜，译. 北京：科学出版社，2000.

[8] JOHNSON C R, SETHARES WA. 软件无线电[M]. 潘甦，译. 北京：机械工业出版社，2008.

[9] 王建萍. 认知无线电[M]. 北京：国防工业出版社，2008.

[10] 张贤达. 现代信号处理 [M]. 3 版. 北京：清华大学出版社，2015.

[11] KODALI V P. 工程电磁兼容：原理、测试、技术工艺及计算机模型[M]. 2 版. 陈淑凤，等译. 北京：人民邮电出版社，2006.

[12] 吴正国，尹为民，侯新国，等. 高等数字信号处理[M]. 北京：机械工业出版社，2009.

[13] 蔡跃明，吴启辉，田华，等. 现代移动通信[M]. 4 版. 北京：机械工业出版社，2019.

[14] HAMMATI H. 深空光通信[M]. 王平，孙威，译. 北京：清华大学出版社，2009.

[15] 李建东，郭梯云，邬国扬. 移动通信[M]. 4 版. 西安：西安电子科技大学出版社，2006.

[16] 王华奎，李艳萍，张立毅，等. 移动通信原理与技术[M]. 北京：清华大学出版社，2009.

[17] 魏崇毓，孙海英，邵敏，等. 无线通信基础及应用[M].2 版. 西安：西安电子科技大学出版社，2015.

[18] 杨家玮，盛敏，刘勤. 移动通信基础[M]. 2 版. 北京：电子工业出版社，2008.

[19] 徐福新. 小灵通(PAS)个人通信接入系统[M]. 北京：电子工业出版社，2002.

[20] 吴伟陵，牛凯. 移动通信原理[M]. 北京：电子工业出版社，2009.

[21] 韦惠民，李白萍. 蜂窝移动通信技术[M]. 西安：西安电子科技大学出版社，2002.

[22] 樊昌信. 通信原理教程[M]. 4 版. 北京：电子工业出版社，2019.

[23] 金荣洪，耿军平，范瑜. 无线通信中的智能天线[M]. 北京：北京邮电大学出版社，2006.

[24] 李立华，王勇，张平. 移动通信中的先进信号处理技术[M]. 北京：北京邮电大学出版社，2005.

[25] RAPPAPORL T S. 无线通信原理与应用 [M]. 2 版. 孟庆民，等译. 北京：电子工业出版社，2018

[26] 陈振国，郭文彬，杨鸿文. 卫星通信系统与技术[M]. 北京：北京邮电大学出版社，2003.

[27] OESTGES C，CLERCKX B. MIMO 无线通信：从真实世界的传播到空-时编码的设计[M]. 赵晓辉，译. 北京：机械工业出版社，2010.

[28] 吴功宜. 智慧的物联网[M]. 北京：机械工业出版社，2010.

[29] 刘化君，刘传清. 物联网技术[M]. 2 版. 北京：电子工业出版社，2015.

[30] 杨伯君. 量子通信基础[M]. 2 版. 北京：北京邮电大学出版社，2007.

[31] 张玉艳，方莉. 第三代移动通信[M]. 北京：人民邮电出版社，2009.

[32] 阎毅. 信息科学技术概论[M]. 武汉：华中科技大学出版社，2008.

[33] 董言治，闫毅. 电子信息技术导论[M]. 北京：清华大学出版社，2013.

[34] 鄂大伟，王兆明. 信息技术导论[M]. 北京：高等教育出版社，2007.

[35] 陈金鹰. 通信导论[M]. 2 版. 北京：机械工业出版社，2019.

[36] 唐伯武，王伟，王顺旭，等. 大学新生入学导论[M]. 武汉：武汉理工大学出版社，2011.

[37] 刘云浩. 物联网导论 [M]. 3 版. 北京：科学出版社，2017.

[38] 教育部高等学校电子信息科学与工程类专业教学指导分委. 高等学校电子信息科学与工程类本科指导性专业规范(试行)[S]. 北京：高等教育出版社，2010 .

[39] 郝贵生. 大学生学习理论与方法[M]. 北京：人民出版社，2010.

[40] 董永贵. 传感技术与系统[M]. 北京：清华大学出版社，2006.

[41] 张文娜，叶湘滨，熊飞丽，等. 传感器技术[M]. 北京：清华大学出版社，2011.

[42] 刘传玺，袁照平，程丽平，等. 自动检测技术[M]. 3 版. 北京：机械工业出版社，2015.

[43] 卜云峰. 检测技术[M].2 版. 北京：机械工业出版社，2013.

[44] 胡寿松. 自动控制原理 [M]. 7 版. 北京：科学出版社，2019.

[45] 田思庆，梁春英，杨康. 自动控制理论[M]. 3 版. 北京：中国电力出版社，2008.

[46] 戴忠达. 自动控制理论基础[M]. 北京：清华大学出版社，2000.

[47] 陈英，章童. 科技信息检索[M]. 7 版. 北京：科学出版社，2021.

[48] 高祀亮，顾海明，李德成，等. 科技信息检索[M]. 北京：国防工业出版社，2010.

[49] 沈固朝. 网络信息检索：工具·方法·实践[M]. 北京：高等教育出版社，2004.

[50] 陈后金，胡建，薛健. 信号与系统[M]. 3 版. 北京：高等教育出版社，2020.

[51] 姚天任. 数字信号处理[M]. 2 版. 北京：清华大学出版社，2018.

[52] 胡广书. 数字信号处理-理论、算法与实现[M]. 3 版. 北京：清华大学出版社，2012.

[53] 迈尔-舍恩伯格，库克耶. 大数据时代[M]. 盛杨燕，周涛，译. 杭州：浙江人民出版社，2013.

[54] 谭磊. New Internet：大数据挖掘[M]. 北京：电子工业出版社，2013.

[55] 刘同明，夏祖勋. 数据融合技术及其应用[M]. 北京：国防工业出版社，1998.

[56] 陆传赉. 现代信号处理导论[M]. 北京：北京邮电大学出版社， 2003.

[57] 郭从良. 现代信号数据获取与信号处理系统[M]. 北京：清华大学出版社，2009.

[58] 李洪心，马刚. 电子支付与结算[M]. 2 版. 北京：电子工业出版社，2015.

[59] 周虹. 电子支付与结算[M]. 2 版. 北京：人民邮电出版社，2016.

[60] 孙弋，韩晓冰，张衡伟，等. 短距离无线通信及组网技术[M]. 西安：西安电子科技大学出版社，2008.

[61] 祝凌曦，王艳辉，肖雪梅，等. 电子支付与网络银行[M].北京：北京交通大学出版社，2010.

[62] 董健. 物联网与短距离无线通信技术[M]. 2 版. 北京：电子工业出版社，2016.

[63] 许毅，陈建军. RFID 原理与应用[M]. 2 版. 北京：清华大学出版社，2020.

[64] 高建良，贺健飚. 物联网 RFID 原理与技术[M]. 2 版. 北京：电子工业出版社，2017.

[65] 刘金琨. 智能控制[M]. 4 版. 北京：电子工业出版社，2017.

[66] 柯熙政，邓莉君. 无线光通信[M]. 北京：科学出版社，2016.

[67] 尹占娥，现代遥感导论[M]. 北京：科学出版社，2008.

[68] 闫守邕，刘亚岚. 普通遥感学教程[M]. 北京：国防工业出版社，2018.

[69] 赵文辉，徐俊，周加林，等. 网络存储技术[M]. 北京：清华大学出版社，2005.

[70] 刘凯，刘博. 存储技术基础[M]. 西安：西安电子科技大学出版社，2011.

[71] 张旭苹. 信息存储技术[M]. 北京：电子工业出版社，2002.

[72] 梁久祯. 智能计算：若干理论问题及其应用[M]. 北京：国防工业出版社，2007.

[73] 方锦清，汪小帆，郑志刚，等. 一门崭新的交叉科学：网络科学 [J]. 物理学进展，2007，27(3): 239-343.

[74] 刘涛，陈忠，陈晓荣. 复杂网络理论及其应用研究概述[J]. 系统工程，2005(6):4-10.

[75] 龙佳. 论搜索引擎的特点与发展态势[J]. 电脑知识与技术，2019，15(1): 200-201.

[76] 李岳梦. 搜索引擎浅谈[J]. 电信网技术，2018，286(4): 83-88.

[77] 姬睿. 搜索引擎技术及研究[J]. 科技视界，2015(3): 88，116.

[78] 王姣，徐海霞. 搜索引擎工作原理再探究[J]. 电脑知识与技术，2016，12(25): 171-172.

[79] 刘宇，唐亚阳，郑章飞，等. 中国网络文化发展二十年：1994—2014. 网络技术编[M]. 湖南：湖南大学出版社，2014.

[80] 刘军，阎芳，杨玺，等. 物联网与物流管控一体化[M]. 北京：中国财富出版社，2017.

[81] 张曾莲. 基于非营利性、数据挖掘和科学管理的高校财务分析、评价与管理研究[M]. 北京：首都经济贸易大学出版社，2014.